Medienrecht im Vergleich
Deutschland – Russland

Eine Initiative des Petersburger Dialogs
Unter der Leitung von
Prof. Dr. h. c. Albert Scharf und
Prof. Dr. jur. Michail Fedotov
Mit freundlicher Unterstützung des Auswärtigen Amtes

Право СМИ
в Германии и России

(сравнительно-правовой обзор)

Инициатива «Петербургского Диалога»
под руководством профессоров, докторов права
Михаила Федотова и Альберта Шарфа
С участием и поддержкой Министерства
иностранных дел Федеративной Республики Германи

MEDIENRECHT IN DER RUSSISCHEN FÖDERATION

Право СМИ в Федеративной Республике Германия

Vorwort

Das vorliegende Buch verdankt sein Erscheinen vor allem der Diskussion über die Medienfreiheit in Russland und Deutschland, die auf dem Forum des „Petersburger Dialogs“ in Weimar im Jahre 2002 begonnen hat und ein Jahr später in Sankt Petersburg fortgesetzt wurde. Die Diskussionen über das Schicksal dieser unter den demokratischen Freiheiten überaus wichtigen Freiheit waren nicht allzu akademisch, da die Mehrheit der Teilnehmer Journalisten oder Leiter von Medienorganisationen waren. So wurden etwa als Belege dafür, welche Mediengesetze in unseren Ländern existieren und wie diese im realen Leben funktionieren, in den Diskussionen häufig aus dem geschichtlichen Kontext herausgerissene Tatsachen, unbegründete Vermutungen oder gar fehlerhafte Behauptungen herangezogen.

Es ist selbstverständlich, dass für uns Rechtswissenschaftler eine solche Methodik der Diskussionsführung beruflich nicht hinnehmbar ist. Wir sind es gewohnt, uns in einer Diskussion auf Gesetzregelungen und untergesetzliche Rechtsakte, gerichtliche Statistik und Rechtsprechung, sowie auf offizielle Auslegungen und Entscheidungen in konkreten Sachen zu stützen. Aus diesem Grunde unternahm eine Gruppe von führenden russischen und deutschen Experten im Bereich des Medienrechts vorliegende rechtsvergleichende Analyse, in der möglichst argumentativ gezeigt werden sollte, auf welche Herausforderungen gegenwärtig die Medienfreiheit trifft und welche Wege zur Überwindung dieser Herausforderungen von den Rechtssystemen unserer Länder angeboten werden.

Um zu gewährleisten, dass die Methoden der Rechtsvergleichung für die Feststellung von Gemeinsamkeiten und Besonderheiten im russischen und deutschen Medienrecht möglichst effektiv genutzt werden, haben die Autoren achtzehn Fragen herausgearbeitet, welche die wesentlichen Aspekte der rechtlichen Regulierung auf diesem Gebiet widerspiegeln. Aus den Antworten auf diese Fragen haben sich dementsprechend achtzehn Kapitel herausgebildet. Jedes der Kapitel besteht aus zwei Teilen, die mehr oder weniger ausführlich den Zustand der Gesetzgebung und der Rechtsanwendungspraxis in a) Russland und b) Deutschland darstellen. Selbstverständlich wurde damit das immer wachsende Verzeichnis der aktuellen Probleme im Bereich der rechtlichen Regulierung der Medien noch lange nicht ausgeschöpft. Jedoch wollen die Autoren hoffen, dass es ihnen gelungen ist, genau die Probleme herauszusuchen, mit deren Lösung man die Bewegung in Richtung der Harmonisierung der rechtlichen Regelungen der Europäischen Gemeinschaft und Russlands im Bereich der Massenmedien beginnen sollte.

In ihren Beiträgen haben sich die Autoren zwar nicht nur auf die Darstellung des positiven Rechts und der Rechtsanwendungspraxis beschränkt. Jedoch waren sie bei der Analyse aller auf diesem Gebiet bestehenden Unzulänglichkeiten und Widersprüche bestrebt, politische Wertungen und publizistische Hyperbeln zu vermeiden. Dabei orientierten sie sich an der Europäischen Konvention zum Schutze der Menschenrechte und Grundfreiheiten (EMRK), wobei sie zugleich auch die Besonderheiten des jeweiligen Rechtssystems, die nationalen Traditionen der Gesetzgebungstechnik usw. berücksichtigten. Erstens sollte durch ein solches Vorgehen dem Leser der zum Vergleich maximal geeignete Stoff vermittelt werden. Zweitens sollten dem Leser keine Schlussfolgerungen aufgedrängt werden. Schließlich sollte dieses Vorgehen gewisse politisch neutrale, aber juristisch effektive Möglichkeiten der rechtlichen Regulierung von Rechtsverhältnissen im Medienbereich vorweisen, die geeignet sind, die Herausbildung und Verfestigung von vernünftigen Verhaltensregelungen der Medien gegenüber dem Staatsbürger, der Gesellschaft, dem Staat und umgekehrt zu fördern.

Vergleicht man die Mechanismen der rechtlichen Regulierung im Bereich der Medien in Russland und in Deutschland, so muss man sich weder über die Ähnlichkeiten noch über die Unterschiede wundern, da es sowohl für die Unterschiede als auch für die Ähnlichkeiten Gründe gibt. Einerseits vollzog sich die Entwicklung des russischen Rechtssystems des Russischen Zarenreiches im Laufe des gesamten 19. Jahrhunderts bis zum Jahre 1917 unter dem starken Einfluss der deutschen Rechtsschule. In der postsowjetischen Periode sind wieder Voraussetzungen für die Fortsetzung eines solchen Einflusses entstanden. Jedenfalls zeugen das Gesetz der Russischen Föderation aus dem Jahre 1991 „Über die Massenmedien“ sowie die Entwürfe der föderalen Gesetze „Über den öffentlichen Rundfunk“ und „Über das Recht auf Informationszugang“ von einer erfolgreichen Apperzeption der rechtlichen Erfahrungen in der Bundesrepublik Deutschland.

Andererseits sind im heutigen Rechtssystem der Russischen Föderation nach wie vor zahlreiche mit den Rechtsstaatsgrundsätzen in organischem Konflikt stehende Rudimente der sowjetischen Gesetzgebung und Rechtsanwendungspraxis erhalten geblieben. Dies führt aber dazu, dass die Gesetzgebungserfahrung Deutschlands weniger leicht Berücksichtigung finden kann. Jedoch sollen die Gemeinsamkeiten, die sowohl in Bezug auf die Gesetze der Marktwirtschaft als auch hinsichtlich der gesamteuropäischen Standards im Bereich der Menschenrechte bestehen, im Endeffekt die Vereinbarkeit der Rechtsmodelle vorausbestimmen, die in unseren Ländern zur Gewährleistung der Meinungsfreiheit und des Rechts auf Information, zur Gründung des öffentlichen Rundfunks sowie zur Vorbeugung der Monopolisierung im Medienbereich usw. angewandt werden. Mit anderen Worten zwingt die Gemeinsamkeit von Problemen und Bedingungen zu ähnlichen Problemlösungen, aber nur insoweit, als diese Bedingungen wirklich gleich sind.

Selbstverständlich ist die russische Medienfreiheit bei weitem jünger als die deutsche Medienfreiheit. Allerdings besteht insofern eine Gemeinsamkeit, als sie jeweils auf den Trümmern eines totalitären Systems entstanden sind. Dadurch erklärt sich, warum gerade die Erfahrungen Deutschlands bei der Lösung solcher Probleme wie Entstaatlichung von Presse und Rundfunk, Widerstand gegen Nationalismus und andere Formen des politischen Extremismus, Schaffung einer freien Journalismuskultur herangezogen werden. Wertvoll ist auch der Umstand, dass die deutschen Medien viele der russischen „Medienkrankheiten“ bereits überstanden und effektive „Heilmittel“ gefunden haben. Dies ermöglichte den Autoren, in diesem Buch die durch Erfahrung bewährten Rezepte kurz darzulegen.

Allerdings ist der Lauf der politischen Entwicklung sehr schnell, obwohl auch nicht immer bemerkbar. Das beweist bereits der Umstand, dass bereits nach der Beendigung der Arbeit am vorliegenden Buch in Russland wieder einmal die staatlichen Funktionen bezüglich der Registrierung von Massenmedien und der Lizenzierung des Rundfunks neu verteilt wurden. Diesmal sind die oben genannten Funktionen auf ein neues Exekutivorgan – den Föderalen Dienst zur Kontrolle der Einhaltung der Gesetzgebung im Bereich der Massenkommunikation und zum Schutz des Kulturerbes[1] übertragen worden. Diese dem Ministerium der Russischen Föderation für Kultur und Massenkommunikation untergeordnete Institution ist mit breiten Zuständigkeiten zur legalen Zwangsausübung ausgestattet, da ihr unter anderem die Aufgabe der Kontrollausübung hinsichtlich der Einhaltung der Mediengesetzgebung durch alle Medien sowie die Kontrollfunktion bezüglich der Einhaltung von Lizenzbedingungen durch den Rundfunk übertragen wurde.

Besonders aktuell unter den in Russland stattfindenden Veränderungen ist die Schaffung einer regierungsunabhängigen Struktur, welche die Bestrebungen der im Medienbereich tätigen Juristen auf dem Gebiet der Weiterentwicklung von Gesetzgebung und Rechtsanwendungspraxis vereinen sollte. Genau zu diesem Ergebnis kam die erste Allrussische Konferenz der im Medienbereich tätigen Juristen, auf der sich Anfang Sommer 2004 in Moskau ca. 300 praktizierende Juristen und Rechtswissenschaftler versammelten. Die neue Organisation ist als ein Zentrum konzipiert, in dem die Materialien der gerichtlichen, quasigerichtlichen und der administrativen Praxis im Medienbereich gesammelt, analysiert und zusammengefasst werden. Dort werden ferner diese aktuelle Praxis umfassend begutachtet sowie Vorschläge ausgearbeitet, um die rechtliche Regulierung auf diesem Gebiet zu optimieren. Ohne Zweifel werden die russischen Juristen auf die Erfahrung der deutschen Juristen in diesen Fragen zurückgreifen.

Das vorliegende Buch ist das Ergebnis von gemeinsamen Bemühungen der russischen und der deutschen Juristen im Bereich des Medienrechts. An der Arbeit an diesem Buch haben folgende Autoren teilgenommen:

Prof. Dr. h. c. Albert Scharf – der gesamte deutsche Teil;

Prof. Dr. jur. Michail Fedotov – Kapitel 1, 4, 6 und 18 des russischen Teils;

Prof. Dr. jur. Juri Baturin – Kapitel 2, 10, 11 und 12 des russischen Teils;

Kandidat der Rechtswissenschaften Viktor Monachov – Kapitel 7, 8, 15 und 17 des russischen Teils;

Kandidat der philologischen Wissenschaften Andrej Richter – Kapitel 3, 13 und 16 des russischen Teils;

Kandidat der Rechtswissenschaften Vladimir Ėntin – Kapitel 5, 9 und 14 des russischen Teils.

---

[1] Vgl. Verordnung der Regierung der Russischen Föderation Nr. 301 vom 17.06.04 „Über den Föderalen Dienst zur Kontrolle der Einhaltung der Gesetzgebung im Bereich der Massenkommunikation und zum Schutz des Kulturerbes".

Dieses Buch verdankt sein Zustandekommen einer Reihe von geachteten Organisationen und Personen. Unsere Dankbarkeit gilt dem „Petersburger Dialog“, von dem dieses Projekt initiiert wurde, dem Auswärtigen Amt der Bundesrepublik Deutschland, das die Realisierung des Projekts unterstützte sowie der Konrad Adenauer Stiftung, die ihre Unterstützung beim Dolmetschen gewährte. Wir sind ferner der Assessorin Frau Ksenija Fedotova für die Übersetzung dieses Buches ins Russische und ins Deutsche sowie Herrn Thomas Pfanne, Frau Petra Kochendörfer und Frau Alexandra Luchtaj für ihre wertvollen Anregungen dankbar. Wir bedanken uns auch bei Frau Beate Forys für ihre Bemühungen bezüglich der Organisation der effektiven Zusammenarbeit der Autorengemeinschaft.

Michail Fedotov **Albert Scharf**

Verfassungsrechtliche Grundlagen

I. Basis und Anker des Medienrechts – Artikel 5 des Grundgesetzes

Das deutsche Medienrecht wird, wie kein anderes Rechtsgebiet, durch die Verfassung geprägt. Basis und Anker des Medienrechts ist Artikel 5 des Grundgesetzes der Bundesrepublik Deutschland (künftig: GG), in der Auslegung und Ausformung, die dieser Artikel des Grundrechtekatalogs der 1949 entstandenen deutschen Verfassung durch das Bundesverfassungsgericht in jahrzehntelanger Rechtsprechung erfahren hat. Rang, Reichweite und praktische Bedeutung gerade dieses Grundrechts für eine freiheitliche Gesellschaft, für den Staat wie für den Einzelnen, für Gesetzgebung, Regierung und Gerichte, für den individuellen und öffentlichen Kommunikationsprozess wie für die Medien wurden vom Bundesverfassungsgericht in einer großen Zahl von Entscheidungen mit zuweilen überraschend lehrhafter Grundsätzlichkeit, Folgerichtigkeit und Beharrlichkeit entfaltet und in die Rechtswirklichkeit eingeführt.

1. Kommunikationsfreiheit als Menschenrecht

Nicht von ungefähr findet sich das Grundrecht auf freie, ungehinderte Information und Meinungsäußerung wie Meinungsverbreitung sowie die Garantie der Freiheit der Kunst, Wissenschaft, Forschung und Lehre im ersten Drittel der 18 Grundrechte. Auch dieses Grundrecht ist in erster Linie auf das Individuum bezogen. Es ist eine Folge der personalen Würde, die jedem Menschen von Natur aus wesensmäßig zusteht und die nicht nur ein vom Staat seinen „Untertanen" gewährtes Bürgerrecht ist, sondern ein der staatlichen Verfügung entzogenes Menschenrecht. Die in Artikel 5 GG gewährleisteten Grundrechte sind letztlich auf die in Artikel 1 GG an die Spitze der Verfassungs- und Rechtsordnung der Bundesrepublik Deutschland gestellte Grundentscheidung für ein Wertesystem zurückzuführen, „das seinen Mittelpunkt in der innerhalb der sozialen Gemeinschaft sich frei entfaltenden menschlichen Persönlichkeit und ihrer Würde findet"[2]; Artikel 1 GG, aber auch alle anderen Grundrechte binden Gesetzgebung, vollziehende Gewalt (Verwaltung) und Rechtsprechung als unmittelbar geltendes Recht.

Demgemäß bedarf auch Artikel 5 GG keiner Umsetzung durch andere Rechtsnormen, etwa durch ein einfaches ‚Mediengesetz'. Umgekehrt sind gegenüber dem Grundgesetz alle anderen Rechtsnormen nachrangig und im Einklang mit der Verfassung auszulegen. Gestattet der Wortlaut einer nachrangigen Norm eine solche verfassungskonforme Auslegung auch bei weiter Interpretation nicht, ist sie verfassungswidrig und muss vom Verfassungsgericht für nichtig erklärt werden; das Gleiche gilt für gerichtliche Entscheidungen, die auf einer verfassungswidrigen Norm oder auf einer verfassungswidrigen Auslegung einer auch verfassungs-

[2] Entscheidung des Bundesverfassungsgerichtes, BVerfGE 7, 198/205;

gemäß auslegbaren Norm beruhen. Gerade im Medienrecht hatte dies in einer Reihe grundsätzlicher Fälle erhebliche Auswirkungen.

2. Meinungsfreiheit als Grundlage jeder Freiheit

Das Bundesverfassungsgericht hatte schon im ersten Jahrzehnt seines Bestehens Gelegenheit, die fundamentale Bedeutung des Artikels 5 GG hervorzuheben. In einer geradezu klassisch gewordenen Entscheidung aus dem Jahr 1958, auf die sich das Gericht bis heute immer wieder bezieht, sich bewusst in der eindrucksvollen Wortwahl selbst wiederholend, heißt es:[3]

> „Das Grundrecht auf Meinungsfreiheit ist als unmittelbarster Ausdruck der menschlichen Persönlichkeit eines der vornehmsten Menschenrechte überhaupt (un des droits les plus précieux de l'homme nach Artikel 11 der Erklärung der Menschen- und Bürgerrechte von 1789).
> Für eine freiheitlich-demokratische Staatsordnung ist es schlechthin konstituierend, denn es ermöglicht erst die ständige geistige Auseinandersetzung, den Kampf der Meinungen, der ihr Lebenselement ist (BVerfGE 5, 85, 205). Es ist in gewissem Sinn die Grundlage jeder Freiheit überhaupt, „the matrix, the indispensable condition of nearly every other form of freedom" (Cardozo) …"

3. Meinungsfreiheit als Voraussetzung freiheitlicher Demokratie

An anderer Stelle (1956) hatte das Bundesverfassungsgericht den Begriff der freiheitlichen Demokratie an die Tradition des „liberalen bürgerlichen Rechtsstaats" geknüpft, wie er sich im 19. Jahrhundert allmählich herausgebildet habe, und diese freiheitliche Demokratie den Diktaturen jeglicher Art gegenübergestellt, auch der sich demokratisch gebenden „Diktatur des Proletariats". Auch diese Entscheidung ist des Nach-Denkens wert, da sie auf die Unabhängigkeit des Individuums, auf die dem Menschen innewohnende Souveränität abhebt, für die der Staat einen Raum schaffen und bewahren muss gegen alle Zwänge, alle Unterwerfung, alle Einförmigkeit der Information und Kommunikation, die ja nicht nur durch staatliche, obrigkeitliche Eingriffe ausgelöst werden können – auch wirtschaftliche Übergewichte, Meinungsmonopole ohne Vielfaltsbalance und ohne öffentliche Kontrolle können die Freiheit der Information und Kommunikation, die Freiheit der Medien beeinträchtigen; auch das, was man semantisch geschickt blendend „political correctness" nennt und sich als ein von gesellschaftlichen Trends und Mächtigkeiten eingeschüchtertes Wohlverhalten nicht ganz in das Bild geistiger Offenheit und freier Rede fügt. Demgegenüber verknüpft das Grundgesetz in der Auslegung des Bundesverfassungsgerichts die personale Würde des eigenständigen Menschen als obersten Wert der freiheitlichen Demokratie mit der Freiheit der Information und Kommunikation, die für eine freiheitlich demokratische Gesellschaft so wesentlich ist.[4]

---

[3] BVerfGE 7, 198/208;

[4] BVerfGE 5, 85/204 f.;

II. Freiheit der Medien – eine dienende Freiheit

Die bisher zitierten Entscheidungen des Bundesverfassungsgerichts zeigen, dass es in Artikel 5 GG im Ansatz und in der Gewichtung zunächst um ein Individualrecht geht, letztlich jedoch und im Eigentlichen um die Gewährleistung eines offenen und freien Prozesses öffentlicher Meinungsbildung, an dem der Einzelne offen und frei soll teilnehmen können, der aber um eben seiner und der ganzen Gesellschaft Freiheit willen auch institutionell gewährleistet sein muss. Dieser öffentlichen Meinungsbildung dient die individuelle Garantie der Informations- und Meinungsfreiheit ebenso wie die institutionelle Garantie der Freiheit jener Medien, die als Mittel und Mittler der privaten und öffentlichen Meinungsbildung dienen. Die Freiheit der Medien – wie sie in Artikel 5 Absatz 1 Satz 2 GG für Presse, Rundfunk und Film gewährleistet ist – wird vom Bundesverfassungsgericht ausdrücklich als eine dienende Freiheit verstanden. Als besonders geeignet für die Massenkommunikation stehen diese Medien im Dienst der öffentlichen Meinungsbildung, im Dienst des für eine freiheitliche demokratische Gesellschaft als schlechthin konstituierend bezeichneten offenen geistigen Kommunikationsprozesses. Für diese Aufgabe ist ihnen der Freiheitsraum des Artikels 5 GG eingeräumt; darin findet er seine Rechtfertigung, aber auch seine Grenzen.

1. Institutionelle Freiheitsgarantie für Presse, Rundfunk, Film

Über den eher engen und kargen Wortlaut des Artikels 5 Absatz 1 Satz 2 GG – „Pressefreiheit" und „Freiheit der Berichterstattung durch Rundfunk und Film" – hinaus hat das Bundesverfassungsgericht für diese Medien aus ihrer tatsächlichen Bedeutung für den Prozess öffentlicher Meinungsbildung eine institutionelle Freiheitsgarantie und das Gebot der Staatsfreiheit der Medien abgeleitet.[5]

Presse und Rundfunk in ihrer Rolle und Relevanz für die öffentliche Meinungsbildung gleichzustellen, lag nahe; dem Rundfunk aber, der damals schon – ja sogar noch ausschließlich – öffentlich-rechtlich organisiert war, die gleiche institutionelle Freiheit, sprich: vor allem Unabhängigkeit von staatlichem Einfluss als Gebot der Verfassung zuzusprechen wie der damals wie heute privatwirtschaftlich betriebenen Presse, war kühn, aber weitsichtig und folgenreich für die deutsche Medienstruktur bis heute. Das Bundesverfassungsgericht ist bis heute dabei geblieben und die Gesetzgeber mussten ihm folgen und auch dem öffentlich-rechtlichen Rundfunk eine dem entsprechende autonome Struktur gewähren.[6]

2. Medienvielfalt als Verfassungsgebot

Aus dem so erkannten Verfassungsrang der Funktion der Medien hat das Bundesverfassungsgericht mehrfach konkrete Konsequenzen für die Organisation und Struktur der Medien gezogen – Konsequenzen für ihre Unabhängigkeit und Finanzierung, Konsequenzen aber auch für ihre Pluralität und gegen das Entstehen von Meinungsübermacht, gegen die Konzentration von Medienmacht. Öffentliche

---

[5] BVerfGE 10, 118/121;

[6] siehe dazu Kapitel 3 und 4;

Meinungsbildung in einer freien Gesellschaft setzt voraus, dass möglichst viele verschiedene Meinungsrichtungen zu Wort kommen und möglichst viele Informationswege zugänglich sind. Dies setzt eine angemessene und voneinander unabhängige Vielfalt der hauptsächlichen Träger des Prozesses der öffentlichen Meinungsbildung voraus. Medienvielfalt ist daher ebenfalls ein verfassungsrechtliches Gebot.

Was unter einer ausreichenden Vielfalt der Information und der Medien konkret zu verstehen ist und wie sie gesichert werden kann, ist freilich eine offene Frage. Das Bundesverfassungsgericht hat selbst einmal festgestellt, Medienvielfalt sei keine „messbare, exakt zu bestimmende Größe“[7].

Die Jünger von Adam Smith setzen auf den Markt und auf den Wettbewerb, den ein freier Markt auslöst. Dadurch würde, so meinen und glauben sie, von selbst eine ausreichende Vielfalt unterschiedlicher Informations- und Meinungsquellen entstehen. Dieses Vertrauen in die Eigendynamik einer der Sache und ihrem für die freiheitliche Demokratie so konstitutiven Verfassungsrang angemessenen, auf Dauer verlässlichen Marktentwicklung wird vom Bundesverfassungsgericht mindestens in Bezug auf den Rundfunk nicht geteilt.

Und auch für den Bereich der Presse sollen besondere Regeln des Kartellrechts wenigstens einer übermäßigen Konzentration von Medienmacht in einer Hand oder doch nur in der Hand einiger weniger privater Unternehmen vorbeugen – denn jeder Markt und jeder Wettbewerb tendiert zu Konzentration, zu Oligopolen, Monopolen, zu immer noch größeren Konglomeraten von Einfluss und Macht und damit gegen selbständige, voneinander unabhängige Vielfalt, wie sie das Ideal einer von Information und öffentlicher Meinungsbildung so abhängigen freien Gesellschaft ist. Darauf ist in den Kapiteln 2, 3, 4 und 9 näher einzugehen.

---

[7] BVerfGE 73, 118/159;

Schranken der Informations-, Meinungs- und Medienfreiheit

So umfassend und vorrangig die in Artikel 5 Absatz 1 GG gewährleisteten Freiheiten als Menschenrechte verstanden und angewandt werden müssen, sind sie doch nicht unbeschränkt. Gemäß Artikel 5 Absatz 2 GG finden die in Absatz 1 genannten Rechte ihre Schranken in

- den Vorschriften der allgemeinen Gesetze
- den gesetzlichen Bestimmungen zum Schutze der Jugend und
- in dem Recht der persönlichen Ehre.

I. Die Schranken-Trias des Artikels 5 Absatz 2 GG

Der Wortlaut des Absatzes 2 von Artikel 5 GG ist nicht ganz eindeutig. Auf den ersten Blick könnte es scheinen, als ob die drei genannten Schranken sich eigentlich im Begriff der „allgemeinen Gesetze" zusammenfassen ließen, da Beschränkungen eines Grundrechts – wenn überhaupt – schon aus anderen Gründen, vor allem des Rechtsstaatsprinzips, nur durch ein allgemein geltendes Gesetz im förmlichen Sinn zulässig wären. Beim Jugendschutz wird ohnehin auf die „gesetzlichen Bestimmungen" Bezug genommen und das „Recht der persönlichen Ehre" kann sich rechtsverbindlich auch nur auswirken, wenn es in einem Gesetz manifestiert ist oder in einer noch höherrangigen Norm, etwa der Verfassung selbst. Die Rechtspraxis geht indes davon aus, dass alle drei Schranken selbständig nebeneinander stehen, gegebenenfalls aber auch kumulativ zu beachten sind.

1. Allgemeine Gesetze

Das Bundesverfassungsgericht hat den redaktionell nicht ganz logischen Begriff „allgemeine Gesetze", der überwiegenden Rechtslehre folgend, dahin definiert, „dass darunter alle Gesetze zu verstehen sind, die ‚nicht eine Meinung als solche verbieten, die sich nicht gegen die Äußerung einer Meinung als solche richten', die vielmehr ‚dem Schutz eines schlechthin, ohne Rücksicht auf eine bestimmte Meinung, zu schützenden Rechtsguts dienen', dem Schutz eines Gemeinschaftswerts, der gegenüber der Betätigung der Meinungsfreiheit den Vorrang hat"[8].

Trotz der anscheinenden Umständlichkeit dieser Abgrenzung „allgemeiner" Gesetze von „besonderen" besteht in der Rechtspraxis weithin Übereinstimmung darüber, welche Gesetze beschränkend auf die Rechte aus Artikel 5 GG wirken können.

Dazu gehören vor allem das Bürgerliche Gesetzbuch (BGB), das Strafgesetzbuch (StGB), das Gesetz gegen den unlauteren Wettbewerb (UWG), das Gesetz gegen Wettbewerbsbeschränkungen (Kartellgesetz) (GWB), das Urheberrechtsgesetz (UrhG) und die Pressegesetze.

---

[8] BVerfGE 7, 198/209f.;

2. Gesetzliche Bestimmungen zum Schutz der Jugend

Der Jugendschutz ist ein wichtiges Ziel des nationalen wie des internationalen, d. h. Europäischen Medienrechts. Auch aus dem Grundrechtekatalog des Grundgesetzes der Bundesrepublik Deutschland sind einige Hinweise auf die Pflicht des Staates, einer Gefährdung der Jugend vorzubeugen, zu entnehmen (so etwa aus Artikel 6 Absatz 2 und 3; 11 Absatz 2; 13 Absatz 7 GG). Das Bundesverfassungsgericht hat ausdrücklich bestätigt,[9] dass der Gesetzgeber ermächtigt ist

> „zu Regelungen, durch welche der Jugend drohende Gefahren abgewendet werden. Derartige Gefahren drohen auf sittlichem Gebiet von allen Druck-, Ton- und Bilderzeugnissen, die Gewalttätigkeiten oder Verbrechen glorifizieren, Rassenhass provozieren, den Krieg verherrlichen oder sexuelle Vorgänge in grob schamverletzender Weise darstellen und deswegen zu erheblichen, schwer oder gar nicht korrigierbaren Fehlentwicklungen führen können."

Diesen verfassungsrechtlichen Leitlinien entsprechen die hierzu erlassenen Gesetze, auf die in Kapitel 16 näher einzugehen sein wird.

3. Recht der persönlichen Ehre

Wie bereits angedeutet, erscheint die besondere Erwähnung des Rechts der persönlichen Ehre auf den ersten Blick entbehrlich, da der Schutz dieses Rechtsguts auch Gegenstand „allgemeiner Gesetze" ist, so vor allem in den Tatbeständen des Strafgesetzbuchs über Beleidigung, üble Nachrede, Verleumdung oder die Verunglimpfung des Andenkens Verstorbener. Bei rechtswidriger und schuldhafter Verletzung eines solchen strafrechtlichen Schutzgesetzes können über § 823 Absatz 2 BGB auch zivilrechtliche Sanktionen erlangt werden: je nach Lage des Falles Unterlassung, Berichtigung, Widerruf, Schadensersatz – materieller und bei besonderer Schwere der Ehrverletzung sogar immaterieller Schadensersatz in Form eines „Schmerzensgeldes" wegen des zugefügten „seelischen Schmerzes".

Der Verteidigung der persönlichen Ehre, des öffentlichen Geltungswertes und der Integrität einer Person, dienen auch die Regelungen des „Rechts am eigenen Bild", das eine Auswirkung des allgemeinen Persönlichkeitsrechts, d. h. der Würde der menschlichen Persönlichkeit ist. In diesem Zusammenhang ist auch das Recht am eigenen Namen zu erwähnen, wie es in § 12 BGB geschützt ist. Auch der Schutz des nicht öffentlich gesprochenen Wortes, wie er zivilrechtlich über das allgemeine Persönlichkeitsrecht und strafrechtlich gemäß § 201 StGB gewährt wird, dient der Bewahrung personaler Integrität. Zumindest für die Auslegung solcher Vorschriften des einfachen Gesetzesrechtes ist die gesonderte Erwähnung und Hervorhebung des Schutzes der persönlichen Ehre im vorrangigen Verfassungsrecht hilfreich; sie kann auch als vorsorgliche Auffang-Norm dienen, wenn das einfache Gesetzesrecht einen schützenswerten Sachverhalt tatbestandsmäßig nicht erfassen sollte.

---

[9] BVerfGE 30, 336/347;

II. Verfassungsimmanente Schranken

Außerdem aber ergibt sich der Schutz der persönlichen Ehre auch ohne solche partiellen Spezialgesetze unmittelbar aus der Verfassung selbst, nämlich aus den Artikeln 1 Absatz 1 in Verbindung mit 2 Absatz 1 GG. Des Näheren wird darauf noch in den Kapiteln 12 und 13 einzugehen sein.

Auch andere Grundrechte der Verfassung setzen den in Artikel 5 GG verbrieften Freiheiten Schranken, ohne dass es einfacher allgemeiner Gesetze bedarf.

1. Konkurrenz von Grundrechten

Ungeachtet des für eine freiheitliche Demokratie „schlechthin konstituierenden" Ranges von Artikel 5 GG ist die oberste der Fundamentalnormen des Grundgesetzes der Artikel 1 mit der Feststellung: „Die Würde des Menschen ist unantastbar". Und diese Aussage wird noch mit der feierlichen Forderung verbunden: „Sie zu achten und zu schützen, ist Verpflichtung aller staatlichen Gewalt" – was in der praktischen Konsequenz immerhin auch heißt, dass zum Beispiel die Gerichte dieser Verpflichtung bei der Auslegung aller Rechtsnormen gerecht werden müssen, ohne den Sinn, das Gewicht und den wiederum dem Grundgesetz zu entnehmenden Rang und Vorrang anderer Grundrechte außer Acht zu lassen. Die damit oft, wenn nicht immer verbundene verfassungskonforme Güterabwägung, der Ausgleich widerstreitender, unter Umständen gleich- oder doch fast gleichrangiger Grundrechte wie im Falle der Artikel 1 und 5 GG, ist die wichtigste Problematik des Medienrechts, für die häufig keine andere Empfehlung gegeben werden kann als die aus wohlüberlegter Einsicht in das Wertesystem des Grundgesetzes im Einzelfall zu suchende „praktische Konkordanz" (um einen berühmt gewordenen Begriff des Bundesverfassungsrichters und Staatsrechtslehrers Konrad Hesse zu gebrauchen). Dabei ist Artikel 19 Absatz 2 GG zu beachten: In keinem Fall darf ein Grundrecht in seinem Wesensgehalt angetastet werden.

2. Schranken unterliegen selbst einem Vorbehalt der Verfassung

Auf den ersten Blick mag es paradox erscheinen, dass auch die in der Verfassung konkret genannten Schranken unter dem Vorbehalt stehen, dass bei ihrer Anwendung der Sinn und das Gewicht der Freiheitsgarantien bedacht werden muss und solche Schranken ihrerseits darin wieder ihre Begrenzung finden.

In einem die deutsche Rechtsordnung grundlegend neu orientierenden Urteil hat das Bundesverfassungsgericht schon sehr früh verbindlich entschieden, dass die allgemeinen Gesetze in ihrer das Grundrecht beschränkenden Wirkung ihrerseits im Lichte der Bedeutung des Grundrechts auf freie Meinungsäußerung gesehen und so interpretiert werden müssen, dass der besondere Wertgehalt dieses Rechts, der in der freiheitlichen Demokratie zu einer grundsätzlichen Vermutung für die Freiheit der Rede in allen Bereichen, namentlich aber im öffentlichen Leben, führen muss, auf jeden Fall gewahrt bleibt.[10]

---

[10] BVerfGE 7, 198/206 und 208 f.;

Ohne diese mutige Entscheidung zur „Wechselwirkung“ von Grundrecht und Schrankengesetz, fast könnte man sagen: Gegen den Wortlaut, aber für den Sinn der Verfassung, wäre die Meinungs- und Medienfreiheit wahrscheinlich zu einem erheblichen Teil im Zivil- und Strafrecht verkümmert.

3. Freiheit der Kunst

Die grundsätzliche Wertentscheidung des Artikels 1 Absatz 1 GG in einem Konflikt oder doch einer Konkurrenz in etwa gleichrangiger Rechtsgüter gewinnt vor allem dann entscheidende Bedeutung, wenn ein Grundrecht nicht einem Schrankenvorbehalt unterworfen ist. Zum Beispiel gelten nach dem Wortlaut des Grundgesetzes die für die Meinungs- und Medienfreiheit zu beachtenden Schranken nicht für die in Artikel 5 Absatz 3 GG gewährleistete Freiheit der Kunst. Kunst genießt einen Freiheitsraum für sich, auf den die Schranken des Artikels 5 Absatz 2 GG nicht anzuwenden sind.

Dennoch aber gibt es mindestens eine Schranke, die auch die Freiheit der Kunst nicht grenzenlos sein lässt. Dies ist die Wirkung des Schutzes der personalen Würde des Menschen gemäß Artikel 1 Absatz 1 GG, die unter Umständen sogar über den Tod hinausreicht und die ihn und sein Andenken vor Verunstaltung und Schmähung schützen soll.[11]

Kunst wird mittels der Medien verbreitet, ereignet sich in den Medien, wird für Medien geschaffen – zum Beispiel in der Literatur oder im Film und Fernsehen.

Dann, aber auch nur dann, können auch Medien sich auf die Freiheit der Kunst berufen. Nicht gilt Artikel 5 Absatz 3 GG für die Medien, wenn sie selbst Kunst ohne Teilhabe an der schöpferischen Leistung (und sei es bloß als Auftraggeber) nur im Rahmen ihrer Aufgabe der Information und Berichterstattung weitergeben; auch die Kunstkritik der Medien wird nicht durch die Kunstfreiheit privilegiert, sondern durch die Presse- oder Rundfunkfreiheit und unterliegt dann der Schranken-Trias des Absatzes 2 in Artikel 5 GG.

III. Verbot der Zensur

Artikel 5 Absatz 1 Satz 3 GG bestimmt kurz und knapp: Eine Zensur findet nicht statt.

Nach allgemeiner Auffassung ist damit nur die so genannte Vorzensur durch stattliche Behörden gemeint. Verboten sind insbesondere Regelungen, die eine Veröffentlichung von einer vorherigen Genehmigung einer staatlichen Instanz abhängig machen würden.[12]

Das Zensurverbot betrifft weder gerichtliche Entscheidungen nach Maßgabe der allgemeinen Gesetze noch zum Beispiel die innerbetrieblichen Abläufe in den Medienunternehmen, insbesondere nicht die redaktionelle Entscheidung, was wie gedruckt oder gesendet werden soll – und zwar gilt dies ohne Unterschied für

[11] BVerfGE 30, 173/193;
[12] BVerfGE 33, 54/71 ff.;

privatwirtschaftliche Unternehmen der Presse und des privaten Rundfunks wie für öffentlich-rechtliche Rundfunkanstalten. Allen Medienunternehmen steht mit der institutionellen Freiheit des Mediums auch die Kompetenz zu, über den Inhalt ihres Druckerzeugnisses oder ihres Programms nach freiem, nur durch Gesetz und Verfassung gebundenem Ermessen zu entscheiden. Ein Redakteur oder Chefredakteur, ein Programmdirektor oder Intendant, auch ein Verleger, der einen Beitrag ablehnt oder bearbeiten lässt, verschiebt oder absetzt, übt nicht Zensur aus, sondern nimmt die ihm zukommende Funktion im Rahmen der Medienfreiheit und die damit verbundene rechtliche Verantwortung wahr.

Nicht anders ist die Rechtslage für die internen Kontrollinstanzen der öffentlich-rechtlichen Rundfunkanstalten, die gesellschaftlich plural zusammengesetzten Rundfunkräte (siehe Kapitel 4), deren gesetzliche Aufgabe es ist, als innerbetriebliches Organ des staatsfreien Rundfunks das Programm nach Maßgabe der gesetzlichen Programmrichtlinien zu überwachen. Diese Aufgabe ist wiederum nicht Zensur, sondern Mitwirkung an der Erfüllung der gesetzlichen Aufgabe des öffentlich-rechtlichen Unternehmens als dessen gesetzliches Teil-Organ.

Im Übrigen üben auch diese Gremien keine Vorkontrolle aus, sondern prüfen das gesendete Programm, schon um sich die notwendige Aufsichtsneutralität zu erhalten und nicht durch Vorab-Beurteilung des Programms an der Verantwortung des von ihnen zu kontrollierenden und nach dem Gesetz dafür allein verantwortlichen Intendanten teilzuhaben (ohne dass es dafür wieder eine Aufsichtsinstanz gäbe).

Mediengesetzgebung und Medienstruktur

I. Mediengesetzgebung

Ein allgemeines Mediengesetz, in dem die Rechtsverhältnisse aller Medien, zumindest von Presse und Rundfunk, umfassend und zusammengefasst geregelt wären, gibt es nicht – schon weil dafür weder der Bund noch die Länder die nötige umfassende Gesetzgebungskompetenz haben. Zwar gibt es in einigen Ländern der Bundesrepublik Deutschland „Mediengesetze"; sie betreffen aber nur die so genannten „neuen Medien" und enthalten im Grunde lediglich die Regelungen für den privaten Rundfunk.

1. Gesetzgebung des Bundes

Zur Gesetzgebung des Bundes, die für die Medien besondere Bedeutung hat, gehören: das bürgerliche Recht, das Strafrecht, die Gerichtsverfassung und das gerichtliche Verfahren, das Recht der Wirtschaft einschließlich des Wettbewerbs- und Kartellrechts und das Arbeitsrecht, der gewerbliche Rechtsschutz, das Urheberrecht und das Verlagsrecht sowie die „Telekommunikation".

Unter den Begriff „Telekommunikation" fällt in diesem Zusammenhang aber nur die technische Seite der Informations- und Kommunikationsmedien, für den Rundfunk zum Beispiel nur die Sendetechnik, nicht das Rundfunkrecht im eigentlichen Sinn, in dem die Struktur und die Aufgaben des Rundfunks festgelegt sind.[13] Der Bund hat auf der Grundlage seines Telekommunikationsgesetzes (TKG), das die übermittlungstechnischen Vorgänge bei der Verbreitung von Informationssignalen betrifft, ein Teledienstegesetz (TDG) und dazu ein Teledienstedatenschutzgesetz (TDDSG) erlassen, während die Länder im gleichen Jahr 1997 einen Mediendienste-Staatsvertrag (MDStV) in Kraft setzten, der ebenfalls unter anderem Fragen der inhaltlichen Verantwortung regelt, und, wie die Bundesgesetze, für solche elektronischen Informationsdienste eine Zulassungs- und Anmeldefreiheit festlegt, soweit es sich nicht um Rundfunk im Rechtssinn handelt.

Andererseits wird inzwischen von den Ländern hingenommen, dass der Bund aus Gründen des Sachzusammenhangs mit seinen Gesetzgebungszuständigkeiten für das Straf- und Gerichtsverfahren, für das Arbeits- und das Wirtschaftsrecht auch presse- und rundfunkrechtliche Fragen wie das journalistische Zeugnisverweigerungsrecht, die Grenzen der Berichterstattung aus Gerichtsverhandlungen, der betrieblichen Mitbestimmung oder der wettbewerbsrechtlichen Konzentrationskontrolle im Bereich privatwirtschaftlicher publizistischer Unternehmen regeln kann.

Der Bund ist schließlich noch zuständig für eine „Rahmengesetzgebung" in bestimmten Fällen, in denen an sich die Länder zuständig sind, die Wahrung der

---

[13] BVerfGE 12, 205/248 ff.;

Rechtseinheit oder die Herstellung gleichwertiger Lebensverhältnisse in allen Ländern aber wenigstens einen einheitlichen allgemeinen Rahmen für solche Ländergesetze erforderlich macht (Artikel 75 GG). Hierzu gehören „die allgemeinen Rechtsverhältnisse der Presse". Bemerkenswert ist, dass der Bund ein solches Rahmengesetz bisher nicht erlassen hat.

2. Gesetzgebung der Länder

Die Länder sind daher zuständig für das Presserecht und Rundfunkrecht im eigentlich Sinn und haben hierzu auch jeweils Gesetze erlassen oder – so im Rundfunkbereich – stattdessen oder ergänzend untereinander Staatsverträge geschlossen, die in der Rechtswirkung den Landesgesetzen gleichgestellt sind, das heißt gemeinsames Gesetzesrecht der vertragsschließenden Länder darstellen.

Alle Länder verfügen auch über eine eigene Verfassung mit Bestimmungen über die Meinungs- und Pressefreiheit; Bayern hat darüber hinaus noch eigene Verfassungsartikel über die Freiheit und Struktur des Rundfunks, die – insoweit einmalig – festlegen, dass in Bayern Rundfunk nur in öffentlicher Verantwortung und öffentlich-rechtlicher Trägerschaft betrieben werden darf (Artikel 111 a BV). Die Länderverfassungen sind als Landesrecht dem Bundesrecht untergeordnet, entsprechen aber inhaltlich dem Artikel 5 GG und der Auslegung, die dieser durch das Bundesverfassungsgericht erfahren hat; das Gleiche gilt für die Gesetze und Staatsverträge der Länder zur Regelung von Presse und Rundfunk. Sie sind allgemeine Schrankengesetze im Sinn des Artikels 5 Absatz 2 GG und im Lichte der Bedeutung der Grundrechte des Grundgesetzes auszulegen und anzuwenden.

2.1 Presserecht

Die wichtigste Quelle des für die Presse geltenden Rechts sind, nach der Verfassung und neben dem allgemeinen bürgerlichen Recht und dem Strafrecht, die Pressegesetze der deutschen Länder. Obwohl von jedem der 15 Länder gesondert erlassen, stimmen sie nicht nur in den Grundzügen, sondern auch in den Einzelheiten ziemlich weitgehend überein. Die meisten folgen einem Modellentwurf, auf den man sich, auch mangels eines Rahmengesetzes des Bundes (siehe oben), verständigt hatte.

Die Pressegesetze betonen die Freiheit der Presse im Rahmen der Verfassung, insbesondere auch, dass die Tätigkeit der Presse einschließlich der Errichtung eines Verlags oder eines sonstigen Betriebs des Pressewesens nicht von irgendeiner Zulassung abhängig gemacht werden darf. Andererseits wird auf die Sorgfaltspflicht der Presse hingewiesen: Die Presse hat alle Nachrichten vor ihrer Verbreitung mit der nach den Umständen gebotenen Sorgfalt auf Wahrheit, Inhalt und Herkunft zu prüfen. Auf allen Druckwerken müssen – Impressumspflicht – der Verleger und der Drucker genannt werden, bei periodischen Druckwerken auch der verantwortliche Redakteur (gibt es mehrere, muss angegeben werden, für welchen Teil des Druckwerks sie verantwortlich sind); zu ihren Lasten wird vermutet, dass sie den Inhalt vor der Veröffentlichung kannten. In einer Reihe von Pressegesetzen werden die Verleger von Zeitungen und Zeitschriften verpflichtet, in regelmäßigen Abständen die Eigentümer- und Beteiligungsverhältnisse offen zu legen. Im Zuge der sich verringernden Zahl unabhängiger Zeitungen sind diese Publizitätspflichten von zunehmender Aktualität. In diesem Zusammenhang ist auch auf das vom Bund erlassene „Gesetz über eine Pressestatistik" (BGBl 1975 I, Seite 777) hinzuweisen; danach haben die Verleger von Zeitungen und Zeitschriften jedes Jahr dem Statistischen Bundesamt wesentliche betriebliche Daten (Umsätze, Kosten, Zahl der Mitarbeiter, Kooperationen bei Redaktion, Vertrieb, Anzeigen, usw.) mitzuteilen.

Grundsätzlich bedeutsam ist, dass die Pressegesetze der Presse ausdrücklich die Erfüllung einer öffentlichen Aufgabe zugestehen und ausdrücklich hervorheben, was inzwischen allgemein anerkanntes Recht ist: dass die Presse den Rechtfertigungsgrund der Wahrnehmung berechtigter Interessen der Öffentlichkeit für sich in Anspruch nehmen kann, wenn sie mit der gehörigen Sorgfalt arbeitet. Dazu räumen ihr die Pressegesetze ein besonderes Informationsrecht gegenüber Behörden ein (siehe Kapitel 10).

Für den Alltag wichtig sind die Regelungen der Pressegesetze zum Recht auf Gegendarstellung zu Tatsachenbehauptungen in der Presse (siehe Kapitel 10).

2.2 Rundfunkrecht

Das Rundfunkrecht bezieht sich auf den Rundfunk im engeren Rechtssinn, das heißt auf den herkömmlichen Rundfunk in Form von Hörfunk und Fernsehen (gleich welcher Art der Verbreitung – durch terrestrische Sender, Satelliten, Kabel), aber auch auf sonstige elektronische Medien- und Kommunikationsdienste. Die entsprechenden Regelungen wurden von den Ländern nach Maßgabe des Grundgesetzes in einer Vielzahl von Rundfunk- und Mediengesetzen sowie in Staatsverträgen erlassen.

Die wichtigste gesetzliche Rechtsgrundlage des Rundfunkrechts ist der von allen 16 Ländern der Bundesrepublik Deutschland geschlossene „Rundfunkstaatsvertrag" (RStV) vom 31.8.1991, derzeit in der Fassung des zum 1.4.2003 in Kraft getretenen 7. Änderungsstaatsvertrags. Auf der Grundlage der Rundfunkfreiheit gemäß Artikel 5 Absatz 2 GG regelt er mit Wirkung für alle Länder in seinem ersten Abschnitt „die Veranstaltung und Verbreitung von Rundfunk in Deutschland in einem dualen Rundfunksystem" (§ 1 Absatz 1 RStV); der zweite und dritte Abschnitt betreffen das Recht der Rundfunkgebühren und der Rundfunkfinanzierung, insbesondere die Ermittlung und Höhe der Rundfunkgebühr samt einem Finanzausgleich unter den Rundfunkanstalten.

Duales Rundfunksystem bedeutet ein Nebeneinander von öffentlich-rechtlichem und privatrechtrechtlich organisiertem, kommerziellem Rundfunk, wie es sich im Zuge der Erweiterung der technischen Möglichkeiten zur Verbreitung von Rundfunkprogrammen (zusätzliche FM-Frequenzbereiche, Kabel, Satelliten) seit Beginn der achtziger Jahre des 20. Jahrhunderts herausgebildet hat. Ein duales System im sonst üblichen Sinn, bei dem die einzelnen Teile sich gegenseitig vollwertig ersetzen können, ist dies allerdings nicht; es ist vom Gesetzgeber gerade nicht so angelegt: Der öffentlich-rechtliche Rundfunk hat wesentlich umfassendere

Aufgaben zu erfüllen als sie den privaten Programmveranstaltern vom Gesetz abverlangt werden (siehe Kapitel 4).

Zuständig für die Zulassung privater Rundfunkprogramme (siehe Kapitel 8) sind die „Landesmedienanstalten", die in jedem Land durch ein vom Rundfunkgesetz für den öffentlich-rechtlichen Rundfunk getrenntes Landesmediengesetz[14] als staatsunabhängige Anstalten des öffentlichen Rechts errichtet wurden und auch durch ein plural zusammengesetztes Gremium („Medienrat") die Aufsicht über den privaten Rundfunk, soweit eine solche extern ausgeübt werden kann, wahrnehmen.

Der öffentlich-rechtliche Rundfunk wird betrieben durch staatsunabhängige Anstalten des öffentlichen Rechts, die ihre Programme selbst herstellen, verbreiten und verantworten (siehe Kapitel 4).

Natürlich hat sich spätestens bei Einführung des privatwirtschaftlich organisierten Rundfunks die grundsätzliche Frage gestellt, ob es dieser öffentlich-rechtlichen Rundfunkanstalten, die bis dahin seit Einführung des Mediums Rundfunk in den frühen zwanziger Jahren des vorigen Jahrhunderts ein Monopol für die Veranstaltung von Rundfunk hatten, mindestens ein öffentlich-rechtliches Oligopol bildeten, überhaupt noch bedarf oder – anders gefragt – ob ihre Existenz verfassungsrechtlich weiterhin zulässig ist. Das Bundesverfassungsgericht hat beide Fragen mehrfach sehr eindeutig und nachhaltig bejaht. In mehreren Urteilen entschied es, der Rundfunk dürfe angesichts seiner besonders weitreichenden Wirkungen „nicht dem freien Spiel der Kräfte überlassen werden", zumal „einmal eingetretene Fehlentwicklungen – wenn überhaupt – nur bedingt und nur unter erheblichen Schwierigkeiten rückgängig gemacht werden könnten".[15]

An dieser die besondere verfassungsrechtliche Funktion des öffentlich-rechtlichen Rundfunks betonenden Rechtsprechung hat das Bundesverfassungsgericht bis heute unbeirrt festgehalten[16] – ungeachtet der Entwicklung der Kommunikations- und insbesondere auch der Rundfunktechnik wie des „Rundfunkmarktes", ja geradezu bestärkt durch die dabei zu Tage tretenden Entwicklungen.

II. Die Medienstruktur in Deutschland

Die Medienstruktur in der Bundesrepublik Deutschland ist eine Folge des verfassungsrechtlichen Verständnisses von der Freiheit der Medien und der Informations- und Meinungsverbreitung überhaupt. Sie ist das Ergebnis einer vielgestaltigen Gesetzgebung, die diesem Verfassungsverständnis Rechnung trägt.

1. Presse

So ist die Presse – Zeitungen, Zeitschriften, Nachrichtenagenturen ebenso wie die Buchverlage und die Druckereien – privatwirtschaftlich betrieben und nach

[14] die Bezeichnungen sind unterschiedlich: Privatfunkgesetz, Landesrundfunkgesetz ...
[15] BVerfGE 31, 314/325; 57, 295/323; 73, 118/158 f.;
[16] BVerfGE 74, 297/325; 83, 238/298; 90, 60/88-91; 7, 228/257;

den Regeln des Zivilrechts, das heißt des Handels- und Gesellschaftsrechts organisiert. Soweit nicht noch in seltenen Fällen Einzelpersonen die Eigentümer der die Presse betreibenden oder der Presse dienenden Unternehmen sind, finden sich vor allem die Rechtsformen der Aktiengesellschaft (AG), der Gesellschaft mit beschränkter Haftung (GmbH), der Kommanditgesellschaft (KG) oder, meist aus steuerlichen Gründen, einer Mischform wie „GmbH & Co KG" oder auch Kommanditgesellschaft auf Aktien, wenn die Kapitalausstattung durch Aktien mit einer Bindung an einige wenige Beteiligte und einen maßgeblichen geschäftsführenden Gesellschafter verknüpft werden soll.

Nach wie vor ist eine ansehnliche Vielzahl von Zeitungen und Zeitschriften auf dem Markt (siehe Anlage). Dennoch ist seit geraumer Zeit ein Trend zur Konzentration auf immer weniger selbständige, voneinander unabhängige Presseunternehmen festzustellen; nicht immer handelt es sich dabei um regelrechte Fusionen, Übernahmen, Aufkäufe, auch verschiedene Formen der Kooperation wie Gemeinschaftsdruck, Anzeigen- oder Vertriebsverbund bis zu Gemeinschaftsredaktionen und der Übernahme ganzer Zeitungsteile schaffen unternehmerische Konzentrationen und berühren unter Umständen die publizistische Selbständigkeit und Vielfalt. Dieser Trend zum Großverbund ist vor allem bei regionalen Abonnement-Zeitungen zu beobachten, die immer häufiger in wirtschaftliche Probleme geraten. Staatliche Maßnahmen gegen diesen Trend können allenfalls im Rahmen der Missbrauchsaufsicht über den wirtschaftlichen Wettbewerb (Fusionskontrolle) nach dem Gesetz über Wettbewerbsbeschränkungen (GWB) erfolgen (siehe Kapitel 9).

2. Rundfunk

Das private Fernsehen wurde seit Anbeginn von zwei Unternehmensgruppen dominiert: RTL/CLT (mit Bertelsmann) und der Kirch-Gruppe, nach deren Zusammenbruch nun die Saban-Gruppe die Rolle übernommen hat; auch wenn das eine oder andere Unternehmen des früheren Verbunds, wie DSF und Premiere (das Pay-TV-Unternehmen) nun selbständig betrieben wird, blieb die Gruppe Sat 1/ProSieben doch auf Platz 2 der kommerziellen Veranstalter nach RTL.

Die damit verbundenen Konzentrationsprobleme stellen sich beim privaten Rundfunk zum einen wie bei der Presse unter dem Gesichtspunkt missbräuchlicher Marktbeherrschung oder der Fusionskontrolle im Sinn des allgemeinen Wettbewerbsrechts, zum anderen aber zuerst und vor allem wegen der rundfunkrechtlichen Bestimmungen zur Vermeidung „vorherrschender Meinungsmacht" (siehe Kapitel 8).

Öffentlich-rechtlicher Rundfunk und privater Rundfunk veranstalten der Zahl nach etwa gleich viele bundesweit empfangbare Fernsehprogramme. Die ARD[17]

---

[17] ARD = Arbeitsgemeinschaft der öffentlich-rechtlichen Rundfunkanstalten der Bundesrepublik Deutschland, bestehend aus allen Rundfunkanstalten mit Ausnahme des Zweiten Deutschen Fernsehens (ZDF; „Zweites Fernsehprogramm"), veranstaltet gemeinsam das „Erste Fernsehprogramm" und mit dem ZDF zusammen vier weitere (Sparten-)Programme sowie die auf Landesebene getrennt orga-

und das ZDF zusammen bieten zusammen 15 Fernsehprogramme an, die nebst einigen Zusatzprogrammen auch Bestandteil ihrer „digitalen Bouquets“ sind. ARD und ZDF binden das Fernsehpublikum in der Regel zu 40–45 % an sich, während RTL und Sat 1 meist unter 40 % bleiben, auch wenn RTL häufig im Jahresvergleich – allerdings auch im Wechsel mit der ARD – das quotenstärkste Programm ist.

Lokales Fernsehen, meist privatrechtlich betrieben, hat sich entwickelt, spielt aber für den Medienmarkt eine vergleichsweise geringe Rolle. Anders im Hörfunk, wo eine große Zahl, im allgemeinen privater, Radiostationen mit den überwiegend überregionalen und regionalen Programmen des öffentlich-rechtlichen Rundfunks in Konkurrenz stehen und sich als komplementäre Quelle lokaler Information und Unterhaltung durchaus bewährt haben.

---

nisierten acht „Dritten Fernsehprogramme“ und einen weiteren Spartenkanal (Bildungsfernsehen) des Bayerischen Rundfunks

ANHANG[18]

Medienangebot in Deutschland 2003

	2003
Fernsehprogramme[1] *	
- öffentlich-rechtliche Programme	**21
- privat-rechtliche Programme	142
Hörfunkprogramme[2]	
- öffentlich-rechtliche Programme	63
- privat-rechtliche Programme	199
Tageszeitungen[3]	381
Wochenzeitungen[3]	27
Publikumszeitschriften[3]	828
Fachzeitschriften[3]	1.084
Anzeigenblätter[4]	1.292

* inklusive digitaler Fernsehangebote

** im Jahr 2003 gab es 8 Dritte Programme der ARD-Landesrundfunkanstalten

Quellen:

[1] ZAW Werbung in Deutschland 2003, KEK, eigene Recherchen

[2] MA 2003 bzw. MA 88, in: Online-Angebot der ARD-Werbung

[3] IVW-Auflagenlisten, in: Media Perspektiven Basisdaten 2003

[4] BVDA – Bundesverband Deutscher Anzeigenblätter, in: Media Perspektiven Basisdaten 2003

---

[18] Der Anhang wurde von der Medienforschung des Bayerischen Rundfunks zusammengestellt.

Medienangebot in Deutschland 2003 vs. 1985

	2003	1985*
Fernsehprogramme[1] **		
- öffentlich-rechtliche Programme	***21	11
- privat-rechtliche Programme	142	2
Hörfunkprogramme[2]		
- öffentlich-rechtliche Programme	63	*1988*: 38
- privat-rechtliche Programme	199	*1988*: 10
Tageszeitungen[3]	381	395
Wochenzeitungen[3]	27	47
Publikumszeitschriften[3]	828	369
Fachzeitschriften[3]	1.084	779
Anzeigenblätter[4]	1.292	952

* Das Angebot der Hörfunkprogramme kann für das Jahr 1985 aufgrund fehlender Daten nicht ausgewiesen werden; ersatzweise ist hier das Angebot im Jahr 1988 aufgeführt.

** inklusive digitaler Fernsehangebote

*** Im Jahr 2003 gab es 8 Dritte Programme der ARD-Landesrundfunkanstalten.

Quellen:

[1] ZAW Werbung in Deutschland 2003, KEK, eigene Recherchen

[2] MA 2003 bzw. MA 88, in: Online-Angebot der ARD-Werbung

[3] IVW-Auflagenlisten, in: Media Perspektiven Basisdaten 2003

[4] BVDA – Bundesverband Deutscher Anzeigenblätter, in: Media Perspektiven Basisdaten 2003 bzw. Online-Angebot des BVDA

Öffentlich-rechtlicher Rundfunk

Die verfassungsrechtlich herausgehobene Funktion des öffentlich-rechtlichen Rundfunks als Garant eines umfassenden Programmangebots und größtmöglicher publizistischer Vielfalt wurde bereits an anderer Stelle (Kapitel 1 und 3) anhand der gerade für den öffentlich-rechtlichen Rundfunk besonders folgenreichen Rechtsprechung des Bundesverfassungsgerichts dargelegt. Seit einiger Zeit wird, auf diese Rechtsprechung Bezug nehmend, vor allem auf seine Aufgabe abgestellt, eine umfassende „Grundversorgung" auf allen für die öffentliche Meinungsbildung relevanten Gebieten öffentlichen und individuellen Interesses zu gewährleisten und zwar in besonderer kultureller Verantwortung.[19]

I. Gesetzliche Grundlagen

In der Bundesrepublik Deutschland gibt es insgesamt zwölf öffentlich-rechtliche Rundfunkanstalten. Alle diese Rundfunkunternehmen beruhen jeweils auf einem Gesetz des Landes, in dem sie errichtet wurden oder, wenn sie von mehreren Ländern gemeinsam geschaffen sind, auf einem Staatsvertrag dieser Länder.

Die Anfänge dieser Gesetzgebung stammen aus der Zeit unmittelbar nach 1945 und standen nachhaltig unter dem Einfluss der schlimmen Erfahrungen mit einem vom NS-Unrechtsstaat zu Propagandazwecken zentral und straff gelenkten, buchstäblich gleichgeschalteten, Staatsrundfunk. Nicht zuletzt auch auf Betreiben der damaligen westlichen Besatzungsmächte, vor allem Großbritanniens und der USA, entstanden aus dieser geschichtlichen Erfahrung mit einer zentralistischen Diktatur eine Reihe landesbezogener Rundfunkunternehmen, die dem staatlichen Zugriff entzogen sein sollten und zu diesem Zweck mit dem Recht umfassender Selbstverwaltung im Rahmen des die Ziele und Grundlinien ihrer Aufgabe festlegenden Gesetzes ausgestattet wurden. Das Modell der ähnlich unabhängig, aber in öffentlicher Verantwortung organisierten British Broadcasting Corporation (BBC) liegt dem so, noch vor Errichtung der Bundesrepublik Deutschland im Jahre 1949, entstandenen öffentlichen Rundfunk deutscher Prägung unverkennbar zu Grunde. Daran hat sich auch in der Folgezeit bis heute nichts Entscheidendes geändert. Das Modell wurde auch in späteren Gesetzen oder Staatsverträgen und bei Gesetzesänderungen im Wesentlichen beibehalten.

II. Rechtsform und Organisationsstruktur

1. Rechtsform des öffentlich-rechtlichen Rundfunks

Als Rechtsform wählte man die „Anstalt des öffentlichen Rechts", weil sie aus dem traditionellen Instrumentarium des deutschen öffentlichen Rechts noch am

---

[19] BVerfGE 73, 118/158;

ehesten geeignet erschien, das Ziel der Gesetzgebung – Schaffung eines im Rahmen des Gesetzes autonomen und rechtsfähigen publizistisch-künstlerischen Unternehmens in öffentlicher Verantwortung zur Erfüllung einer öffentlichen Aufgabe – organisatorisch umzusetzen. Als Rundfunkanstalten mussten diese Unternehmen aber staatsfrei organisiert werden. Sie sind unabhängig von staatlichem, das heißt vor allem Regierungseinfluss; sie haben das Recht der Selbstverwaltung und besitzen eigene Rechtspersönlichkeit einschließlich eigener, allein selbst zu entscheidender Klagebefugnis gegen Verletzungen des Selbstverwaltungsrechtes bis hin zur Möglichkeit, Verfassungsbeschwerde wegen Verletzung des Artikels 5 Absatz 1 Satz 2 GG zu erheben.

Auch die Aufsicht ist entsprechend strukturiert: Sie ist Teil der Selbstverwaltung und wird von besonderen Aufsichtorganen ausgeübt, die Organe der Rundfunkanstalt selbst sind. Dem Staat verbleibt nur eine allgemeine Rechtsaufsicht, die aber wieder durch Artikel 5 GG eingeschränkt ist und damit ohnehin alle programmbezüglichen und programmrelevanten Vorgänge nicht betreffen darf; außerdem darf sie allenfalls dann eintreten, wenn die anstaltseigenen Aufsichtsorgane (siehe unten) ihrer Aufgabe nicht nachkommen und nicht tätig werden würden.

2. Organisationsstruktur der Rundfunkanstalten

Die Vielzahl der Gesetze und Staatsverträge lässt die Vermutung aufkommen, dass dementsprechend vielgestaltig auch die Organisationsstruktur ist. Dies ist jedoch nicht der Fall. Die wesentlichen Strukturelemente sind in allen deutschen Rundfunkanstalten gleich.[20] Alle besitzen drei Organe:

- Rundfunkrat
- Verwaltungsrat
- Intendant

2.1. Intendant

Die Geschäfte der Rundfunkanstalt führt der Intendant. Nach dem Gesetz trägt er letztlich allein die rechtliche Verantwortung; demgemäß vertritt er auch die Anstalt rechtlich nach innen und außen, gerichtlich und außergerichtlich, und besitzt die entsprechende letzte Entscheidungsbefugnis.

Der Intendant wird vom Rundfunkrat (oder vom Verwaltungsrat auf Vorschlag des Rundfunkrates) für eine bestimmte mehrjährige Amtszeit (meist fünf bis sechs Jahre) gewählt; mit qualifizierter Mehrheit kann er vom gleichen Organ, aber von niemand sonst, auch abberufen werden. Wiederwahl ist, zeitlich unbeschränkt, möglich.

Zur Ernennung der Direktoren (zum Beispiel für Radio, Fernsehen, Verwaltung, Technik und Juristische Angelegenheiten (Justitiar)) bedarf der Intendant der Zustimmung des Rundfunkrates und, wie bei allen Arbeitsverträgen über einer gewissen Gehaltshöhe, des Verwaltungsrates; auch die Amtszeit der Direktoren ist

---

[20] Die Darstellung orientiert sich am Bayerischen Rundfunk, der dem Verfasser besonders vertraut ist; Gesetzeszitate sind dem Bayerischen Rundfunkgesetz entnommen.

in der Regel befristet, ebenso meist die Berufung der nächsten hierarchischen Ebene, der so genannten Hauptabteilungsleiter.

2.2. Rundfunkrat

Der Rundfunkrat, so heißt es zum Beispiel im Bayerischen Rundfunkgesetz, „vertritt die Interessen der Allgemeinheit auf dem Gebiete des Rundfunks. Er wacht darüber, dass der Bayerische Rundfunk seine Aufgaben gemäß dem Gesetz erfüllt und übt das hierzu nötige Kontrollrecht aus. Seine Mitglieder sind verpflichtet, sich in ihrer Tätigkeit für das Gesamtinteresse des Rundfunks und der Rundfunkteilnehmer einzusetzen: Sie sind an Aufträge nicht gebunden."

Die Zahl der Mitglieder der Rundfunkräte ist unterschiedlich; in Bayern sind es 47, die von 29 verschiedenen so genannten „gesellschaftlich relevanten Gruppen und Einrichtungen", die das Gesetz einzeln bestimmt, nach deren eigener, vom Staat gänzlich unabhängiger Entscheidung für eine Periode von jeweils fünf Jahren entsandt werden. Solche Gruppen und Einrichtungen sind zum Beispiel die Gewerkschaften und der Arbeitgeberverband, Hochschulen, Kirchen, Gemeinden und Landkreise, Naturschutz und Heimatpflege, Vertreter der Jugendorganisationen, der Bauern, der Journalisten und der Zeitungsverleger, der Schriftsteller, Musiker, Komponisten und Theater des Landes usw. Unter den 47 Mitgliedern sind auch 12, die von den im (Landes-)Parlament vertretenen Parteien entsandt werden, außerdem ein Mitglied der Regierung; die Bayerische Verfassung gebietet jedoch in Artikel 111 a, und das Gesetz trägt dem Rechnung, dass nicht mehr als ein Drittel der Mitglieder des Rundfunkrates vom Parlament und der Regierung entsandt werden (tatsächlich sind es weit weniger).

Die Aufgaben des Rundfunkrates sind im Wesentlichen folgende:

- Wahl und gegebenenfalls Abberufung des Intendanten
- Zustimmung zur Berufung der im Gesetz dafür benannten leitenden Mitarbeiter
- Wahl von vier Mitgliedern des Verwaltungsrats
- Beratung der Programmplanung und Genehmigung des unter anderem darauf beruhenden jährlichen Wirtschaftsplans (Budgets) und der Wirtschaftsrechnung am Ende des Jahres einschließlich der Entscheidung über die Entlastung des Intendanten für den ordnungsmäßigen Vollzug des Wirtschaftsplans
- Laufende Programmkontrolle nach Maßgabe der Verfassung und der gesetzlichen Programmrichtlinien (aber nur jeweils nach der Sendung, eine Vorkontrolle findet nicht statt)

2.3. Verwaltungsrat

Der Verwaltungsrat besteht, nach dem Bayerischen Rundfunkgesetz, aus sechs Mitgliedern; in anderen Fällen ist er etwas zahlreicher besetzt. Zwei dieser sechs Mitglieder sind so genannte „geborene" Mitglieder: Kraft Gesetzes ist der Vorsitzende des Verwaltungsrats stets der jeweilige Präsident des (Landes-) Parlaments und sein Stellvertreter der Präsident des höchsten Verwaltungsgerichts des Landes, des Verwaltungsgerichtshofs (dies ist sonst nicht so vorgeschrieben). Die weiteren vier Mitglieder werden vom Rundfunkrat auf jeweils fünf Jahre gewählt.

Aufgabe des Verwaltungsrats ist vor allem, die Geschäftsführung des Intendanten in wirtschaftlicher Hinsicht zu überwachen. Verträge von besonderer Tragweite, zum Beispiel die so genannten Tarifverträge mit den Gewerkschaften über Arbeitsbedingungen und Gehälter, bedürfen seiner Zustimmung, ebenso technische Investitionen ab einer gewissen Größenordnung und die Arbeitsverträge mit den fest angestellten Mitarbeitern ab etwa dem oberen Drittel der Gehaltsskala.

Die Mitgliedschaft in den Aufsichtsgremien des öffentlich-rechtlichen Rundfunks ist nebenamtlich und ehrenamtlich.

3. Programmauftrag und Programmrichtlinien

Die Programmaufgabe ist, wie mehrfach dargestellt, von der Zielvorgabe des Artikels 5 GG bestimmt. Dem entsprechen auch die in den einzelnen Gesetzen und Staatsverträgen zwar in unterschiedlicher Weise formulierten, aber inhaltlich völlig übereinstimmenden Programmrichtlinien. Seit dem 1. April 2004 werden diese einzelgesetzlichen Formulierungen des Programmauftrags, ohne sie aufzuheben, ergänzt durch eine Neufassung von § 11 RStV.

Zur Verbreitung seiner Angebote und Programme an die Allgemeinheit kann sich der öffentlich-rechtliche Rundfunk aller dafür geeigneten Techniken bedienen, auch des Videotexts und der Online-Technologie (Internet).

4. Finanzierung des öffentlich-rechtlichen Rundfunks

Die wirtschaftliche Grundlage des öffentlich-rechtlichen Rundfunks ist eine Mischfinanzierung. Sie besteht aus den Rundfunkgebühren und aus den Erträgen der Werbung in Hörfunk und Fernsehen.

Die bei weitem wichtigste Finanzierungsquelle sind die Rundfunkgebühren, die jedermann nach Maßgabe des Rundfunkstaatsvertrags (siehe Kapitel 3) direkt an die öffentlich-rechtlichen Rundfunkanstalten zu entrichten hat, der ein Radio- und/oder Fernsehgerät zum Empfang bereithält. Die Rundfunkgebühr ist für das Bereithalten des Geräts zum Empfang zu zahlen, das heißt auch dann, wenn jemand die Programme des öffentlich-rechtlichen Rundfunks nicht nutzen will; es handelt sich nicht um eine Programmnutzungsgebühr (auch nicht um Pay-TV oder Pay-per-view).

Eine solche Abgabe kann nur durch ein Gesetz und damit durch eine Entscheidung des Parlaments festgelegt werden. Dies jedoch eröffnet eine Einfallpforte für politische Einflussnahme und Gängelung, die mit der institutionellen Freiheit des Rundfunks gemäß Artikel 5 Absatz 1 Satz 2 GG nicht vereinbar ist.

In einem sehr eingehenden Urteil hat das Bundesverfassungsgericht 1994 grundlegende und sehr ins Detail gehende Ausführungen zur Finanzierung des öffentlich-rechtlichen Rundfunks gemacht.[21] Darin ist festgelegt, dass der öffentlich-rechtliche Rundfunk einen verfassungsrechtlichen Anspruch hat, vom Gesetzgeber

[21] BVerfGE 90, 60/87 ff., insbesondere 88-96;

finanziell so ausgestattet zu werden, dass er im Stande ist, „die zur Erfüllung seiner Funktion erforderlichen Programme zu verwirklichen und auf diese Weise die Grundversorgung der Bevölkerung mit Rundfunk sicherzustellen“ (a.a.O. Seite 93) – „... in der Art und Weise der Funktionserfüllung sind die Rundfunkanstalten grundsätzlich frei. Die Bestimmung dessen, was die verfassungsrechtlich vorgegebene und gesetzlich näher umschriebene Funktion publizistisch erfordert, steht ihnen zu.“ (a.a.O. Seite 91)

Diese Freiheit zur Selbstbestimmung der benötigten oder doch gewünschten Mittel könnte freilich zu einer überzogenen Selbstbedienung führen und im Ergebnis den Gebührenzahlern nicht zumutbar sein. Umgekehrt dürfte darüber aber auch nicht das Parlament nach freiem Ermessen entscheiden, weil dabei wieder andere unzulässige Kriterien zum Tragen kommen könnten. Um dieses Dilemma in verfassungsrechtlich noch erträglicher Weise zu lösen, wurde nach der bindenden Maßgabe des Bundesverfassungsgerichts eine unabhängige Sachverständigenkommission eingerichtet, die alle Bedarfsanmeldungen der Rundfunkanstalten auf ihre Erforderlichkeit, Wirtschaftlichkeit und Sparsamkeit prüft. Diese aus 16 Mitgliedern bestehende „Kommission zur Ermittlung des Finanzbedarfs der Rundfunkanstalten“ (KEF) wird von den Ministerpräsidenten der Länder berufen und erstattet mindestens alle zwei Jahre einen Bericht zur Finanzlage der Rundfunkanstalten, der veröffentlicht und vor allem den Parlamenten der Länder zugeleitet wird. Darin nimmt sie auch dazu Stellung, ob, wann und wie gegebenenfalls die Höhe der Rundfunkgebühr verändert werden soll. An diese Empfehlung sind die Parlamente als Folge der genannten Entscheidung des Bundesverfassungsgerichts praktisch gebunden, wenn sie nicht begründen können, dass eine solche Erhöhung sozial nicht vertretbar ist.

Die Rundfunkgebühren müssen jenen Finanzbedarf decken, der nicht aus den Erträgen der Werbung in Hörfunk und Fernsehen finanziert werden kann. Angesichts der erheblichen zeitlichen Begrenzungen der Rundfunkwerbung durch die Rundfunkgesetze und den Rundfunkstaatsvertrag (siehe Kapitel 17), die mit Rücksicht auf den rein werbefinanzierten privaten Rundfunk und den Werbemarkt der Presse bei weitem enger und strenger sind, als dies zum Beispiel nach den Werbebeschränkungen durch die Rundfunk-Direktive der Europäischen Union notwendig wäre, aber auch angesichts der gegenwärtigen Flaute auf dem Werbemarkt beträgt der Anteil der Werbung an der Gesamtfinanzierung des öffentlich-rechtlichen Rundfunks nur mehr wenige Prozente; mehr als 18 % im deutschen Durchschnitt waren es auch in wirtschaftlich besseren Zeiten und ohne Konkurrenz auf dem Werbemarkt nicht.

Die Rolle internationaler Verträge im Medienbereich

I. Menschenrechtsabkommen

Grundlage des Medienrechts wie der institutionellen Freiheit der Medien ist die Anerkennung der Freiheit der Information und Meinungsäußerung als ein dem Staat vorgegebenes Menschenrecht. Die Quelle dieses Verständnisses liegt in historischen und geistigen Entwicklungen der letzten 200 Jahre, beginnend mit der Staatsphilosophie der Aufklärung. Hinzuweisen wäre auf die „Allgemeine Erklärung der Menschen- und Bürgerrechte“ im Verlauf der Französischen Revolution von 1789 oder auf Verfassungsdokumente in den USA von 1776 und 1787. Von dort führt der Weg, nach mancherlei Irrwegen, über die weltweite Erfahrung des II. Weltkriegs zur „Allgemeinen Erklärung der Menschenrechte“, die von der Generalversammlung der Vereinten Nationen am 10. Dezember 1948 verkündet wurde.

Diese sehr richtige Erklärung blieb nur in weiten Teilen der Welt ohne Folgen, da ihre Verletzung keine Sanktionen auslösen konnte. Immerhin hatten die Teilnehmer-Staaten der Konferenz von Helsinki über Sicherheit und Zusammenarbeit in Europa (KSZE) in der Schlussakte vom 1. August 1978 in Abschnitt VII des „Korbs 3“ ein feierliches Bekenntnis zu den Menschenrechten abgegeben, das dann in den Jahren des Umbruchs zur Freiheit in Europa ein wichtiges politisches Argument wurde.

Einen gewissen Fortschritt bedeutete der im Rahmen der Vereinten Nationen geschlossene Internationale Pakt über bürgerliche und politische Rechte, der in einem „Fakultativprotokoll“ später sogar eine „Individualbeschwerde“ einführte, sofern der nationale Rechtsweg ausgeschöpft wurde und der Staat des Beschwerdeführers das Protokoll ratifiziert hat. Für die Bundesrepublik Deutschland ist dies mit Wirkung vom 25.11.1993 geschehen (BGBl.1994, Seite 311).

Größere Bedeutung für die Rechtspraxis in Deutschland und in Europa hat die im Rahmen des Europarats geschaffene „Europäische Konvention zum Schutz der Menschenrechte und Grundfreiheiten“ vom 4. November 1950, die mittlerweile durch das Beitreten so vieler Staaten aus Mittel- und Osteuropa ein überaus großes Geltungsgebiet besitzt. Die Konvention (EMRK) behandelt das „Recht der freien Meinungsäußerung“ in Artikel 10. Eine sehr breite Aufzählung von möglichen Schranken nötigt zu dem Hinweis, dass auch solche Schranken wieder nur restriktiv unter Beachtung der fundamentalen Bedeutung dieses Grundrechts angewandt werden dürfen. Dabei ist auf Artikel 53 der Konvention hinzuweisen, der klarstellt, dass die Konvention nicht so auszulegen ist, „als beschränke oder beeinträchtige sie Menschenrechte und Grundfreiheiten, die in den Gesetzen einer Hohen Vertragspartei oder in einer anderen Übereinkunft, deren Vertragspartei sie ist, anerkannt werden.

Der von der Konvention gewährte konkrete Rechtsschutz wurde durch das Protokoll Nr.11, in Kraft getreten am 1.11.1998, neu gestaltet und in seiner Effizienz erheblich verbessert. Statt des früheren, Zeit raubenden, zweistufigen Verfahrens (Kommission für Menschenrechte und daran anschließend Gerichtshof) wurde nun, um die Einhaltung der Verpflichtungen der Mitgliedstaaten aus der Konvention sicherzustellen, ein „Europäischer Gerichtshof für Menschenrechte" errichtet (Artikel 19 ff. EMRK), der von jeder Vertragspartei (Artikel 33 EMRK), aber auch von jedermann angerufen werden kann; Artikel 34 EMRK eröffnet die Möglichkeit der „Individualbeschwerde".

Voraussetzung ist die vorherige Erschöpfung aller innerstaatlichen Rechtsbehelfe (Artikel 35 EMRK). Der Gerichtshof versucht, eine gütliche Einigung herbeizuführen, oder er entscheidet in der Sache. Die Mitgliedstaaten sind verpflichtet, in allen Rechtssachen, in denen sie Partei sind, das endgültige Urteil des Gerichts zu befolgen (Artikel 46 Absatz 1 EMRK). Stellt der Gerichtshof eine Rechtsverletzung fest und gestattet das innerstaatliche Recht des betroffenen Mitgliedstaats „nur eine unvollkommene Wiedergutmachung für die Folgen dieser Verletzung, so spricht der Gerichtshof der verletzten Partei eine gerechte Entschädigung zu, wenn dies notwendig ist" (Artikel 41 EMRK).

Die Europäische Menschenrechtskonvention ist in allen beigetretenen Staaten innerstaatlich unmittelbar geltendes Recht, auf das man sich auch vor innerstaatlichen Instanzen berufen kann, wie Artikel 13 der Konvention unterstreicht.

In Artikel 6 Absatz 2 des Vertrages über die Europäische Union wird festgestellt, dass die EU die Grundrechte „achtet", wie sie in der Konvention des Europarates gewährleistet sind „und wie sie sich aus den gemeinsamen Verfassungsüberlieferungen der Mitgliedstaaten als allgemeine Grundsätze des Gemeinschaftsrechts ergeben".

II. Verträge der Europäischen Union

Bei weitem am wichtigsten für die deutsche Rechtspraxis sind die Verträge der Europäischen Union (EUV) und der Europäischen Gemeinschaft (EGV), deren Mitglied die Bundesrepublik Deutschland ist. Die Rechtssetzung und der Rechtsvollzug der Europäischen Gemeinschaft (EG) sind für die Mitgliedstaaten verbindlich. Die Organe der EG – Europäisches Parlament, Rat und Kommission – erlassen Verordnungen, Richtlinien und Entscheidungen (Artikel 249 EGV). Verordnungen dienen im Recht der EG nicht, wie im innerstaatlichen deutschen Recht, dem Vollzug von Gesetzen, sondern sind selbst primäre Normen; sie stehen im Rang eines innerstaatlichen Gesetzes und gelten in allen Mitgliedstaaten unmittelbar. Eine Richtlinie der EG ist für jeden Staat, an den sie gerichtet wird (dies können einzelne oder mehrere Staaten sein oder alle), hinsichtlich des zu erreichenden Ziels verbindlich, überlässt jedoch den Mitgliedstaaten die Wahl der Form und der Mittel für die Umsetzung der Richtlinie in innerstaatliches Recht.

Entscheidungen ergehen im Einzelfall und sind in allen ihren Teilen für alle diejenigen verbindlich, die sie bezeichnet.

Im Vordergrund der Auswirkungen des EG-Rechts auf die Medien steht sicherlich das Wettbewerbsrecht, das für jede wirtschaftliche, das heißt sich in wirtschaftlichen Formen abspielende Betätigung gilt, die in irgendeiner Weise den von der EG gebildeten Gemeinsamen Markt betrifft.

1. Wettbewerbsrecht

Gemäß Artikel 81 EGV sind alle Vereinbarungen und Verhaltensweisen von Unternehmen verboten, die geeignet sind, den Handel zwischen den Mitgliedstaaten zu beeinträchtigen und den Wettbewerb beschränken, behindern oder verfälschen. Verstöße gegen dieses Verbot können mit drastischen Geldbußen belegt werden. Vereinbarungen dieser Art sind nichtig. Artikel 82 EGV verbietet den Missbrauch einer marktbeherrschenden Stellung, soweit dies dazu führen kann, den Handel zwischen den Mitgliedstaaten zu beeinträchtigen. Zum Vollzug dieser Artikel hat die EG zwei Verordnungen erlassen: die „Kartellverordnung" (VO/EWG/ Nr. 17/62) und die Verordnung zur Regelung der Kontrolle von Unternehmenszusammenschlüssen (Fusionskontrolle; VO/EWG/ Nr. 4064/89). Da die Bedeutung für den Gemeinsamen Markt auf dem Weg des Imports und Exports fast in jedem Fall begründet werden kann, sind kaum noch Fälle denkbar, die nicht dieser Kontrolle unterworfen werden können, die dann auch nationale Kontrollzuständigkeiten verdrängt. Und die Schwellenwerte, ab denen die EG-Zuständigkeit beginnt, sind nicht so hoch, dass nicht auch international wirkende oder kooperierende Medienunternehmen darunter fallen könnten (Artikel 1 Absätze 2 und 3 VO/EWG/ Nr. 4064/89).

Wie weit wettbewerbsrechtliche Maßnahmen der EG in den Medienbereich hineingreifen können, zeigt zum Beispiel der Umstand, dass der Fernseh-Programmverbund der Europäischen Rundfunkunion (Eurovision) seit vielen Jahren Gegenstand eines EG-Verfahrens wegen des Verdachts des Missbrauchs einer marktbeherrschenden Stellung und eines wettbewerbsbeschränkenden Kartells ist und zwei von der EG-Kommission schließlich gewährte Freistellungsbescheide, aus Verfahrensgründen, von den europäischen Gerichten jeweils wieder aufgehoben wurden.

2. Staatliche Beihilfen

Der öffentlich-rechtliche Rundfunk schließlich ist – nicht nur, aber auch in Deutschland – seit längerer Zeit in einer an die Grundlagen der nationalen Rundfunkstruktur rührenden Auseinandersetzung mit der EG-Kommission über die Frage, ob die gesetzlich festgelegten Rundfunkgebühren eine „staatliche Beihilfe" sind, wie sie Artikel 87 EGV für unzulässig erklärt. Auch wenn diese Rundfunkgebühren nicht aus der Staatskasse geleistet werden, dort auch gar nicht eingehen oder durchlaufen, sondern direkt von den Rundfunkanstalten erhoben werden und eine Finanzierung des staatsfrei organisierten öffentlich-rechtlichen Rundfunks aus der Kasse des Staates verfassungswidrig wäre, werden diese Gebühren doch, unvermeidbar, durch eine staatliche Norm als Abgabe festgesetzt.

Die EG-Kommission neigt inzwischen immerhin zu der Auffassung, dass diese Rundfunkgebühren wettbewerbsrechtlich hingenommen werden können, soweit sie nur den Aufwand decken, der erforderlich ist, um die Funktion des öffentlich-rechtlichen Rundfunks im Interesse der Allgemeinheit zu erfüllen. Der EGV selbst hält in Artikel 87 Absatz 2 Beihilfen für vereinbar mit dem Gemeinsamen Markt, wenn sie zur Förderung der Kultur und der Erhaltung des kulturellen Erbes dienen, allerdings nur soweit, als sie nicht die Handels- und Wettbewerbsbedingungen in der Gemeinschaft „in einem Maß beeinträchtigen, das dem gemeinsamen Interesse zuwiderläuft". Dieses gemeinsame Interesse bestimmt sich nach den Vorstellungen der EG-Kommission letztlich immer nur nach den Erfordernissen wirtschaftlicher Rationalität auf einem möglichst bedingungslosen freien Markt, für den kulturelle Phänomene wie ein der geistigen Identität einer pluralen Gesellschaft dienender Rundfunk in öffentlicher Verantwortung ein störender Fremdkörper zu sein scheint.

4. Kultur im Rahmen des Rechts der Europäischen Union

Die EG kann immerhin darauf hingewiesen werden, dass auch sie neuerdings eine Kulturkompetenz zugewiesen bekommen hat: In Artikel 151 EGV wird sie verpflichtet, die kulturelle Zusammenarbeit zwischen den Mitgliedstaaten zu fördern und deren Tätigkeit in bestimmten Feldern „erforderlichenfalls" zu unterstützen und zu ergänzen, zum Beispiel im Sektor „künstlerisches und literarisches Schaffen, einschließlich im audiovisuellen Bereich" (Artikel 151 Absatz 2 EGV; siehe auch Artikel 87 Absatz 2 EGV). Es bleibt abzuwarten, ob dieser „Kulturauftrag" der Mitgliedstaaten an die EG die Kommission auch zu entsprechenden neuen Akzenten bei der Wahrnehmung ihrer sonstigen Aufgaben veranlassen wird.

5. Rundfunk-Protokoll zum EG-Vertrag

Im Zusammenhang mit der Behandlung des öffentlich-rechtlichen Rundfunks im Vollzug der Vertragswerke der EU und EG kommt der Protokollnotiz Nr. 32 zum EG-Vertrag in der Fassung von Amsterdam 1997 größte Bedeutung zu. Darin ist für die Auslegung des Vertrages bindend festgelegt, dass die Bestimmungen des EGV nicht die Befugnis der Mitgliedstaaten berühren, den öffentlich-rechtlichen Rundfunk zu finanzieren,

> „sofern die Finanzierung der Rundfunkanstalten dem öffentlich-rechtlichen Auftrag, wie er von den Mitgliedstaaten den Anstalten übertragen, festgelegt und ausgestaltet wird, dient und die Handels- und Wettbewerbsbedingungen in der Gemeinschaft nicht in einem Ausmaß beeinträchtigt, das dem gemeinsamen Interesse zuwiderläuft, wobei den Erfordernissen der Erfüllung des öffentlich-rechtlichen Auftrags Rechnung zu tragen ist."

Diese schwierig erscheinende Formulierung war ein Kompromiss, hat jedoch weit reichende Folgen. Auch wenn sie die Auseinandersetzung über die Finanzierung aus Rundfunkgebühren nicht beendete, führte sie doch zu einer stärkeren Rücksicht der Kommission auf die so prinzipiell gesicherte Regelungshoheit der

Mitgliedstaaten für den öffentlich-rechtlichen Rundfunk – allerdings auch dazu, dass die Kommission nun sehr ins Einzelne gehende gesetzliche Normen zur Festlegung des Auftrags des öffentlich-rechtlichen Rundfunks verlangt.

6. Entscheidungskriterien der EG-Kommission zur Rundfunkfinanzierung und Filmförderung

Probleme mit dem Beihilfeverbot des EGV gibt es immer wieder auch im Zusammenhang mit der Filmförderung in einer Reihe europäischer Länder. Die Kommission hat eine Reihe von Entscheidungen auf diesem Gebiet und auch zur Beihilfe im Rundfunkbereich erlassen und ihre diesbezüglichen Kriterien in zwei offiziellen Mitteilungen zusammengefasst, die zwar keine Rechtsverbindlichkeit erzeugen, aber doch eine gewisse argumentative Selbstbindung der Kommission enthalten (KOM (2001) 534 endg. und KOM (2001) C 320/04).

7. Richtlinien der EG

Richtlinien (Direktiven) der EG dienen der Harmonisierung des innerstaatlichen Rechts der Mitgliedstaaten. Für das Medienrecht sind vor allem zu nennen:

- eine Reihe von Richtlinien zur Angleichung des Urheberrechts, so zum Beispiel den Rechtsschutz für Computerprogramme und Datenbanken, den Satellitenrundfunk und die Kabelweiterverbreitung, das Verleih- und Vermietrecht oder die Schutzdauer, die ohnehin die deutsche Regelung (70 Jahre nach dem Tod des Urhebers) übernahm. Die Bundesrepublik Deutschland hat diese Richtlinien umgesetzt.
- die so genannte „Fernseh-Richtlinie“ (Richtlinie 89/552/EWG in der Fassung der Richtlinie 97/36/EG). Inhalt der Richtlinie sind detaillierte Regelungen zur Förderung der Produktion europäischer Programme, zu Inhalt und Grenzen von Werbung und Sponsoring, über den Jugendschutz, das Recht auf Gegendarstellung und zur Einschränkung von Pay-TV- Exklusivrechten für Großveranstaltungen zu Gunsten von Free-TV-Veranstaltern. Die Richtlinie wurde in das deutsche Rundfunkrecht umgesetzt; die Werberegelungen im Rundfunkstaatsvertrag (siehe Kapitel 17) überschreiten jedenfalls die von der Richtlinie gesetzten Grenzen nicht; sie sind in einigen Punkten eher strenger; dies lässt die Richtlinie ausdrücklich zu.

III. Europäisches Übereinkommen über das grenzüberschreitende Fernsehen

Im gleichen Jahr (1989) und mit weitgehend gleichem Inhalt wurde im Rahmen des Europarats eine europäische Konvention über das grenzüberschreitende Fernsehen geschlossen. Sie regelt unter anderem die Verantwortung für die durch Satelliten grenzüberschreitend empfangbaren Programme, geht aber zum Beispiel so sehr ins Detail, dass im Interesse der Filmindustrie bestimmt wird, keine Filme im Fernsehen ohne Zustimmung der Rechteinhaber vor Ablauf von zwei Jahren ab der Erstaufführung im Kino (bei Koproduktionen mit dem Rundfunk ein Jahr) zu senden. Höchstdauer, Form und Einfügung der Werbung im Programm werden geregelt; die Werbung für Tabakerzeugnisse verboten und die Werbung für alle Arten alkoholischer Getränke eingeschränkt.

Die Bundesrepublik Deutschland hat die Konvention ratifiziert; damit ist sie innerstaatliches Recht geworden. In Artikel 27 der Konvention ist aber festgelegt, dass jene Vertragsparteien, die auch Mitglieder der EG sind, deren Vorschriften (also die Fernseh-Richtlinie) anwenden. Die Konvention kommt in solchen Staaten nur insoweit zur Anwendung, als es zu einem bestimmten Regelungsgegenstand der Konvention keine Rechtsvorschrift der EU gibt. Der Wert der Konvention liegt in ihrer über das Gebiet der EU – bisher weit – hinausgehenden Anwendbarkeit in allen Mitgliedstaaten des Europarats.

IV. Künftiges Recht der Europäischen Union

Im Rahmen der Vorbereitungen einer „Verfassung" der Europäischen Union hat der Europäische Rat bei seiner Sitzung in Nizza am 7. Dezember 2001 eine „Charta der Grundrechte der Europäischen Union" feierlich proklamiert, die so im Wege der Selbstbindung – Parlament und Kommission haben zugestimmt – vorläufig schon wirksam ist. In dem ungewöhnlich langen Katalog von 54 Artikeln betrifft Artikel 11 die Freiheit der Meinungsäußerung und Informationsfreiheit; in Absatz 2 heißt es: „Die Freiheit der Medien und ihre Pluralität" werden geachtet. Dies klingt sehr zurückhaltend, fast dürftig. In den Artikeln 52 und 53 ist aber festgelegt, dass die in der Charta behandelten Rechte, die vor allem für die Organe der EU und im Umgang mit der EU und deren Recht gelten sollen (Artikel 51), die gleiche Bedeutung und Tragweite haben wie die entsprechenden Rechte in der Europäischen Konvention über Menschenrechte und Grundfreiheiten und deren Schutzniveau nicht beeinträchtigen sollen.

Selbstregulierung im Bereich der Medien

Eine Selbstregulierung im strengen Sinn des Begriffs gibt es in Deutschland nicht, denn dies würde voraussetzen, dass sich die Medien selbst „regulieren“, das heißt das für sie geltende Recht selbst schaffen. Das für die Medien geltende Recht ist durch die Gesetzgebung des Staates vorgegeben.

Wohl aber können die Medien Verfahren und Instrumente zur Selbstkontrolle entwickeln, die der eigenständigen Überprüfung dienen, ob die Praxis der jeweiligen Medien der Rechtsordnung entspricht. Dadurch kann mit einiger Wahrscheinlichkeit die Zahl der Fälle von Fehlverhalten oder Missbrauch in den Medien, die ein staatliches Einschreiten erfordern würden, tendenziell und tatsächlich verringert werden. Aus dieser Selbstkontrolle ergeben sich dann auch Regeln für die bei der Ausübung des Berufes notwendige Rechtstreue und Sorgfalt, ein Regelwerk beruflicher Ethik, das auf Erfahrung gründet und auf das man sich berufen kann, wenn es darum geht, nachzuweisen, dass man die für seinen Beruf als Journalist, Verleger, Filmproduzent, Filmverleiher oder Kinobetreiber nach dem Gesetz und der seriösen Tradition des Berufes erforderliche Sorgfalt angewandt hat.

I. Selbstkontrolle durch Berufsorganisationen

Die Selbstkontrolle durch Berufsorganisationen hat in einigen Bereichen der Medien eine lange Tradition, so für Spielfilme und Videoprogramme oder für die Werbung, vor allem aber für die Presse.

1. Freiwillige Selbstkontrolle der Filmwirtschaft

Die „Freiwillige Selbstkontrolle der Filmwirtschaft“ (FSK) ist die älteste Einrichtung dieser Art. Sie wurde 1949 gegründet vom „Spitzenverband der deutschen Filmwirtschaft e.V.“ (SPIO), dem Dachverband von derzeit 16 Berufsverbänden der deutschen Film-, Fernseh- und Videowirtschaft mit, seinen Angaben zufolge, über 1100 Mitgliedsfirmen. Seit einigen Jahren wird die FSK als Tochterunternehmen der SPIO in der Rechtsform einer GmbH betrieben.

Gemäß § 1 des Statuts der FSK („Grundsätze“ genannt) führen die in der SPIO zusammengefassten Verbände der privaten Film- und Fernsehproduzenten, der Filmverleiher und der Eigentümer und Besitzer von Kinos sowie der Vereinigung der Videoprogrammanbieter „im Wege der Selbstverwaltung“ mittels der FSK eine freiwillige Prüfung durch der in Deutschland für die öffentliche Vorführung vorgesehenen Filme, der Programme der öffentlich zugänglichen Videokassetten und anderer für Bildschirmgeräte mit Filmen oder Spielen programmierten Datenträger – Filme und Trägermedien.

Die Prüfung, an der in den verschiedenen Prüfgremien an die 200 Sachverständige beteiligt sind, erstreckt sich auf die Einhaltung der in den „Grundsätzen“ selbst vorgegebenen, an der Verfassung und den allgemeinen Gesetzen orientierten Richtlinien, auf die Freigabe für Kinder und Jugendliche sowie für die so genannten stillen Feiertage; in die Prüfung einbezogen werden die Titel und die Filmwerbeunterlagen.

Bei der Prüfung unter dem Gesichtspunkt des Jugendschutzes werden die von den Gesetzen festgelegten Altersgrenzen beachtet (siehe Kapitel 16). Die Gremien der FSK entscheiden über die Freigabe der Filme und Trägermedien; gegebenenfalls machen sie Auflagen zur Änderung (Schnittauflagen).

Die Entscheidungen dienen als Grundlage für alle entsprechenden Entscheidungen des Jugendschutzes, auch nach den rundfunkrechtlichen Regelungen.

Die in der SPIO zusammengeschlossenen Filmproduzenten, Verleiher und Kinobesitzer lassen nur solche Filme öffentlich vorführen, die von der FSK dafür freigegeben wurden, und zwar nur in der von der FSK gebilligten Fassung. Sie verwenden zur Werbung auch nur Unterlagen, die von der FSK freigegeben wurden und einen entsprechenden Vermerk tragen.

Die Autorität der FSK-Entscheidungen hängt sicher auch damit zusammen, dass in den Gremien der FSK von Anfang an eine Zusammenarbeit der Vertreter und Experten der Filmwirtschaft und der Medien- und Sozialwissenschaften mit Vertretern der Kirchen (katholische und evangelische Kirche und jüdische Kultusgemeinden) und des Dachverbands der Jugendorganisationen sowie mit Vertretern der Jugendschutzbehörden des Bundes und der Länder stattfindet.

2. Freiwillige Selbstkontrolle Fernsehen

Die vor zehn Jahren gegründete „Freiwillige Selbstkontrolle Fernsehen" (FSF) ist als gemeinnütziger Verein organisiert, der von privaten Fernsehanbietern gegründet wurde und derzeit (Stand Januar 2004) 13 Mitglieder hat. Ziel der FSF ist es, nach eigener Beschreibung, einerseits den Jugendschutz im Fernsehen zu verbessern und andererseits durch medienpädagogische Aktivitäten, Publikationen und die Unterstützung von Forschungsarbeiten den bewussteren Umgang mit dem Medium Fernsehen zu fördern.

Die Mitglieder der FSF legen den Prüfgremien der FSF alle Programme vor, „die im Hinblick auf die geplante Sendezeit unter den Gesichtspunkten des Jugendschutzes nicht offensichtlich unbedenklich sind …". Die Mitglieder der FSF haben sich in der Vereinssatzung verpflichtet, die Gutachten und Empfehlungen der FSF „bei der Programmgestaltung zu beachten".

Das die Prüftätigkeit steuernde Gremium ist ein Kuratorium mit 10–18 Mitgliedern – zu einem Drittel Vertreter der Mitgliedern des Vereins, das heißt von Programmanbietern, im übrigen vor allem Medienwissenschaftler und Experten des Jugendschutzes.

Die FSF ist als Einrichtung der freiwilligen Selbstkontrolle im Sinn des „Jugendmedienschutz-Staatsvertrags" der deutschen Länder anerkannt. Solche Einrichtungen „überprüfen im Rahmen ihres satzungsgemäßen Aufgabenbereichs die Einhaltung der Bestimmungen dieses Staatsvertrags sowie der hierzu erlassenen Satzungen und Richtlinien bei ihnen angeschlossenen Anbietern" (§ 19 Absatz 2 JMStV).

Die FSF kann zum Beispiel einem privaten Programmanbieter auf dessen Antrag hin erlauben, bei der zeitlichen Platzierung von Filmen von der Einstufung durch die FSK abzuweichen (§ 9 JMStV).

Für den öffentlich-rechtlichen Rundfunk ist die FSF nicht tätig. Die öffentlich-rechtlichen Rundfunkanstalten vollziehen diese Aufgaben im Rahmen ihrer eigenen Struktur; zuständig auch für die Kontrolle des Programms unter der Maßgabe des Jugendschutzes und zur Genehmigung von Ausnahmen sind ihre Aufsichtsorgane (Rundfunkrat, Fernsehrat).

3. Deutscher Presserat

Der 1956 gegründete „Deutsche Presserat“ ist eine Gemeinschaftseinrichtung der Zeitungsverleger, der Zeitschriftenverleger und der Berufsorganisationen der Journalisten (Deutscher Journalistenverband und Deutsche Journalistinnen und Journalistenunion in der Gewerkschaft „Ver.di“). Seine Organe und Gremien bestehen ausschließlich aus Vertretern dieser Träger, das heißt aus Angehörigen der Presseberufe. Der Presserat selbst bezeichnet sich als „freiwillige Selbstkontrolle gedruckter Medien“. Er genießt in der Gesellschaft hohes Ansehen und findet auch in der Politik, besonders im Zusammenhang mit der die Presse berührenden Gesetzgebung, entsprechende Aufmerksamkeit.

Zu seinen Aufgaben und Zielen gehören zunächst ganz allgemein das Eintreten für die Pressefreiheit und den ungehinderten Zugang zu Nachrichtenquellen sowie für eine von staatlichen Maßnahmen und anderen berufswidrigen Zwängen möglichst unbehinderte Ausübung journalistischer und verlegerischer Tätigkeit. Der Presserat befasst sich mit einer Selbstregulierung des Redaktionsdatenschutzes und ist besonders hervorgetreten durch die Zusammenfassung publizistischer Grundsätze und Richtlinien für die redaktionelle Arbeit in einem „Pressekodex“.

Die darin zusammengefassten Regeln sind nicht zuletzt auch aus den Erfahrungen entstanden, die der Presserat mit jenem Teil seiner Aktivitäten gesammelt hat, der in der Öffentlichkeit am meisten bekannt ist und jeweils große Beachtung findet: die Behandlung von Beschwerden über redaktionelle Veröffentlichungen in Zeitungen und Zeitschriften und über journalistische Verhaltensweisen, die jedermann beim Presserat erheben kann.

Die Grundlage für diese publizistische Selbstkontrolle ist das für die Presse geltende allgemeine Recht und nicht zuletzt der vom Presserat aufgestellte und von Zeit zu Zeit fortgeschriebene Pressekodex.

Die derzeit in der letzten Fassung vom 20.6.2001 insgesamt 16 Ziffern dieses Kodex samt den zu den einzelnen Ziffern aufgrund bestimmter Erfahrungen hinzugefügten Richtlinien (siehe den Wortlaut unter www.presserat.de) sind ein eindrucksvolles Regelwerk für journalistische Sorgfalt und Redlichkeit bei der Wahrnehmung der Pressefreiheit.

Kommt der Presserat nach genauer Prüfung und nach Erörterung mit den Beteiligten zu dem Ergebnis, dass die Beschwerde begründet ist, kann er – je nach Schwere und Folgen des Verstoßes – einen Hinweis, eine Missbilligung oder eine

Rüge aussprechen. Im Fall unberechtigter Beschwerden stellt der Presserat sich aber auch vor die angegriffenen Journalisten oder Verleger.

Im Falle einer Rüge ist diese gemäß Ziffer 16 des Pressekodex in den betroffenen Presseorganen (Zeitung oder Zeitschrift) abzudrucken. Eine gesetzliche Verpflichtung hierzu gibt es allerdings nicht. Das ganze Beschwerdeverfahren des Presserats beruht auf der freiwilligen Unterwerfung der beteiligten Verbände und ihrer Mitglieder.

4. Deutscher Werberat

Auch der „Deutsche Werberat" ist eine Einrichtung der einschlägigen Wirtschaft. Er wurde 1972 vom „Zentralverband der deutschen Werbewirtschaft e.V."(ZAW) gegründet, der die Dachorganisation ist für 40 Verbände aller mit der Werbung verbundenen Interessen und Berufe – der werbenden Wirtschaft ebenso wie der Werbeagenturen und sonst Werbung betreibenden und mit Werbung befassten Wirtschaftszweige. Der Deutsche Werberat versteht sich als „selbstdisziplinäres Organ", als „Konfliktregler" und Vermittler zwischen den von der Werbung Betroffenen und den jeweils diese Werbung verantwortenden Unternehmen. Berechtigte Kritik leitet der Werberat an die betroffenen Unternehmen weiter mit dem Ziel und Ansinnen, dass die kritikwürdige Werbemaßnahme geändert oder eingestellt wird. Der Erfolg solcher Vermittlungen hängt nicht zuletzt davon ab, dass die 13 Mitglieder des Werberats aus dem Kreis der im ZAW vertretenen Verbände und Wirtschaftszweige sich durch besondere Sachkompetenz, Erfahrung, Autorität und eine gewisse Hochrangigkeit ausweisen.

Der Werberat hat für einige gesellschaftlich besonders gewichtige Bereiche Verhaltensregeln aufgestellt und den Mitgliedern des ZAW empfohlen, so für die Werbung mit und vor Kindern, für die Werbung für alkoholische Getränke aller Art, besonders auch im Blick auf Jugendliche, oder zum Ausschluss von herabwürdigender, diskriminierender Werbung und von unfallriskanten Bildmotiven. Gesetzliche Werberegelungen, nicht zuletzt auch solche der Fernseh-Richtlinie der EG und des Europarat-Abkommens, wurden dabei besonders hervorgehoben.

Durch die europaweite Kooperation solcher Selbstkontrolleinrichtungen für Werbung ist es gelungen eine „Europäische Allianz" (EASA) zu schaffen, die sich mit der, vor allem durch Medien bewirkten, grenzüberschreitenden Werbung befasst. Wo immer in einem der beteiligten Länder (darunter Deutschland und Russland) eine Beschwerde auftritt, kann sie in diesem Land erhoben werden und wird dann an das Land weitergeleitet, aus dem die beanstandete Werbemaßnahme stammt.

II. Selbstkontrolle im Bereich des Rundfunks

Es ist an sich nicht üblich, die Organe der öffentlich-rechtlichen Rundfunkanstalten und der für die Zulassung und Aufsicht beim privaten Rundfunk eingerichteten Landesmedienanstalten im Zusammenhang mit den Begriffen „Selbstkontrolle" und „Selbstregulierung" zu erwähnen, obwohl sie im Grunde genau solche

Aufgaben zu erfüllen haben und wie die von ihnen zu kontrollierenden Anstalten des öffentlichen Rechts für ihre Tätigkeit die Rundfunkfreiheit in Anspruch nehmen können. Sie sind daher unabhängig von jeder staatlichen Einflussnahme und integraler Teil des staatsfreien Rundfunks. Ihre Aufgabe ist insofern regulierend als sie auf der Grundlage allgemeiner gehaltener Bestimmungen der Gesetze konkrete Richtlinien für die Programmveranstaltung erlassen können (teilweise sind sie dazu sogar verpflichtet); über deren Einhaltung wie ganz allgemein über die Befolgung der Gesetze durch das Rundfunkunternehmen, dessen Organ sie neben dem die Geschäfte führenden und das Programm verantwortenden Intendanten sind, üben sie die Kontrolle aus. Sie haben entsprechende Informationsbefugnisse, Beteiligungs- und Entscheidungsrechte. Damit unterscheiden sie sich nachhaltig von sonst in anderen Staaten beim öffentlich-rechtlichen Rundfunk üblichen Beiräten und Kuratorien, die oft lediglich beratende Funktionen besitzen und sich mit Empfehlungen begnügen müssen.

Die Zuständigkeit von Exekutivbehörden im Medienbereich

Exekutivbehörden zur Regulierung der Medien gibt es in der Bundesrepublik Deutschland nicht. Dies wäre mit der verfassungsrechtlich garantierten Freiheit von Presse, Rundfunk und Film unvereinbar. Gemäß Artikel 5 Absatz 1 Satz 2 GG müssen die Medien staatsfrei organisiert sein und insbesondere von jeder staatlichen Einflussnahme auf ihre publizistische, journalistische und künstlerische Tätigkeit im Rahmen ihrer Aufgabe frei bleiben. Wohl aber gibt es Regulierungen, die gerade zur Sicherung eben dieser Freiheiten erforderlich und daher von der Verfassung legitimiert sind; Beispiele dafür bieten das Kartellrecht und das Telekommunikationsrecht.

Wenn sich sonst staatliche Instanzen (zum Beispiel der Steuerverwaltung oder der Strafverfolgungsbehörden oder Gerichte) mit Medien befassen, kann dies nur nach Maßgabe der für alle Bürger geltenden allgemeinen Gesetze geschehen und unter den Einschränkungen, die das Bundesverfassungsgericht aus der institutionellen Freiheit von Presse, Rundfunk und Film abgeleitet hat. Dieser Vorbehalt gilt noch mehr für staatliche Regulierungen zum Schutz der Medienfreiheiten.

I. Presse

Die Presse unterliegt grundsätzlich keinerlei staatlichen Beschränkungen. Für sie gelten keine anderen Vorschriften als für irgendwelche anderen privatrechtlichen wirtschaftlichen Betätigungen.

Wer einen Verlag gründen, eine Zeitung oder Zeitschrift drucken und verbreiten lassen, eine Nachrichtenagentur einrichten möchte, bedarf dafür keiner staatlichen Zulassung oder Genehmigung außer den üblichen Eintragungen in das Handelsregister, wie sie für alle gewerblichen Unternehmungen formal nötig sind und keiner anderen behördlichen Prüfung unterworfen werden, als dass die Vorschriften des Handelsrechts für die jeweils gewählte Unternehmens- und Rechtsform eingehalten werden.

Wenn allerdings das Presseunternehmen errichtet ist und auf dem Markt tätig wird, gelten die allgemeinen Gesetze auch insoweit, als sie zum Beispiel für Unternehmen der Presse und des Rundfunks niedrigere „Eingriffsschwellen" für die behördliche Fusionskontrolle im Rahmen des Gesetzes gegen Wettbewerbsbeschränkungen (GWB) vorsehen als für andere Wirtschaftszweige, bei denen – mit anderen Worten – dem Gesetzgeber das Ausscheiden mittlerer und kleiner Unternehmen aus dem Markt und deren Übernahme durch größere Unternehmen hinnehmbarer erscheint als auf dem Markt der publizistischen Medien, der in besonderer Weise durch eine Vielfalt unabhängiger Unternehmen ausgezeichnet sein sollte (siehe Kapitel 3 und 9).

Ein entsprechender regulierender Eingriff durch Untersagung einer Fusion durch die Kartellbehörden, in der Regel das Bundeskartellamt, ist gerichtlich voll nachprüfbar, wobei die Verfassung, die Pressefreiheit wie die Betätigungs- und Eigentumsfreiheit den Rahmen abstecken.

II. Rundfunk

Die Veranstaltung von Rundfunk bedarf einer Zulassung (siehe Kapitel 3 und 4 sowie Kapitel 8). Sie ist nach der ständigen und besonders eindringlichen Rechtsprechung des Bundesverfassungsgerichts geboten als Teil jener vom Gesetzgeber zu gestaltenden Rechtsordnung für den öffentlich-rechtlichen und privaten Rundfunk, die eine möglichst große Vielfalt und die Grundversorgung durch den öffentlich-rechtlichen Rundfunk gewährleisten soll. Dem Gesetzgeber wurde insbesondere auch aufgegeben, den Zugang zur Veranstaltung von Rundfunk zu regeln, wobei die Zulassung nur von Bedingungen abhängen darf, die der Sicherung und Optimierung der Rundfunkfreiheit dienen. Nicht zuletzt muss der Gesetzgeber nach dieser sehr eingehenden und praxiskundigen Rechtsprechung des Bundesverfassungsgerichts Regeln für die „Mangelbewirtschaftung" aufstellen, das heißt für den ja tatsächlich gegebenen Fall, dass die technischen Möglichkeiten zur Übertragung von Rundfunk (Frequenzen, Kanäle) nicht für alle Bewerber um eine Zulassung ausreichen.[22] Dies ist in Kapitel 8 näher darzustellen. Hier musste es erwähnt werden, weil in der Zulassung eines Rundfunkveranstalters und in der Zuteilung der telekommunikationsrechtlichen Sendelizenz einschließlich der technischen Zuteilung einer Frequenz oder eines Übertragungskanals im Kabel oder auf dem Satellit durch die dafür jeweils vom Staat für zuständig erklärten Instanzen ein Vorgang staatlicher Regulierung gesehen werden kann. In Kapitel 8 wird zu zeigen sein, wie der Gesetzgeber die einzelnen Verfahrensschritte möglichst staatsfrei zu halten versucht hat.

Vorweg ist festzustellen, dass die Zuteilung von Übertragungsmöglichkeiten durch die für Telekommunikation zuständige Behörde des Bundes kraft Gesetzes von der vorherigen Zulassung als Rundfunkveranstalter durch die dafür zuständige Einrichtung der Länder abhängt, so dass für eine medienrechtliche / medieninhaltliche Prüfung durch die technische Behörde kein Raum mehr ist. Die Zulassung nach Landesrecht wiederum erfolgt nicht durch eine staatliche Behörde, sondern durch eine staatsunabhängige Anstalt des öffentlichen Rechts und dort letztlich durch Entscheidungen eines nach Art eines Rundfunkrates gesellschaftlich plural zusammengesetzten Gremiums, gegen dessen Entscheidung die Verwaltungsgerichte angerufen werden können.

---

[22] BVerfGE 57, 295/320 ff.;

Einrichtungen der Registrierung und Lizenzierung für Medien

I. Keine Lizenzierung für Presse und Film

Für Presse und Film gibt es keine Einrichtungen der Registrierung und Lizenzierung, wenn man davon absieht, dass nach den Vorschriften des Zivilrechts jedes Unternehmen, je nach der gewählten Rechtsform, einer Eintragung in das bei einem Zivilgericht geführte Vereinsregister oder Handelsregister bedarf. Dies betrifft aber nicht die Tätigkeit als Medium, Presse oder Film, sondern dient der Transparenz rechtsgeschäftlicher Vertretungsmacht und Verantwortung nach den Regeln des Zivilrechts, insbesondere des Vereins-, Handels- und Gesellschaftsrechts.

II. Rundfunk bedarf der Zulassung

Anders ist es im Bereich des Rundfunks. Wer Rundfunk veranstalten will, bedarf einer öffentlich-rechtlichen Erlaubnis. Dies ist eine zwingende Folge der Gesetzgebung der Länder, die das Bundesverfassungsgericht gemäß Artikel 5 GG für geboten hält, um angesichts der besonderen Bedeutung des Rundfunks für die Information der Gesellschaft und die öffentliche Meinungsbildung die Freiheit und Vielfalt im Bereich des Rundfunks zu sichern und die so genannte Grundversorgung der Allgemeinheit zu gewährleisten (siehe Kapitel 3 und 4).[23]

1. Staatsfreiheit auch bei der Zulassung

Angesichts des Verfassungsgebots, den Rundfunk staatsfrei zu organisieren und von staatlicher Einwirkung frei zu halten, muss die Entscheidung über die Zulassung als Veranstalter von Rundfunkprogrammen in einem Verfahren erfolgen, das staatlichen Einfluss so weit wie nur möglich ausschließt.[24] Das Verfahren muss in Gesetzen festgelegt werden, die alle wesentlichen Fragen, insbesondere die Kriterien über die Auswahl und Zulassung der Rundfunkveranstalter, so konkret wie möglich selbst festlegen und damit sachferne Erwägungen ebenso ausschließen wie ein ungebundenes Ermessen, das willkürlich missbraucht werden könnte.

Über die Zulassung öffentlich-rechtlicher Veranstalter entscheidet nach den verfassungsrechtlichen Vorgaben ohnehin das Parlament selbst, da diese unmittelbar durch Gesetz oder einen dem Gesetz gleichstehenden Staatsvertrag errichtet werden.

Da somit das Zulassungsverfahren nur für private Rundfunkveranstalter zur Anwendung kommt, durfte es wiederum nur insoweit in die vom Grundgesetz auch geschützte Freiheit unternehmerischer Betätigung und der Eigentumsnutzung eingreifen als dies zur Sicherung des vorrangigen Verfassungsgutes freier und vielfältiger Information und Meinungsbildung erforderlich ist.

[23] BVerfGE 73, 118/157 ff.; ständige Rechtsprechung;

[24] BVerfGE 73, 118/182;

2. Zuständigkeit für die Zulassung privater Rundfunkveranstalter

Zur Regelung des Zugangs privater Rundfunkveranstalter und Programmanbieter sowie zur Aufsicht über deren Tätigkeit haben alle Länder der Bundesrepublik Deutschland Landesgesetze erlassen und, insbesondere für die Veranstaltung bundesweit verbreiteter Fernsehprogramme, entsprechende gemeinsame Regelungen in den – in anderen Abschnitten auch für den öffentlich-rechtlichen Rundfunk geltenden – Rundfunk-Staatsvertrag (RStV) aufgenommen. Für diese Gesetzgebung sind, wie in Kapitel 3 dargelegt, die Länder, nicht der Bund zuständig.

Die Durchführung des Zulassungsverfahrens ist den so genannten Landesmedienanstalten übertragen. Diese sind, wie die öffentlich-rechtlichen Rundfunkanstalten, staatsunabhängige Anstalten des öffentlichen Rechts mit dem Recht der Selbstverwaltung. Sie werden vornehmlich durch einen 2 %-Anteil an den Rundfunkgebühren finanziert, obwohl sie selbst keine Programme herstellen, sondern sich ausschließlich der Zulassung privaten Rundfunks und der Aufsicht über die zugelassenen Programmveranstalter oder zum Beispiel der Regelung der Programmbelegung in Kabelanlangen zu widmen haben (einschließlich medienwissenschaftlicher und insbesondere medienpädagogischer Begleittätigkeiten).

Die Organe dieser Landesmedienanstalten sind eine Versammlung (Medienrat, Kommission usw.) und ein geschäftsführender Direktor oder Präsident.

Die Versammlung ist in ähnlicher Weise aus bis zu 45 oder 47 Vertretern gesellschaftlich relevanter Gruppen und Einrichtungen zusammengesetzt wie bei den Rundfunkräten der öffentlich-rechtlichen Rundfunkanstalten. Die Mitglieder dieser Gremien werden in der Regel von den nach dem Gesetz dazu berechtigten Gruppen und Einrichtungen frei entsandt; soweit Mitglieder dieser Gremien zum Beispiel vom Landesparlament bestimmt werden, ist dies im Blick auf die Staatsfreiheit der Landesmedienanstalt und ihrer Tätigkeit bedenklich, wenn ihre Zahl nicht eindeutig nur eine Minderheit im Gremium ist, selbst wenn sie nur mit einer ⅔-Mehrheit des Parlaments berufen werden können. Diese Versammlungen treffen die Entscheidungen über die Zulassung eines neuen Veranstalters oder über die Konsequenzen nachträglich eintretender vorherrschender Meinungsmacht. Die Organisation des privaten Rundfunks ist ihrer Entscheidungskompetenz anvertraut (auch wenn sie, siehe unten, im Fall des bundesweiten Rundfunks im Interesse zusätzlicher Neutralisierung und Objektivierung des Verfahrens grundsätzlich an die Beschlüsse einer Sachverständigenkommission, KEK, gebunden sind).

3. Voraussetzungen und Grenzen der Zulassung privaten Rundfunks

Zielsetzung und Grundsätze des Zulassungsverfahrens sind im RStV zusammengefasst. Der Antrag auf Zulassung muss darlegen, welche Art von Programm beabsichtigt ist, wie das Programmschema aussehen soll und an welche Sendezeiten gedacht ist. Der angestrebte Anteil von Eigenproduktionen sowie Ausmaß und Art von Programmkooperationen, Mantelprogrammen, Programmzulieferungen, Anzeigenverbund usw. sind anzugeben nebst den wirtschaftlichen Grundlagen des Veranstalters, der schließlich auch darzulegen hat, welche unmittelbaren oder mittelbaren Beteiligungen an anderen Programme veranstaltenden Unternehmen er besitzt, da ihm solche Programme zugerechnet werden, wenn er unmittelbar mit 25 % oder mehr beteiligt ist oder wenn, bei mittelbarer Beteiligung, diese Unternehmen im Verhältnis zu ihm als ‚verbundene' Unternehmen im Sinne des Aktienrechts gelten. Auch die Kapital- und Stimmrechtsverhältnisse im eigenen Unternehmen des Antragstellers und in den mit ihm aktienrechtlich ‚verbundenen' Unternehmen sind offen zu legen.

Eine Zulassung können erhalten: natürliche Personen und juristische Personen des Zivilrechts, auch Personenvereinigungen ohne Rechtsfähigkeit, wenn sie auf Dauer angelegt sind (Vereine, sog. BGB-Gesellschaften). Nicht zugelassen werden dürfen zum Beispiel staatliche Einrichtungen, politische Parteien, juristische Personen des öffentlichen Rechts, die einer staatlichen Fachaufsicht unterliegen (wohl aber öffentlich-rechtlich in Form einer Körperschaft anerkannte Religionsgemeinschaften), Gemeinden (allenfalls unter besonderen einschränkenden Bedingungen).

4. Verhinderung vorherrschender Meinungsmacht

Oberstes Ziel – vor allem bei der Auswahl unter mehreren Bewerbern, wenn aus Gründen des Frequenz- oder Kanalmangels nicht alle oder gar nur einer zum Zuge kommen kann – ist die Gewährleistung einer möglichst großen Vielfalt unterschiedlicher und kontrastierender Programme. Die Gesamtheit der Programme eines Verbreitungsgebiets darf nicht einseitig eine Partei, eine Interessensgruppe oder eine Weltanschauung begünstigen. Ein einzelnes Programm darf die Bildung der öffentlichen Meinung „nicht in hohem Maße ungleichgewichtig beeinflussen" (so § 25 Absatz 2 RStV). In diesem ungewöhnlichen Begriff des „in hohem Maß ungleichgewichtigen Einflusses" wird jene „vorherrschende Meinungsmacht" gesehen, die es nach der Rechtsprechung des Bundesverfassungsgerichts zu vermeiden gilt.

Zur Ausfüllung dieser „unbestimmten Rechtsbegriffe" stellt der Gesetzgeber die bindende Rechtsvermutung auf, dass vorherrschende Meinungsmacht gegeben ist, wenn die einem Unternehmen zurechenbaren Programme im Durchschnitt eines Jahres einen Zuschaueranteil von 3o % erreichen (§ 26 Absatz 2 RStV). Eine solche quantitative Grenze lässt sich, wenn man der Ermittlung von Zuschauerquoten durch die Methoden der Meinungsforschung vertraut, einigermaßen verlässlich feststellen. Schwieriger nachzuvollziehen, weil nicht einfach in Zahlen messbar, ist es, wenn die gleiche Bestimmung des RStV sagt, dass das Gleiche schon gilt bei Erreichen einer durchschnittlichen Jahreszuschauerquote von 25 %,

> „sofern das Unternehmen auf einem medienrelevanten verwandten Markt eine marktbeherrschende Stellung hat oder eine Gesamtbeurteilung seiner Aktivitäten im Fernsehen und auf medienrelevanten verwandten Märkten ergibt, dass der dadurch erzielte Meinungseinfluss dem eines Unternehmens mit einem Zuschaueranteil von 30 vom Hundert im Fernsehen entspricht" (unter bestimmten Voraussetzungen können vom tatsächlichen Zuschaueranteil noch 2 % und weitere 3 % abgezogen werden).

Die komplizierte Vorschrift ist nicht unumstritten. Ob gerade bei 30 oder 25 % die kritische Grenze zwischen erträglich und unerträglich für den Prozess freier Meinungsbildung liegt, lässt sich nicht beweisen; es ist eine gesetzliche Vermutung, die jedoch nicht schlechthin willkürlich und unsachgemäß erscheint und wohl auch vom Ergebnis her beeinflusst war, denn knapp unter diesen Prozentsätzen bewegen sich seit Jahren die Zuschauermarktanteile der beiden großen privaten „Senderfamilien“ von RTL/CLT und Sat 1/ProSieben, wenn man alle ihnen zuzurechnenden Programme zusammenzählt. Und der beträchtliche Beurteilungsspielraum („Gesamtbeurteilung“ aller Medienaktivitäten eines großen Unternehmens) ist wohl an der Grenze dessen, was das vom Rechtsstaatsprinzip geforderte Bestimmtheitsgebot bei einer gesetzlichen Schranken- und Eingriffsnorm zulässt.

Hat ein Unternehmen mit den ihm zurechenbaren Programmen vorherrschende Meinungsmacht im Sinn des RStV erreicht, darf es keine weitere Zulassung für bundesweites Fernsehen von einer Landesmedienanstalt erhalten, auch darf der Erwerb zusätzlicher zurechenbarer Beteiligungen an anderen Veranstaltern nicht mehr als unbedenklich bestätigt werden. Außerdem muss die zuständige Landesmedienanstalt dem Unternehmen durch die KEK alternativ vorschlagen, Beteiligungen aufzugeben oder die Marktstellung auf relevanten anderen Märkten zu vermindern, bis die kritische Grenze des Zuschaueranteils unterschritten wird. Möglich ist auch, so genannte Vielfalt sichernde Maßnahmen zu ergreifen. Darunter versteht der Staatsvertrag die Einräumung von Sendezeiten für unabhängige Dritte (Fensterprogramme), die „einen zusätzlichen Beitrag zur Vielfalt im Programm [des betroffenen Veranstalters], insbesondere in den Bereichen Kultur, Bildung und Information leisten“; die wöchentliche Mindestlänge (260 Minuten) und die Platzierung im Programmschema ist im RStV detailliert vorgeschrieben. Eine andere Maßnahme zur Sicherung der Vielfalt wäre die Einrichtung eines plural zusammengesetzten Programmbeirats, der repräsentativ ist für „die wesentlichen Meinungen in der Gesellschaft (Artikel 32 RStV). Dieses Modell zur besseren Vielfaltssicherung findet sich auch – für die Entscheidungen der Landesmedienanstalten für landesweite, regionale oder lokale Programmveranstalter – in einzelnen Landesmediengesetzen.

Gerade im regionalen und lokalen Bereich gilt es Verflechtungen zwischen Presse und Rundfunk, die als solche nicht untersagt sind, zu vermeiden, vor allem in jenen weiten Teilen Deutschlands, in denen es nur mehr eine örtliche Zeitung gibt.

Schwierig ist dies vor allem dann, wenn nur eine Frequenz, ein Übertragungskanal, oder doch weniger Verbreitungsmöglichkeiten als Bewerber, zur Verfügung stehen und eine Anbietergemeinschaft mit allen Bewerbern oder ein Frequenz-Splitting nicht zustande kommt oder wirtschaftlich nicht tragfähig wäre, so dass eine Auswahl getroffen werden muss. Für diesen Fall musste der Gesetzgeber objektive Auswahlkriterien benennen.

5. Sachverständigenkommission (KEK)

Eine wichtige Rolle bei der Zulassung und Aufsicht über den privaten Rundfunk, vor allem das bundesweite private Fernsehen, spielt die „Kommission zur

Ermittlung der Konzentration im Medienbereich" (KEK), die insbesondere vor den Zulassungsentscheidungen der Landesmedienanstalten, aber auch bei gesellschaftsrechtlichen Veränderungen bei zugelassenen Veranstaltern vorab zu befassen ist und deren Beschlüsse für die Landesmedienanstalten bindend sind; Abweichungen sind nach dem RStV nur durch eine „ Konferenz der Direktoren aller Landesmedienanstalten" möglich, die mit ¾-Mehrheit einen Beschluss der KEK aufheben kann, wenn die zur Entscheidung berufene Landesmedienanstalt die Beschlussfassung der KEK nicht hinnehmen will (Artikel 37 RStV).

Die KEK besteht aus sechs Sachverständigen des Rundfunk- und des Wirtschaftsrechts, von denen mindestens drei die Befähigung zum Richteramt haben müssen. Sie werden von den Ländern einvernehmlich für fünf Jahre berufen.

Alle drei Jahre veröffentlichen die Landesmedienanstalten einen Tätigkeits- und Erfahrungsbericht der KEK über die Entwicklung der Konzentration im Medienbereich und über Maßnahmen zur Sicherung der Meinungsvielfalt im privaten Rundfunk; darin werden auch Verflechtungen zwischen Fernsehen und medienrelevanten anderen Märkten dargestellt sowie horizontale Verflechtungen zwischen Rundfunkveranstaltern in verschiedenen Verbreitungsgebieten und internationale Verflechtungen in ihrer Auswirkung auf die deutsche Medienstruktur.

6. Frequenzverteilung zwischen öffentlich-rechtlichem und privatem Rundfunk

Das Landesrecht sieht für diesen rundfunkpolitisch wichtigen Vorgang unterschiedliche Verfahren vor. Zum Teil haben die Landesregierungen sich dies vorbehalten, zum Teil sind die Landesmedienanstalten damit betraut. Zwar war den öffentlich-rechtlichen Rundfunkanstalten auf jeden Fall der Bestand an genutzten Frequenzen zum Zeitpunkt des Inkrafttretens der Landesmediengesetze garantiert, aber um frei werdende oder neu erschlossene Frequenzen, zum Beispiel im Zuge der Digitalisierung, entstand eine heftig umstrittene Nachfrage. Beide Varianten des Verfahrens sind rechtlich nicht unbedenklich: Entscheidet die Regierung, ist die Staatsfreiheit des Rundfunks in Gefahr; wird die Landesmedienanstalt tätig, kann sie – die für den privaten Rundfunk zuständig ist – dem Verdacht der Befangenheit ausgesetzt sein. In der Regel verlangt der Gesetzgeber in einem ersten Schritt eine Einigung zwischen dem öffentlich-rechtlichen Rundfunk und der Landesmedienanstalt. Kommt eine solche Verständigung nicht zustande, entscheidet in den meisten Fällen die Landesregierung. Dies hat das Bundesverfassungsgericht für noch verfassungsgemäß erklärt unter der Voraussetzung, dass die Kriterien für diese Aufteilung vom Gesetzgeber konkret vorgegeben werden und keine programmbezogenen Ermessensspielräume verbleiben.[25] Bei diesen Kriterien besitzt die Grundversorgung durch die öffentlich-rechtlichen Programme erste Priorität, dann die Sicherung der flächendeckenden Versorgung mit den landesweiten und lokalen oder regionalen privaten Programmen und schließlich die Förderung von Vielfalt unter besonderer Berücksichtigung von sozialen und kulturellen Interessen.

---

[25] BVerfGE 83, 238/322 ff.;

III. Verteilung von Frequenzen und Kanälen durch Bund und Länder

Gemäß § 50 RStV entscheiden die Länder „über die Zuordnung und Nutzung der Übertragungskapazitäten, die zur Verbreitung von Rundfunk dienen" (das Gleiche gilt für die „Zuordnung von Satellitenkanälen für Rundfunkzwecke"). Aber natürlich können sie nur zuordnen und nutzen lassen, was auf der Grundlage des Telekommunikationsgesetzes (TKG) des Bundes und nach Maßgabe der Internationalen Abkommen im Rahmen der Internationalen Telekommunikationsunion (ITU) und der Abstimmungen der europäischen Instanzen für die Hoheitsaufgaben im Bereich der Telekommunikation (CEPT) zur Verfügung steht.

Zwar erteilt die nach dem TKG erforderliche Lizenz zum Betreiben zum Beispiel eines Rundfunksenders die vom Bund eingerichtete Regulierungsbehörde für Telekommunikation und Post, die auch für die Zuteilung einer Frequenz zuständig ist. Dies geschieht aber auf der Grundlage eines in Form einer Rechtsverordnung erlassenen Frequenzzuweisungsplans, der gemäß § 45 TKG der Zustimmung des Bundesrates, das heißt des die Länder repräsentierenden Bundesorgans, bedarf, soweit darin dem Rundfunk Frequenzen zugewiesen werden. Außerdem darf gemäß § 47 Absatz 3 TKG eine Rundfunkfrequenz nur zugeteilt werden, wenn dafür vorher eine medienrechtliche Zulassung eines Landes erfolgt ist.

Eigentumsrecht im Bereich der Medien

Die Verfassungsordnung der Bundesrepublik Deutschland sieht in der Gewährleistung des Eigentums (Artikel 14 GG) wie in der freien Wahl und Ausübung eines Berufes (Artikel 12 GG) logische Folgerungen aus dem die Hierarchie der Verfassungswerte beherrschenden Gebot, die angeborene Würde des Menschen und sein Recht auf freie Entfaltung seiner Persönlichkeit, auf Selbstbestimmung, zu achten und zu schützen (Artikel 1 und 2 GG).

Das Grundgesetz gibt zwar keine bestimmte Wirtschaftsordnung vor, es ist aber durch diese Ableitung der wirtschaftlichen Freiheiten aus der allgemeinen Handlungs- und Entwicklungsfreiheit des Einzelnen deutlich im Sinn von Betätigungsfreiheit und Privatautonomie auch in wirtschaftlicher Hinsicht geprägt.

Man kann daher durchaus von einer vom Grundgesetz gewollten und geschützten „allgemeinen Wirtschaftsfreiheit" (Badura) sprechen, deren Kern durch die Berufs-, Unternehmens- und Vertragsfreiheit sowie die Gewährleistung der ungestörten Nutzung des Eigentums gebildet wird.

Gleichwohl behält diese Rückbindung zu den „ideellen" Freiheiten der Persönlichkeit, zum Menschenrecht also, seine Bedeutung, wenn es darum geht, im Wege der Güterabwägung Grenzen der autonomen privaten Nutzung des Eigentums und der beliebigen Ausübung eines Berufes festzulegen und diese Betätigungsfreiheiten mit den Rechten anderer oder wichtigen gemeinschaftlichen Interessen der Allgemeinheit kollidieren.

I. Begriff des Eigentums

Der verfassungsrechtliche Begriff des Eigentums ist weit. Er umfasst jedenfalls nicht nur das Sacheigentum, sondern auch alle erworbenen, konkreten vermögenswerten Rechte des Zivilrechts einschließlich des „Anteilseigentums", das heißt der gesellschaftsrechtlichen Beteiligung am Aktien- oder Stammkapital von Gesellschaften des Handelsrechts – im Medienbereich also zum Beispiel vor allem Urheber- und Leistungsschutzrechte, Rechte des gewerblichen Rechtsschutzes (Markenrechte, Titelschutz, Patente) und zwar nicht nur, soweit sie Unternehmen oder Unternehmern zustehen, sondern ebenso, soweit sie aus der Tätigkeit in freien Berufen oder in abhängiger Stellung entstehen.

II. Schranken des Eigentums und der Berufsfreiheit

Das Grundgesetz gewährleistet das Eigentum nicht vorbehaltlos. Artikel 14 Absatz 1 GG: Inhalt und Schranken des Eigentums werden durch die Gesetze bestimmt. Andererseits können solche Gesetze dem Eigentum keine beliebigen Schranken setzen. Was legitimer Zweck solcher Gesetze nur sein kann, sagt die Verfassung selbst in Artikel 14 Absatz 2 GG: „Eigentum verpflichtet. Sein

Gebrauch soll zugleich dem Wohle der Allgemeinheit dienen". Diese „Sozialbindung" des Eigentums gestattet Einschränkungen der Privatautonomie nur insoweit, als wichtige andere gesellschaftliche Werte, insbesondere vorrangige andere Verfassungsrechte dies erfordern.

Dies gilt grundsätzlich in gleicher Weise für die Freiheit beruflicher Betätigung, und zwar für deren Wahl wie für ihre Ausübung, auch wenn das Grundgesetz nur für den letzteren Fall einen Vorbehalt formuliert: Die Berufsausübung kann durch Gesetz oder auf Grund eines Gesetzes geregelt werden (Artikel 12 Absatz 1 Satz 2 GG). Dabei versteht man unter Beruf jede dem Erwerb und dem Lebensunterhalt auf eine gewisse Dauer dienende Tätigkeit, sei sie selbständig oder unselbständig ausgeübt, in abhängiger Arbeit oder einem freien Beruf, auch als Unternehmer; grundsätzlich ist auch die „Unternehmerfreiheit" im Sinn freier Gründung und Führung von Unternehmen durch Artikel 12 GG geschützt.[26] Einschränkende staatliche Regelungen setzen wieder voraus, dass sie durch wichtige Gemeinschaftsgüter oder Interessen der Allgemeinheit legitimiert werden (zu denken ist an das Erfordernis besonderer, durch Prüfungen nachzuweisender Sachkunde bei Ärzten, Apothekern, Notaren, Rechtsanwälten, oder an die Sicherung grundsätzlicher sozialer Belange wie bei der betrieblichen Mitbestimmung durch die Arbeitnehmer.

1. Zugangsbeschränkungen

Zugangsbeschränkungen zu den Medienberufen gibt es an sich nicht. Jeder kann nach Belieben Journalist, Verleger, Filmproduzent, Kameramann, Regisseur werden oder eine Presse- oder Werbeagentur eröffnen. Lediglich zur Veranstaltung von privatem Rundfunk bedarf man einer medienrechtlichen Zulassung. Die Gründe dafür wurden an anderer Stelle schon dargestellt (Kapitel 3, 4 und 8).

Außer um den Mangel an verfügbaren terrestrischen Frequenzen geht es dabei vor allem um die Sicherung der publizistischen Vielfalt im Bereich des Fernsehens und Radios durch Vermeidung vorherrschender Meinungsmacht.

2. Eigentum und Kartellrecht

Der Gewährleistung möglichst großer Vielfalt im Wettbewerb auf den Märkten dienen die Vorschriften des „Gesetzes gegen Wettbewerbsbeschränkungen" (GWB), kurz auch Kartellgesetz genannt, weil es sich mit allen Formen von Kartellen und ähnlich den Markt beeinflussenden Unternehmenszusammenschlüssen befasst. Auch die nach diesem Gesetz geltenden Einschränkungen unternehmerischer Initiativen und Aktivitäten sind Schranken der freien Nutzung des Eigentums und der freien Berufsausübung, die man mit dem vorrangigen Interesse der Allgemeinheit und der Rechtsordnung an einem freien Wettbewerb unter möglichst vielen unterschiedlichen Angeboten rechtfertigt.

Kartellabsprachen sind grundsätzlich verboten. Das Gesetz versteht darunter „Vereinbarungen zwischen miteinander im Wettbewerb stehenden Unternehmen,

---

[26] BVerfGE 50, 290/363;

Beschlüsse von Unternehmensvereinigungen und aufeinander abgestimmte Verhaltensweisen, die eine Verhinderung, Einschränkung oder Verfälschung des Wettbewerbs bezwecken oder bewirken" (§ 1 GWB). Konditionenkartelle, Preisabsprachen, Rationalisierungsvereinbarungen, abgestimmter Abbau von Kapazitäten zur Abwendung von Strukturkrisen sind Anwendungsfälle, die auch im Medienbereich Bedeutung erlangen können. Unter bestimmten Voraussetzungen können solche Kartelle genehmigt werden; andernfalls sind sie nichtig, weil sie gegen ein gesetzliches Verbot verstoßen (§ 134 BGB). Preisbindungen für Bücher sind durch ein besonderes Gesetz für zulässig erklärt worden, für den Vertrieb von Zeitungen und Zeitschriften schafft § 15 GWB eine Möglichkeit, die Abnehmer auf Preise festzulegen (auf die EG-rechtliche Problematik zur Preisbindung im grenzüberschreitenden Handel kann hier nicht eingegangen werden).

Verboten ist auch der Missbrauch einer marktbeherrschenden Stellung (§ 19 GWB). Was unter Marktbeherrschung zu verstehen ist, definiert das Gesetz. Sie liegt jedenfalls vor, wenn ein Unternehmen keinen Wettbewerber (mehr) hat oder doch, etwa auf Grund seiner überragenden Marktstellung, keinem wesentlichen Wettbewerb mehr ausgesetzt ist; gesetzlich wird eine marktbeherrschende Stellung bereits vermutet, wenn ein Unternehmen einen Marktanteil von mindestens einem Drittel hat.

Im Zuge der Konzentration insbesondere auf dem Zeitungsmarkt, mit ihren Auswirkungen für den Anzeigenmarkt, sind solche marktbeherrschenden Stellungen im lokalen und regionalen Bereich nicht selten. Schwierigkeiten bereitet allerdings gerade im Bereich der Medien die Frage, welcher Markt jeweils zu betrachten und zu bewerten ist, da es eine große Zahl in sich selbständiger Teilmärkte gibt: Fernsehen, Radio, bundesweit, regional, lokal; Tageszeitungen im Abonnement und im Straßenverkauf, Publikumszeitschriften, Wochenzeitungen, usw. mit den dazugehörenden Werbe- und Anzeigenmärkten; selbst auf dem Papiermarkt bildet Papier für den Zeitungsdruck einen für sich relevanten Teilmarkt.

Eine wichtige Schranke für privatautonome unternehmerische Betätigung ist schließlich die kartellrechtliche Kontrolle von Unternehmenszusammenschlüssen oder Verflechtungen ab einer gewissen wirtschaftlichen Größenordnung, die das Gesetz nach den Umsatzerlösen der beteiligten Unternehmen festlegt („Eingriffsschwelle").

Für Zeitungen, Zeitschriften und private Rundfunkveranstalter sieht das Gesetz eine im Vergleich zur Wirtschaft im Allgemeinen erhebliche Absenkung dieser Eingriffschwellen vor. Während im Regelfall erst ein weltweiter Gesamtumsatz aller beteiligten Unternehmen von mehr als 500 Mio. € und ein mindestens von einem dieser Unternehmen in Deutschland erzielter Umsatzerlös von mehr als 25 Mio. € die Kontrolle nach dem GWB auslösen, gelten für den Verlag, die Herstellung und den Vertrieb von Zeitungen und Zeitschriften sowie für die Herstellung, den Vertrieb und die Veranstaltung von Rundfunkprogrammen und den Absatz von Werbezeiten im Rundfunk eine wesentlich niedrigere Schwelle, da für diese Unternehmen „das Zwanzigfache der Umsatzerlöse in Ansatz zu bringen" ist

(§ 38 Absatz 3 GWB). Auch eine „Bagatellgrenze“ für Unternehmen mit weniger als weltweit 10 Mio. € Umsatz, wie sie die Genehmigungsbedürftigkeit für „normale“ Unternehmen entfallen lässt, gilt für Zeitungs- und Zeitschriftenverlage nicht. Begründet wird diese Sonderregelung mit der tatsächlichen Situation und Struktur des Medien-, aber vor allem des Zeitungsmarktes, wo auch die Konzentrationstendenzen bei mittleren und kleineren Unternehmen den Wettbewerb auf den nicht zuletzt auch für den Prozess der Informationsverbreitung und Meinungsbildung wichtigen Märkten wesentlich beeinträchtigen können. Das Bundesverfassungsgericht hat die wettbewerbspolitische Zielsetzung der Fusionskontrolle des GWB für zulässig erklärt. Schon in einem frühen Urteil hatte es zur Unternehmensfreiheit der Presse erklärt:[27]

> „Presseunternehmen müssen sich im gesellschaftlichen Raum frei bilden können. Sie arbeiten nach privatwirtschaftlichen Grundsätzen und in privatrechtlichen Organisationsformen. Sie stehen in geistiger und wirtschaftlicher Konkurrenz, in die die öffentliche Gewalt grundsätzlich nicht eingreifen darf … doch ließe sich etwa auch an eine Pflicht des Staates denken, Gefahren abzuwehren, die einem freien Pressewesen aus der Bildung von Meinungsmonopolen erwachsen könnten.“

Nicht näher eingegangen kann und braucht hier zu werden auf die Zuständigkeit der EG-Kommission, die bei noch weit höheren Umsatzschwellen eintritt und in der VO (EWG) Nr. 4064/89 der EG geregelt ist.

3. Eigentum und Urheberrecht

Zu dem von Artikel 14 GG geschützten Eigentum gehören auch die Rechte der Urheber und der Inhaber von Leistungsschutzrechten nach Maßgabe des Urheberrechtsgesetzes (UrhG). Auch sie sind Ausfluss des allgemeinen Persönlichkeitsrechts und enthalten daher einen unantastbaren Kern, über den auch der Gesetzgeber nicht verfügen darf und auch sonst müssen sich die gesetzlichen Schranken des Urheberrechts im Rahmen der „Sozialbindung“ des Eigentums, das heißt in engen Grenzen halten. Dies hat zunehmend dazu geführt, dass gesetzliche Beschränkungen des ausschließlichen, privatautonomen Verfügungsrechts des Urhebers für, sehr pauschal gesagt, gemeinnützige Zwecke immerhin nur gegen eine angemessene Vergütung zugelassen wurden. Auch in der Vertragspraxis für den Erwerb von urheberrechtlichen Nutzungsrechten (durch Verlage, Rundfunkveranstalter und sonstige Nachverwerter) werden die früher üblichen und nicht zuletzt aus Rationalisierungsgründen begründeten Pauschalabgeltungen der meist sehr differenzierten Rechte von gestuften Vergütungen für Erst- und Folgenutzungen (Wiederholungen) abgelöst. Für Arbeitnehmer und als solche tariffähige arbeitnehmerähnliche Personen ist die Urheberrechtsübertragung und -vergütung mittlerweile meist in Tarifverträgen zwischen den Verlagen oder Rundfunkveranstaltern und den Gewerkschaften geregelt. Dabei spielte in letzter Zeit auch wieder

[27] BVerfGE 20, 162/175 f.;

einmal im Laufe der Entwicklung die Frage eine Rolle, wie neu auftretende Verfahren zur Verbreitung urheberrechtlich zu behandeln sind. Das UrhG gibt dafür der sonst geltenden Vertragsfreiheit eine Grenze: Die Einräumung von Nutzungsrechten für nicht bekannte Nutzungsarten sowie Verpflichtungen hierzu sind unwirksam (§ 31 Absatz 4 UrhG). Ob darunter freilich alle Folgen der digitalen Technik und Datenverbreitung fallen, ist noch nicht unumstritten. Für Computerwerke und Datenbanken gibt es bereits urheberrechtlichen Schutz.

Für verfassungsrechtlich zulässig wurde erklärt, dass der Schutz des Urheberrechts, anders als sonst im Eigentumsrecht, zeitlich befristet ist: Der Schutz des Urhebers endet 70 Jahre nach seinem Tod; die Leistungsschutzrechte sind in der Regel auf 50 Jahre ab der Darbietung, Sendung oder dem Erscheinen befristet; die Rechte der Datenbankhersteller erlöschen 15 Jahre nach der Veröffentlichung der Datenbank.

III. Innere Presse- und Rundfunkfreiheit

Bei der so genannten inneren Presse- oder Rundfunkfreiheit geht es um den Freiheitsraum, der dem je einzelnen redaktionellen Mitarbeiter eines Medienunternehmens etwa aufgrund des Artikels 5 Absatz 1 GG auch gegenüber dem Direktionsrecht des Unternehmens eingeräumt ist. Die rechtliche Beurteilung dieser Frage ist uneinheitlich und kontrovers.

Einerseits wird darauf hingewiesen, dass etwa die Pressefreiheit nicht nur eine „Verlegerfreiheit“ sein könne und die den Inhalt der Presseerzeugnisse gestaltenden Pressemitarbeiter an der institutionellen Freiheit wenigstens im Rahmen ihrer jeweiligen Funktion teilhaben müssten, wenn schon ihre persönliche Freiheit zu beliebiger Meinungsäußerung und Meinungsverbreitung nicht in die Erfüllung der Berufspflichten durchschlage. Immerhin hat das Bundesverfassungsgericht einmal erklärt,[28] die institutionelle Sicherung der Presse schließe

> „das subjektive öffentliche Recht der im Pressewesen tätigen Personen ein, ihre Meinung in der ihnen geeignet erscheinenden Form ebenso frei und ungehindert zu äußern wie jeder andere Bürger“

Allerdings ging es in diesem Fall nicht um die Frage der inneren Pressefreiheit, d. h. der Rechte eines Journalisten gegenüber seinem Verleger, sondern um einen eklatant verfassungswidrigen einfachgesetzlichen Eingriff des Staates, der eine Art Berufsverbot zur Folge gehabt hätte.

Demgegenüber wird betont, die Pressefreiheit das Institut „Freie Presse“ gewährleiste noch nicht einmal die Existenz des je einzelnen Presseorgans oder Presseunternehmens. Es gehe vornehmlich um die Freiheit der Presse als solcher. In die Art der Berufsausübung und in die freie Verfügung über das Eigentum an einem Unternehmen könnte nach der Verfassung allenfalls durch ein Gesetz ein-

---

[28] BVerfGE 10, 118/121;

gegriffen werden, wie es zum Beispiel für die allgemeine innerbetriebliche Mitbestimmung erlassen wurde, nicht aber für die besonderen Anliegen der so genannten inneren Pressefreiheit.

Der Gesetzgeber hat im Gegenteil den Anwendungsbereich der allgemeinen Mitbestimmungsregelungen in Unternehmen, insbesondere bei personellen Maßnahmen, wie man pauschal sagt, mit „geistig-ideeller Zielsetzung" stark eingeschränkt. Der Gesetzgeber will damit den Unternehmen, die unmittelbar und überwiegend politischen, konfessionellen, karitativen, wissenschaftlichen oder künstlerischen Bestimmungen oder Zwecken der Berichterstattung und Meinungsäußerung dienen, „auf die Artikel 5 Absatz 1 des Grundgesetzes Anwendung findet", die Freiheit bewahren, die inhaltliche Ausrichtung, die Tendenz des Unternehmens zu bestimmen, ohne dabei von der sonst in Betrieben vorgeschriebenen förmlichen Mitbestimmung, vor allem auch bei Einstellungen und Entlassungen, entscheidend abzuhängen – zumindest soweit, wie die Eigenart des Unternehmens der sonst geltenden Mitbestimmung entgegensteht (§ 118 Absatz 1 des Betriebsverfassungsgesetzes (BetrVG); in dem im Übrigen gleichlautenden § 1 Absatz 4 des für Großunternehmen geltenden Mitbestimmungsgesetzes (MitbestG) fehlt interessanterweise dieser „Soweit"-Vorbehalt). Das Bundesverfassungsgericht hat diese Gesetze für verfassungsgemäß erachtet.[29]

§ 118 BetrVG wird als eine Folge des Artikels 5 Absatz 1 GG angesehen. Er soll die vor allem in der Pressefreiheit begründete Freiheit des Verlegers sichern, unabhängig von staatlichem oder sonst „fremdem" Einfluss über die Gestaltung, insbesondere die Bestimmung und Verwirklichung einer inhaltlichen Ausrichtung, der „Tendenz", der von ihm veranlassten Publikationen zu bestimmen (der Ausdruck „Tendenz" ist üblich, aber irreführend – die „Tendenz" eines Publikationsorgans kann auch sein, keiner Tendenz verpflichtet zu sein, sondern der Pluralität und Neutralität, wie es zum Beispiel die gesetzliche Aufgabe der öffentlichrechtlichen Rundfunkanstalten ist). Das Bundesverfassungsgericht hat den § 118 BetrVG verfassungsrechtlich nicht beanstandet:[30]

> „Das Grundrecht der Pressefreiheit umfasst die Freiheit, die Tendenz einer Zeitung festzulegen, beizubehalten, zu ändern und diese Tendenz zu verwirklichen … Im Verhältnis des Verlegers zum Betriebsrat ist der erste unzweifelhaft zur Bestimmung und Verwirklichung der Tendenz der Zeitung befugt und in dieser Befugnis durch Artikel 5 Absatz 1 Satz 2 GG geschützt … Dem Betriebsrat eines Tendenzbetriebs kommen solche Befugnisse nicht zu … [Seine] Aufgabe steht in keinem inneren Zusammenhang mit der Pressefreiheit …"

Das Bundesverfassungsgericht fügte aber an der gleichen Stelle hinzu:

> „ob und gegebenenfalls in welchem Umfang den Redakteuren insoweit ein Mitbestimmungsrecht zukommt, kann dahingestellt bleiben".

---

[29] BVerfGE 50, 290/322, 354 ff.;
[30] BVerfGE 52, 283/296 ff.;

Solche, von der Fallgestaltung her nicht unbedingt notwendigen, Nebenbei-Anmerkungen des Bundesverfassungsgerichts sind nach mancher Erfahrung ernst zu nehmen und lassen erkennen, dass das Gericht vermutlich einen gewissen mit entscheidenden Einfluss der Redakteure gegenüber dem Verleger, solange dessen Recht nicht im Kern betroffen ist, nicht als unzulässige „Fremdbestimmung" werten würde.

Grundsätzlich stehen die Rechte aus der institutionellen Garantie des Mediums also dem Unternehmen zu und unterliegen dem Dispositionsrecht der Eigentümer des Unternehmens, insoweit es sich um privatrechtliche Unternehmen handelt; bei öffentlich-rechtlichen Rundfunkanstalten richtet sich das Direktionsrecht nach der vom Gesetzgeber gestalteten innerbetrieblichen Struktur und liegt damit letztlich beim Intendanten, der für das Gesamtprogramm allein die rechtliche Verantwortung tragen und insoweit auch ein alleiniges Letztentscheidungsrecht besitzen muss. In der Realität muss er diese Verantwortung, wie übrigens auch ein Verleger, auf verschiedene Ebenen delegieren und mehr durch eine Art „Richtlinienkompetenz" und das in Zweifelsfällen eintretende Letztentscheidungsrecht wirken. Dies führt ohnehin zu entsprechenden, durchaus selbständig zu verantwortenden Entscheidungsbefugnissen bei den damit betrauten Mitarbeitern.

Ein privatrechtliches Unternehmen, ein Zeitungsverlag zum Beispiel, kann vom Unternehmer auf eine bestimmte redaktionelle Richtung inhaltlich festgelegt werden, der dann auch die Mitarbeiter im Rahmen ihrer innerbetrieblichen Funktion und des Arbeitsverhältnisses verpflichtet sind. Freilich kann im Einzelfall niemand verpflichtet werden, eine Meinung als eigene zu bekunden, die er persönlich gar nicht teilt. Wohl aber ist eine Verpflichtung zulässig, einer Generallinie zu folgen und insbesondere andere Meinungen zu veröffentlichen, wenn dies im innerbetrieblichen Entscheidungsprozess so verlangt wird. Dies gilt insbesondere für Redakteure öffentlich-rechtlicher Rundfunkanstalten, die mit Rücksicht auf die von ihnen mit zu gewährleistende Binnenpluralität und Gesamtausgewogenheit des Programms sogar verpflichtet sind und im Einzelfall angewiesen werden können, auch andere als ihre eigenen Meinungen im Programm angemessen zu berücksichtigen.

Zur Vermeidung oder doch zum Abbau von innerbetrieblichen Konflikten und Friktionen hat man verbreitet Redaktionsstatute aufgestellt, die betriebsbezogen gewisse Mitwirkungsrechte und Konfliktlösungsmechanismen festschreiben, und Redakteursausschüsse eingerichtet, mit allerdings oft erheblich unterschiedlichen Zuständigkeiten und Befugnissen. Wenn es freilich um das Klima geht, um den Geist, der in einem – zumal publizistischen – Unternehmen herrscht, um die Selbstachtung der Mitarbeiter, von deren Kreativität der Erfolg des Unternehmens wesentlich mit abhängt, können rechtliche Kategorien zur Kompetenzabgrenzung letztlich kaum helfen; braucht man sie, ist dies ein schlechtes Zeichen und für sich eine (psychologische) Schranke für die Ausübung einer doch gemeinsamen Freiheit.

Im Bereich der Presse sorgen tarifvertragliche Vereinbarungen mit den Gewerkschaften für eine gewisse soziale Milderung bei aus Gründen des Tendenzschutzes erfolgenden arbeitsrechtlichen Maßnahmen.

Recht auf Information

Offene, zutreffende und möglichst umfassende Information ist eine fundamentale Voraussetzung für den Prozess der individuellen und öffentlichen Meinungsbildung. Das Grundgesetz der Bundesrepublik Deutschland verknüpft daher auch das jedermann zustehende Grundrecht, „seine Meinung in Wort, Schrift und Bild frei zu äußern und zu verbreiten“ mit der Freiheit, „sich aus allgemein zugänglichen Quellen ungehindert zu unterrichten“ (Artikel 5 Absatz 1 Satz 1 GG).

Die allgemeine Zugänglichkeit wird vor allem instrumental verstanden; sie ist gegeben, „wenn die Informationsquelle technisch geeignet und bestimmt ist, der Allgemeinheit, das heißt einem individuell nicht bestimmbaren Personenkreis, Informationen zu verschaffen“[31]. Lebensbereiche, Einrichtungen, Ereignisse, Veranstaltungen, Verfahren, zu denen nicht jedermann zugelassen ist oder Zutritt hat, sind keine allgemein zugänglichen Quellen der Information für jedermann – auch nicht für die Medien, wenn nicht besondere gesetzliche Privilegien ihnen Zugang verschaffen. Öffentliche Bibliotheken sind allgemein zugänglich, amtliche und private Archive, Registraturen und Akten in aller Regel nicht, wenn sie nicht ausdrücklich geöffnet werden.

Die typischen allgemein zugänglichen Informationsquellen sind die Medien der Massenkommunikation, Presse und Rundfunk. Der Staat darf niemand hindern, sich aus den Medien zu informieren. Den Medien wiederum ist ihre institutionelle Freiheit gewährleistet, damit sie der Information der Allgemeinheit dienen können. Je größer die Freiheit der Medien ist, je freier ihr Zugang zu Informationen und je sorgfältiger sie ihrer öffentlichen Aufgabe nachkommen, desto vielfältiger, umfassender und verlässlicher ist die Information, die allgemein zugänglich ist – und umso qualifizierter verläuft der Prozess der privaten und öffentlichen Meinungsbildung. Aus diesem Grund schützt die Freiheit von Presse und Rundfunk auch deren publizistische Tätigkeit in allen Phasen, von der Beschaffung der Information und deren redaktioneller Aufbereitung bis zur Verbreitung der Nachricht und der Meinung. Erst der prinzipiell ungehinderte Zugang zur Information versetzt Presse und Rundfunk in den Stand, die ihnen in der freiheitlichen Demokratie zukommende Funktion wirksam wahrzunehmen. Dies hat das Bundesverfassungsgericht in ständiger Rechtsprechung immer wieder hervorgehoben und damit auch in einigen Fällen die Anwendung allgemeiner Gesetze, die zumindest im Ergebnis den öffentlichen Zugang zu relevanten Informationen beschränkt hätte, freiheitlicher gestaltet.[32]

---

[31] BVerfGE 27, 71/83;

[32] BVerfGE 50, 234/240; 91, 125/134 ff. mit zahlreichen weiteren Nachweisen;

I. Prinzip der Öffentlichkeit

Presse und Rundfunk schaffen Öffentlichkeit; sie sind aber auch selbst darauf angewiesen, dass sich öffentlich ereignet oder einsehen lässt, was von Bedeutung für die Allgemeinheit ist. Diese Transparenz relevanter gesellschaftlicher Vorgänge ist unerlässlich. Der Gesetzgeber muss für diese Transparenz sorgen, dabei aber auch im Wege einer an der Verfassung orientierten Abwägung der Rechtsgüter einen Ausgleich zwischen dem Öffentlichkeits- und Informationsanspruch der Allgemeinheit und den ebenfalls der Gemeinschaft dienenden Interessen des Staates sowie vorrangigen Interessen Einzelner vornehmen.

Wenn die Medien sich allerdings unter Verstoß gegen allgemeine Gesetze, wenn nicht gar durch eine strafbare Handlung (zum Beispiel Bestechung), Zugang zu an sich nicht öffentlichen Vorgängen verschaffen, können sie für diese Rechtsverletzung in aller Regel keine Rechtfertigung durch die Pressefreiheit erwarten, wenn nicht im Einzelfall gewichtige Umstände im Interesse der Allgemeinheit eine Veröffentlichung begründen und unverzichtbar machen. Die Pressefreiheit darf nicht als Legitimation für jegliche der Sammlung und Verbreitung von Nachrichten dienende Handlung verstanden werden. Wer sich zum Beispiel unter Vorspiegelung falscher Tatsachen und einer falschen Identität in eine Zeitungsredaktion einschmuggelt und die dort üblicher und auch notwendiger Weise herrschende redaktionsinterne Vertraulichkeit bricht, kann sich dafür nicht auf Artikel 5 GG berufen; ob die so illegal gewonnenen Informationen weitergegeben werden dürfen, hängt davon ab, ob sie für die öffentliche Meinungsbildung objektiv so gewichtig sind, dass darüber der Vertrauens- und Persönlichkeitsschutz der getäuschten Mitglieder der Redaktion zurückstehen muss – im Zweifel nicht, wenn es nicht um ganz gravierende gesellschaftsrelevante Missstände geht. Jedenfalls ist wie immer, aber besonders sorgfältig zu prüfen, ob nicht eine Schranke im Sinn des Artikels 5 Absatz 2 GG der Veröffentlichung unrechtmäßig beschaffter Informationen entgegensteht.[33]

Eine besondere Zugangsregelung für die Presse, die wohl auch auf den Rundfunk anzuwenden ist, enthält das Versammlungsgesetz. In § 6 Absatz 2 ist festgelegt, dass Pressevertreter von öffentlichen Versammlungen nicht ausgeschlossen werden dürfen, wenn sie teilnehmen wollen und sich durch ihren Presseausweis ordnungsgemäß legitimieren.

1. Parlamentsberichterstattung

Die Öffentlichkeit der Sitzungen des Parlaments ist ein Wesenselement einer freiheitlichen parlamentarischen Demokratie. Daher ist es auch in der Verfassung festgeschrieben (Artikel 42 GG oder zum Beispiel Artikel 22 der Bayerischen Verfassung). Im Bundestag sind die Plenarsitzungen öffentlich, Sitzungen der Ausschüsse im Normalfall nicht; im Bayerischen Landtag tagen auch die Ausschüsse öffentlich. Über nichtöffentliche Sitzungen kann gleichwohl nach den

[33] BVerfGE 66, 116 ff.;

allgemeinen Regeln, wenn auch nicht aus eigener Wahrnehmung der Medien, berichtet werden, soweit es darüber zuverlässige Informationen gibt.

Die gleichen Verfassungsnormen stellen „wahrheitsgemäße Berichte“ über die Sitzungen des Parlaments „von jeder Verantwortlichkeit frei“ (die Bayerische Verfassung nimmt davon nur „die Wiedergabe von Ehrverletzungen“ aus).

2. Gerichtsberichterstattung

Auch die grundsätzliche Öffentlichkeit der Verhandlungen vor Gericht ist ein wichtiges Prinzip eines freiheitlichen Staates, der nur als Rechtsstaat denkbar ist und dessen Gerichte „im Namen des Volkes“ urteilen. Demgemäß bestimmt § 169 des Gerichtsverfassungsgesetzes (GVG): „Die Verhandlung vor dem erkennenden Gericht einschließlich der Verkündung der Urteile und Beschlüsse ist öffentlich“. Dies gilt für alle Zivil- und Strafgerichte, aber in entsprechender Anwendung auch für die Arbeits-, Sozial- und Verwaltungsgerichte. Zum Schutz von besonders zu beachtenden Persönlichkeitsrechten von Verfahrensbeteiligten (Prozessparteien, Opfern eines Unfalls oder gar einer Straftat, Zeugen, unter Umständen auch Angeklagten), aber auch zur Wahrung von Staats- oder Geschäftsgeheimnissen oder des Steuergeheimnisses oder bei Gefährdung der öffentlichen Sicherheit oder Sittlichkeit kann die Öffentlichkeit im Einzelfall ausgeschlossen werden; dennoch können Reporter vom Gericht zugelassen werden, die aber dann bei ihrer Berichterstattung Rücksicht zu nehmen haben auf die Gründe der Nichtöffentlichkeit, vor allem auf die gefährdeten Rechtsgüter. Erfolgt, was selten geschieht, der Ausschluss der Öffentlichkeit wegen Gefährdung der Staatssicherheit, dürfen Presse und Rundfunk keine Berichte über die Verhandlung und Inhalt eines die Sache betreffenden amtlichen Schriftstücks veröffentlichen. Der Verstoß gegen ein solches Verbot kann ebenso bestraft werden wie die Verletzung einer bei einer solchen nichtöffentlichen Verhandlung vom Gericht auferlegten Schweigepflicht zu Tatsachen oder amtlichen Schriftstücken, die dabei zur Kenntnis der Anwesenden gelangten (§ 353 d StGB). Strafbar ist nach der gleichen Vorschrift des Strafgesetzbuches schließlich auch, die Anklageschrift oder andere amtliche Schriftstücke eines Straf-, Bußgeld- oder Disziplinarverfahrens, ganz oder in wesentlichen Teilen, im Wortlaut öffentlich mitzuteilen, bevor sie in öffentlicher Verhandlung erörtert worden sind oder das Verfahren abgeschlossen ist. Nicht verboten ist danach jedoch, über solche Vorgänge eines Strafverfahrens zusammenfassend in eigenen Worten oder zumindest in indirekter Rede zu berichten. Damit erreicht freilich die Norm ihren Zweck, nämlich die größtmögliche Wahrung der Persönlichkeitsrechte und Verfahrenschancen des Beschuldigten vor der Gerichtsverhandlung, im Ergebnis häufig nicht.

Den gleichen Sinn der Vermeidung vorzeitiger und voreiliger öffentlicher Prangerwirkung hat auch das Verbot von Ton- und Bewegt-Bild-Aufnahmen für Rundfunk oder Film bei Gerichtsverhandlungen (§ 169 Satz 2 GVG). Erlaubt sind, mit Erlaubnis des Gerichts, Aufnahmen vor Beginn oder nach Ende der Verhandlung oder in einer Pause; das Gericht kann jedoch auch solche Aufnahmen vor allem des Fernsehens im Hinblick auf den damit verbundenen technisch-personellen

Aufwands, der die Umstände einer gerichtlichen Verhandlung erheblich stören kann, untersagen, wenn ein zu großer Andrang den ordnungsgemäßen Verlauf der Verhandlung stören könnte. Dabei ist aber der Grundsatz der Verhältnismäßigkeit zu beachten, das heißt die Einschränkung darf das unbedingt erforderliche Maß nicht überschreiten, denn, so hat das Bundesverfassungsgericht in einem solchen Fall entschieden,[34] die Berichterstattung der Medien auch über wichtige Gerichtsverfahren muss im Interesse der öffentlichen Information und Meinungsbildung soweit wie nur möglich zugelassen werden, um auch insoweit die Vielfalt der Berichterstattung zu fördern. Einigen sich zum Beispiel die verschiedenen interessierten Fernsehveranstalter auf einen Pool, so dass nur ein Kamerateam vor und nach der Verhandlung im Gerichtssaal ist, dessen Aufnahmen allen zur Verfügung stehen, darf das Gericht nicht Fernsehaufnahmen gänzlich untersagen.

Die Gerichte achten auf eine genaue Einhaltung der Vorschriften über die Öffentlichkeit der mündlichen Verhandlungen nicht zuletzt auch deshalb, weil ein Verstoß einen absoluten Revisionsgrund darstellt (§ 338 Ziffer 6 StPO; § 551 Ziffer 6 ZPO; § 138 Ziffer 5 VwGO).

Neben diesen formalen Bedingungen und Einschränkungen der Berichterstattung über gerichtliche Verfahren sind inhaltlich die allgemeinen Regeln im Umgang mit den beteiligten Personen, die, gewollt oder ungewollt, in das Licht der Öffentlichkeit gestellt werden, zu beachten. Hierauf ist in Kapitel 13 noch näher einzugehen.

Im Pressekodex des Deutschen Presserats (siehe Kapitel 6) findet sich als Regel journalistischer Sorgfaltspflicht unter Ziffer 13 folgende Empfehlung:

> „Die Berichterstattung über Ermittlungsverfahren, Strafverfahren und sonstige förmliche Verfahren muss frei von Vorurteilen erfolgen. Die Presse vermeidet deshalb vor Beginn und während der Dauer eines solchen Verfahrens in Darstellung und Überschrift jede präjudizierende Stellungnahme. Ein Verdächtiger darf vor einem gerichtlichen Urteil nicht als Schuldiger hingestellt werden. Über Entscheidungen von Gerichten soll nicht ohne schwerwiegende Rechtfertigungsgründe vor deren Bekanntgabe berichtet werden."

3. Kurzberichterstattung und Übertragung von Großereignissen

Zur Wahrung und Förderung der publizistischen Vielfalt hat das Bundesverfassungsgericht das von den Ländern im Rundfunkstaatsvertrag eingeführte Recht auf „Kurzberichterstattung über Veranstaltungen und Ereignisse, die öffentlich zugänglich und von allgemeinem Informationsinteresse sind" (§ 5 RStV) für verfassungsrechtlich zulässig, ja erwünscht, wenn nicht sogar für erforderlich gehalten; Information soll möglichst aus vielen Quellen gewonnen werden können, damit ein Vorgang von öffentlichem Interesse aus verschiedenen Blickwinkeln betrachtet und gedeutet werden kann.[35] Unbeschadet von Übertragungsrechten an

[34] BVerfGE 91, 125/134 f.;
[35] BVerfGE 97, 228/255 ff.;

einem solchen Ereignis muss jedem in Europa zugelassenen Fernsehveranstalter gegen eine angemessene Vergütung eine kurze (bis zu 90 Sekunden) Berichterstattung ermöglicht werden, die ihn in die Lage versetzt, „den nachrichtenmäßigen Informationsgehalt der Veranstaltung oder des Ereignisses zu vermitteln". Dieses Recht bezieht sich nur auf das Fernsehen, da der Gesetzgeber wohl davon ausgegangen ist, dass es für Hörfunkübertragungen keine exklusiv zu vergebenden Übertragungsrechte gibt, da der Reporter des Hörfunks nicht anders als der Berichterstatter der Presse das Ereignis nicht im Bild darstellt, sondern mit seinen eigenen Worten schildert und dafür nicht mehr Platz und technische Einrichtungen braucht als die Presse, die für ihre Berichterstattung keine Rechte des Veranstalters erwerben muss. Diese Beurteilung ist allerdings umstritten. In zunehmendem Maße sieht sich auch der Hörfunk mit Forderungen der Veranstalter großer Sportereignisse auf Abgeltung der Übertragungsmöglichkeit konfrontiert.

In ähnlicher, die Informationsvielfalt sichernder Weise reagierte der Gesetzgeber auf die technische Möglichkeit, Fernsehprogramme verschlüsselt und gegen besondere Bezahlung zu verbreiten (Pay-TV). Zu besorgen ist, dass die Veranstalter solcher verschlüsselter Angebote sich gegen Zahlung unverhältnismäßig hoher Preise Exklusivrechte leisten und das herkömmliche, von allen Fernsehteilnehmern „frei" empfangbare Fernsehen von der Übertragung ausschließen könnten – wodurch auch ein überaus großer Teil des Publikums das Ereignis im Fernsehen nicht verfolgen könnte. Gemäß § 5 a RStV sind solche verschlüsselten Ausstrahlungen nur zulässig, „wenn der Fernsehveranstalter selbst oder ein Dritter zu angemessenen Bedingungen ermöglicht, dass das Ereignis zumindest in einem frei empfangbaren und frei zugänglichen Fernsehprogramm in der Bundesrepublik Deutschland zeitgleich oder, sofern wegen parallel laufender Einzelereignisse nicht möglich, geringfügig zeitversetzt ausgestrahlt werden kann". Die Großereignisse, auf die sich diese gesetzliche Verpflichtung bezieht, sind in § 5 a Absatz 2 RStV erschöpfend aufgeführt (Olympische Spiele und besonders herausragende internationale und nationale Fußballwettbewerbe). Die Regelung des RStV entspricht auch Vorgaben in § 3 a der EG-Fernsehrichtlinie (89/552/EWG in der Fassung von 97/36/EG) und § 9 des Fernsehabkommens des Europarats.

Aus solchen Sonderzugangsregelungen für bestimmte, gesetzlich festgelegte Anlässe kann nicht auf ein allgemeines, aus der Medienfreiheit abzuleitendes Recht auf Zugang zu jedem die Medien oder auch die Allgemeinheit interessierenden Vorgang geschlossen werden. Dem steht die aus dem allgemeinen Persönlichkeitsrecht folgende und als Schranke der Medienfreiheit grundsätzlich zu beachtende Privatautonomie entgegen, aber durchaus auch legitime, im Interesse der Allgemeinheit begründete, Rechte des Staates, Bereiche der Vertraulichkeit zu wahren, deren Definition freilich nicht dem freien Belieben der Behörden überlassen werden kann, sondern jeweils einer konkreten Entscheidung des Gesetzgebers über das so zu schützende Rechtsgut bedarf.

Zugang der Medien zu geschützten Informationen

Zu den Schranken der Informations- und Medienfreiheit im Sinn des Artikels 5 GG gehören auch jene allgemeinen Gesetze, die dazu dienen, die Vertraulichkeit von Vorgängen zu bewahren oder Geheimnisse zu schützen – vertrauliche Informationen und Geheimnisse aller Art: von Privatpersonen, Unternehmen, Behörden, der Parteien, der Regierung, des Parlaments, von Vertrauensberufen wie Ärzte, Rechtsanwälte, Sozialhelfer, Priester. Für den Schutz solcher Privat-, Berufs- und Staatsgeheimnisse gibt es gute Gründe, die auch im wohlerwogenen Interesse der Allgemeinheit liegen. Andererseits können sich im Mantel der Geheimhaltung auch für die Allgemeinheit wichtige Informationen oder sogar Fehler und Missbräuche verbergen, deren Aufdeckung und öffentliche Diskussion im Interesse der öffentlichen Meinungsbildung zu den verfassungsgemäßen Aufgaben der Medien gehört. Die Medien stehen in solchen Fällen den Trägern und Wahrern von Geheimnissen gewissermaßen als Anwälte der Öffentlichkeit gegenüber. Darin ist letztlich begründet, dass man ihnen die Erfüllung einer öffentlichen Aufgabe zuspricht. Dies darf nicht zu dem Missverständnis führen, dass sie insoweit gar Aufgaben des Staates, der öffentlichen Verwaltung übertragen bekommen hätten.

Ihre Funktion und Tätigkeit ist unbedingt staatsfrei, staatsunabhängig. Sie brauchen aber gerade vom Staat und seinen Behörden Informationen und Unterstützung, wenn sie den Prozess der öffentlichen geistigen Auseinandersetzung, der schließlich politisch in demokratische Wahlen mündet, bewirken und tragen sollen. Dies ist bei der auch in diesem Zusammenhang im Konfliktsfall wieder vorzunehmenden Abwägung unterschiedlicher, ja zunächst einander entgegenstehender Rechtsgüter zu berücksichtigen.

I. Informationsrechte der Medien gegenüber dem Staat

Die öffentliche Aufgabe von Presse und Rundfunk rechtfertigt einen besonderen Anspruch auf Information gegenüber dem Staat und seinen Einrichtungen. Dieser folgt im Prinzip aus der von Artikel 5 Absatz 1 Satz 2 GG anerkannten Funktion dieser Medien. Er ist jedoch in den Pressegesetzen, meist in § 4, geregelt und zwar in einer Weise, die den Gerichten angemessen und ausreichend erscheint,[36] so dass eine direkte Berufung auf das Grundgesetz entbehrlich erscheint. Bei der Auslegung und Anwendung des gesetzlichen Informationsrechts sind jedoch Inhalt und Tragweite der institutionellen Garantie der Presse- und Rundfunkfreiheit zu berücksichtigen.

Nicht in allen Ländern erstreckt sich dieser Auskunftsanspruch ausdrücklich auch auf den Rundfunk; die insoweit bestehende Identität der Funktionen und

---

[36] Entscheidung des Bundesverwaltungsgerichts (BVerwGE) 70, 310; mit weiteren Nachweisen

institutionellen Freiheiten von Presse und Rundfunk rechtfertigt jedoch zumindest eine Gleichbehandlung im Wege der Analogie.

Nach diesen gesetzlichen Bestimmungen, in Einzelheiten sind sie unterschiedlich ausgestaltet oder formuliert, sind alle staatlichen und kommunalen Behörden, aber auch die der Aufsicht des Staates unterworfenen Körperschaften, Anstalten und Stiftungen des öffentlichen Rechts (nicht jedoch die staatsunabhängigen öffentlich-rechtlichen Rundfunkanstalten) verpflichtet, „den Vertretern der Presse die der Erfüllung ihrer öffentlichen Aufgabe dienenden Auskünfte zu erteilen". Auskünfte können verweigert werden, soweit die sachgemäße Durchführung eines schwebenden Verfahrens vereitelt, erschwert, verzögert oder gefährdet werden könnte oder Vorschriften über die Geheimhaltung entgegenstehen oder ein überwiegendes öffentliches oder schutzwürdiges privates Interesse verletzt würde oder ihr Umfang das zumutbare Maß überschreitet.

Diese Vorbehalte räumten den Behörden ein Ermessen über Art und Umfang der Auskünfte ein, das unter Umständen den Informationsanspruch ins Leere laufen lassen könnte. Um einer allzu großen Zurückhaltung bei der Beantwortung von Anfragen der Medien vorzubeugen, hat das Bundesverwaltungsgericht (der Anspruch kann im Streitfall bei den Verwaltungsgerichten geltend gemacht werden) den Behörden eine Mahnung erteilt, die als Richtschnur für die Anwendung des § 4 der Landespressegesetze, aber darüber hinaus schlechthin für das Verhalten der Behörden und der Regierung gegenüber der Öffentlichkeit zu verstehen und zu beachten ist, nicht zuletzt, wenn es um wirkliche oder vermeintliche vertrauliche Vorgänge und Geheimnisse geht:[37]

> „Einer freiheitlich demokratischen Grundordnung entspricht ein Verhalten der Behörden, das in Angelegenheiten von öffentlichem Interesse von Offenheit geprägt ist. Es erfordert die Bereitschaft, dem Bürger diese Angelegenheiten dadurch durchsichtig zu machen, dass der Presse wie den anderen Medien durch eine großzügige Informationspolitik eine genaue und gründliche Berichterstattung ermöglicht wird."

Andererseits ist die Information eine „Holschuld" der Medien. Das gleiche höchste Verwaltungsgericht hat in einer früheren Entscheidung festgestellt:[38]

> „Ein Rechtsanspruch der Presse auf Versorgung mit Eigeninformationen von Seiten der öffentlichen Hand über alle die Öffentlichkeit interessierenden amtlichen Vorgänge lässt sich aus der grundrechtlichen Gewährleistung der Pressefreiheit nicht ableiten."

Die Art der Auskunftserteilung ist der angefragten Behörde an sich überlassen. Es kann eine direkte Antwort auf gestellte Fragen, eine mündliche Auskunft, eine Presseerklärung oder Dokumentation sein, in sicher eher seltenen Fällen eine Akteneinsicht.

---

[37] BVerwGE 70, 310/314;
[38] BVerwGE 47, 247/253;

Eine interessante Konkretisierung hat der Informationsanspruch der Medien durch das „Umweltinformationsgesetz“ des Bundes erfahren, das eine EG-Richtlinie (90/313/EWG) umsetzt. Danach kann jedermann, also auch die Medien, bei den Behörden des Bundes, der Länder und Gemeinden, aber auch juristischen Personen des öffentlichen und privaten Rechts, die Aufgaben im Bereich der Umwelt unter der Aufsicht des Staates erfüllen, Informationen verlangen über den Zustand der Luft, Gewässer, des Bodens, der Tier- und Pflanzenwelt sowie über Tätigkeiten, die die Umwelt belasten und über Programme und Maßnahmen zum Schutz der Umwelt.

Noch einen Schritt weiter gegangen sind die Länder Berlin, Brandenburg, Nordrhein-Westfalen und Schleswig-Holstein, die seit 1998 nacheinander „Informationsfreiheitsgesetze“ erlassen haben. Diese Gesetze räumen jedermann („Jeder“, „Jede natürliche Person“, „Jeder Mensch“, „Jeder natürlichen und juristischen Person des Privatrechts“) grundsätzlich „freien Zugang zu den bei den Behörden vorhandenen Informationen“ ein. Gewährt wird ein Auskunftsanspruch oder auch das Recht zur Akteneinsicht. Allerdings enthalten die Gesetze auch eine Reihe von Einschränkungen zum Schutz personenbezogener Daten und Geschäfts- und Betriebsgeheimnissen sowie zur Wahrung öffentlicher Belange und zum Schutz behördlicher Entscheidungsprozesse. Je nach Auslegung dieser Einschränkungen in der Praxis kann die so spektakulär und radikal geschaffene Transparenz behördlicher Arbeit im Ergebnis allerdings auch wesentlich bescheidener ausfallen als es zunächst den Anschein hat. Die Erfahrungen im praktischen Vollzug lassen sich noch nicht übersehen.

II. Schutz privater Geheimnisse

Der Schutz privater Geheimnisse ist eine wesentliche Folge des aus Artikel 2 Absatz 1 in Verbindung mit Artikel 1 Absatz 1 GG abgeleiteten allgemeinen Persönlichkeitsrechts. Die private Sphäre eines Menschen ist grundsätzlich der Öffentlichkeit entzogen, es sei denn, der Betreffende hat sich insoweit selbst in die Öffentlichkeit begeben oder muss aus einem höherrangigen Grund hinnehmen, dass die Öffentlichkeit sich mit ihm beschäftigt. Dies wird in Kapitel 13 näher darzustellen sein.

1. Informationelle Selbstbestimmung

Zum allgemeinen Persönlichkeitsrecht gehört jedenfalls auch das „Recht auf informationelle Selbstbestimmung“, das heißt die autonome Befugnis, über persönliche Daten und Datenträger (Unterlagen, Akten, Briefe, Adressen, Dateien usw.), ihre Verwendung und Preisgabe, grundsätzlich nur selbst zu verfügen. Das Bundesverfassungsgericht hat schon vor 20 Jahren erklärt, die technischen Möglichkeiten der Datenverarbeitung machten es nötig, die vom Grundgesetz gewährleistete freie Entfaltung der Persönlichkeit gegen unbegrenzte Erhebung, Speicherung, Verwendung und Weitergabe persönlicher Daten zu schützen.[39]

Dazu wurden vom Bund und den Ländern Gesetze über den Datenschutz erlassen. Ihr Zweck ist, „den Einzelnen davor zu schützen, dass er durch den Umgang mit seinen personenbezogenen Daten in seinem Persönlichkeitsrecht beeinträchtigt wird“ (§ 1 Absatz 1 des Bundesdatenschutzgesetzes, BDSG). Die Erhebung, Verarbeitung und Nutzung personenbezogener Daten ist nur zulässig, soweit Gesetze dies erlauben oder anordnen oder der Betroffene eingewilligt hat (§ 4 Absatz 1 BDSG). Für die Beschaffung, Bearbeitung und Archivierung von Informationen, die, wie meistens, auch personenbezogene Daten enthalten, durch die Medien Presse und Rundfunk hätte der Regel-Datenschutz einen lähmenden Eingriff bedeutet. Daher wurde in allen einschlägigen Gesetzen ein „Medienprivileg“ vorgesehen: Soweit durch Presse und Rundfunk personenbezogene Daten „ausschließlich zu eigenen journalistisch-redaktionellen Zwecken erhoben, verarbeitet oder genutzt werden“ gelten die meisten Bestimmungen der Datenschutzgesetze nicht. Wurde jemand durch eine Rundfunksendung in seinem Persönlichkeitsrecht beeinträchtigt, so kann er Auskunft über die der Sendung zugrunde liegenden, zu seiner Person gespeicherten Daten verlangen und, wenn sie falsch sind, eine Berichtigung oder Sperrung. Die Auskunft darf nur verweigert werden, soweit aus den Daten auf den Verfasser oder auf Informanten der Redaktion geschlossen werden kann. Führt die journalistisch-redaktionelle Verwendung personenbezogener Daten zu einer Gegendarstellung, muss diese dazu gespeichert werden.

2. Berufsgeheimnisse

Zur privaten Geheimsphäre gehört sicher, was man seinem Arzt, Rechtsanwalt, Steuerberater, Psychologen, Sozialberater anvertraut. Wenn eine solche Vertrauensperson das anvertraute oder sonst bekannt gewordene fremde „Geheimnis“, jede Art von Tatsachen privater oder geschäftlicher Art, unbefugt, also vor allem ohne Einwilligung des Betroffenen, offenbart, kann sie bestraft werden und ebenso etwa der Journalist, der zum Geheimnisbruch angestiftet oder verleitet hat (§ 203 des Strafgesetzbuches, StGB).

Das Gleiche gilt für öffentliche Amtsträger, Beamte usw., die durch ihr Amt fremde Geheimnisse anvertraut bekommen oder erfahren. Bei Amtsträgern der Behörden könnte fraglich sein, ob eine Befugnis zur Offenbarung auch solcher Dinge durch die Auskunftspflicht gegenüber den Medien entsteht. Im Zweifel ist bei der Güterabwägung aber dem Vertrauensschutz des Betroffenen der Vorrang einzuräumen, wenn nicht sehr wichtige Gemeinschaftsgüter auf dem Spiel stehen, die es rechtfertigen zur Sicherung der Meinungs- und Medienfreiheit von dieser persönlichkeitsrechtlichen Schranke abzusehen.

[39] BVerfGE 65, 1/43;

3. Staatsgeheimnisse

Das Strafgesetzbuch stellt auch die unbefugte Offenbarung von Staatsgeheimnissen unter Strafe. Und zwar gilt dies nicht nur für den Landesverrat im eigentlichen Sinn, bei dem ein Staatsgeheimnis einer fremden Macht mitgeteilt wird und der Täter, wie es in § 94 StGB heißt, „dadurch die Gefahr eines schweren Nachteils für die äußere Sicherheit der Bundesrepublik Deutschland herbeiführt". Strafbar ist auch, wenn jemand unter dieser Voraussetzung der schweren Sicherheitsgefährdung des Staates ein Staatsgeheimnis, das von einer amtlichen Stelle oder auf deren Veranlassung geheimgehalten wird, einfach nur an einen Unbefugten gelangen lässt oder öffentlich bekannt macht. Dieses „Offenbaren eines Staatsgeheimnisses" (§ 95 StGB) wird, als bloße „Preisgabe von Staatsgeheimnissen", selbst dann mit Strafe bedroht, wenn die schwere Gefährdung der äußeren Sicherheit nur fahrlässig, nicht vorsätzlich, herbeigeführt wird (§ 97 StGB).

Diese Tatbestände, vor allem der letztere, kollidieren leicht mit der von Artikel 5 GG gebotenen Aufgabe der Medien, denn zur öffentlichen Meinungsbildung gehört ohne Zweifel auch die Frage, wie es mit der äußeren Sicherheit des Staates bestellt ist, welche Verteidigungsstrategien und Rüstungsinvestitionen geplant sind. Aufgabe der Medien wäre es auch, auf Missstände, zum Beispiel auf (völker-)rechtswidrige Verteidigungsmaßnahmen öffentlich hinzuweisen, wie dies der Journalist Carl von Ossietzky in der Weimarer Zeit mit der geheimen Aufrüstung der Reichswehr tat; er wurde damals wegen Landesverrats bestraft. Dies könnte heute nicht mehr geschehen, weil § 95 Absatz 2 StGB bestimmt: „Tatsachen, die gegen die freiheitliche demokratische Grundordnung oder unter Geheimhaltung gegenüber den Vertragspartnern der Bundesrepublik Deutschland gegen zwischenstaatlich vereinbarte Rüstungsbeschränkungen verstoßen, sind keine Staatsgeheimnisse". Sie dürfen daher grundsätzlich ungestraft veröffentlicht werden (es sei denn, die Annahme, es handle sich um ein solches „illegales Staatsgeheimnis", wäre ein vorwerfbarer, vermeidbar gewesener Irrtum). Umstritten ist, wie man mit Fällen umgeht, wo die Medien durch Zusammentragen zahlreicher einzelner, für sich jeweils nicht Geheimnisqualität besitzender Tatsachen ein „Mosaik" entstehen lassen, das in dieser kompakten Form ein Staatsgeheimnis darstellt – nach der Definition des StGB allerdings nur, wenn diese Kompilierung nicht sozusagen jedermann möglich gewesen wäre, sondern nur durch systematische und mühsame Arbeit von Experten zustande kommen konnte.

Der publizistische Umgang mit Staatsgeheimnissen setzt jedenfalls eine sorgfältige Abwägung zweier verfassungsrechtlich gewichtiger Rechtsgüter voraus: die Sicherheit des Staates und der ungehinderte Prozess öffentlicher Meinungsbildung, zu dem es in einer freiheitlich demokratischen Grundordnung gehört, wie es das Bundesverfassungsgericht in einem solchen Fall ausgedrückt hat,[40] „dass die Staatsgeschäfte, einschließlich der militärischen ... der ständigen Kritik oder Billigung des Volkes unterstehen":

---

[40] BVerfGE 20, 162/178;

> „Aus dieser Sicht sind die Notwendigkeit der militärischen Geheimhaltung im Interesse der Staatssicherheit und die Pressefreiheit keine sich ausschließenden Gegensätze. Beide sind vielmehr durch das höhere Ziel, den Bestand der Bundesrepublik Deutschland – im recht verstandenen Sinn – zu sichern, einander zugeordnet. Im Blick auf dieses Ziel sind daher Konflikte zwischen den beiden Staatsnotwendigkeiten zu lösen. Dabei ist im Einzelfall die Bedeutung der mitgeteilten Tatsachen usw. sowohl für den potentiellen Gegner wie für die politische Urteilsbildung des Volkes zu berücksichtigen; die Gefahren, die der Sicherheit des Landes aus der Veröffentlichung erwachsen können, sind gegen das Bedürfnis, über wichtige Vorgänge auch auf dem Gebiet der Verteidigungspolitik unterrichtet zu werden, abzuwägen. In diesem Sinne übt Artikel 5 Absatz 1 GG bei der Auslegung der genannten Strafvorschriften einen grundsätzlich einschränkenden Einfluss aus.“

Wie schwierig es bei einer solchen Abwägung ist, zu einem Urteil zu kommen, zeigt folgender Fall. Da in dem erkennenden Senat die nach dem Gesetz erforderliche ⅔-Mehrheit nicht zustande kam, obwohl man sich auf die zitierten Grundsätze geeinigt hatte, konnte eine Verletzung des Artikels 5 GG bei der zu überprüfenden Anwendung des Strafrechts durch die Strafgerichte nicht festgestellt werden. Das Für und Wider ist jedoch in fast lehrbuchartiger Form gegenübergestellt.

Wie, so ist zu fragen, kann man dann von einer Redaktion der Presse oder des Rundfunks erwarten, dass sie sich, auch in voller Kenntnis der anzustellenden rechtlichen Überlegungen und Abwägungen, im Zweifelsfall richtig entscheidet? Immerhin kann sie sich auf den vom Bundesverfassungsgericht einvernehmlich bekundeten grundsätzlich privilegierenden Einfluss des Artikels 5 GG berufen.

Schutz der persönlichen Ehre

Das Recht der persönlichen Ehre ist eine der drei Schranken, die das Grundgesetz selbst den Freiheitsrechten des Artikels 5 Absatz 1 GG setzt. Diese besondere Erwähnung ist wohl Ausfluss der in Artikel 1 Absatz 1 GG verankerten obersten Verfassungspflicht, die dort für unantastbar erklärte Pflicht, die Würde der menschlichen Persönlichkeit zu achten und zu schützen (siehe hierzu auch Kapitel 2).

I. Strafrecht

Im Strafgesetzbuch (StGB), einem allgemeinen Gesetz im Sinn des Artikels 5 Absatz 2 GG, sind zum Schutz der Ehre unter dem Sammelbegriff „Beleidigung“ verschiedene Tatbestände mit Geldstrafe oder Freiheitsstrafen bis zu fünf Jahren bedroht: Beleidigung (§ 185), üble Nachrede (§ 186), Verleumdung (§ 187), Verunglimpfung des Andenkens Verstorbener (§ 189).

Wird die üble Nachrede oder Verleumdung öffentlich begangen oder durch Verbreiten von Schriften (zu denen Ton- und Bildträger, Internet, SMS gezählt werden), so ist die angedrohte Strafe höher. Das Gleiche gilt zusätzlich, wenn der durch eine üble Nachrede oder Verleumdung Betroffene „eine im politischen Leben des Volkes stehende Person“ ist und die Tat „aus Beweggründen begangen [wurde], die mit der Stellung des Beleidigten im öffentlichen Leben zusammenhängen, und … geeignet [ist], sein öffentliches Wirken erheblich zu erschweren“ (§ 188); zu diesem Personenkreis rechnet man zum Beispiel den Bundespräsidenten, Regierungsmitglieder von Bund und Ländern, Parlamentsabgeordnete, Richter des Bundesverfassungsgerichts, führende Mitglieder politischer Parteien, kommunale Spitzenpolitiker, vor allem, wenn sie unmittelbar vom Volk gewählt werden, vielleicht auch Spitzenbeamte. Die Verunglimpfung des Bundespräsidenten als solchen steht im Übrigen noch unter einer gesonderten Strafandrohung (§ 90 StGB) ebenso wie die Verunglimpfung des Staates und seiner Symbole (§ 90 a) und die verfassungsfeindliche Verunglimpfung von Staatsorganen (§ 90 b).

Strafrechtlich verfolgt werden alle Beleidigungstatbestände des StGB nur auf Antrag des Betroffenen (§ 194), es sei denn, dass „der Verletzte als Angehöriger einer Gruppe unter der nationalsozialistischen oder einer anderen Gewalt- und Willkürherrschaft verfolgt wurde, diese Gruppe Teil der Bevölkerung ist und die Beleidigung mit dieser Verfolgung zusammenhängt“ (auch dann wird die Tat von Amts wegen nicht verfolgt, wenn der Verletzte widerspricht).

1. Begriff der Ehre

Das von den Beleidigungstatbeständen des StGB geschützte Rechtsgut ist die Ehre eines konkreten Menschen, auch wenn er nicht namentlich genannt, aber identifizierbar ist, und sei es als Mitglied eines unter einem Sammelbegriff bezeichneten, abgrenzbaren Kollektivs. Der Begriff Ehre, den das StGB nicht definiert, sondern voraussetzt, umfasst sowohl den inneren Wert, die individuelle Würde der Menschen, als auch seine äußere Geltung, seinen Ruf in den Augen der Mitmenschen, seine Wertschätzung in der Gesellschaft, den sozialen Wert eines Menschen, wie er in seiner privaten wie öffentlichen Existenz in Erscheinung tritt; dazu gehört auch sein Ansehen in wirtschaftlicher, geschäftlicher, beruflicher Hinsicht, nicht zuletzt seine „Kreditwürdigkeit".

2. Beleidigung, üble Nachrede, Verleumdung, Verunglimpfung

Unter einer „Beleidigung" im strafrechtlichen Sinn versteht man den rechtswidrigen Angriff auf die Ehre eines anderen durch vorsätzliche Kundgebung der Missachtung oder Nichtachtung, wobei jede Art und Form der Kundgebung genügt: mündlich, schriftlich, bildlich, symbolisch oder tätlich. Inhaltlich kann es sich um ein Werturteil, also um die Äußerung einer Meinung handeln oder um die Behauptung einer Tatsache. Auch ein Scherz kann beleidigend wirken, eine Glosse, Satire oder Karikatur. Dabei unterscheidet man zwischen einem auf Tatsachen gestützten Kern und der satirischen oder karikierenden „Einkleidung". Der tatsächliche Anknüpfungspunkt muss stimmen und in der Form darf Satire oder Karikatur nicht zur bloßen Schmähung herabsinken; sie muss sich als „sozialadaequate Ironisierung" verstehen lassen. Dann können Satire und Karikatur, als Ausdruck nicht nur einer Meinung, sondern auch künstlerischer Schöpfung, die Freiheit der Kunst gemäß Artikel 5 Absatz 3 GG für sich in Anspruch nehmen, die nur nicht greift, wenn ein Verstoß gegen die Menschenwürde vorliegt.

Für Beiträge zum öffentlichen Diskurs über Themen von gesellschaftlicher Relevanz, zum „geistigen Kampf der Meinungen" in einer freiheitlichen Demokratie, hat das Bundesverfassungsgericht in entsprechender Auslegung des Artikels 5 GG einen beträchtlichen Freiraum geschaffen, dem gegenüber der strafrechtliche Schutz individueller Rechte auch dann zurückstehen muss, wenn solche Meinungsäußerungen in der Form der Aussage, der Wahl der Worte, kräftiger ausfallen, als man dies in rein privaten Auseinandersetzungen hinnehmen müsste. Dies gilt vor allem für die öffentliche Diskussion kontroverser politischer Themen, und wer selbst kräftige Töne gebraucht, kann sich nicht beleidigt fühlen, wenn man ihn in ähnlicher Weise behandelt; insbesondere gilt dies, wenn es um eine Reaktion, um einen „Gegenschlag" geht, wie es das Bundesverfassungsgericht genannt hat. Die Grenze des von der Meinungs- und Medienfreiheit gewährten Freiraums ist allerdings spätestens erreicht, wenn Kritik zur „Schmähkritik" entartet, wenn es im Grunde nicht mehr um eine Sache, sondern nur noch, oder doch im eigentlichen Kern einer Äußerung, um die vorsätzliche Kränkung einer Person geht. In der Sache darf durchaus auch polemisch und überspitzt gestritten werden, solange nicht nur die Herabsetzung, die bloße Schmähung, einer Person das Ziel der Meinungsäußerung ist:[41]

---

[41] BVerfGE 93, 266/294; 82, 272/283 f.;

„Lässt sich die Äußerung weder als Angriff auf die Menschenwürde noch als Formalbeleidigung oder Schmähung einstufen, so kommt es für die Abwägung [zwischen Strafrechtsschranke und Meinungs- oder Medienfreiheit, d.Verf.] auf die Schwere der Beeinträchtigung der betroffenen Rechtsgüter an. Dabei spielt es aber, anders als im Fall von Tatsachenbehauptungen, grundsätzlich keine Rolle, ob die Kritik berechtigt oder das Werturteil ‚richtig' ist (vgl. BVerfGE 66, 116/151; 68, 226/232). Dagegen fällt ins Gewicht, ob von dem Grundrecht auf Meinungsfreiheit im Rahmen einer privaten Auseinandersetzung zur Verfolgung von Eigeninteressen oder im Zusammenhang mit einer die Öffentlichkeit wesentlich berührenden Frage Gebrauch gemacht wird. Handelt es sich bei der umstrittenen Äußerung um einen Beitrag zur öffentlichen Meinungsbildung, so spricht nach der ständigen Rechtsprechung des Bundesverfassungsgerichts eine Vermutung zugunsten der Freiheit der Rede (vgl. BVerfGE 7, 198/208, 212; 61, 1/11)."

Eine „üble Nachrede" begeht, „wer in Beziehung auf einen anderen eine Tatsache behauptet oder verbreitet, welche denselben verächtlich zu machen oder in der öffentlichen Meinung herabzuwürdigen geeignet ist (§ 186). Eine „Verleumdung" liegt vor, wenn jemand auf diese Weise „wider besseres Wissen … eine unwahre Tatsache behauptet oder verbreitet", wobei noch als Alternativbedingung hinzutritt, dass diese unwahre Tatsache geeignet ist, den Kredit des Betroffenen zu gefährden (§ 187). Eine „Verunglimpfung" liegt bei einer Verleumdung wohl immer vor, bei einer üblen Nachrede oder Beleidigung nur im Fall einer schwerwiegenden Herabsetzung.

Tatsachen sind überprüfbare Behauptungen; sie sind entweder richtig oder falsch, wahr oder unwahr. Dies ist nicht nur für die Beleidigungstatbestände des Strafrechts von Bedeutung, sondern vor allem auch für die Möglichkeit einer Rechtfertigung einer an sich ehrverletzenden Äußerung, denn jedenfalls die bewusste Behauptung unwahrer Tatsachen ist durch Artikel 5 GG nicht mehr geschützt. Unrichtige Information ist unter dem Blickwinkel der Meinungsfreiheit kein schützenswertes Gut; Gleiches gilt für unrichtige Zitate.[42]

Das Bundesverfassungsgericht hat in diesem Zusammenhang schon in einer frühen Entscheidung die Sorgfaltspflicht der Medien betont:[43]

„Mit der Pressefreiheit … gehen Pflichten einher, die umso ernster genommen werden müssen, je höher man das Grundrecht der Pressefreiheit einschätzt. Wenn die Presse von ihrem Recht, die Öffentlichkeit zu unterrichten, Gebrauch macht, ist sie zur wahrheitsgemäßen Berichterstattung verpflichtet. Die Erfüllung dieser Wahrheitspflicht wird nach gesicherter Rechtsprechung gefordert (vgl. BGHZ 31, 308/312 f.). Sie ist zugleich in der Bedeutung der öffentlichen Meinungsbildung im Gesamtorganismus einer freiheitlichen Demokratie begründet. Nur dann, wenn der Leser – im Rahmen des Möglichen – zutreffend unterrichtet wird, kann sich die öffentliche Meinung richtig bilden. Die Presse ist daher um ihrer Aufgabe bei der

---

[42] BVerfGE 54, 208/219; 61, 1/7 ff.; 85, 1/15; 90, 241/247;

[43] BVerfGE 12, 113/130;

öffentlichen Meinungsbildung willen gehalten, Nachrichten und Behauptungen, die sie weitergibt, auf ihren Wahrheitsgehalt zu prüfen. Wenn auch diese Prüfungs- und Wahrheitspflicht nicht überspannt werden darf, so ist es doch unzulässig, leichtfertig unwahre Nachrichten weiterzugeben. Erst recht darf die Wahrheit nicht bewusst entstellt werden; dies geschieht auch dann, wenn man wesentliche Sachverhalte, die einem bekannt sind, der Öffentlichkeit unterschlägt."

In einem solchen Fall versagt dann auch die Berufung auf die Wahrnehmung berechtigter Interessen, die gemäß § 193 StGB die Strafbarkeit von an sich beleidigenden Handlungen entfallen lässt, wenn die Medien in gesetzesgemäßer Erfüllung ihrer öffentlichen Aufgabe tätig werden.

Oft ist es freilich nicht ganz leicht, eindeutig zwischen Meinungen und Tatsachen zu unterscheiden. Dem Bundesverfassungsgericht zufolge ist der Begriff der Meinung in Artikel 5 GG grundsätzlich weit zu verstehen:[44]

„Sofern eine Äußerung durch die Elemente der Stellungnahme, des Dafürhaltens oder des Meinens geprägt ist, fällt sie in den Schutzbereich des Grundrechts. Das muss auch dann gelten, wenn sich diese Elemente, wie häufig, mit Elementen einer Tatsachenmitteilung oder Tatsachenbehauptung verbinden oder vermischen, jedenfalls dann, wenn beide sich nicht trennen lassen und der tatsächliche Gehalt gegenüber der Wertung in den Hintergrund tritt."

Dies erweitert die Anwendbarkeit jener Formel des Bundesverfassungsgerichts von der Wechselwirkung: Die Schranken des Artikels 5 Absatz 2 GG setzen den Grundrechten des Artikels 5 Absatz 1 GG ihrem Wortlaut nach Grenzen, müssen aber selbst wieder im Licht der Bedeutung dieser so hochrangigen Grundrechte der Meinungs- und Medienfreiheit interpretiert, das heißt eingeschränkt werden.[45]

II. Zivilrecht

Auch das Zivilrecht schützt das Recht der persönlichen Ehre und bezieht dabei Verletzungen des beruflichen und geschäftlichen Ansehens mit ein. Die Anspruchsgrundlagen sind vor allem die §§ 823, 824 und 826 des Bürgerlichen Gesetzbuches (BGB). Eine an Artikel 1 Absatz 1 und Artikel 2 Absatz 1 GG ausgerichtete zivilgerichtliche Rechtsprechung hat entscheidend dazu beigetragen, den zivilrechtlichen Schutz aller Konsequenzen aus der Achtung der personalen Würde des Menschen auszugestalten und zu verbessern.

1. Allgemeines Persönlichkeitsrecht

Das allgemeine Persönlichkeitsrecht wurde als ein absolutes Recht anerkannt, dessen widerrechtliche Verletzung zu den gleichen Rechtsansprüchen auf Unterlassung, Wiedergutmachung und Schadensersatz führt wie bei rechtswidrigen

[44] BVerfGE 54, 208/219; 61,1/9;
[45] BVerfGE 7, 198/209;

Eingriffen in die Unversehrtheit der in § 823 Absatz 1 BGB ausdrücklich genannten Rechtsgüter Leben, Körper, Gesundheit, Freiheit oder Eigentum. Unter dem Eindruck des Verfassungsrangs des Allgemeinen Persönlichkeitsrechts, dem auch der Ehrenschutz zuzuordnen ist, hat die Rechtsprechung sogar, gegen den Wortlaut des BGB, durch ein direkt auf die Verfassung gegründetes Richterrecht, neben dem Ersatz des – in solchen Fällen oft schwer und nur unzureichend nachweisbaren – materiellen Schadens einen von den Gerichten zu bemessenden immateriellen Schadensersatz eingeführt.

Bei Verstoß gegen die Beleidigungsnormen des StGB hätte die Anwendung des § 823 Absatz 2 BGB allerdings auch ohne die Anerkennung des allgemeinen Persönlichkeitsrechts zu einem Schadensersatzanspruch geführt, der dort bei Verletzung eines „Schutzgesetzes" gewährt wird; darunter versteht man nämlich „ein den Schutz eines anderen bezweckendes Gesetz" wie zum Beispiel die hier genannten strafrechtlichen Tatbestände.

Schließlich ist zu erwähnen die in § 824 BGB geregelte „Kreditgefährdung":

> „Wer der Wahrheit zuwider eine Tatsache behauptet oder verbreitet, die geeignet ist, den Kredit eines anderen zu gefährden oder sonstige Nachteile für dessen Erwerb oder Fortkommen herbeizuführen, hat dem anderen den daraus entstehenden Schaden auch dann zu ersetzen, wenn er die Unwahrheit zwar nicht kennt, aber kennen muss."

Für die Medien wichtig ist, dass gemäß § 824 Absatz 2 BGB der Schadensersatz entfällt bei einer „Mitteilung, deren Unwahrheit dem Mitteilenden unbekannt ist, … wenn er oder der Empfänger an ihr ein berechtigtes Interesse hat". Allerdings setzt dieser Haftungsausschluss nach der Rechtsprechung jedenfalls bei den Medien eine im Rahmen des Zumutbaren sorgfältige Ausschöpfung aller Prüfungsmöglichkeiten zur Vermeidung einer Unwahrheit voraus, da auch hier gilt, dass das auf Artikel 5 GG gestützte berechtigte Interesse der Medien im Prinzip nur für zutreffende Informationen besteht. Dies ist ein allgemeines Prinzip, das aus der Abwägung der Rechtsgüter „Meinungs- und Medienfreiheit" einerseits und „Allgemeines Persönlichkeitsrecht" andererseits folgt.[46] Auch wenn im Fall einer nicht vorwerfbaren unwahren Mitteilung kein materieller Schadensersatz zu leisten ist, bleiben die Ansprüche auf Unterlassung, Berichtigung oder Widerruf einer unrichtigen Tatsachenbehauptung bestehen.

2. Sittenwidrigkeit und unlauterer Wettbewerb

Solche Rechtsfolgen und Schadensersatz löst auch aus, „wer in einer gegen die guten Sitten verstoßenden Weise einem anderen vorsätzlich einen Schaden zufügt" (§ 826 BGB). Es geht um Handlungen, die „gegen das Anstandsgefühl aller billig und gerecht Denkenden" verstoßen und zwar nach einem an der Auffassung der Allgemeinheit orientierten Maßstab – wenn etwa die angewandten Mittel in anstößiger Weise dem an sich gerechtfertigten Zweck nicht entsprechen. Da im

[46] BVerfGE 97, 125/149;

Bereich der Persönlichkeitsrechte solche Überlegungen auch im Rahmen der Güterabwägung zum Ausgleich der sich gegenüberstehenden Rechtsgüter angestellt werden müssen, ist die Bedeutung der Vorschrift in diesem Zusammenhang geringer geworden. Bei strenger rechtsstaatlicher Betrachtung ist eine solche, vom gesellschaftlichen Wertewandel der Zeiten bedenklich abhängige, sehr unbestimmte Generalklausel – man ist damit nahe am „gesunden Volksempfinden" – ohnehin problematisch und für persönlichkeitsrechtliche Konflikte nur über eine enge Auslegung nach Maßgabe der Artikel 1, 2 und 5 GG verfassungskonform. Der Rechtsgedanke, das jeweils zulässige Maß persönlicher Entfaltung auch an den Vorstellungen der Allgemeinheit oder der „beteiligten Verkehrskreise" zu orientieren, liegt freilich zum Beispiel auch den Vorschriften über den „unlauteren Wettbewerb" zugrunde: Wer zu Zwecken des Wettbewerbs Handlungen vornimmt, die gegen die guten Sitten verstoßen, kann auf Unterlassung und Schadensersatz in Anspruch genommen werden (§ 1 UWG). Dabei können auch Ehrverletzungen auftreten, wie die Bestimmungen über die „Anschwärzung" und die „geschäftliche Verleumdung" (§§ 14 und 15 UWG) zeigen, die den §§ 824 BGB und 187 StGB nachgebildet sind. Auch dies sind „allgemeine Gesetze", die im Licht der Bedeutung der Grundrechte auszulegen sind.

III. Verantwortung der Medien

Die rechtliche Verantwortung von Presse und Rundfunk für die von ihnen verbreiteten Inhalte ehrverletzender Art ergibt sich aus den allgemeinen Gesetzen und dem Presse- und Rundfunkrecht. Dort ist zu entnehmen, wer Schadensverursacher, Täter, Anstifter oder Gehilfe einer Straftat ist. Schwieriger ist zu beurteilen, ob und wann die Medien verantwortlich sind für Äußerungen Dritter, die sie verbreiten. Im Anschluss an eine Entscheidung des Bundesgerichtshofs im Fall einer Magazinsendung des Fernsehens kann man pauschal sagen: Für die Äußerungen Dritter haftet das Medium nur, wenn es sie sich, wirklich oder dem Anschein nach, in der Dramaturgie der Sendung, des publizistischen Beitrags, zu eigen gemacht oder als Belege der eigenen Meinung verwendet hat; „dadurch allein, dass das Fernsehen Äußerungen Dritter ausstrahlt, ohne sich zugleich ausdrücklich von ihnen zu distanzieren, identifiziert es sich regelmäßig noch nicht mit ihnen – auch im Verständnis des Fernsehzuschauers nicht"[47]. Dabei ist zu berücksichtigen, dass eine wichtige Funktion der Medien darin besteht, „Forum" oder „Markt" zu sein, wo die Öffentlichkeit der Vielfalt der Meinungen und Informationen begegnen kann.

---

[47] Entscheidung des Bundesgerichtshofes (BGHZ) 66, 182/188 ff.;

Schutz der Individualsphäre

Der Schutz der Individualsphäre eines jeden Menschen ist eine zwingende Folge des an der Spitze der Wertehierarchie des Grundgesetzes der Bundesrepublik Deutschland stehenden Gebots, die unantastbare Würde des Menschen zu achten und zu schützen (Artikel 1 Absatz 1 GG). Diese Grundentscheidung für die Anerkennung eines obersten Menschenrechts verpflichtet und bindet als unmittelbar geltendes Recht vor allem alle Staatsgewalten und staatlichen Organe, den Gesetzgeber, die vollziehende Verwaltung und die Gerichte (Artikel 1 Absatz 3 GG). Sie wirkt aber auch in den privaten Bereich und verleiht dem Einzelnen einen Anspruch auf Achtung und Bewahrung seiner Würde, seiner Person und seines Lebensbereichs. In Verbindung mit dem in Artikel 2 Absatz 1 GG jedermann gewährleisteten Recht auf freie Entfaltung seiner Persönlichkeit – „soweit er nicht die Rechte anderer verletzt und nicht gegen die verfassungsmäßige Ordnung oder das Sittengesetz verstößt" – entstand daraus durch die Rechtsprechung des höchsten Gerichts für Zivil- und Strafsachen, des Bundesgerichtshofs, und des zur verbindlichen Auslegung des Grundgesetzes berufenen Bundesverfassungsgerichts die dem deutschen Recht bis dahin unbekannte Rechtsfigur des Allgemeinen Persönlichkeitsrechts – ein offener unbestimmter Rechtsbegriff, der einen weiten Raum zur Ausfüllung bietet und alle von der Menschenwürde geforderten Schutzbereiche mit Gesetzeskraft schafft, soweit nicht schon in Gesetzen einzelne Aspekte geregelt sind. Ein Gesetz, das alle mit dem Allgemeinen Persönlichkeitsrecht zusammenhängenden Rechtsfragen behandeln würde, gibt es nicht, vor allem auch, weil die überaus vielfältige und nachhaltige Rechtsprechung den nötigen Rechtsschutz gewährleistet hat.

I. Schutzbereiche und Öffentlichkeitsrisiko

Zum Allgemeinen Persönlichkeitsrecht gehören eine Reihe von Rechtssphären, die sich alle aus dem Kern des Menschenrechts, der Würde der Person, ableiten, aber doch nach der Art, der Möglichkeit und Notwendigkeit des Schutzes unterscheiden. In Anlehnung an die Rechtsprechung des Bundesverfassungsgerichts[48] gliedert sich diese sehr knappe Zusammenfassung in die Individualsphäre, Privat-, Geheim- und Intimsphäre, die sich wie konzentrische Kreise überdecken und den Schutz von der Individualsphäre außen anfangend nach innen auf den von der Intimsphäre eng umschlossenen Kern zu immer mehr verstärken, das Eindringen immer mehr verwehren.

Es ist aber auch zu bedenken, dass jeder Mensch in einer mehr oder weniger öffentlich zugänglichen Umwelt lebt, sich dort zeigt, bewegt, betätigt und damit, freiwillig oder unvermeidbar, in eine Öffentlichkeit tritt. Jeder Mensch trägt daher

[48] BVerfGE 51, 148 sowie u. a. 27, 1; 32, 373; 34, 238; 35, 202; 47, 46; 49, 288; 97, 981; 101, 361;

auch ein seinem Leben und seiner Stellung in der Gesellschaft entsprechendes „Öffentlichkeitsrisiko“. Jedenfalls muss er hinnehmen, dass die Öffentlichkeit in dem Maße von ihm Kenntnis nimmt und sich mit ihm beschäftigt, in dem er selbst die genannten einzelnen Sphären verlässt und sich der öffentlichen Betrachtung öffnet. Auch dies ist eine Folge des Selbstbestimmungsrechts, das im Mittelpunkt der Individualsphäre steht.

Im Übrigen hat niemand einen Anspruch darauf, in der Öffentlichkeit nur so dargestellt zu werden, wie es ihm genehm ist;[49] das Persönlichkeitsrecht schützt ihn aber vor Beeinträchtigungen seines Persönlichkeitsbildes und jedenfalls gegen verfälschende oder verzerrende Darstellungen.[50]

II. Individualsphäre

Die Individualsphäre unterscheidet die Menschen. In sie wird man hineingeboren und ist grundsätzlich frei, sie selbst zu bestimmen, zu gestalten und andere davon auszuschließen. Das Persönlichkeitsrecht verschafft die subjektiven Rechte zur Bewahrung und Verteidigung der eigenen Identität.

1. Namensrecht

Dazu gehört das Recht auf den eigenen Namen. Der Name ist das Kennzeichen eines ganz bestimmten Menschen und daher ihm allein vorbehalten. Gemäß § 12 BGB kann jedermann sich dagegen wehren, dass ihm der Gebrauch seines Namens von einem anderen bestritten wird oder dass seine Interessen dadurch verletzt werden, dass ein anderer unbefugt den gleichen Namen gebraucht, d. h. für sich nutzt. Dies gilt auch für Pseudonyme (Decknamen, Künstlernamen), die auch insoweit ein Beispiel des Selbstbestimmungsrechts sind als sie von der Rechtsordnung unter Respektierung der Anonymität des wahren Namens zur Identifizierung anerkannt sind (zum Beispiel zur gesetzlichen Vermutung der Urheberschaft gemäß § 10 UrhG). Bei Allerweltsnamen müssen zur Identifizierung einer bestimmten Person noch andere Unterscheidungselemente (Vornamen) hinzukommen. Die Verwendung eines Namens für eine erdichtete, erfundene Figur der Literatur ist keine Inanspruchnahme eines Namens im Sinn von § 12 BGB. Wenn aber weitere Identifizierungsmerkmale auf einen bestimmten Menschen deuten, also Verwechslungsgefahr besteht, kann jedenfalls unter Berufung auf das Persönlichkeitsrecht die Verwendung des eigenen Namens für die Figur eines Romans, Theaterstücks, Hörspiels etc. untersagt werden, damit der Name in der öffentlichen Wahrnehmung nur mit der richtigen Person verbunden wird oder umgekehrt, im Falle einer Verfremdung des scheinbar erfundenen Namensträgers, dessen sonstige Eigenarten und Handlungen nicht fälschlicher Weise dem befugten Inhaber des Namens zugeordnet werden. Auch der unbefugte Gebrauch des Namens einer Person für

---

[49] BVerfGE 82, 236/269;

[50] BVerfGE 97, 125/149 sowie 54, 148/155; 54, 208/217;

fremde Werbung verstößt gegen deren Persönlichkeitsrecht, meist auch gegen das Wettbewerbsrecht.

2. Recht am eigenen Bild

Die Abbildung einer Person, ihr „Bildnis“ (nicht „Bild“), ist ein wesentliches Persönlichkeitsmerkmal. Solche Bildnisse dürfen grundsätzlich nur mit Einwilligung, das heißt vorheriger Zustimmung, des Abgebildeten „verbreitet oder öffentlich zur Schau gestellt werden“. Das so genannte „Recht am eigenen Bild“ ist gesetzlich geregelt (in einem Gesetz aus dem Jahr 1907, dem „Kunsturhebergesetz“, KUG, das nur noch insoweit gilt, weil es im Übrigen im Urhebergesetz aufgegangen ist). Mit dem Urheberrecht hat die Regelung nichts zu tun – man ist nicht Urheber der eigenen äußeren Erscheinung, seines Bildnisses. Es gehört aber zum persönlichkeitsrechtlichen Selbstbestimmungsrecht, darüber zu entscheiden, ob, wie und wo das eigene Bildnis verwendet werden darf. Das Recht kann auch nach dem Tode des Abgebildeten 10 Jahre lang von den Angehörigen wahrgenommen werden und ist so ein normiertes Beispiel dafür, dass das Persönlichkeitsrecht zumindest eine gewisse Zeit über den Tod hinaus noch Wirkungen entfaltet.

Das KUG verfügt aber auch Einschränkungen des Selbstbestimmungsrechts des Abgebildeten: Nach § 23 KUG ist keine Einwilligung zur Veröffentlichung nötig für Bildnisse aus dem Bereich der Zeitgeschichte und für Bilder, auf denen Personen nur als Beiwerk neben einer Landschaft oder sonstigen Örtlichkeit erscheinen; ebenso Bilder von Versammlungen, Aufzügen und ähnlichen Vorgängen, an denen die dargestellten Personen teilgenommen haben, und schließlich Bildnisse, deren Verbreitung oder Schaustellung einem höheren Interesse der Kunst dient. Die bei weitem wichtigste Ausnahme sind die „Bildnisse aus dem Bereich der Zeitgeschichte“. Presse und Fernsehen bedienen sich ihrer tagtäglich und könnten ihre Aufgabe in der heutigen visualisierten Welt nicht erfüllen, wenn es diese Möglichkeit, Personen auch ungefragt und ohne ihre Einwilligung rechtmäßig abzubilden, nicht gäbe. Insofern erhält § 23 KUG seine Legitimation auch aus Artikel 5 Absatz 1 GG. Er begrenzt, ganz im Sinne der vom Bundesverfassungsgericht gewiesenen Wechselwirkung der Grundrechte, die Wirkung der im persönlichkeitsrechtlichen Selbstbestimmungsrecht enthaltenen Schranken der Medienfreiheit. Andererseits nimmt § 23 KUG selbst in seinem Absatz 2 die Ausnahme von der Regel zurück, wenn durch die Verbreitung oder Schaustellung solcher Bildnisse oder Bilder „ein berechtigtes Interesse des Abgebildeten oder, falls dieser verstorben ist, seiner Angehörigen verletzt werden“; zu diesen berechtigten Interessen gehören in erster Linie die Grundrechte aus Artikel 1 und 2 GG. Damit ist in § 23 KUG eigentlich genau jene Güterabwägung angelegt, die im Widerstreit von Medienfreiheit und allgemeinem Persönlichkeitsrecht von der Verfassung verlangt wird. Die Rechtsprechung hat dazu vor allem auch beigetragen durch die Unterscheidung zwischen „absoluten“ und „relativen Personen der Zeitgeschichte“, deren Bildnisse nur in entsprechend unterschiedlicher Weise verbreitet werden dürfen. Der Begriff „Zeitgeschichte“ ist dabei nicht nur in historischer Dimension zu sehen; auch das nicht immer geschichtlich gewichtige „Zeitgeschehen“ bis hin zu gesellschaftlichen Pseudo-Wichtigkeiten der Unterhaltung und des Klatsches kann darunter fallen. Die Medienfreiheit deckt ja auch Inhalte dieser Art, die weniger dem geistigen Kampf als der Neugierde und Sensationslust der Gesellschaft dienen. Allerdings ist solchen Inhalten, deren Veröffentlichung zwar auch typisch, aber nicht unbedingt „konstituierend“ ist für eine freiheitliche Gesellschaft, eher eine Grenze aus Gründen des Persönlichkeitsrechts und des Schutzes der Individualsphäre gesetzt als seriöseren Medieninhalten über essentiellere Vorgänge im Staat und in der Welt.

Absoluten Rang besitzen Personen, wenn sie einigermaßen dauerhaft und bedeutsam über den Tag hinaus öffentliches Interesse finden: Aber nicht nur Staatsmänner, hochrangige Politiker, Wirtschaftsbosse oder Spitzenrepräsentanten der Kirchen gehören dazu, auch Künstler oder Spitzensportler. Am besten definiert sich diese Kategorie im Gegensatz zu den relativen Personen der Zeitgeschichte, die nur in einem gewissen, meist anlassbezogen oder zeitlich beschränkten Zusammenhang öffentliches Interesse erregt oder doch gefunden haben: Opfer und Zeugen von größeren Unglücksfällen, Unfällen oder Verbrechen oder deren Täter nach der Tat und vor Gericht, aber auch die an größeren Prozessen beteiligten Parteien, Anwälte und Richter. Nach dem Ereignis, jedenfalls nach einiger darüber verstrichenen Zeit, treten sie wieder in die selbstbestimmbare Anonymität zurück; sie können später ohne ihre Einwilligung allenfalls dann bildlich wieder in die Öffentlichkeit gebracht werden, wenn es einen Anlass gibt, sich eben dieses Ereignisses wieder zu erinnern. Aber wenn dadurch zum Beispiel die Resozialisierung eines Straftäters erschwert oder gefährdet werden würde, muss er nicht hinnehmen, dass sein Bild und Name erneut verbreitet werden.[51] Zurzeit wird die Frage erörtert, ob jemand allein dadurch zur relativen Person der Zeitgeschichte wird, dass er eine absolute Person der Zeitgeschichte in der Öffentlichkeit begleitet.

Das KUG erfasst nicht die Herstellung der Bildnisse. Die Rechtsprechung geht im Allgemeinen davon aus, dass die Herstellung nicht das Persönlichkeitsrecht verletzt, wenn die Verbreitung des hergestellten Bildnisses nicht rechtswidrig ist.

3. Schutz des gesprochenen Worts

Zur Individualsphäre gehört auch die freie Bestimmung über Art und Inhalt der Kommunikation. Nach einer neueren, allerdings umstrittenen Entscheidung des Bundesverfassungsgerichts soll jeder entscheiden können, ob und wie er mit anderen spricht, auch wenn er dazu technische Kommunikationsmittel benutzt.[52] Dies steht in einem gewissen Widerspruch zur Rechtsprechung des Bundesgerichtshofs, der das Mithören über eine Mithöranlage für zulässig hielt, weil damit heute jeder rechnen muss.

Gesetzlich geregelt, nämlich strafbar gemäß § 201 StGB, ist die unbefugte Aufzeichnung des nichtöffentlich gesprochenen Worts und der Gebrauch und die

[51] BVerfGE 35, 202 ff.;
[52] BVerfG in NJW 2002, 3619;

Verbreitung solcher illegalen Aufzeichnungen; ebenso wird dort mit Strafe bedroht, wer das nicht zu seiner Kenntnis bestimmte nichtöffentliche Wort eines anderen unbefugt mit einem Abhörgerät abhört oder das unbefugt aufgezeichnete oder abgehörte Wort „im Wortlaut oder seinem wesentlichen Inhalt nach öffentlich mitteilt". Mit der letzteren Alternative wollte der Gesetzgeber vor allem die Weitergabe illegal abgehörter oder aufgezeichneter Kommunikation durch die Medien unterbinden. Die Vorschrift selbst lässt aber die Rechtswidrigkeit entfallen, „wenn die öffentliche Mitteilung zur Wahrnehmung überragender öffentlicher Interessen gemacht wird"; damit sollte wohl Artikel 5 GG Rechnung getragen, aber auch der Maßstab der Güterabwägung vorgegeben werden.

Unbefugt sind nicht Eingriffe auf Grund einer gesetzlichen Ermächtigung im Rahmen der Strafverfolgung, wie sie vom Gesetzgeber im Zuge der Bekämpfung von Terrorismus und Schwerstkriminalität in verfassungskonformer Weise erteilt wurde.

4. Datenschutz

Auf der Grundlage des Rechts auf informationelle Selbstbestimmung[53] wurde in Gesetzen des Bundes und der Länder ein umfänglicher Datenschutz entwickelt (siehe auch Kapitel 10), dessen Zweck es ist, „den Einzelnen davor zu schützen, dass er durch den Umgang mit seinen personenbezogenen Daten in seinem Persönlichkeitsrecht beeinträchtigt wird" (so § 1 des Bundesdatenschutzgesetzes, BDSG). Der Vollzug einschließlich der Wahrung des gesetzlich auferlegten Datengeheimnisses wird durch unabhängige Datenschutzbeauftragte überwacht.

III. Privat-, Geheim- und Intimsphäre

Die Privatsphäre umfasst den häuslichen und familiären Bereich, alles was sich üblicher Weise „hinter der Haus- und Gartentüre" abspielt, den Urlaubsaufenthalt, die Familienverhältnisse, Freundeskreis, Ehe, Kinder, wobei Details zur graduell noch weniger zugänglichen Geheim- oder sogar Intimsphäre gehören können. Die Geheimsphäre betrifft alles, was man üblicher Weise vertraulich hält: persönliche Akten, Tagebücher, Zeugnisse, Briefe, Erkrankungen, Probleme in Ehe und Familie (die Verletzung des Briefgeheimnisses ist gemäß § 202 StGB strafbar). Die Intimsphäre umschließt „den letzten, unantastbaren Bereich menschlicher Freiheit"[54]: sexuelle Beziehungen, Krankheiten besonderer Art (Aids, Syphilis); gynäkologische Eingriffe, Bilder intimer Beziehungen oder auch nur des nackten Körpers.

Bei „normalen" Menschen sind alle diese Bereiche für die Öffentlichkeit und damit auch für die Medien „tabu", der öffentlichen Betrachtung und Bewertung nicht zugänglich und entzogen. Bereits ein relativer Bezug zum Zeitgeschehen aus bestimmtem Anlass kann eine solche publizistische Betrachtung und Bewertung

[53] BVerfGE 65, 1 ff.;
[54] BVerfGE 6, 32/41;

jedoch rechtfertigen, ein legitimes Interesse der Öffentlichkeit an der Person, ihren Lebensgewohnheiten, Familienverhältnissen, Bekanntschaften und Freundesbeziehungen, Krankheiten begründen. Bei absoluten Personen der Zeitgeschichte wird in der Regel die Privatsphäre dem Interesse der Öffentlichkeit zu opfern sein, obwohl es auch da Grenzen gibt (privater Urlaub, Erholungsaufenthalt), die nicht ohne diesbezüglichen besonderen Anlass durchbrochen werden dürfen. Bei öffentlich gewählten politischen Amtsträgern erwartet die Allgemeinheit, ein umfassendes Bild ihrer Persönlichkeit und ihres Lebens erfahren zu dürfen, so dass der von Artikel 5 Absatz 1 GG gerechtfertigte Blick in die Schutzzonen des Persönlichkeitsrechts weiter hineinreichen darf als bei weniger zur öffentlichen Meinungsbildung gehörenden Personen. Aber auch bei Personen absoluter Wichtigkeit für den Prozess öffentlicher demokratischer Auseinandersetzung gibt es einen intimsten Bereich, in dem sie allein gelassen werden müssen, es sei denn, zur Einschätzung ihrer allgemeinen Integrität, Autorität, Verlässlichkeit, Vertrauenswürdigkeit wären solche Details ihres privaten Lebens wichtig und kennzeichnend. Bei einem Publizisten (Verleger, Chefredakteur) werden die Familienverhältnisse in aller Regel dem öffentlichen Interesse entzogen sein – wenn er aber selbst gerade für die Erhaltung der Familie, gegen außereheliche Beziehungen und Ehebrüche bei anderen bekanntermaßen öffentlich eingetreten ist, muss er hinnehmen, dass die von ihm so grundsätzlich aufgerufene Öffentlichkeit den Widerspruch im eigenen privaten Bereich zur Kenntnis nimmt und kommentiert.[55]

Schließlich ist auch die Art der öffentlichen Betrachtung und Bewertung von Bedeutung: Was öffentlich wahrnehmbar ist, lässt sich der allgemeinen Wahrnehmung nicht entziehen, auch wenn es als privat, geheim oder intim einzustufen ist – was sich die Medien insgeheim mittels verborgener Kameras, durch unbefugte Einsicht in Familienfotos oder gar Bestechung beschaffen, kann nicht veröffentlicht werden, auch wenn es „nur“ der sonst einsehbaren privaten Sphäre zugerechnet wird, es sei denn es gäbe ein konkretes Interesse von großem Gewicht für die öffentliche Meinungsbildung über ein für die Gesellschaft wichtiges Thema – wobei wiederum die bloße Neugier einer gern der Unterhaltung und dem Klatsch frönenden Gesellschaft nicht ausreicht, um Einbrüche in vor allem die Geheim- und Intimsphäre zu rechtfertigen, auch wenn auch für solche Themen die Medienfreiheit grundsätzlich in Anspruch genommen werden darf.

[55] BGH in NJW 1964, 1471;

Gerichtliche Kontrolle der Informationsverbreitung

Die Verbreitung von Informationen und Meinungen ist gemäß Artikel 5 GG frei und nur den dort in der Verfassung selbst genannten Schranken unterworfen, die ihrerseits wieder im Lichte der Bedeutung und Tragweite gerade dieses für die freiheitlich demokratische Staatsordnung schlechthin konstituierenden Grundrechts nur einschränkend ausgelegt und angewandt werden dürfen (siehe insbesondere Kapitel 1 und 2). Diese Grundrechte und Grundsätze der Verfassung sind über alle einfachen Gesetze hinaus unmittelbar geltendes Recht; daran sind auch und vor allem die Gerichte gebunden (Artikel 1 Absatz 3 GG).

I. Funktion der Gerichte

Die Gerichte haben ja die Aufgabe, die Gesetze im Einklang mit der Verfassung anzuwenden und den Streit um Rechtskonflikte zu entscheiden. Zuständig sind dafür die ordentlichen Gerichte der Zivil- und der Strafgerichtsbarkeit oder, wenn es sich um die Anwendung von Gesetzen des öffentlichen Rechts handelt, die Verwaltungsgerichte; über die Einhaltung der Verfassung, auch in der Rechtsprechung der ordentlichen und Verwaltungsgerichte, wachen die Verfassungsgerichte des Bundes und der Länder, an die sich nach Erschöpfung des normalen Rechtswegs jedermann mittels einer Verfassungsbeschwerde wenden kann, der sich „durch die öffentliche Gewalt", wozu auch die Gerichte gehören, in seinen Grundrechten oder grundrechtsähnlichen Verfassungsrechten verletzt sieht.

Es waren gerade die Gerichte, die der freien Verbreitung von Informationen und Meinungen einen breiten Raum geschaffen und die Schranken der allgemeinen Gesetze im Sinn von Artikel 5 Absatz 2 GG der größtmöglichen Meinungs- und Äußerungsfreiheit einschließlich der Medienfreiheit unterworfen haben, ohne die an der Menschenwürde und Entfaltungsfreiheit des Einzelnen (Artikel 1 und 2 GG) orientierten Persönlichkeitsrechte im Kern zu beeinträchtigen. Wenn in diesem Zusammenhang Kritik an der Rechtsprechung laut wurde, dann galt sie meistens dem Bundesverfassungsgericht wegen dessen konsequenter Betonung der gleichsam alles, mit Ausnahme der Menschenwürde, überragenden Bedeutung der Informations-, Meinungs- und Medienfreiheit. Gerade diese Rechtsprechung hat die Rechtswirklichkeit nachhaltig geprägt, denn die Entscheidungen des Bundesverfassungsgerichts „binden die Verfassungsorgane des Bundes und der Länder sowie alle Gerichte und Behörden" (§ 31 Absatz 1 BVerfGG), und zwar unter Einschluss der die Entscheidung jeweils tragenden Gründe, die auf Grund dieser gesetzlichen Bindungswirkung, anders als bei anderen höchsten Gerichten, nicht nur dogmatisch interessant sind, sondern echte präjudizielle Bedeutung besitzen. Daher sind sie auch im Zusammenhang des Medienrechts in die Rechtsprechung der Zivil- und Strafgerichte, zum Teil wörtlich, übernommen worden.

Besondere gerichtliche Zuständigkeiten für medienrechtliche Fragen gibt es nicht. Die Zivil- und Strafgerichte sind dafür wie für jedes andere Rechtsgebiet zuständig und entscheiden im Rahmen der für sie allgemein geltenden Verfahrensgesetze (Zivilprozessordnung und Strafprozessordnung). Auch das Instrumentarium der Rechtsbehelfe ist das gleiche wie in sonstigen zivil- oder strafrechtlichen Verfahren.

II. Gerichtliche Kompetenzen bei der Verbreitung von Informationen und Meinungen

Im Bereich des Zivilrechts werden die Gerichte nur tätig, wenn jemand sie anruft, der glaubt, in seinen Rechten verletzt zu sein. Im Strafrecht wird entweder, bei den „Amtsdelikten", die Staatsanwaltschaft tätig oder, bei den „Antragsdelikten", der Verletzte.

Alle Straftatbestände zum Schutz der Personenwürde, also vor allem gegen Ehrverletzungen und Geheimnisbrüche, sind Antragsdelikte, das heißt ihre strafrechtliche Behandlung durch die Gerichte setzt einen Strafantrag des in seiner Personenehre oder Individualsphäre Verletzten voraus.

1. Strafrecht

Eine strafrechtliche Verurteilung setzt immer voraus, dass der gesetzliche Tatbestand in jeder Hinsicht erfüllt ist und der Täter schuldhaft und rechtswidrig gehandelt hat. Wie bereits an anderer Stelle dargelegt, ist im Zusammenhang mit der Verbreitung von Informationen und Meinungen die Rechtswidrigkeit auch in strafrechtlicher Hinsicht nur unter Berücksichtigung der Freiheiten des Artikels 5 GG zu sehen. Auch müssen die Strafgerichte berücksichtigen, dass für „Presseinhaltsdelikte" (strafbar ist der Inhalt des Druckwerks oder der Rundfunksendung) nach den Pressegesetzen der Länder, soweit es sich nicht um schwere Kriminalität handelt, erheblich kürzere Verjährungsfristen (sechs Monate bis ein Jahr) gelten als sonst im allgemeinen Strafrecht.

Eine gerichtliche Maßnahme, die das Zivilrecht so nicht kennt, ist die im Strafrecht mögliche Einziehung und Beschlagnahme von Druckwerken und Ton- und Bildträgern, wenn sie „einen solchen Inhalt haben, dass jede vorsätzliche Verbreitung in Kenntnis ihres Inhalts den Tatbestand eines Strafgesetzes verwirklichen würde" (§ 74 d StGB).

Wenn Gründe für die Annahme vorhanden sind, dass die Voraussetzungen einer solchen Einziehung gegeben sind, kann, aber nur durch einen Richter, eine vorläufige Beschlagnahme bis zu maximal sechs Monaten angeordnet werden (§§ 111 b, 111 n StPO). Dabei ist aber zu berücksichtigen, dass es sich um einen schweren Eingriff in die Medienfreiheit handelt. Daher ist der an sich bei allen hoheitlichen Maßnahmen zu beachtende Grundsatz der Verhältnismäßigkeit in besonderer Weise in eine Güterabwägung einzubeziehen, jedes Übermaß und eine Überreaktion ist zu vermeiden, größtmögliche Schonung angebracht. Die Strafprozessordnung selbst bestimmt, dass von der Beschlagnahme solcher Verbreitungs- und

Herstellungsmittel der Medien abzusehen ist, „wenn ihre nachteiligen Folgen, insbesondere die Gefährdung des öffentlichen Interesses an unverzögerter Verbreitung offenbar außer Verhältnis zu der Bedeutung der Sache stehen" (§ 111 m StPO).

2. Zivilrecht

Das Zivilrecht bietet bei „unerlaubten Handlungen" in den §§ 823, 824 und 826 BGB die Möglichkeit, Schadensersatz zu verlangen (siehe auch Kapitel 12). Das gilt nach § 823 Absatz 1 BGB vor allem, wenn jemand widerrechtlich absolute subjektive Rechte eines anderen wie Leben, Gesundheit, Freiheit, Eigentum „oder ein sonstiges Recht" verletzt und dadurch dem anderen einen Schaden zufügt. Als ein solches sonstiges absolutes Recht wurde als Folge der Grundentscheidung der Verfassung in den Artikeln 1 und 2 GG von der Rechtsprechung des Bundesgerichtshofs, verfassungsrechtlich gebilligt durch das Bundesverfassungsgericht, das Allgemeine Persönlichkeitsrecht in die Zivilrechtsordnung der Bundesrepublik Deutschland eingeführt.[56] Und in der Konsequenz wurde durch den Bundesgerichtshof auch für besonders schwere Verletzungen des Persönlichkeitsrechtes ein immaterieller Schadensersatz („seelisches Schmerzensgeld") eingeführt, obwohl dieser richterlichen Rechtsfortbildung eine Bestimmung des BGB, § 253, entgegenstand, in der es heißt, dass wegen eines Schadens, „der nicht Vermögensschaden ist" eine Entschädigung in Geld nur in den durch das Gesetz bestimmten Fällen gefordert werden darf und eine solche Bestimmung gab es nur für Verletzungen des Körpers, der Gesundheit, bei Freiheitsentziehung oder Vergewaltigung (§ 847 BGB). Das seelische Schmerzensgeld für gravierende Verletzungen des Persönlichkeitsrechts wurde in Analogie vom Bundesgerichtshof entwickelt und vom Bundesverfassungsgericht anerkannt: Auch die „Freiheitsberaubung im Geistigen", der „Eingriff in die ungestörte Willensbetätigung" müsse zu einer materiellen Sanktion, zu einer dem schuldhaft rechtswidrigen Eingriff angemessenen Entschädigung in Geld führen, wenn es sich um eine objektiv erheblich ins Gewicht fallende Beeinträchtigung des Persönlichkeitsrechts handelt oder wenn den „Täter" der Vorwurf einer schweren Schuld trifft.[57] Neuerdings betont der Bundesgerichtshof für die Geldentschädigung auch den Aspekt der Prävention gegenüber vorsätzlichen Einbrüchen in geschützte Persönlichkeitsbereiche aus kommerziellem Interesse, zum Beispiel zur Steigerung der Auflagen der Unterhaltungspresse.[58]

Dieser Gedanke des angemessenen Ausgleichs der legitimen Interessen eines Opfers rechtswidriger Verletzungen des Persönlichkeitsrechts durch Medien und einer gewissen Prävention durch, angesichts der wirtschaftlichen Potenz der betreffenden Verlage, nicht allzu gering bemessene Geldentschädigungen und an

---

[56] ständige Rechtsprechung seit BGHZ 13, 334/338 und BGHZ 30, 7/10 ff.; BVerfGE 30, 173/194; 34, 118/135;

[57] ständige Rechtsprechung seit BGHZ 26, 349; 35, 363/369; BVerfGE 34, 269/280 ff.;

[58] BGHZ 128, 1 ff.; BGH in NJW 1996, 985;

der gleichen Stelle des jeweiligen Presseorgans sichtbare Berichtigungsverpflichtungen wird in der zivilgerichtlichen Rechtsprechung offenbar zunehmend stärker berücksichtigt.

Zum Schadensersatz im weiteren Sinn gehört auch die Verpflichtung dessen, der das Persönlichkeitsrecht eines anderen durch eine Äußerung, eine Publikation – sei es eine herabsetzende, ehrverletzende Meinung oder die Behauptung einer unrichtigen, unwahren Tatsache – verletzt hat, die Folgen der Rechtsverletzung zu mindern und für die Zukunft nach Möglichkeit zu verhindern. Dem dient der Anspruch auf künftige Unterlassung rechtsverletzender Äußerungen, wenn angenommen werden muss oder zumindest nicht auszuschließen ist, dass die Rechtsverletzung wiederholt wird. Bei Meinungsbekundungen kann dieser Unterlassungsanspruch aber nur durchgesetzt werden, wenn die Meinungsäußerung nicht unter dem Schutz der Meinungsfreiheit steht, weil sie zum Beispiel durch Medien in Wahrnehmung berechtigter Interessen der Öffentlichkeit verbreitet wurde; in der Regel ist dann die Rechtswidrigkeit nur anzunehmen, wenn eine Formalbeleidigung oder eine Schmähkritik vorliegt (siehe Kapitel 12). Für die Behauptung unrichtiger Tatsachen kann die Rechtfertigung aus Artikel 5 GG nicht in Anspruch genommen werden.[59] Daher ist ihre Behauptung auch dann für die Zukunft zu unterlassen, wenn die Erstäußerung aus Unkenntnis der Unrichtigkeit erfolgte und diese Unkenntnis nicht vorwerfbar war.

Der Rechtsbehelf der Unterlassungsklage kann, in Analogie zu sonstigen Unterlassungsansprüchen auf Grund eines absoluten subjektiven Rechts (zum Beispiel des Rechts auf ungestörte Nutzung des Eigentums), auch vorbeugend in Anspruch genommen werden, wenn hinreichend konkret und beweisbar die Gefahr droht, dass jemand rechtswidrig in die Persönlichkeitssphäre eines anderen einzudringen beabsichtigt. Die Anforderungen an die Darlegung der Absicht und der drohenden Begehung der Rechtsverletzung müssen einem strengen Maßstab genügen, der sich aus der allgemeinen Äußerungsfreiheit ergibt. Dies gilt noch mehr, wenn jemand im Hinblick auf die Eilbedürftigkeit der Verhinderung einer Rechtsverletzung vorläufigen Rechtsschutz durch eine einstweilige Verfügung des Gerichts sucht, wie sie in der Zivilprozessordnung ganz allgemein vorgesehen ist, „wenn zu besorgen ist, dass durch eine Veränderung des bestehenden Zustandes die Verwirklichung des Rechtes einer Partei vereitelt oder wesentlich erschwert werden könnte (§ 935 ZPO). Selbstverständlich kann es sich dabei nur um eine vorläufige Maßnahme handeln, die das Ergebnis eines ordentlichen Rechtsstreits nicht vorwegnehmen kann. Das bedeutet auch, dass man zwar eine vorläufige Unterlassung verlangen kann, aber keine einstweilige Berichtigung oder gar einen Widerruf.

Der Widerruf einer unrichtigen Tatsachenbehauptung kann nur in Frage kommen, wenn diese schuldhaft, vorsätzlich oder zumindest grob fahrlässig erfolgte. War die Unrichtigkeit unverschuldet, kann der an der Gerechtigkeit orientierte Gedanke der Folgenbeseitigung dennoch dazu führen, über die bloße künftige

---

[59] BVerfGE 54, 208/219; 61, 1/7; ständige Rechtsprechung;

Unterlassung hinaus eine Berichtigung für angebracht zu halten, wenn schließlich die Unrichtigkeit oder Unwahrheit unbestritten oder angesichts der Beweislage unbestreitbar ist. Dafür sind von der Rechtsprechung nach dem Grundsatz möglichst gleicher publizistischer Wirkung graduell und inhaltlich verschiedene, schonende oder deutliche Varianten entwickelt (vom Abrücken von übernommenen Äußerungen über Richtigstellung und Berichtigung bis zum Widerruf) und verhängt worden bis hin zur Vorgabe des Platzes (Titelseite, wenn die Verletzung dort begangen wurde) und der textlichen und graphischen Gestaltung (Schriftgröße).[60]

III. Gegendarstellung

Die Gegendarstellung ist sicher das schwächste Reaktionsmittel auf Angriffe in den Medien. Es ist eine Einrichtung des Presserechts und des Rundfunkrechts und in den entsprechenden Gesetzen und Staatsverträgen der Länder geregelt. Kommt es darüber zum Streit, sind auch dafür die Zivilgerichte zuständig. Die Ausgestaltung ist in Einzelheiten unterschiedlich, im Wesentlichen aber einheitlich: Wer durch eine in der Presse oder im Rundfunk verbreitete Tatsachenbehauptung betroffen ist, kann eine Gegendarstellung verlangen. Diese muss innerhalb kurzer Zeit (je nach Aktualität des Mediums zwei Wochen bis drei Monate) verlangt werden, darf sich nur auf Tatsachen beziehen, die zu bezeichnen sind, und selbst nur Tatsachen, keine Wertungen und keinen strafbaren Inhalt enthalten und sie soll den Umfang der beanstandeten Veröffentlichung nicht übersteigen. Ein Recht auf „Gegen-Meinung" gibt es nicht. Die publizistische und rechtliche Schwäche der Gegendarstellung besteht darin, dass sie ohne Prüfung ihrer Richtigkeit abgedruckt oder gesendet werden muss, es sei denn, sie ist offenkundig, für jedermann erkennbar, unwahr. Die Gegendarstellung ist damit eine aus Gründen der Chancengleichheit gewährte Möglichkeit des Gegenschlages, der aber auch in der öffentlichen Einschätzung nicht mehr bringt als eine nicht weiter verifizierte Gegenbehauptung des Betroffenen. Außerdem sind die formalen Anforderungen an den zulässigen Inhalt umständlich; ist der Inhalt auch nur in einem Punkt unzulässig (etwa weil eine Wertung vorgenommen wird), kann die ganze Gegendarstellung abgelehnt werden. Außerdem kann die Redaktion eine Stellungnahme hinzufügen (wir sind gesetzlich verpflichtet, … aber …). Daher entfallen trotz einer abgedruckten oder gesendeten Gegendarstellung nicht die substantielleren Rechtsbehelfe wie Unterlassung, Berichtigung, Widerruf – werden sie zugestanden, entfällt das Rechtsschutzbedürfnis für die Gegendarstellung.

IV. Zusammenfassung

Die Gerichte befinden sich in Mediensachen in eben dem Zwiespalt, den sie durch Güterabwägung überbrücken müssen. Das Bundesverfassungsgericht betont

---

[60] BVerfGE 97, 125/149 f.; BGHZ 128, 1/8;

seit Jahrzehnten den hohen Rang der Meinungs- und Medienfreiheit, in deren Licht die Schranken der allgemeinen Gesetze restriktiv behandelt werden sollen, während die Zivilgerichte von jeher vor allem auch die Rechte und Interessen des Individuums zu wahren versuchten und an den Grundrechten der freien Entfaltung der Persönlichkeit und der Würde des Menschen ausrichteten.

Mehrfach hat das Bundesverfassungsgericht vor einer allzu starken Berücksichtigung der Schranken gewarnt. Die Auslegung der allgemeinen Gesetze, zum Beispiel der Beleidigungstatbestände des Strafrechts, dürfe nicht so weit ausgedehnt werden, dass sie die Bedürfnisse des Ehrenschutzes überschreite oder für die Berücksichtigung der Meinungsfreiheit keinen Raum mehr lasse. Artikel 5 Absatz 1 Satz 1 GG verbiete auch eine Gesetzesauslegung, „von der ein abschreckender Effekt auf den Gebrauch des Grundrechts ausgeht, der dazu führt, dass aus Furcht vor Sanktionen auch zulässige Kritik unterbleibt“[61]. An anderer Stelle spricht es von der Gefahr einer Verengung oder Lähmung des Meinungsprozesses, wenn man befürchten muss, „wegen einer wertenden Äußerung einer einschneidenden gerichtlichen Sanktion ausgesetzt zu werden“[62].

Die Warnungen haben diese Gefahren weithin gebannt. Es bleibt nur zu hoffen, dass das Bundesverfassungsgericht seine eigene Kontinuität wahrt.

---

[61] BVerfGE 93, 266/292; 43, 130/136;

[62] BVerfGE 54, 129/138; 42, 163/170; 82, 272/282;

Schutz der Informationsquellen

Der Schutz der von den Medien genutzten und zur sachgemäßen Aufgabenerfüllung benötigten Informationsquellen ist für Presse und Rundfunk einheitlich geregelt. Eine umfassende gesetzliche Regelung des „Redaktionsgeheimnisses“ fehlt.

Lediglich zu, allerdings wichtigen, Teilaspekten – Zeugnisverweigerungsrecht und Beschlagnahmeverbote – gibt es in den Prozessordnungen Regelungen, die als „Medienprivilegien“ verstanden werden.

I. Gesetzliche Regelung

Im Blick auf mögliche Rechtskonflikte ist die Strafprozessordnung (StPO) in diesem Zusammenhang von besonderer Bedeutung; die Prozessordnungen für Zivilrechtsstreitigkeiten, Arbeitsgerichte, Sozialgerichte und Verwaltungsgerichte enthalten im Übrigen gleichartige Bestimmungen.

Gemäß § 53 Absatz 1 Satz 1 Ziffer 5 StPO sind zur Verweigerung des Zeugnisses berechtigt:

> „Personen, die bei der Vorbereitung, Herstellung oder Verbreitung von Druckwerken, Rundfunksendungen, Filmberichten oder der Unterrichtung und Meinungsbildung dienenden Informations- und Kommunikationsdiensten berufsmäßig mitwirken oder mitgewirkt haben“

In den Ziffern 1–4 wird noch anderen Personen ein Zeugnisverweigerungsrecht eingeräumt: Geistlichen, Rechtsanwälten, Notaren, Ärzten, Apothekern, Sozial- oder Drogenberatern, Parlamentsabgeordneten u. a., und zwar jeweils „über das, was ihnen in dieser Eigenschaft anvertraut worden oder bekannt geworden ist“. Anders ist es für den in Ziffer 5 genanten Personenkreis der Medien. Sie dürfen das Zeugnis nur verweigern

> „über die Person des Verfassers oder Einsenders von Beiträgen und Unterlagen oder des sonstigen Informanten sowie über die ihnen im Hinblick auf ihre Tätigkeit gemachten Mitteilungen, über deren Inhalt sowie über den Inhalt selbst erarbeiteter Materialien und den Gegenstand berufsbezogener Wahrnehmungen. Dies gilt nur, soweit es sich um Beiträge, Unterlagen, Mitteilungen und Materialien für den redaktionellen Teil oder redaktionell aufbereitete Informations- und Kommunikationsdienste handelt.“

Dieser seit 2002 geltende Umfang des publizistischen Zeugnisverweigerungsrechts ist immerhin insofern ein Fortschritt als nicht mehr nur „mitgeteiltes“, sondern auch selbst erarbeitetes (recherchiertes) Material und sonstige „berufsbezogene Wahrnehmungen“ darunter fallen. Dies war eine lange Zeit vergeblich vorgetragene Forderung von Presse und Rundfunk. Aber die schließlich doch gewährte weitere Fassung wird in Absatz 2 des § 53 StPO im Zusammenhang mit Straftaten besonderen Gewichts (Aufklärung eines Verbrechens sowie bei Friedens- oder

Landesverrat, Gefährdung des demokratischen Rechtsstaats oder der äußeren Sicherheit, Geldwäsche oder sexueller Missbrauch von Kindern oder Abhängigen) wieder zurückgenommen, da insoweit das Zeugnis über selbst recherchiertes Material und den Gegenstand entsprechender Wahrnehmungen nicht verweigert werden darf, wenn „die Erforschung des Sachverhalts oder die Ermittlung des Aufenthaltsortes des Beschuldigten auf andere Weise aussichtslos oder wesentlich erschwert wäre" – aber selbst in diesen Fall kann der zur publizistischen Zeugnisverweigerung Berechtigte die Aussage doch wieder ablehnen, „soweit sie zur Offenbarung der Person des Verfassers oder Einsenders von Beiträgen und Unterlagen oder des sonstigen Informanten oder der ihm im Hinblick auf seine Tätigkeit nach Absatz 1 Satz 1 Nummer 5 gemachten Mitteilungen oder deren Inhalts führen würde": Ausnahme von der Ausnahme der Ausnahme und ein Beispiel für die umständlich komplexe, vielfach verschachtelte Art dieser gesetzlichen Regelungen, die kaum ganz überschau- und einsehbar sind und Ausdruck der tiefgehenden Sorge um die Rechtssicherheit in Zeiten der international operierenden Großkriminalität und des Terrorismus. Gleichzeitig war der Gesetzgeber aber auch gezwungen, Mahnungen und Vorgaben des Bundesverfassungsgerichts aufzugreifen zur Gewährleistung der Grundrechte wenigstens in ihrem Kernbestand und zur Wahrung des Grundsatzes der Verhältnismäßigkeit, der in einem Rechtsstaat bei jedem hoheitlichen Eingriff in Rechte und Interessen der Menschen zu beachten ist. Er lässt auch gesetzliche Schranken und Eingriffe nur zu, soweit sie für die Sicherung des im Übrigen durch höherrangige Normen legitimierten Rechtsziels unbedingt notwendig sind.

Die demgemäß schon dem Gesetzgeber auferlegte Güterabwägung führt unvermeidbar zu solchen „Ausnahme-von-der-Ausnahme"-Regelungen. Ein Beispiel dafür ist das Beschlagnahmeverbot, das gemäß § 97 Absatz 5 Satz 1 StPO gilt:

> „Soweit das Zeugnisverweigerungsrecht der in § 53 Absatz 1 Satz 1 Nummer 5 genannten Personen reicht, ist die Beschlagnahme von Schriftstücken, Ton-, Bild- und Datenträgern, Abbildungen und anderen Darstellungen, die sich im Gewahrsam dieser Personen oder der Redaktion, des Verlages, der Druckerei oder der Rundfunkanstalt befinden, unzulässig."

Aber diese Beschränkungen der Beschlagnahme gelten nicht (§ 97 Absatz 2 Satz 3),

> „wenn die zur Verweigerung des Zeugnisses Berechtigten einer Teilnahme oder einer Begünstigung, Strafvereitelung oder Hehlerei verdächtig sind oder wenn es sich um Gegenstände handelt, die durch eine Straftat hervorgebracht oder zur Begehung einer Straftat gebraucht oder bestimmt sind oder die aus einer Straftat herrühren."

Doch auch davon gibt es wieder eine Ausnahme (§ 97 Absatz 5 Satz 2 StPO):

> „die Beschlagnahme ist auch in diesen Fällen nur zulässig, wenn sie unter Berücksichtigung der Grundrechte aus Artikel 5 Absatz 1 Satz 2 des Grundgesetzes nicht außer Verhältnis zur Bedeutung der Sache steht und

die Erforschung des Sachverhalts oder die Ermittlung des Aufenthaltsortes des Täters auf andere Weise aussichtslos oder wesentlich erschwert wäre."

Bei redaktionsinternem Informationsmaterial, das illegalen Ursprungs ist oder von dem behauptet werden kann, dass es zu einem Presseinhaltsdelikt (Beleidigung, Verleumdung, usw.) „bestimmt" ist, kann dies durchaus über den einsehbaren Legitimationsgrund der Verfolgung und Verhinderung schwerer Verbrechen hinaus einen nicht mehr vertretbaren Eingriff in die Medienfreiheit begründen.

Nicht einwandfrei geklärt ist, wie sich das Beschlagnahmeverbot zum Durchsuchungsrecht verhält, das nicht durch den Umfang des Rechts auf Zeugnisverweigerung eingeschränkt wird. Immerhin geht die Rechtsprechung davon aus, dass Durchsuchungen nicht zu dem Zweck vorgenommen werden dürfen, um „Gegenstände aufzuspüren, die nach § 97 von der Beschlagnahme ausgenommen sind". Doch so muss ein Durchsuchungsbefehl ja nicht begründet werden, der dann doch in eine Redaktion oder einen Verlag und zu „Spuren einer Straftat" führt, auch wenn dann eine Beschlagnahme nicht zulässig sein sollte. Bei der Durchsuchung von Presse- oder Rundfunkunternehmen spielt der Grundsatz der Verhältnismäßigkeit der Mittel und Intensität des Eingriffs eine besondere Rolle.[63]

Eine ambivalente Bedingung des Beschlagnahmeverbots ist der Begriff „Gewahrsam". So einleuchtend es ist, eine Beschlagnahme mit der Vorstellung von körperlicher Aufbewahrung und Verfügung (im Schreibtisch der Redaktion, im Archiv des Verlags) zu verbinden, so wenig deckt das Beschlagnahmeverbot damit heute noch die technischen Möglichkeiten von Recherchen und Informationsübermittlungen ab, die sich oft nur noch mittels der Telekommunikation abwickeln lassen. Die Strafprozessordnung sieht entsprechende Ermittlungsmaßnahmen vor (Überwachung und Aufzeichnung der Telekommunikation: § 100 a StPO; Auskunft über „Telekommunikationsverbindungsdaten": § 100 g StPO), Einschränkungen kennt das Gesetz insoweit nur für Geistliche, Strafverteidiger und Parlamentsabgeordnete. Für Presse und Rundfunk bleibt nur, auf die vom Bundesverfassungsgericht entwickelte „Wechselwirkung" zwischen dem so vorrangigen Grundrecht der Medienfreiheit und den Schranken der allgemeinen Gesetze zu vertrauen. Ein Eingriff in die Medienfreiheit kann auch dann verfassungswidrig sein, wenn er auf Grund eines allgemeinen Gesetzes wie der Strafprozessordnung vorgenommen wird.

II. Schutz der Informationsquellen im Licht des Verfassungsrechts

Zur Medienfreiheit, wie sie Artikel 5 Absatz 1 Satz 2 GG garantiert, gehört „die institutionelle Eigenständigkeit" der Presse und des Rundfunks „von der Beschaffung der Information bis zur Verbreitung der Nachricht und der Meinung"[64]. Deshalb, so sagte das Bundesverfassungsgericht bereits in einer Entscheidung aus

[63] BVerfGE 20, 162/204;

[64] BVerfGE 10, 118/12O; 12, 205/260; seither ständige Rechtsprechung;

dem Jahr 1966, gehört zur Pressefreiheit auch ein gewisser Schutz des Vertrauensverhältnisses zwischen Presse und privaten Informanten: „Er ist unentbehrlich, da die Presse auf private Mitteilungen nicht verzichten kann, diese Informationsquelle aber nur dann ergiebig fließt, wenn sich der Informant grundsätzlich darauf verlassen kann, dass das 'Redaktionsgeheimnis' gewahrt bleibt"[65]. Die Freiheitsrechte des Grundgesetzes sind, nicht nur, aber historisch in erster Linie gegen den Staat gerichtet. Die institutionelle Freiheit von Presse und Rundfunk bedeutet daher vor allem, dass staatliche Eingriffe grundsätzlich verboten sind. Die Gewährleistung dieser Freiheiten gilt für alles, was für die Erfüllung der Aufgaben von Presse und Rundfunk erforderlich ist, einschließlich der „Recherche", der Ermittlung, Sammlung und Vorbereitung der Inhalte, die nach freier eigener Entscheidung veröffentlicht werden sollen. Demgemäß darf der Staat, dürfen seine Organe und Behörden, sich keinen „Einblick in die Vorgänge verschaffen, die zur Entstehung von Nachrichten oder Beiträgen führen, die in der Presse gedruckt oder im Rundfunk gesendet werden" und „deshalb besteht auch ein schutzwürdiges Interesse der Medien an der Geheimhaltung solcher Unterlagen, die das Ergebnis eigener Beobachtungen und Ermittlungen sind. Geschützt ist auch der Kontakt zu Personen, die selbst Gegenstand der Berichterstattung sind"[66].

Das hier zitierte neueste grundsätzliche Urteil des Bundesverfassungsgerichts betraf zwei Fälle, in denen die Gerichte Auskünfte der Telekommunikationsunternehmen über den Verkehr von Mobil- und Festnetzanschlüssen von Redakteuren einer öffentlich-rechtlichen Rundfunkanstalt (ZDF) und einer illustrierten Zeitschrift (STERN) angeordnet hatten, von denen man annahm, dass sie in Kontakt mit Straftätern standen; im einen Fall ging es um einen spektakulären Fall angeblicher Wirtschaftskriminalität (Kreditbetrug, Steuerhinterziehung in der Größenordnung von 2–3 Mrd. DM), im anderen um dreifachen Mord.

Unbeschadet der dargestellten Grundsätze aus der langen Reihe einschlägiger Entscheidungen des Bundesverfassungsgerichts, die das Gericht auch nach wie vor betont, kam es in diesen Fällen zu der Feststellung, dass die auf solche Auskünfte über Daten der Telekommunikation abzielenden Vorschriften der Strafprozessordnung nicht gegen die Verfassung verstoßen. Artikel 5 Absatz 1 Satz 2 GG gebiete es nicht, Journalisten generell von solchen strafprozessualen Maßnahmen auszunehmen:

> „Presse- und Rundfunkfreiheit dürfen dabei nicht nur vom Blickpunkt der Medien aus gesehen und nicht als umfassende Privilegierung für jegliche der Nachrichtensammlung und -verbreitung dienende Handlung verstanden werden. Es bedarf der Abwägung durch den Gesetzgeber, ob und wie weit die Erfüllung der publizistischen Aufgaben einen Vorrang der Medienfreiheit gegenüber dem Interesse an einer rechtsstaatlich geordneten Rechts-

[65] BVerfGE 20, 162/176, 187; 36, 193/204; ebenfalls ständige Rechtsprechung, zuletzt BVerfGE 100, 313/365 und (1 BvR 330/96 vom 12.3.2003);

[66] BVerfGE (siehe FN 53) unter Hinweis auf BVerfGE 66, 116/133 ff. und BVerfGE 77, 65/75;

> pflege rechtfertigt und inwieweit die Presse- und Rundfunkfreiheit ihrerseits an diesem Interesse ihre Grenzen findet." (vgl. BVerfGE 77, 65/77)

Dass das in einem Rechtsstaat ebenfalls hohe Bedeutung besitzende Strafverfolgungsinteresse grundsätzlich hinter dem „Rechercheinteresse der Medien" zurückzutreten habe, lasse sich verfassungsrechtlich nicht begründen. Die strafprozessualen Ausnahmen für die Medien seien allerdings keine abschließenden Regelungen (vgl. BVerfGE 64, 108/116; 77, 65/81 f). Für zusätzliche Vorkehrungen bestehe aber dann kein Anlass, "wenn dem durch Artikel 5 Absatz 1 GG gebotenen Mindestschutz schon durch allgemeine Vorschriften ausreichend Rechnung getragen wird".

Dies sah das Gericht in diesem Zusammenhang angesichts der Beschränkung auf das Erforderliche bei „erheblichen Straftaten" insbesondere der gemeingefährlichen Schwerkriminalität, auch unter dem Gesichtspunkt der Verhältnismäßigkeit, als gegeben an.

Es geht aber nicht einfach um „Recherchefreiheit" und um, wie das Gericht ausführt, das „Gewahrsamsmoment", das für den Gesetzgeber der maßgebliche „Faktor der Schutzbedürftigkeit" sei. Es geht umgekehrt gerade darum, dass der Begriff des Gewahrsams im Zuge der Entwicklung der Kommunikations- und Datentechnik nur noch einen Teil der medienspezifischen Realität umfasst und der Nicht-Schutz des modernen Kommunikationsbereichs genau jenen Vertrauensschwund auslösen kann, den das Bundesverfassungsgericht an anderer Stelle des gleichen Urteils selbst sehr richtig beschrieben hat:

> „... der freie Informationsfluss zwischen den Medien und Informanten wird bereits gefährdet, wenn der Informant durch die Mitteilung an den Journalisten Schwierigkeiten zu befürchten hat. Solche Nachteile können aber nicht nur durch die Preisgabe der Identität des Informanten, sondern auch dadurch entstehen, dass Strafverfolgungsorgane durch Zugriff auf die Medien wichtige Informationen wie seinen Aufenthaltsort oder ähnliche Tatsachen entwickeln können, an deren Geheimhaltung ihm gelegen ist. Durch deren befürchtete Offenlegung könnte der Informant sich von der Mitteilung an die Presse abschrecken lassen."

Genauso ist es, und daher dürfte diese Entscheidung noch nicht das letzte Wort sein.

Schutz der öffentlichen Moral und Jugendschutz

Der Schutz von Kindern und Jugendlichen gegen die ihnen von der Welt und einem allzu freiheitlich ungebundenen Verhalten der Erwachsenen drohenden Gefahren ist von Alters her ein selbstverständliches und unbestrittenes Gemeinschaftsgut. Das Grundgesetz erwähnt „die gesetzlichen Bestimmungen zum Schutz der Jugend" ausdrücklich als eine Schranke der Informations-, Äußerungs-, Meinungs- und Medienfreiheit des Artikels 5 Absatz 1. Das Europäische Abkommen über das grenzüberschreitende Fernsehen bestimmt in Artikel 7 Absatz 2, dass Sendungen nicht verbreitet werden dürfen, „die geeignet erscheinen, die körperliche, geistig-seelische oder sittliche Entwicklung von Kindern oder Jugendlichen zu beeinträchtigen, … wenn anzunehmen ist, dass sie aufgrund der Sende- und Empfangszeit von Kindern oder Jugendlichen gesehen werden." Und § 22 Absatz 1 der EG-Fernsehrichtlinie (89/552/EWG in der Fassung der Richtlinie 97/36/EG) verpflichtet die Mitgliedsstaaten, „angemessene Maßnahmen" zu ergreifen, um zu verhindern, dass Sendungen von Programmveranstaltern, die ihrer Rechtshoheit unterworfen sind, solche Beeinträchtigungen enthalten – „insbesondere solche, die Pornographie oder grundlose Gewalttätigkeiten zeigen".

Die Bundesrepublik Deutschland hatte an sich keinen gesetzlichen Nachholbedarf auf diesem seit Jahrzehnten aufmerksam entwickelten Rechtsgebiet, hat aber doch die Rundfunkgesetze und Staatsverträge förmlich angepasst und in einem neu gefassten Jugendschutzgesetz den Schutz noch erweitert.

Die Europäische Menschenrechtskonvention enthält keinen ausdrücklichen Bezug zum Jugendschutz, versteht aber wohl diesen Aspekt als einen Teil jener „Moral", deren Schutz eine zulässige Schranke der Freiheit der Meinungsäußerung gemäß Artikel 10 EMRK ist.

Die deutsche Rechtsordnung verwendet den Begriff „öffentliche Moral" nicht, vermutlich, weil er rechtlich zu unbestimmt ist und auf einen Wert bezogen ist, der in einer freiheitlichen, geistig, auch religiös so pluralen Gesellschaft nicht mehr mit jener Unterscheidungskraft und gesellschaftlichen Überzeugung angewendet werden könnte, die für einen Rechtsbegriff – zumal mit, unter Umständen, strafrechtlichen Auswirkungen – in einem Rechtsstaat vorausgesetzt werden muss. Die Vorstellung über das, was öffentliche Moral sein könnte oder sollte, ist subjektiv bestimmt und damit diffus, so vielfältig wie die Gesellschaft und die in ihr vertretenen Überzeugungen. Es hat außerdem in Deutschland eine Zeit gegeben, in der die religiös vorgeprägten, aber blass und zur gesellschaftlichen Konvention verkommenen Moralvorstellungen der gutbürgerlichen Gesellschaft von Staats wegen, das heißt durch die gewaltsame Ideologie einer verbrecherischen Partei durch das „gesunde Volksempfinden" ersetzt wurde. Auch die leidvollen Erfahrungen mit den schrecklichen, menschenverachtenden Auswirkungen dieser Art einer vom Staat oktroyierten Gemeinschaftsmoral sind abschreckend in Erinnerung geblieben.

Andererseits braucht jede Gesellschaft, jeder Staat, jede Freiheit eine Ordnung zum Schutz der Menschenrechte und eben dieser Freiheiten, damit sie jedermann erhalten bleiben. Die Rechtsordnung muss daher auch Vorkehrungen treffen gegen den Missbrauch und die Perversion der Freiheit. Solche Regelungen kennt natürlich auch das deutsche Recht, und in den letzten Jahren wurden sie unter dem Eindruck der Gewaltkriminalität, terroristischer Bedrohungen, aber auch der Zunahme des Missbrauchs von Kindern und ähnlichen schlimmen Zeugnissen asozialer, sittlicher Verirrung ausgeweitet und verschärft.

I. Gesetzlicher Schutz der öffentlichen Moral

Im Zivilrecht, darauf wurde schon an anderer Stelle hingewiesen (Kapitel 2, 12, 13), dienen „unbestimmte Rechtsbegriffe" als Auffangnorm nach Art einer subsidiären Generalklausel der Geltung von „Treu und Glauben mit Rücksicht auf die Verkehrssitte" (§ 242 BGB), dem Schutz der „guten Sitten" (§ 826 BGB), verstanden als das „Anstandsgefühl aller billig und gerecht Denkenden" in den jeweils in Frage kommenden „Verkehrskreisen", das auch im Einzelfall darüber entscheiden soll, ob ein Verhalten im wirtschaftlichen Wettbewerb „unlauter" ist (§ 1 UWG). Die Anwendung solcher Generalklauseln auf den Einzelfall obliegt den Gerichten.

Gravierender sind Straftatbestände, an die in diesem Zusammenhang zu denken ist:

- Gemäß § 130 StGB wird mit Freiheitsstrafe bedroht, „wer in einer Weise, die geeignet ist, den öffentlichen Frieden zu stören, (1.) zum Hass gegen Teile der Bevölkerung aufstachelt oder zu Gewalt- und Willkürmaßnahmen gegen sie auffordert oder (2.) die Menschenwürde anderer dadurch angreift, dass er Teile der Bevölkerung beschimpft, böswillig verächtlich macht oder verleumdet". Bestraft wird auch, wer diesbezügliche Schriften, Ton- und Bildträger usw. herstellt, verbreitet oder bezieht oder solche Inhalte im Rundfunk sendet. Ausdrücklich unter Strafe gestellt ist, wer eine unter der Herrschaft des Nationalsozialismus begangene Handlung des Völkermords oder sonstiger Verbrechen gegen die Menschlichkeit im Sinn des Völkerstrafgesetzbuches „in einer Weise, die geeignet ist, den öffentlichen Frieden zu stören, öffentlich oder in einer Versammlung billigt, leugnet oder verharmlost" (§ 130 Absatz 3 StGB).
- Nach § 131 StGB wird mit Freiheitsstrafe oder Geldstrafe belegt, wer Inhalte verbreitet oder sendet oder Medienträger herstellt oder bezieht, „die grausame oder sonst unmenschliche Gewalttätigkeit gegen Menschen oder menschenähnliche Wesen in einer Art schildern, die eine Verherrlichung oder Verharmlosung solcher Gewalttätigkeiten ausdrückt oder die das Grausame oder Unmenschliche des Vorgangs in einer die Menschenwürde verletzenden Weise darstellt". Der Straftatbestand entfällt, „wenn die Handlung der Berichterstattung über Vorgänge des Zeitgeschehens oder der Geschichte dient"

(§ 131 Absatz 3 StGB). Diese im Sinn der Informations- und Medienfreiheit liegende Ausnahme von unschwer vorstellbaren Missbräuchen zu unterscheiden, die eine Berichterstattungsabsicht nur vorspiegeln, ist mindestens ebenso schwierig, wie die Grenze zu ziehen zum Grundrecht der Kunstfreiheit, das zwar auch eine Schranke im Schutz der Menschenwürde finden kann, aber doch einen weiten Freiheitsraum für sich in Anspruch nehmen darf. Nachdenklich bemerkt ein angesehener Kommentator des Strafgesetzbuches (er ist Richter am Bundesgerichtshof):[67]

> „... wann sich eine triviale, affirmative oder aus bloßem Erwerbsinteresse gespeiste Abbildung von menschenverachtender Gewalttätigkeit auf den Weg von Internet-Seiten und Videotheken für Dumme über den ‚*Kult*'- Status der sog. *Szene* zur preisgekrönten Kunst begibt, lässt sich mit den dem Strafrecht zur Verfügung stehenden Formeln kaum zutreffend erfassen ..."

Zur Unsicherheit über objektive Maßstäbe kommt noch der Wandel der Empfindungen und der Empfindlichkeit, der Sensibilität, des Einzelnen wie der Gesellschaft in ihrer differenzierten Pluralität im Zuge der Zeiten und der nicht zuletzt durch die Massenmedien bewirkten Gewöhnungen.

- Dieses Dilemma ist seit langem erkannt im Zusammenhang mit dem Begriff der Pornographie, wie er in § 184 StGB verwendet wird, der die Verbreitung pornographischer Inhalte durch Schriften und andere Medienträger an Personen unter 18 Jahren unter Strafe stellt. Als besonders schwerwiegende Variante wird bewertet, wenn solche pornographischen Inhalte Gewalttätigkeiten, den sexuellen Missbrauch von Kindern oder sexuelle Handlungen von Menschen mit Tieren zum Gegenstand haben (§§ 184 a, 184 b StGB). Ebenso wird bestraft, wer solche Inhalte im Rundfunk oder in Tele- und Mediendiensten verbreitet, es sei denn, Tele- und Mediendienste könnten bei „einfacher" Pornographie (§ 184 Absatz 1) den Empfang durch Personen unter 18 Jahren technisch oder sonst wie sicher ausschließen (§ 184 c StGB). Der Begriff rechtlich relevanter Pornographie ist in abstrakter Weise schwer zu beschreiben. Ein erfahrener Richter soll einmal gesagt haben, Pornographie könne man nicht definieren, aber man weiß es ... Im Anschluss an die Rechtsprechung geht man meist davon aus, dass Pornographie vorliegt bei einer vergröbernden, verzerrenden, auch aufdringlichen Darstellung sexuellen Verhaltens, die den Menschen zum bloßen, auswechselbaren Objekt geschlechtlicher Begierde oder Betätigung macht.[68] Dies hilft aber sicher nicht aus den angedeuteten Problemen der Bewertung im Licht der sich wandelnden gesellschaftlichen Auffassungen. So manches, was vor zwanzig oder fünfzig oder hundert Jahren jeweils als anstößig empfunden wurde, ist heute zur Alltäglichkeit geworden.

---

[67] Tröndle/Fischer, Strafgesetzbuch, 51. Auflage, 2003, RN 21 zu § 131;
[68] Tröndle/Fischer a.a.O. (FN 66), RN 7 zu § 184;

Die größte Schwierigkeit bereitet derzeit aber jener Bereich, der am meisten bedenkliche Inhalte dieser Art aufweist, das Internet. Die inhaltliche Bewertung der dort gänzlich unkontrollierbar weltweit ins Netz gestellten Angebote von Gewalttätigkeit und (Kinder-)Pornographie ist dabei weniger das Problem, aber das Auffinden derer, die dafür verantwortlich sind. Der deutsche Gesetzgeber hat kommunikations- und medienrechtliche Vorschriften erlassen (§§ 8 ff. des Teledienstegesetzes des Bundes /TDG/ und §§ 6 ff. des Mediendienstestaatsvertrags der Länder /MDStV), die übereinstimmend eine Verantwortlichkeit nicht nur für eigene Angebote, sondern unter bestimmten Voraussetzungen auch für bereitgehaltene fremde Inhalte begründet. Ausgeschlossen ist diese Verantwortung nur, wenn der Diensteanbieter weder die Übermittlung der Information fremden Ursprungs veranlasst hat noch den Adressaten individuell auswählt noch die übermittelte Information selbst ausgewählt oder verändert hat – es sei denn, er hat Kenntnis von der Rechtswidrigkeit solcher Inhalte oder arbeitet gar mit einem Nutzer seines Dienstes zusammen, um rechtswidrige Handlungen zu begehen. Die deutschen Regelungen entsprechen auch einer EG-Richtlinie zur Harmonisierung der Verantwortlichkeit der Anbieter von Telediensten (2000/31/EG).

II. Jugendschutz

Der Jugendschutz in den Medien, ob es sich um Verbreitung von Schriften und Ton- und Bildträgern handelte oder die Vorführung von Filmen im Kino und im Fernsehen, hat in Deutschland bereits eine lange Tradition. Zum 1. April 2004 ist es nun in einer Art konzertierter Aktion der Gesetzgeber von Bund und Ländern gelungen, durch zwei aufeinander abgestimmte Gesetzeswerke eine Harmonisierung und Regelungsdichte zu erreichen, die auch der Rechtssicherheit dient: das „Jugendschutzgesetz" (JuSchG) des Bundes und der „Jugendmedienschutz-Staatsvertrag" (JMStV) der Länder. Auf diese Weise soll sichergestellt werden, dass alle neuen medialen technischen Dienste unter dem Sammelbegriff „Telemedien" einbezogen sind und den bisher schon für körperliche Medienträger (Druckwerke, Schallplatten, CDs usw.), Film und Rundfunk geltenden Vorschriften unterworfen werden. Die Vorschriften selbst wurden in Angleichung an die Verschärfung der strafrechtlichen Sanktionen für Straftaten gegen die öffentliche Ordnung und zum Schutz der Kinder und der sexuellen Selbstbestimmung überhaupt ausgeweitet. Die Kompetenzen der schon lange bestehenden Bundesprüfstelle für jugendgefährdende Schriften wurden auf alle Trägermedien ausgeweitet (nur der Rundfunk bleibt davon ausgenommen): Die von ihr geführte Liste jugendgefährdender Medien ist die Grundlage für das Verbot, solche Trägermedien an Kinder und Jugendliche zu verbreiten oder sie ihnen sonst wie zugänglich zu machen. In diese Liste sind Träger- und Telemedien aufzunehmen, die geeignet sind, die Entwicklung von Kindern oder ihre Erziehung zu einer eigenverantwortlichen und gemeinschaftsfähigen Persönlichkeit zu gefährden; dazu zählt das Gesetz vor allem „unsittliche, verrohend wirkende, zu Gewalttätigkeit, Verbrechen oder Rassenhass anreizende Medien“ (§ 18 JuSchG). Schwer jugendgefährdende Medieninhalte, vor allem orientiert an den oben genannten strafrechtlichen Tatbeständen, dürfen nicht an Kinder und Jugendliche verbreitet werden, auch wenn sie noch nicht in diese Liste aufgenommen sind.

Das Gesetz sieht im Übrigen weiterhin die Einstufung von Filmen und Telespielprogrammen nach Altersstufen vor („freigegeben ab sechs, zwölf, sechzehn Jahren oder ohne Altersbegrenzung oder keine Jugendfreigabe“). Daran orientieren sich auch die Vorschriften des Jugendmedienschutz-Staatsvertrags und die für den Rundfunk, vor allem das Fernsehen, geltenden Richtlinien. Angebote des Rundfunks und der Telemedien, die die Entwicklung von Kindern oder Jugendlichen im erwähnten Sinn beeinträchtigen, dürfen nur verbreitet werden, wenn Sorge getragen ist, „dass Kinder oder Jugendliche der betroffenen Altersstufen sie üblicherweise nicht wahrnehmen“ (§ 5 Absatz 1 JMStV). Streng genommen würde dies allerdings im Grunde zu einem Verbreitungsverbot führen, denn wann können Kinder, vor allem auf dem Fernsehschirm, etwas nicht wahrnehmen? Der Staatsvertrag hilft, indem er den Anbietern gestattet, ihrer Sorgepflicht dadurch zu entsprechen, dass sie (1) die Wahrnehmung durch Kinder oder Jugendliche „durch technische oder sonstige Mittel“ unmöglich machen oder wesentlich erschweren (gedacht ist an Kodierung und digitale Sperren) oder (2) die Zeit der Verbreitung so wählen, „dass Kinder oder Jugendliche der betroffenen Altersstufe üblicherweise die Angebote nicht wahrnehmen“ (§ 5 Absatz 3 JMStV). Die Anbieter erfüllen ihre Verpflichtung bei solchen inkriminierten Angeboten, wenn diese nur zwischen 23 und 6 Uhr verbreitet werden oder, bei der Altersstufe unter 16 Jahren, zwischen 22 und 6 Uhr; bei Filmen, die unter 12 Jahren nicht freigegeben sind, „ist bei der Wahl der Sendezeit dem Wohl jüngerer Kinder Rechnung zu tragen“ (§ 5 Absatz 4 JMStV). Allein diese Bestimmung zeigt, dass unabhängig von den Altersfreigaben, die der „Freiwilligen Selbstkontrolle Film“ (siehe Kapitel 6) übertragen bleiben wird, am Ende nur die Einsicht und das Schutzbewusstsein der für die Angebote der Medien Verantwortlichen jenes Maß an Zurückhaltung garantiert, das sich an den Gesetzen orientiert, es damit aber nicht genug sein lässt. Denn so unvermeidlich die formalen Platzierungskriterien sind und so hilfreich auch Freistellungen von förmlicher Verantwortung mittels rechtlich befreiender Annahmen, die, was den Zugang von Kindern und Jugendlichen zu Medienangeboten betrifft, an Fiktionen erinnern, so notwendig ist es, die Inhalte wirklich von Verführungen und Gefährdungen persönlichkeits- und gesellschafsschädlicher Art freizuhalten. Dazu können die Gesetze über den Jugendschutz und die „öffentliche Moral“ letztlich nur beitragen, wenn über die darin geschützten Rechtsgüter ein die ganze Gesellschaft prägender Konsens besteht. Diesen zu erreichen, setzt einen Prozess der Meinungsbildung voraus, der weit über die Anwendung gesetzlicher, strafbewehrter Tatbestände und die Vermeidung des einen oder anderen besonders störenden Medienangebots hinausgeht.

Werbung in den Medien

Die Werbung ist für alle Massenmedien in doppelter Weise wichtig: Zum einen ist auch Werbung als Information zu verstehen und zum anderen dient sie mit ihren Erlösen zur Finanzierung der Medien, die, soweit sie privatwirtschaftlich betrieben werden, ohne die Werbeumsätze nicht lebensfähig wären. Bei Tageszeitungen geht man von einem Finanzierungsanteil der Werbung von etwa zwei Dritteln aus; privater Rundfunk muss sich ausschließlich aus der Werbung finanzieren und beim öffentlich-rechtlichen Rundfunk ist der Anteil der Werbung an den Einnahmen zwar – teils gesetzlich gewollt, teils konjunkturbedingt – im Vergleich zu den anderen Medien prozentual gering (siehe Kapitel 4), aber doch, auch aus der Sicht des Publikums, wesentlich, weil er dazu beiträgt, die Höhe der Rundfunkgebühren zu beschränken.

I. Regelungen für Presse und Rundfunk

Diese doppelte Interessenlage, vor allem aber die Qualität als Informationsquelle hat dazu geführt, dass Anzeigen und analog ebenso Werbesendungen in den von den institutionellen Freiheiten der Presse und des Rundfunks gemäß Artikel 5 Absatz 1 Satz 2 GG geschützten Bereich fallen.[69] Der Inhalt von Zeitungen, Zeitschriften und Rundfunkprogrammen muss zusammenhängend gestaltbar sein; allein der Anteil und die Anordnung der Werbung müssen wie der übrige Inhalt redaktionell bestimmt und verantwortet werden.

Spezifische gesetzliche Regelungen für die Werbung, die für die Presse und den Rundfunk gleichermaßen gelten, gibt es eigentlich gar nicht, wenn man vom „Heilmittelwerbegesetz“ mit seinen Beschränkungen für das Anpreisen von Medikamenten und anderen Heilmitteln absieht (zum Beispiel Pflichtangaben über die Zusammensetzung der Medikamente, Gebot von Hinweisen auf die beigegeben Herstellererläuterungen oder Verbot von Werbung durch Personen in ärztlicher usw. Berufskleidung oder in Laboratmosphäre und dergleichen).

1. Allgemeine Gesetze

Für die Presse wie den Rundfunk gelten aber die einschlägigen allgemeinen Gesetze, Strafgesetze, die Werbeverbote enthalten (siehe etwa Kapitel 12 und 13: §§ 185 ff. StGB; Kapitel 16: § 184 StGB), oder das „Gesetz gegen den unlauteren Wettbewerb“ (UWG), das auf der Grundlage von Generalklauseln, wie zum Beispiel in den §§ 1 und 3 UWG, irreführende oder sonst gegen die in den angesprochenen Verkehrskreisen praktizierten „guten Sitten“ verstoßende Werbung für unzulässig erklärt. Die Medien haften, neben dem Auftraggeber und Hersteller der Werbung, für rechtswidrige Inhalte oder Gestaltungsformen; im Rahmen des

[69] BVerfGE 21, 271/278;

UWG und in der Regel nur für grob und erkennbar wettbewerbswidrige Werbemaßnahmen (§ 13 Absatz 6 Nummer 1 Satz 2 UWG).

Rechtswidrig und wettbewerbswidrig ist Werbung in allen Medien, wenn sie gegen Persönlichkeitsrechte Dritter verstößt. Die bahnbrechende Rechtssprechung des Bundesgerichtshofs zum Allgemeinen Persönlichkeitsrecht hatte einige solcher Fälle des Verstoßes gegen das Recht am eigenen Namen oder am eigenen Bildnis als Anlass.[70]

Umgekehrt kann es sein, dass eine an sich wettbewerbswidrige Werbung unter dem Schutz der freien Meinungsäußerung steht. Ein bekanntes Unternehmen hatte Werbung in den Verkehr gebracht, die das Bild eines Ölteppichs auf dem Meer mit einer ölverschmierten Ente zeigt oder hart arbeitende Kinder in der Dritten Welt oder das Gesäß eines Menschen mit der Aufschrift „H.I.V. positive“ und dazu nur den Schriftzug des Unternehmens. Der Bundesgerichtshof hielt dies für unzulässig: Wer im geschäftlichen Verkehr mit der Darstellung schweren Leids von Menschen oder Tieren Gefühle des Mitleids ohne sachliche Veranlassung zu Wettbewerbszwecken ausnutze, verstoße gegen die guten Sitten im Wettbewerb.[71] Das Bundesverfassungsgericht hingegen sah in den Inseraten ein Anprangern von Missständen, das den Schutz des Grundrechts auf Meinungs- und Pressefreiheit in Anspruch nehmen kann.[72]

2. Trennung von Werbung und redaktionellem Inhalt

Ein Problem für die Presse wie für den Rundfunk ist die „Schleichwerbung“, auch wenn es in der öffentlichen Diskussion unter diesem Stichwort fast ausschließlich im Zusammenhang mit dem Fernsehen erörtert wird. Für beide Medien gilt jeweils ein gesetzliches Gebot, redaktionell gestalteten Inhalt und werbende und sonstige Beiträge, für die der daran Interessierte ein Entgelt bezahlt hat, deutlich erkennbar voneinander zu trennen.

Für Zeitungen und Zeitschriften ist dies in den Pressegesetzen der Länder vorgeschrieben. Hat der Verleger eines periodischen Druckwerks „für eine Veröffentlichung ein Entgelt erhalten, gefordert oder sich versprechen lassen, so hat er diese Veröffentlichung, soweit sie nicht schon durch Anordnung und Gestaltung allgemein als Anzeige zu erkennen ist, deutlich mit dem Wort „Anzeige“ zu bezeichnen“.

Für den Rundfunk, den öffentlich-rechtlichen wie den privaten, ist dies im Rundfunkstaatsvertrag der Länder festgelegt (§§ 7, 15, 44 RStV) und auch in der EG-Fernsehrichtlinie (89/552/EWG in der Fassung 97/36/EG), Artikel 10, sowie im Europaratsabkommen über das grenzüberschreitende Fernsehen, Artikel 13, so vorgegeben. Beide internationalen Rechtsinstrumente enthalten im Übrigen im Detail das für das Fernsehen geltende Recht, das ohnehin unmittelbar anwendbar ist, aber dennoch zusätzlich in innerdeutsches Recht, eben den Rundfunkstaatsver-

---

[70] BGHZ 20, 345; 26, 349; 30, 7; 35, 363;

[71] BGHZ 130, 196;

[72] BVerfGE 102, 347/360 ff.;

trag, übernommen wurde. Dazu gehört das ausdrückliche Verbot von Schleichwerbung (Artikel 10 Absatz 4 EG-Richtlinie), „insbesondere die Darstellung von Erzeugnissen und Dienstleistungen in Sendungen zu Werbezwecken“ (Abkommen Artikel 13 Absatz 3). Als „Schleichwerbung“ versteht die EG-Richtlinie (Artikel 1 lit. d)

> „die Erwähnung oder Darstellung von Waren, Dienstleistungen, Namen, Warenzeichen oder Tätigkeiten eines Herstellers von Waren oder eines Erbringers von Dienstleistungen in Programmen, wenn sie vom Fernsehveranstalter absichtlich zu Werbezwecken vorgesehen ist und die Allgemeinheit hinsichtlich des eigentlichen Zweckes dieser Erwähnung oder Darstellung irreführen kann. Eine Erwähnung oder Darstellung gilt insbesondere dann als beabsichtigt, wenn sie gegen Entgelt oder eine ähnliche Gegenleistung erfolgt.“

Absichtlich zu Werbezwecken ist ein Begriffsmerkmal, das nicht alle auftretenden Zweifelsfälle lösen hilft. Da gibt es die Versuchung zu Koppelgeschäften: im redaktionellen Teil erscheint ein sachlich zutreffender Bericht über ein erfolgreiches Unternehmen der Region, für den es gute journalistische Gründe gibt, der aber jetzt ins Blatt oder ins Programm genommen wird, nachdem das Unternehmen Anzeigenaufträge gegeben hat. Für eine Fernsehdokumentation braucht man aus Kostengründen einen Koproduzenten, der auch Sachbeistellungen kostenlos leistet (Flüge, Autos), die dann mit den bekannten Logos der Hersteller oder des Unternehmens des Koproduzenten im Bild erscheinen. In einer Krimiserie fährt der Detektiv immer eine bestimmte Automarke, er muss fahren und kann nicht gut bei jeder Folge eine andere Marke benutzen – soll der Fernsehveranstalter dafür das Auto kaufen oder mieten oder darf er es sich kostenlos zur Verfügung stellen lassen (er benutzt es nicht „absichtlich zu Werbezwecken“, nimmt aber in Kauf, dass ein Werbeeffekt unvermeidbar ist)? In der Berichterstattung ist die Lebenswirklichkeit, die Umwelt mit all ihren werbenden Hinweisen, nicht zu verdrängen – aber auch der Missbrauch liegt nahe.

Die öffentlich-rechtlichen Rundfunkanstalten und die für den privaten Rundfunk zuständigen Landesmedienanstalten haben im gegenseitigen Benehmen eingehende Richtlinien erlassen, in denen versucht wird, den zahlreichen denkbaren Fallgestaltungen gerecht zu werden und vor allem Missbräuche zu verhindern. Der öffentlich-rechtliche Rundfunk muss besonders beachten, dass die ihm auferlegte Pflicht zu Neutralität und Pluralität im Programm nicht Schaden nimmt und seine Unabhängigkeit gewahrt bleibt.

3. Tabak- und Alkohol- Werbung

Ein Bundesgesetz verbietet, „für Tabakerzeugnisse im Hörfunk oder im Fernsehen zu werben“ (§ 22 Absatz 1 LMBG). Im Übrigen verfügt das Gesetz nur Beschränkungen für die Werbung für Tabakerzeugnisse; so darf nicht der Eindruck erweckt werden, „dass der Genuss oder die bestimmungsgemäße Verwendung von Tabakerzeugnissen gesundheitlich unbedenklich oder geeignet ist, die Funktion des Körpers, die Leistungsfähigkeit oder das Wohlbefinden günstig zu beeinflussen“; auch darf die Werbung nicht versuchen, Jugendliche zum Rauchen zu veranlassen.

Zur Werbung für alle Arten von alkoholischen Getränken finden sich ausführliche Richtlinien in Artikel 15 Absatz 2 des Europaratsabkommens, die in Deutschland geltendes Gesetzesrecht sind. Der Jugendmedienschutz-Staatsvertrag enthält im Rahmen seiner Regeln für die Wirkung von Werbung auf Kinder (§ 6 Absatz 2–6) auch das Gebot, dass Werbung für alkoholische Getränke sich nicht an Kinder richten dürfe; auch die Art der Darstellung dürfe nicht Kinder besonders ansprechen oder beim Alkoholgenuss zeigen.

Im Bereich der Selbstkontrolle gibt es umfängliche „Verhaltensregeln des Deutschen Presserats über die Werbung und das Teleshopping für alkoholische Getränke“, die für alle Werbemedien anwendbar sind.

II. Werbung im Rundfunk

Wesentliche Grundregeln wurden bereits erwähnt.

Werbung und Teleshopping müssen als solche klar erkennbar sein. Sie müssen im Fernsehen durch optische Mittel, im Hörfunk durch akustische Mittel von anderen Programmteilen getrennt werden; auch dürfen keine Techniken eingesetzt werden, die „unterschwellig“ auf den Zuschauer oder Hörer wirken. Die Werbung muss in Blöcken zwischen den Sendungen eingefügt werden. Unterbrecherwerbung ist grundsätzlich nicht gestattet; lediglich bei Fernsehsendungen von mehr als 45 Minuten Dauer können, in Übereinstimmung mit den Vorgaben der EG- und des Europarats – Vorgaben, vor allem durch private Fernsehveranstalter einzelne Unterbrechungen vorgenommen werden, „sofern der gesamte Zusammenhang und der Charakter der Sendung nicht beeinträchtigt werden und nicht gegen Rechte (zum Beispiel Urheber- oder Persönlichkeitsrechte) verstoßen wird. Auch in Pausen von Sportübertragungen kann Werbung ausgestrahlt werden.

Die zulässige Dauer der täglichen Werbung ist unterschiedlich:

- Beim privaten Rundfunk darf der Anteil an Sendezeit für Werbung, Teleshopping-Spots und andere Formen der Werbung (mit Ausnahme einer besonderen Teleshopping-Form) 20 % der täglichen Sendezeit nicht überschreiten. Die Sendezeit für Werbespots darf 15 % der täglichen Sendezeit nicht überschreiten. Der Anteil an Sendezeit für Werbe- und Teleshoppingspots innerhalb einer Stunde darf 20 % nicht übersteigen.
- Der öffentlich-rechtliche Rundfunk unterliegt dagegen erheblichen zeitlichen Beschränkungen. Im Fernsehen darf lediglich in zwei bundesweiten Programmen (ARD und ZDF) geworben werden und zwar nur werktäglich je 20 Minuten vor 20 Uhr. Im Hörfunk dürfen es im Jahresdurchschnitt täglich bis zu 90 Minuten sein.

Werbung politischer, weltanschaulicher oder religiöser Art ist unzulässig. Unentgeltliche Beiträge im Dienst der Öffentlichkeit („social advertising") einschließlich von Spendenaufrufen zu Wohlfahrtszwecken gelten nicht als Werbung; auch die Eigenwerbung der Programmveranstalter ist erlaubt.

III. Sponsoring

Als besondere Werbeform ist gemäß § 8 RStV zusätzlich das Sponsoring erlaubt, das nicht auf den Erwerb bestimmter Produkte oder Dienstleistungen bezogen sein darf; wohl aber muss, in möglichster Kürze, zu Beginn und am Ende einer Sendung der Name, eine Marke oder das Logo eines Unternehmens genannt werden, wenn eine Sendung von diesem Unternehmen finanziell unterstützt wurde („… diese Sendung widmet Ihnen …"). Nicht als Sponsoren zugelassen sind Unternehmen, die Zigaretten und andere Tabakerzeugnisse herstellen.

Nachrichtensendungen und Sendungen zum politischen Zeitgeschehen dürfen nicht gesponsert werden, wie auch Personen, die regelmäßig Nachrichtensendungen oder Sendungen zum politischen Zeitgeschehen vorstellen, nicht in der Fernsehwerbung und beim Teleshopping im Bild auftreten dürfen.

IV. Mediendienste

Mediendienste sind medienrechtlich im Wesentlichen elektronische Verteildienste, die, wenn sie „Darbietungen" enthalten, als Rundfunk im Rechtssinn einzuordnen sind und den entsprechenden Regelungen verpflichtet sind; wo dieses Merkmal fehlt, unterliegen sie einem „Mediendienste-Staatsvertrag" (MDStV). Dieser enthält in § 13 die knappe Regel: „Werbung muss als solche klar erkennbar und vom übrigen Inhalt der Angebote eindeutig getrennt sein. In der Werbung dürfen keine unterschwelligen Techniken eingesetzt sein". Für Teleshopping-Angebote gelten die Werbe- und Sponsoring-Regeln des Rundfunkstaatsvertrags.

Massenmedien und Wahlen

Durch Wahlen und Abstimmungen werden im demokratischen Staat alle grundlegenden Entscheidungen getroffen. Je freier die Wahl, desto freier der Staat.

Im Zusammenhang mit Wahlen und Abstimmungen bekommt die Aufgabe der Massenmedien Presse und Rundfunk, Medium und Faktor des Prozesses öffentlicher Meinungsbildung zu sein, seine höchste Bedeutung, auch wenn sie dennoch nicht – wie manchmal unterstellt wird – für den Ausgang von Wahlen den alleinigen Ausschlag geben. Jedenfalls gilt: je unabhängiger die Medien, desto verlässlicher ist die Information, die sie vermitteln; je umfänglicher und vielfältiger die Berichterstattung, desto sachlicher kann die Meinung sein, zu der die zur Wahl berufenen Bürger schließlich gelangen. Freie Medien, die unbefangen, aufmerksam und kritisch den Ablauf der Wahlen, die Geheimhaltung der Stimmabgabe ebenso wie die neutrale Auszählung der Stimmen, verfolgen, sind außerdem ein beträchtlicher Schutz gegen Versuche der Manipulation.

Diese Bedeutung der Medien für Wahlen im demokratischen Staat ist freilich auch der Grund, weshalb sie von den im politischen Wettbewerb stehenden Parteien und Kandidaten für die Wahl gerade in der Zeit vor den Wahlen so umworben und mancherlei Versuchen der Einflussnahme ausgesetzt sind. Mehr als sonst muss sich in diesen Zeiten die Unabhängigkeit und Standfestigkeit, das freiheitliche und professionelle Selbstbewusstsein der Presse und des Rundfunks und aller ihrer Mitarbeiter bewähren. Umso wichtiger ist es, dass sie eine Struktur und eine gesetzliche Grundlage besitzen, die ihnen Entscheidungsfreiheit und Widerstandskraft ermöglichen.

Soweit die allgemeinen Gesetze die Massenmedien verpflichten, über ihre eigene Berichterstattung hinaus den politischen Parteien Gelegenheit zur Selbstdarstellung zu geben, muss diese von den redaktionellen Inhalten streng und wahrnehmbar getrennt werden.

I. Berichterstattung

Die in der Verfassung gesicherte institutionelle Freiheit von Presse und Rundfunk gewährleistet vor allem die freie eigene, von außen unbeeinflusste Entscheidung über die Art und den Inhalt der Berichterstattung und der Meinungen, die über das Medium verbreitet werden. Dabei gelten die allgemeinen Regeln publizistischer Sorgfaltspflicht; besondere Regeln im Zusammenhang mit Wahlen gibt es grundsätzlich nicht – mit einer einzigen Ausnahme: gemäß § 32 Absatz 2 des Bundeswahlgesetzes ist es unzulässig, vor Ablauf der Wahlzeit, das heißt vor Schließung der Wahllokale, Ergebnisse von Befragungen der Wähler nach der Stimmabgabe über ihre Wahlentscheidung zu veröffentlichen.

Die privatwirtschaftlich betriebene Presse ist als Folge der Privatautonomie und unter der Annahme (zuweilen: Fiktion) einer entsprechenden Vielfalt unterschiedlich ausgerichteter Zeitungen und Zeitschriften sogar noch einen Schritt freier als der Rundfunk: Sie ist an sich nicht zur Neutralität verpflichtet und darf auch einseitig sein.[73] Allerdings bleibt sie dann ihrerseits der umfassenden Information ihrer Leser etwas schuldig, nicht zuletzt dann, wenn sie, wie in weiten Landschaften Deutschlands, im Bereich der regionalen oder lokalen Zeitungen faktisch ein örtliches Monopol besitzt. Inhaltliche Ausgewogenheit wäre zwar gerade dann klug und ratsam angesichts der Differenziertheit der Leser, aber eine Rechtspflicht ist es nicht.

Anders beim Rundfunk: Insbesondere für die öffentlich-rechtlichen Rundfunkanstalten gelten staatsvertragliche und gesetzliche Programm-Richtlinien, die zu sachlich gewichteter, ausgewogener inhaltlicher Vielfalt verpflichten. Der öffentlich-rechtliche Rundfunk hat den Rundfunkteilnehmern einen objektiven und umfassenden Überblick zu geben über das internationale, nationale und regionale Geschehen in allen Lebensbereichen. In allen Angelegenheiten von öffentlichem Interesse sind die verschiedenen Auffassungen im Gesamtprogramm ausgewogen und angemessen zu berücksichtigen. Die Pflicht zur Ausgewogenheit kann sich je nach der redaktionellen Konzeption ausnahmsweise auch einmal auf eine einzelne Sendung beziehen, zum Beispiel bei einer umfassend angelegten Dokumentation oder eben in Wahlzeiten, wenn die Auffassungen der verschiedenen zur Wahl antretenden Parteien zu bestimmten Themen (Steuerpolitik, Umweltschutz, Landwirtschaft, Verteidigung usw.) dargestellt werden. Ausgewogenheit heißt nicht Gleichgewichtigkeit – im Gegenteil: es wäre ein Verstoß gegen das Gebot der Objektivität und Wahrhaftigkeit, wenn die unterschiedlichen Konzepte nicht je nach ihrem Gewicht, ihren Realisierungschancen, der Finanzierbarkeit usw. im Verhältnis zueinander nicht nach bestem Wissen der Redaktion bewertet würden.

Gleichbehandlung muss beachtet werden, soweit es um die Chancengleichheit aller sich an der Wahl beteiligenden Parteien geht. Wenn die Redaktion sich entscheidet, zu solchen Themen eine Art Anhörung der Parteien durchzuführen, müssen alle zur Wahl zugelassenen Parteien dazu eingeladen werden; will die Redaktion das nicht oder wäre es angesichts der großen Zahl der konkurrierenden Parteien undurchführbar, dann muss man ein anderes redaktionelles Konzept wählen. Will man andererseits die bisher im Parlament vertretenen Parteien zu einer Bilanz der ablaufenden Parlamentsperiode befragen, gibt es kein Recht der bisher nicht im Parlament vertretenen Parteien, an einer solchen Sendung teilzunehmen. Die Parteien berufen sich in solchen Zusammenhängen meist auf das Grundrecht auf Gleichbehandlung (Artikel 3 Absatz 1 GG) und auf den besonderen Verfassungsrang der Parteien, den man aus ihrer von der Verfassung ausdrücklich anerkannten Mitwirkung an der politischen Willensbildung (Artikel 21 GG) ableitet. Die Gerichte, in solchen Fällen sind die Verwaltungsgerichte zuständig, haben solche Versuche, sich in Sendungen einzuklagen, immer zurückgewiesen, wenn es sich

---

[73] BVerfGE 37, 84/91;

um eindeutig in eigener Verantwortung und sachbezogen redaktionell gestaltete Sendeformen der Rundfunkanstalten handelte.

Streit gab es vor allem um „Duelle“ der Spitzenkandidaten, von denen anzunehmen war, dass einer von ihnen nach der Wahl Regierungschef (Bundeskanzler oder Ministerpräsident eines Landes) werden würde. Auch bei der letzten Wahl zum Bundestag (2002) hatten die öffentlich-rechtlichen Rundfunkanstalten gemeinsam zu einem „TV-Duell der Kanzlerkandidaten“ eingeladen, und zwar den amtierenden Bundeskanzler und den Spitzenkandidaten der größten Oppositionspartei, der in den meisten Meinungsumfragen eine reale Chance des Wahlsiegs zugesprochen wurde. Der Vorsitzende einer anderen Partei, die ihn ebenfalls zum Kanzlerkandidaten erklärt hatte, wollte unbedingt an dieser Sendung teilnehmen. Auch die damit befassten Gerichte haben dies zurückgewiesen. Das Bundesverfassungsgericht hat die Auseinandersetzung mit knappen Worten beendet:[74] Die umstrittene Sendung beruhe „auf einem schlüssigen und folgerichtig umgesetzten journalistischen Konzept, das unter dem Schutz von Artikel 5 Absatz 1 Satz 2 GG steht (vgl. BVerfGE 97, 298/310 m. w. N.)“. Befragt werden sollten die beiden Politiker, „die allein ernsthaft damit rechnen können, zum Bundeskanzler gewählt zu werden“. Der klagende Parteivorsitzende habe, was seine eigene Partei letztlich selbst nicht bestreite, keine realistische Chance, Bundeskanzler zu werden. Diese Tatsache sei „als Folge der politischen Kräfteverhältnisse hinzunehmen und verstößt als solche nicht gegen das Recht einer politischen Partei auf Wahrung der Chancengleichheit (vgl. BVerfGE 14, 121/137; 24, 300/354)“. Das Gericht fügte freilich hinzu: Allerdings dürften die öffentlich-rechtlichen Rundfunkanstalten ein redaktionelles Konzept, das die Erfolgsaussichten von Beteiligten am Wahlwettbewerb „nachhaltig mindern kann, nicht ohne Rücksicht auf diesen Umstand durchsetzen (vgl. BVerfGE 82, 54/59)“. Da diese Partei aber in der Gesamtheit der wahlbezogenen Sendungen von ARD und ZDF ihrer Bedeutung gemäß berücksichtigt worden sei, sei die Frage damit erledigt.

Der Grundsatz der Gleichbehandlung politischer Parteien ist im „Parteiengesetz“ des Bundes näher konkretisiert. Dabei geht es aber um Fälle, in denen „öffentliche Leistungen“, die „ein Träger öffentlicher Gewalt“ den Parteien zur Verfügung stellt, zum Beispiel Versammlungsräume, die im Eigentum des Staates oder einer Gemeinde sind. Im weiteren Sinn hat man auch die öffentlich-rechtlichen Rundfunkanstalten darunter fallen lassen, was als Analogie vielleicht noch verfassungsrechtlich hinnehmbar ist. Man ist sich aber einig, dass dies nur in Fällen in Frage kommt, bei denen nicht die redaktionelle Gestaltung im Vordergrund steht, sondern eine Art Überlassung von Sendezeit zu eigener Gestaltung durch die Parteien. Mit der Berichterstattung zur Wahl hat dies nichts zu tun und ist von dieser auch deutlich zu trennen.

Für die Glaubwürdigkeit einer unbefangenen Berichterstattung ist wichtig, dass Mitarbeiter der Medien, die als Staatsbürger selbst bei Wahlen kandidieren, sich

---

[74] BVerfG in NJW 2002, 2939;

frühzeitig selbst im eigenen Medium zurückhalten. Der Rundfunk hat die selbstgesetzte Regel, dass solche Mitarbeiter spätestens sechs Wochen vor der Wahl nicht mehr vor der Kamera oder am Mikrofon in Erscheinung treten dürfen.

II. Wahlwerbung der Parteien in den Medien

Betroffen davon ist eigentlich nur der Rundfunk. Anzeigen von politischen Parteien in den Printmedien zur Wahlwerbung sind selten, im Prinzip aber möglich. Es könnte allenfalls die Frage auftreten, ob ein Verlag rechtlich gezwungen werden könnte, eine Anzeige anzunehmen – unterstellt, dass ihr Inhalt nicht strafrechtlich oder wettbewerbsrechtlich zu beanstanden wäre – wenn die betreffende Partei nicht in die Linie der Zeitung passen würde. Die Frage wird nicht einheitlich beantwortet. Ein solcher „Kontrahierungszwang" könnte sich aus allgemeinem Wettbewerbsrecht, Diskriminierungsverbot bei marktbeherrschender oder gar monopolistischer Stellung (§ 20 GWB, § 826 BGB), ergeben, ist aber im Hinblick auf die auch den Anzeigenteil umfassende Pressefreiheit[75] problematisch.

Gesetzlich geregelt ist der Fall für den Rundfunk.

Die öffentlich-rechtlichen Rundfunkanstalten sind auf Grund der für sie jeweils geltenden Landesgesetze oder Staatsverträge verpflichtet, politischen Parteien und Wählergruppen im Hörfunk wie im Fernsehen „angemessene Sendezeit einzuräumen", wenn diese sich an Wahlen zu Bundestag, Landtag oder zum Europäischen Parlament mit einem im jeweiligen Sendegebiet zugelassenen Wahlvorschlag beteiligen.

Für bundesweit verbreiteten privaten Rundfunk gilt das Gleiche (§ 42 RStV), allerdings mit der Einschränkung, dass die Parteien den Programmveranstaltern deren Selbstkosten zu erstatten haben, während die öffentlich-rechtlichen Rundfunkanstalten die Sendezeit kostenlos zur Verfügung zu stellen haben; die Produktionskosten der Wahlwerbesendungen, vor allem im Fernsehen, werden in der Regel von den Parteien selbst getragen.

Bei der Bereitstellung solcher Sendezeiten haben die Rundfunkanstalten größte Neutralität zu beachten. Unbeschadet ihrer inhaltlichen Gesamtverantwortung haben die Gerichte sie sogar verpflichtet, den Parteien einen weitestgehenden Gestaltungs- und Formulierungsspielraum zu belassen; jede Partei soll sich so darstellen können, wie sie das will und für richtig hält. Selbst ein Verstoß gegen strafrechtliche Tatbestände (Beleidigung, Volksverhetzung oder dergleichen) dürfte vom Intendanten einer öffentlich-rechtlichen Rundfunkanstalt nur beanstandet werden, wenn er „evident" und „schwerwiegend" wäre. Solche Fälle sind erfreulich selten, aber wenn sie eintreten, ist der Intendant im Blick auf seine eigene, auch in diesem Zusammenhang keineswegs auf evidente und schwerwiegende Fälle beschränkte persönliche Verantwortung gut beraten, ihm rechtswidrig erscheinende Werbespots der Parteien abzulehnen; ein Verwaltungsgericht kann

[75] BVerfGE 21, 271/278;

dann eine später auch von den Strafverfolgungsbehörden zu respektierende Entscheidung treffen.

Trotz des Gebots zur Gleichbehandlung aller zur Wahl zugelassenen Parteien darf doch in einem gewissen, den freien Wettbewerb nicht ernsthaft gefährdenden Rahmen eine Abstufung nach der Bedeutung der Parteien vorgenommen werden; dabei sind bisherige Wahlerfolge zu berücksichtigen, aber auch Dauer des Bestehens, Organisationsgrad, Mitgliederzahl, Regierungsverantwortung in Bund und Ländern usw.[76]

Das Parteiengesetz hat die diesbezügliche Rechtsprechung des Bundesverfassungsgerichts in § 5 im Wesentlichen übernommen: Der Umfang der Gewährung von Sendezeiten kann „nach Bedeutung der Parteien bis zu dem für die Erreichung ihres Zweckes erforderlichen Mindestmaß abgestuft werden. Die Bedeutung der Parteien bemisst sich insbesondere auch nach den Ergebnissen vorausgegangener Wahlen zu Volksvertretungen. Für eine Partei, die im Bundestag in Fraktionsstärke vertreten ist, muss der Umfang der Gewährung mindestens halb so groß wie für jede andere Partei sein".

Für noch kleinere Parteien gilt die Regel, dass sie ein Viertel bis ein Fünftel der Sendezeiten der größten Partei erhalten sollen. Die Dauer der Spots ist im Laufe der Zeit immer kürzer geworden; zuletzt hielt man grundsätzlich 1,5 Minuten je Spot für ausreichend.

[76] BVerfGE 14, 121/137 f.; 47, 198/227; 48, 271/272;

Verfassungsrechtliche Grundlagen

Die Bestimmungen über die Presse sind erstmals in der Verfassung der UdSSR aus dem Jahre 1936 erschienen, jedoch stellten sie bis zum Anfang der 90er-Jahre lediglich bedeutungslose Deklarationen über die Rede- und Pressefreiheit dar. Erst nach der Verabschiedung des Gesetzes der UdSSR „Über die Presse und andere Massenmedien“ vom 12.06.90 und des Gesetzes der Russischen Föderation „Über die Massenmedien“ (im Folgenden Mediengesetz genannt) vom 27.12.91 sind die Verfassungsbestimmungen über die Freiheit der Meinungsäußerung mit einem wirklichen juristischen Gehalt gefüllt worden.

Die heute gültige Verfassung der Russischen Föderation wurde durch die Volksabstimmung vom 12.12.93 angenommen. Die Freiheit der Masseninformation ist in Art. 29 Abs. 5 der Verfassung verankert. Dabei wurde zwar eine präzise, aber sehr umfassende Formulierung benutzt: „Die Freiheit der Masseninformation wird garantiert. Zensur ist verboten.“ Trotz ihrer sehr lakonischen Formulierung, integriert diese Norm den Inhalt anderer gesetzlicher Regelungen und erhält dadurch im Gesamtkontext der Verfassung die nötige Konkretheit und Systemcharakter.

Der Ergänzung des Inhalts der Informationsfreiheit dienen vor allem Normen, die in den anderen Absätzen desselben Artikels enthalten sind. Diese Normen garantieren Meinungs- und Redefreiheit, das Recht, auf jegliche legale Weise Informationen frei zu beschaffen, zu erhalten, weiterzugeben, zu produzieren und zu verbreiten. Weiter garantieren die Normen die Unzulässigkeit des Zwanges zur Meinungs- und Überzeugungsäußerung sowie die Unzulässigkeit des Zwanges zur Lossagung von Meinungen und Überzeugungen. Somit ist die Struktur des Artikels erstens gekennzeichnet durch die relative Selbständigkeit einzelner Freiheiten, zweitens durch die tiefgreifende genetische Wechselbeziehung einzelner garantierter Freiheiten, drittens durch die gegenseitige Ergänzung des juristischen Gehalts einzelner Freiheiten. Zu den verfassungsrechtlichen Garantien der Freiheit der Masseninformation zählt auch die in den Artikeln 8, 34 und 35 verankerte Freiheit der wirtschaftlichen Tätigkeit und das Recht auf privates Eigentum. Ferner ist das Prinzip der ideologischen Vielfalt (Art. 13) zu nennen, welches vorsieht, dass keine Ideologie als staatliche oder verbindliche gelten darf. Hierdurch werden die Grundlagen für den informellen Pluralismus geschaffen.

Als verfassungsrechtliche Garantie der Freiheit der Masseninformation kommt auch die Bestimmung des Art. 41 Abs. 3 in Betracht, die die Verantwortung von Amtspersonen festlegt für die Verheimlichung von Tatsachen und Umständen, die eine Gefahr für Leben und Gesundheit der Menschen darstellen. Auch Art. 42 der Verfassung, der jedermann das Recht auf wahrheitsgetreue Information über den Zustand der Umwelt gewährt und Art. 44 Abs. 1, der die Freiheit der schöpferischen Tätigkeiten und der Lehre sowie den Schutz des geistigen Eigentums garantiert, beinhalten die verfassungsrechtliche Garantie der Freiheit der Masseninformation. In diesem Zusammenhang sind auch Bestimmungen zu nennen, die die

Sitzungen von Föderationsrat (Art. 100 Abs. 2) und Gerichtsverhandlungen (Art. 123 Abs. 1) für öffentlich erklären. Gemäß Art. 51 Abs. 2 der Verfassung können bestimmte Personengruppen durch föderales Gesetz von der Pflicht zur Zeugenaussage befreit werden. Diese Bestimmung wurde durch das Mediengesetz in die Verpflichtung des Journalisten und der Redaktion zur Geheimhaltung von Informationsquellen transformiert.

Bei der Charakterisierung von Verfassungsbestimmungen im Bereich der Massenmedien ist die positive Rolle folgender Prinzipien bei der Gewährleistung der Informationsfreiheit hervorzuheben: des Prinzips der unmittelbaren Geltung von Verfassungsbestimmungen; des Prinzips der unmittelbaren Implementierung der Normen des internationalen Rechts; des Prinzips der Unabhängigkeit der Judikative. Gemäss Art. 18 der Verfassung haben Bestimmungen der Verfassung unmittelbare Geltung. Diese Norm ermöglicht direkte Verweisungen auf Verfassungsbestimmungen bei der Rechtsanwendung, unter anderem auch im gerichtlichen Prozess, und erweitert damit die Bandbreite juristischer Verteidigungsmittel.

Das Prinzip der unmittelbaren Implementierung der Normen des internationalen Rechts in das russische Rechtssystem (Art. 15 Abs. 4, Art. 17 Abs. 1, Art. 46 Abs. 3) legt nicht nur den Algorithmus zur Behebung von möglichen Kollisionen fest, sondern bestimmt auch die unmittelbare Geltung von allgemein anerkannten Prinzipien und Normen des internationalen Rechts und von internationalen Abkommen auf dem Territorium der Russischen Föderation. In Bezug auf die Freiheit der Masseninformation bedeutet dies vor allem, dass Art. 19 des internationalen Paktes über bürgerliche und politische Rechte und Art. 10 der Europäischen Konvention zum Schutze der Menschenrechte und Grundfreiheiten (im folgenden EMRK genannt) unmittelbare Geltung haben. Hieraus folgt seinerseits, dass der Staat die Freiheit der Massenmedien als Regel, den staatlichen Eingriff in die Realisierung dieser Freiheit dagegen als Ausnahme verstehen (ansehen, betrachten) muss. Dabei bedeutet die Möglichkeit des Eingriffs nicht die Notwendigkeit desselben: hat die demokratische Gesellschaft kein Bedürfnis nach der Einschränkung der Meinungsfreiheit, so ist der Staat zum Ergreifen von Maßnahmen auf diesem Gebiet nicht verpflichtet. Für einen rechtmäßigen staatlichen Eingriff in die Freiheit der Masseninformation ist zunächst eine gesetzliche Grundlage erforderlich. Zweitens, können nur die im Art. 10 Abs. 2 der EMRK aufgezählten Gründe eine Grundlage für den staatlichen Eingriff bilden. Drittens muss der Eingriff den Bedürfnissen einer demokratischen – nicht dagegen einer autoritären oder einer totalitären – Gesellschaft angemessen sein. Dabei haben die in der Praxis des Europäischen Gerichtshofs für Menschenrechte (im folgenden EuGHMR genannt) geschaffenen Präzedenzfälle unmittelbare Auswirkung auf die Tätigkeit der russischen Gerichte. Im Föderalen Gesetz „Über die Ratifizierung der Europäischen Konvention zum Schutze der Menschenrechte und Grundfreiheiten“ vom 30.03.98 ist die Verbindlichkeit der Zuständigkeit des EuGHMR und dessen Entscheidungen für die Russische Föderation festgelegt. In diesem Zusammenhang sind die Entscheidungen des Verfassungsgerichts der Russischen Föderation, die auf Informationsrecht und Meinungsfreiheit Bezug nehmen, kennzeichnend: es wird stets der rechtliche Standpunkt des EuGHMR berücksichtigt. So hat das Verfassungsgericht der Russischen Föderation in einer prinzipiell wichtigen Entscheidung über die zulässigen Einschränkungen der Informationsfreiheit während des Wahlkampfes beschlossen, dass „die Einschränkung der Verfassungsrechte und somit auch der Freiheit der Masseninformation gegenüber den durch diese Einschränkungen verfolgten verfassungsrechtlich anerkannten Zwecken erforderlich und angemessen sein muss; in den Fällen, in denen der Gesetzgeber kraft Verfassungsbestimmungen zur Aufstellung von Schranken ermächtigt wird, kann dieser keine Regelung treffen, die zur Gefährdung des Wesenskerns der Verfassungsrechte oder zum Verlust seines wirklichen Inhalts führt; im Fall einer zulässigen Einschränkung der Verfassungsrechte zu den von der Verfassung gebilligten Zwecken hat der Staat keine übermäßigen, sondern ausschließlich erforderliche und durch Verfolgung dieser Zwecke gerechtfertigte Maßnahmen zu ergreifen; die im Art. 55 (Abs. 3) der Verfassung der Russischen Föderation aufgezählten Fälle des Vorliegens des öffentlichen Interesses können die rechtliche Einschränkung von Rechten und Freiheiten nur dann rechtfertigen, wenn solche Einschränkungen den Erfordernissen der Gerechtigkeit entsprechen, im Hinblick auf den Schutz der Verfassungswerte und im Hinblick auf Rechte und legitime Interessen anderer Personen adäquat, proportional, angemessen und erforderlich sind, keine Rückwirkung haben und den Wesensgehalt des von der Verfassung garantierten Rechts nicht berühren, d. h. den Rahmen und die Anwendung des wesentlichen Inhalts der entsprechenden Verfassungsbestimmung nicht einschränken; um die Möglichkeit einer unverhältnismäßigen Einschränkung der Rechte und Freiheiten des Menschen und des Staatsbürgers in einem konkreten Rechtsanwendungsfall auszuschließen, muss die Norm formell bestimmt, präzise und klar sein und darf weder eine extensive Auslegung der aufgestellten Einschränkungen noch dementsprechend deren willkürliche Anwendung zulassen“.[77]

Das Verfassungsprinzip der richterlichen Unabhängigkeit hat eine große Bedeutung für die Gewährleistung der Freiheit der Masseninformation. Denn die unrechtmäßigen Handlungen von staatlichen Organen, die sich mit der Registrierung der Massenmedien und mit der Lizenzvergabe für Rund- und Fernsehfunk beschäftigen, sind vor Gericht anfechtbar. Ebenfalls auf gerichtlichem Wege können Verletzungen der Auskunftserteilungspflicht sowie Verstöße gegen das Verfahren zur Akkreditierung von Journalisten geltend gemacht werden. Die einem Medienorgan bereits erteilte Registrierungsbescheinigung kann ausschließlich vom Gericht für ungültig erklärt werden. Ebenso kann sowohl eine vorläufige als auch eine endgültige Einstellung der Tätigkeit eines Medienorgans ausschließlich durch

[77] Entscheidung des Verfassungsgerichts der Russischen Föderation vom 30.10.03 Nr. 15-P „Über die Überprüfung der Verfassungsmäßigkeit von einzelnen Regelungen des Föderalen Gesetzes „Über die Grundgarantien des Wahlrechts und des Rechts auf Beteiligung an einem Referendum für Bürger der Russischen Föderation“ anlässlich der Anfrage der Abgeordnetengruppe der Staatsduma und der Beschwerden der Staatsbürger S. A. Buntman, K. A. Katanian und K. S. Rožkov.

gerichtliche Verfügung erfolgen. Das Gericht entscheidet ferner auch über die Untersagung der Verbreitung von Medienerzeugnissen, Verletzungen des Mediengesetzes sowie über viele andere Fragen.

Sachen, die das Funktionieren der Massenmedien betreffen und von besonderer Bedeutung sind, werden vor dem Verfassungsgericht der Russischen Föderation verhandelt. So gab das Verfassungsgericht der Russischen Föderation am 19.05.93 der Beschwerde der Mitglieder des Journalistenkollektivs der Zeitung „Izvestija" gegen die Verordnung des Obersten Sowjets der RF vom 17.07.92 „Über die Zeitung „Izvestija" statt. Das Verfassungsgericht der Russischen Föderation überprüfte auch die Verordnung der IX. Versammlung der Volksabgeordneten „Über Maßnahmen zur Gewährleistung der Redefreiheit auf dem Gebiet des staatlichen Rund- und Fernsehfunks und Informationsdienstes". Unter den Beschlüssen des Verfassungsgerichts über den Status der Massenmedien ist der Beschluss über die Heranziehung des Chefredakteurs der Zeitung „Rossiskaja gazeta" zur Verantwortung wegen Missachtung des Gerichts zu erwähnen.

Die Abgrenzung der Zuständigkeiten zwischen der Russischen Föderation und den Subjekten der Russischen Föderation im Bereich der Massenmedien ist ebenfalls in der Verfassung geregelt. In Art. 71 Buchst. i) ist festgehalten, dass „das föderale Transportwesen, die föderalen Verkehrsverbindungen, das föderale Informations- und Telekommunikationswesen" in die ausschließliche Zuständigkeit der Russischen Föderation fallen. Diese Regelung ist sinnvoll. Denkt man etwa an die Regulierung der Tätigkeit von gesamtstaatlichen Fernsehkanälen, so wäre diese auf der regionalen Ebene aus rein praktischen Gründen nicht möglich. Die regionalen Massenmedien fallen dagegen in die ausschließliche Zuständigkeit der Subjekte der Russischen Föderation. Denn in Art. 72 der Verfassung RF, der die gemeinsame Zuständigkeit der Russischen Föderation und der Subjekte der Russischen Föderation regelt, ist „das föderale Informations- und Telekommunikationswesen" nicht enthalten. Laut Art. 72 Buchst. f) fallen aber allgemeine Fragen der Kultur in die gemeinsame Zuständigkeit der Russischen Föderation und ihrer Subjekte. In die gemeinsame Zuständigkeit fällt nach Art. 72 Buchst. j) auch die Verwaltungsgesetzgebung. Die verfassungsrechtlichen Zuständigkeitsregelungen haben zur Folge, dass die Zuständigkeit für die Mediengesetzgebung zwingend in drei Bereiche (ausschließliche Zuständigkeit der Russischen Föderation, ausschließliche Zuständigkeit der Subjekte der RF und gemeinsame Zuständigkeit) zerfällt.

Zu unterstreichen ist auch, dass nach Art. 71 Buchst. c) die „Regelung und der Schutz der Rechte und Freiheiten des Menschen und des Bürgers" in die ausschließliche Zuständigkeit der Russischen Föderation, nach Art. 72 Buchst. b) der „Schutz der Rechte und Freiheiten des Menschen und des Bürgers" aber in die gemeinsame Zuständigkeit fällt. Hieraus folgt erstens, dass der regionale Gesetzgeber die Regelungen im Medienbereich nur aufgrund eines föderalen Gesetzes treffen kann. Zweitens, darf der regionale Gesetzgeber weder die Freiheit der Masseninformation betreffend noch damit im Zusammenhang stehend menschen-

und freiheitsrechtliche Fragen regeln. Gleichzeitig ist die regionale Staatsgewalt verpflichtet, die Freiheit der Masseninformation zu schützen und sich dabei nach dem föderalen Mediengesetz zu richten.

In den Verfassungen der Republiken der Russischen Föderation sowie in den Satzungen von Regionen und Bezirken der RF wird die Tätigkeit der Massenmedien uneinheitlich behandelt. Die Mehrzahl der republikanischen Verfassungen (so Adygien, Altaj, Burjatien, Komi, Mari El, Mordwinien, Chakassien und Tschuwaschische Republik) beschränkt sich auf die buchstäbliche Wiedergabe des Art. 29 der Verfassung der Russischen Föderation. In den Verfassungen der Republiken Baschkortostan und Dagestan ist die Regelung des Art. 29 der Verfassung RF enger formuliert, so dass dort das Zensurverbot nicht geregelt ist. Nach der Verfassung der Republik Sacha (Jakutien) ist dagegen nicht nur die Zensur, sondern auch die Monopolisierung der Massenmedien verboten.

Besonderes Augenmerk ist auf die folgende Verfassungsbestimmung der Kabardino-Balkarischen Republik zu richten: „Die Verbreitung von Informationen, die mit ethisch-moralischen und nationalen Traditionen der Kabardino-Balkarischen Republik unvereinbar sind, wird gesetzlich verfolgt". Diese Regelung erweitert die Möglichkeit der Einschränkung der Meinungsäußerungsfreiheit in einer rechtswidrigen, ungerechtfertigten und grenzenlosen Weise.

Dagegen wird in den Verfassungen der Republiken Karelien und Udmurtien sowie in den Satzungen vieler Regionen und Bezirken der Russischen Föderation die Tätigkeit der Massenmedien überhaupt nicht behandelt. In der Regel werden die Massenmedien in den Satzungen der Subjekte der RF nur im Zusammenhang mit dem Recht auf Erhaltung von Informationen über die Tätigkeit der regionalen und kommunalen Organe, ferner im Zusammenhang mit dem Erlass von Regelungen über die Teilnahme von Medienvertretern an Sitzungen der Exekutiv- und Repräsentativorgane und schließlich im Zusammenhang mit der Zuständigkeitsverteilung zwischen Exekutiv- und Repräsentativorganen für die Gründung der regionalen staatlichen Massenmedien erwähnt.

Allgemeine Beschränkungen

Jede gesetzliche Regelung stellt an und für sich bereits eine Beschränkung dar, weil Rechtsnormen nichts anderes als Regeln sind und bestimmte Verhaltensrahmen aufstellen. Dabei handelt es sich um Beschränkungen im *weiteren Sinne.* In diesem Kontext umfasst der Begriff der „Regelung" nicht nur die rechtliche Fixierung von Rechten und Freiheiten sowie die Garantien ihrer Gewährleistung, sondern auch die Grenzen der Rechte, Freiheiten und der Garantien. Gegenstand des folgenden Beitrages werden aber die Beschränkungen *im engeren Sinne* sein, d. h. die ausdrücklich formulierten Beschränkungen. Genau diese Beschränkungen meint Art. 1 des russischen Mediengesetzes, in dem bezüglich der Komponenten der Freiheit der Masseninformation geregelt ist, dass sie „keinen anderen Einschränkungen unterworfen werden dürfen als den von der Gesetzgebung über die Massenmedien vorgesehenen".

Gleichzeitig mit der Verkündung der Freiheit der Masseninformation werden auch die Schranken (der Umfang) dieser Freiheit aufgestellt; diese Schranken verhindern, dass die Allgemeinheit geschädigt wird und schließen eine missbräuchliche Ausübung dieser Freiheit aus. Eine derartige Schrankenbestimmung wird in der Verfassung der Russischen Föderation als eine *Beschränkung* im Sinne des Art. 55 Abs. 3 bezeichnet („…nur in dem Maße, wie diese zum Schutz der Grundlagen der Verfassungsordnung, der Moral, der Gesundheit, der Rechte und legitimen Interessen anderer Personen sowie zur Gewährleistung der Verteidigung des Landes und der Sicherheit des Staates notwendig ist").

Bezüglich der Massenmedien wird in Art. 29 der Verfassung der Russischen Föderation eine ausdrückliche Beschränkung aufgestellt: „Unzulässig sind Propaganda oder Agitation, die sozial, rassisch, national oder religiös bedingte Feindschaft und Hass hervorrufen. Verboten ist die Propagierung sozialer, rassischer, nationaler, religiöser oder sprachlicher Überlegenheit". Obwohl diese Verfassungsverbote allgemein formuliert sind, dienen sie den Massenmedien und den Journalisten bei der Ausübung der Freiheit der Masseninformation als Orientierungspunkte. Die Verletzung dieser Verbote hat die gesetzlich vorgesehene Haftung zur Folge. So regelt Art. 282 des Strafgesetzbuches der Russischen Föderation die strafrechtliche Verantwortlichkeit für das Hervorrufen nationaler, rassischer oder religiöser Feindschaft und für die Erniedrigung der nationalen Würde, wenn diese Handlungen öffentlich oder durch die Massenmedien erfolgen.

Ursprünglich war die das Freiheitsmaß bestimmende Beschränkung in Art. 4 des Mediengesetzes „Unzulässigkeit des Missbrauchs der Masseninformationsfreiheit" wie folgt geregelt: „Die Benutzung der Massenmedien zur Verübung von Straftaten, zur Bekanntgabe von Staatsgeheimnissen oder von anderen gesetzlich geschützten Geheimnissen, zum Aufruf zur Machtergreifung, zur gewaltsamen Veränderung der Verfassungsordnung und der Staatseinheit, zum Hervorrufen nationaler, sozialer, religiöser und klassenbedingter Intoleranz und von Hass und zur Kriegspropaganda ist unzulässig". Zugegebenermaßen erwies sich diese Vorschrift als nicht hinreichend funktionsfähig und wegen des Fehlens von klaren Kriterien sowie auf Grund der fehlenden Regelung eines bestimmten Verfahrens zur Qualifizierung von entsprechenden Handlungen in der Praxis als nur schwer umsetzbar.

Außerdem wurde diese Vorschrift im Laufe der Zeit durch folgende Verbotstatbestände ergänzt: das Verbot der Benutzung von Massenmedien zur „Verbreitung von Sendungen, die Pornographie, Gewalt- und Brutalitätskult propagieren", das Verbot der Verbreitung von Informationen über Beschaffungsorte, Verfahren, oder Methoden der Gewinnung, Herstellung und Benutzung von Betäubungsmitteln, psychotropen Substanzen und zu ihrer Gewinnung verwendeten Primärstoffen, das Verbot der Propagierung von jeglichen bei der Benutzung dieser Mittel entstehenden Vorteilen sowie das Verbot „der Verbreitung von Information, deren Verbreitung durch föderale Gesetze verboten ist".

Eine dem Art. 4 des Mediengesetzes entsprechende Regelung ist in Art. 13.15 des Gesetzbuches über Ordnungswidrigkeiten der Russischen Föderation „Missbrauch der Masseninformationsfreiheit" enthalten. Allerdings ist hier nur einer der Missbrauchstatbestände des Art. 4 Abs. 2 des Mediengesetzes geregelt, und zwar die Herstellung und (oder) die Verbreitung von Fernseh-, Video-, Kino-, Dokumentar- und Spielfilmen, die „versteckte Bilder enthalten, welche das Unterbewusstsein der Menschen beeinflussen und (oder) eine schädigende Wirkung auf die Gesundheit der Menschen haben".

Die Freiheit der Masseninformation findet ihre Grenzen auch in den gesetzlichen Beschränkungen, die die Wahrung von Staatsgeheimnissen und anderen gesetzlich geschützten Geheimnissen sowie von vertraulichen Informationen betreffen.

Zu den rechtlichen Einschränkungen der Freiheit der Masseninformation zählen auch das Recht auf den Schutz der Menschenwürde, der Ehre und der geschäftlichen Reputation, das Recht auf die Unantastbarkeit des Privatlebens, auf das persönliche und familiäre Geheimnis, das Recht auf den Schutz des geistigen Eigentums. Zwar haben diese Verfassungsbestimmungen keinen direkten Bezug zur Freiheit der Masseninformation, jedoch folgt aus ihnen, dass die Verbreitung von bestimmten Informationen die Persönlichkeitsrechte verletzten kann, was seinerseits zu Kollisionen zwischen verschiedenen Verfassungsrechten führen kann.

Zu den im Mediengesetz selbst enthaltenen Beschränkungen der Freiheit der Masseninformation gehören folgende Beschränkungen: das Verbot der Verbreitung von Angaben, die einer Redaktion unter der Bedingung der Geheimhaltung zur Verfügung gestellt wurden (Art. 41), das Verbot der Verbreitung von an die Redaktion adressierten Briefen, wobei deren Sinn entstellt wird (Art. 42), das Verbot der Verbreitung von Informationen über das Privatleben eines Bürgers ohne dessen Einverständnis (Art. 49), das Verbot der Verbreitung von Gerüchten unter dem Schein wahrheitsgetreuer Angaben (Art. 51). Es ist hervorzuheben, dass das Gesetz keineswegs die Verbreitung von Gerüchten als solche verbietet, es weist lediglich auf die Unzulässigkeit der Verbreitung der Gerüchte unter dem

Schein einer wahrheitsgetreuen Information hin. Diese Verletzungshandlung ist im Gesetz der Kategorie „Missbrauch der Journalistenrechte“ zugeordnet. In eben diesem Art. 51 ist auch folgende besondere Formulierung enthalten: „es ist verboten, das Recht des Journalisten auf Informationsverbreitung zu benutzen zum Zwecke der Verunglimpfung eines Bürgers oder einzelner Bürgergruppen ausschließlich wegen des Geschlechts, des Alters, der rassischen oder nationalen Zugehörigkeit, der Sprache, religiöser Überzeugungen, des Berufes, des Wohnortes und der Arbeit sowie wegen politischer Überzeugungen“.

Bestimmte Verbotstatbestände sind auch in den föderalen Gesetzen „Über das Urheberrecht und verwandte Schutzrechte“, „Über die Information, Informatisierung[78] und den Informationsschutz“, „Über die Werbung“, „Über die staatliche Regulierung der Herstellung und des Umlaufs von Ethanol und von alkohol- und spiritushaltigen Produkten“ sowie in anderen Gesetzen geregelt.

Somit sind die auf der Verfassung der Russischen Föderation beruhenden konkreten Schranken der Freiheit der Massenmedien in der Gesetzgebung vorgesehen und die entsprechenden Sanktionen wegen deren Verletzung in den entsprechenden Vorschriften des Gesetzbuches über Ordnungswidrigkeiten der RF, des Strafgesetzbuches der RF, des Zivilgesetzbuches der RF und in anderen Gesetzen geregelt. Folglich beinhaltet die Realisierung der in der Verfassung verankerten Freiheit der Masseninformation sowohl die ungehinderte Ausübung dieser Freiheit durch die Journalisten und die Massenmedien und die Pflicht des Staates zur Schaffung von rechtlichen und organisatorischen Mechanismen für diese Freiheitsausübung als auch die Unterbindung des Missbrauchs dieser Freiheit.

Von der dargestellten *Beschränkung des Umfangs* der Freiheit der Masseninformation ist die für begrenzte Zeit geltende *Beschränkung der Möglichkeit, diese Freiheit auszuüben,* so z. B. während eines Ausnahmezustandes (Art. 56 der Verfassung der RF), zu unterscheiden. So ordnet Art. 12 Punkt b) des Föderalen Verfassungsgesetzes „Über den Ausnahmezustand“ während des Ausnahmezustandes „die Beschränkung der Pressefreiheit und der Freiheit anderer Massenmedien durch die Einführung der Vorzensur unter der Festlegung der Bedingungen und des Verfahrens der Durchführung der Vorzensur, die vorübergehende Beschlagnahme oder Sicherstellung der Druckerzeugnisse, der technischen Sende- und Schallverstärkungsmittel, der Vervielfältigungstechnik sowie die Aufstellung eines besonderen Verfahrens zur Akkreditierung von Journalisten“ an. Nach Art. 56 der Verfassung der Russischen Föderation können solche Beschränkungen nur mit Angabe der Grenzen und der Dauer ihrer Gültigkeit festgelegt werden. Der Ausnahmezustand darf seinerseits nur bei Vorliegen der Umstände, die das Leben und die Sicherheit der Bürger oder die Verfassungsordnung der Russischen

[78] Informatisierung wird hierbei definiert als sozialer, wirtschaftlicher, wissenschaftlicher und technischer Organisations-/Strukturierungsprozess, um auf der Grundlage der Bildung und Nutzung von Informationsressourcen optimale Bedingungen zu schaffen, damit die Informationsbedürfnisse der Bürger, der staatlichen Behörden, der Organe der lokalen Selbstverwaltung, von Organisationen und gesellschaftlichen Vereinigungen befriedigt und ihre Rechte verwirklicht werden.

Föderation unmittelbar gefährden und nur dann verhängt werden, wenn die Beseitigung solcher Umstände ohne das Ergreifen von außerordentlichen Maßnahmen unmöglich ist. Für die Verhängung des Ausnahmezustandes ist ein kompliziertes Verfahren vorgesehen, das die Verabschiedung eines entsprechenden Präsidialerlasses und die Bestätigung dieses Erlasses durch den Föderationsrat – das Oberhaus der Föderalversammlung (des Parlaments) der Russischen Föderation – voraussetzt.

Der grundlegende rechtlich-organisatorische Mechanismus der Beschränkung der Freiheit der Masseninformation ist in Art. 16 des Mediengesetzes geregelt. Dort ist die endgültige oder die vorläufige Einstellung der Tätigkeit eines Massenmediums auf Grund einer zivilgerichtlichen Entscheidung geregelt. Dabei kann „die gerichtlich verfügte vorläufige Einstellung der Tätigkeit des Massenmediums nur zur Sicherung der Klage erfolgen", die durch ein Registrierungsorgan zum Zwecke der endgültigen Einstellung des Erscheinens des Massenmediums erhoben worden ist. Die vorläufige Einstellung der Tätigkeit des Massenmediums ist nur dann zulässig, wenn die Gefahr einer späteren Nichtbefolgung der eine endgültige Einstellung der Tätigkeit des Massenmediums anordnenden Gerichtsentscheidung besteht.

Besonderes Augenmerk ist auf die im Jahr 2003 in das Mediengesetz eingebrachte Änderung zu richten, nach der das Erscheinen bzw. die Ausstrahlung von Massenmedien wegen Verletzungen der Gesetzgebung über die Wahlen und Referenden durch gerichtliche Verfügung vorläufig eingestellt werden kann (Art. 16-1). Nach Ansicht vieler Medienrechtsexperten stellt diese Änderung eine unangemessene Beschränkung der Freiheit der Masseninformation dar. In den juristischen Beiträgen wurde mehrmals hervorgehoben, dass die in Art. 16-1 vorgesehene Beschränkung nicht nur gegenüber den damit verfolgten verfassungsmäßigen Zielen unangemessen ist, sondern auch gegen die gültige russische Gesetzgebung verstößt – gegen das Gesetz über die Ordnungswidrigkeiten und die Zivilprozessordnung der Russischen Föderation.

Schließlich ist zu beachten, dass sowohl die Verfassung der Russischen Föderation als auch das Mediengesetz von der Freiheit der Masseninformation und nicht von der Freiheit der Massenmedien sprechen. Es handelt sich um die Freiheit der Informationsverbreitung durch die Massenmedien und nicht um die Freiheit einer Medienredaktion, das zu tun oder zu lassen, was sie will. Leider wird diese Feinheit von den professionellen Mitarbeitern der Massenmedien kaum berücksichtigt. Die meisten Medienmitarbeiter können nur ziemlich schwache Kenntnisse des Mediengesetzes vorweisen. Diese „Kenntnis" beschränkt sich fast ausschließlich auf die Devise „Freiheit der Massenmedien". Unter solchen Umständen erscheinen die Grenzen der Freiheit der Masseninformation als sehr verschwommen. Nur die Zeit, die Rechtsprechung und die Erhöhung des Niveaus der juristischen Kultur der Medienmitarbeiter können die Realität an die oben dargestellte rechtliche Gestaltung der Verfassungs- und Gesetzbeschränkungen der Freiheit der Masseninformation annähern.

Es gibt einen allgemeinen formalen Grundsatz der notwendigen Beschränkung der Rechte und Freiheiten: die Verwirklichung der Rechte und Freiheiten darf die Rechte und Freiheiten anderer nicht verletzen. Die hinzukommenden speziellen Kriterien der einzelnen Beschränkungen konkretisieren diesen allgemeinen Grundsatz und ermöglichen es, aus dem Bereich der Freiheit der Masseninformation solche Aktivitäten der Massenmedien auszuschließen, die die Rechte und Freiheiten anderer verletzen. Mit Ausnahme der in der letzten Zeit erfolgten Neuerungen entsprechen die in Russland geltenden Verfassungs- und Gesetzbeschränkungen der Freiheit der Masseninformation dem oben genannten Grundsatz. Eine andere Schlussfolgerung dieses Beitrages ist, dass nicht alle notwendigen Beschränkungen hinreichend präzise formuliert sind, um ihre Umsetzung in der Praxis zu gewährleisten. Schließlich sind die Vorstellungen der Journalisten und manchmal sogar der Richter und der Staatsanwälte über die Grenzen der Freiheit so vage, dass die aufgestellten Beschränkungen viel häufiger nicht eingehalten als anerkannt werden.

Mediengesetzgebung und Medienstruktur

Die wichtigsten Rechtsquellen in der Russischen Föderation sind die Verfassungsbestimmungen, die allgemein anerkannten Rechtsgrundsätze, die Vorschriften des internationalen Rechts sowie die von der Russischen Föderation abgeschlossenen und ratifizierten internationalen Verträge und Vereinbarungen. Auf der zweiten Stufe der Rangordnung der Rechtsquellen befinden sich die föderalen Verfassungsgesetze und die föderalen Gesetze. Gerade durch die letztgenannten Gesetze entstehen auf der Grundlage von Verfassungsbestimmungen ganze Gesetzgebungszweige.

Für die Mediengesetzgebung hat Art. 29 der Verfassung der Russischen Föderation eine grundlegende Bedeutung. Die nachstehenden föderalen Verfassungsgesetze folgen in ihrer Bedeutung:

- das Föderale Verfassungsgesetz vom 10.10.95 Nr. 2-FKZ „Über das Referendum in der Russischen Föderation“, das eine Vorschrift über „die Agitation für die zum Referendum der Russischen Föderation gestellten Fragen“ enthält;
- das Föderale Verfassungsgesetz vom 30.05.01. Nr. 3-FKZ „Über den Ausnahmezustand“, das die Beschränkung der Freiheit der Massenmedien durch die Einführung der Vorzensur vorsieht. Diese Maßnahme kann im Fall der Verhängung des Ausnahmezustandes ergriffen werden. Der Ausnahmezustand wird beim Vorliegen folgender besonderer Bedingungen verhängt: Versuch der gewaltsamen Änderung der Verfassungsordnung der Russischen Föderation, Machtergreifung oder Amtsanmaßung, bewaffnete Meuterei, Massenunruhen, Terrorakte, Blockade oder Okkupation von besonders wichtigen Objekten oder einzelnen Ortschaften, Vorbereitung und Tätigkeit von gesetzwidrigen bewaffneten Formationen, internationale, interkonfessionelle und schließlich regionale Konflikte, welche von Gewalttaten begleitet werden, die das Leben und die Sicherheit der Bürger, das normale Funktionieren der Staatsorgane oder der Organe der örtlichen Selbstverwaltung unmittelbar gefährden;
- das Föderale Verfassungsgesetz vom 30.01.02. Nr. 1-FKZ „Über den Kriegszustand“, das im Fall einer Aggression gegen die Russische Föderation oder einer unmittelbar drohenden Aggression die Einführung der Kontrolle über die Tätigkeit der Massenmedien, die Nutzung der Massenmedien für Verteidigungszwecke sowie andere Beschränkungen für die Dauer des Kriegszustandes vorsieht;

Die nächste Stufe in der Rangordnung der Medienrechtsquellen nehmen die föderalen Gesetze ein. Eine Stufe tiefer stehen die normativen Erlasse des Präsidenten der Russischen Föderation. Diese Erlasse richten sich an einen unbestimmten Personenkreis, Staatsorgane, Amtspersonen usw. Sie enthalten allgemeine Verhaltensmaßregeln und sind somit für die mehrmalige Anwendung gedacht. Gemäß Art. 90 der Verfassung RF dürfen die Erlasse und Anordnungen des Präsidenten der Russischen Föderation der Verfassung der Russischen Föderation und den föderalen Gesetzes nicht widersprechen. Sind aber bestimmte Lebenssachverhalte durch das föderale Gesetz nicht geregelt, so ist der Präsident der RF ermächtigt, diese Lebenssachverhalte durch Präsidialerlasse selbständig zu regeln. Diese Präsidialerlasse gelten solange, bis der Gesetzgeber, also das Parlament, die bestehende Lücke mit einem Gesetz füllt oder aber noch darüber hinaus, falls die Präsidialerlasse den föderalen Gesetzen nicht widersprechen.

Eine solche Gesetzeslücke besteht unter anderem auf dem Gebiet der elektronischen Massenmedien. Bis heute gibt es in Russland kein Gesetz über den Rundfunk, obwohl in diesem Bereich selbstverständlich eine Spezifik der Rechtsbeziehungen existiert. Beim Fehlen eines Gesetzes verabschiedet der Präsident der RF die entsprechenden Präsidialerlasse, nach denen beispielsweise die für die Erteilung von Sendelizenzen zuständigen Organe geschaffen werden und eine bestimmte Ordnung für das Funktionieren der Rundfunkgesellschaften geschaffen wird. Diese Lage wird solange bestehen, bis das entsprechende Gesetz vom Parlament verabschiedet und vom Präsidenten unterzeichnet wird. In diesem Zusammenhang ist darauf hinzuweisen, dass das Gesetz über den Rundfunk bereits mehrfach in der Staatsduma besprochen und schließlich auch angenommen wurde, jedoch wegen des vom Präsidenten der RF eingelegten Vetos nicht in Kraft trat. Dem Parlament ist es nicht gelungen, das Präsidenten-Veto zu überwinden. Im Ergebnis entstand ein Teufelskreis: das Fehlen des Gesetzes über den Rundfunk ist durch das Präsidialveto, die Verabschiedung von Präsidialerlassen ist ihrerseits durch das Fehlen eines Gesetzes bedingt.

Auf der nächsten Stufe in der Rangordnung der Medienrechtsquellen stehen die Verordnungen und die Anordnungen der Regierung der Russischen Föderation, die auf der Grundlage und zur Umsetzung der Verfassungsbestimmungen, der föderalen Gesetze und der Präsidialerlasse verabschiedet werden. Schließlich sind auch die Anordnungen und Verordnungen der Exekutivorgane (z. B. die Anordnungen des Ministers für Kultur und Massenkommunikation, und bis zum 09.03.04 die Anordnungen des Ministers für Presse, Fernsehen, Hörfunk und Massenkommunikationsmittel) Bestandteil der Mediengesetzgebung. Die Ministerialanordungen werden in Übereinstimmung mit den im Statut des Ministeriums festgelegten Befugnissen sowie zur Erfüllung von anderen Verordnungen und Anordnungen der Regierung erlassen. Das Statut des Ministeriums wird seinerseits durch die Regierungsverordnung bestätigt.

Insgesamt gehören zur Mediengesetzgebung etwa vierzig föderale Gesetze, Dutzende von Gesetzen der Subjekte der Russischen Föderation, zahlreiche Präsidialerlasse, Regierungsverordnungen und Rechtsetzungsakte anderer Organe der Staatsgewalt.

Ein wichtiger Bestandteil der Mediengesetzgebung wird aus den Rechtsetzungsakten der Subjekte der Russischen Föderation gebildet. Wegen der Unvollkommenheit des in der Verfassung geregelten Mechanismus der Kompetenzabgrenzung haben die regionalen und föderalen Gesetzgebungsorgane in diesem Bereich eine große Manövrierfreiheit bei der Auslegung und Bestimmung der Kompetenzbereiche (von Regelungsmöglichkeiten). Als Beispiel kann auf die Ergebnisse der Überprüfung der Verfassungsmäßigkeit einer Vorschrift des föderalen Werbegesetzes durch das Verfassungsgericht der RF verwiesen werden. Eine der streitenden Parteien war der Auffassung, die Werberegulierung sei als Bestandteil der Kulturregulierung anzusehen und sei daher Gegenstand der gemeinsamen Gesetzgebung der Russischen Föderation und ihrer Subjekte. Die andere Partei vertrat dagegen die Ansicht, die Werberegulierung falle in die ausschließliche Kompetenz der regionalen Organe der Staatsgewalt, da die Werbung nicht in der Verfassung erwähnt sei. Das Verfassungsgericht hat entschieden, dass die Regelung der Fragen des Business, der Konkurrenz und des Rechts auf Zugang zur kommerziellen Information durch die Werbegesetze in die ausschließliche Zuständigkeit der Russischen Föderation fallen. Hinsichtlich anderer Fragen dieses Bereiches können die Subjekte der Russischen Föderation und die Organe der örtlichen Selbstverwaltung eigene Rechtsetzungsakte erlassen (z. B. die wegen der Besonderheit der Außenwerbung entstehenden Fragen, da sie die Nutzungs-, Eigentums- und Verfügungsrechte am Munizipaleigentum betreffen). Es dürfte anzunehmen sein, dass diese Entscheidung des Verfassungsgerichts auch auf die Grenzen der Befugnisse und Zuständigkeiten der Subjekte der Russischen Föderation für den Erlass von Rechtsetzungsakten im Bereich der Massenmedien hinweist.

Anfang der 90ger-Jahre haben mindestens sechs Subjekte der Russischen Föderation eigene Regelungen im Bereich der Massenmedien verabschiedet. Meistens wiederholten diese Dokumente mechanisch den Wortlaut des russischen Mediengesetzes aus dem Jahre 1991, welches die rechtliche Zweckmäßigkeit dieser rechtsschöpferischen Tätigkeit anzweifeln lässt. Die regionalen Mediengesetze enthielten auch eine Reihe von neuen Beschränkungen, die nicht im föderalen Gesetz vorgesehen sind. Beispielsweise war in Baschkortostan und Adygien die Gründung und/oder Verbreitung von jedweden Massenmedien, die außerhalb dieser Regionen registriert wurden, ohne vorherige Erlaubnis der örtlichen Organe der Staatsgewalt verboten.

Allerdings gelang es in den letzten Jahren, viele dieser Beschränkungen der regionalen Machtorgane abzuschaffen. So stellte das Oberste Gericht der Republik Adygien in seiner Entscheidung vom 09.06.00 fest, dass eine Reihe von Artikeln des Gesetzes der Republik Adygien vom 25.11.93 „Über die Presse und andere Massenmedien“ gegen die föderale Gesetzgebung verstößt. Das Gericht erklärte diese Vorschriften für ungültig und ab der Rechtskraft der Gerichtsentscheidung für unanwendbar. Im Dezember desselben Jahres nahm die Republik Baschkortostan ein Gesetz an, nach dem einzelne Regelungen des Kodexes „Über die Massenmedien“ bis zur Herstellung der Konformität dieser Vorschriften mit der kurz davor geänderten baschkirischen Verfassung außer Kraft gesetzt wurden. In der Folgezeit hat die Gesetzgebungskammer der Staatsversammlung der Republik

Baschkortostan die widerwärtigsten Vorschriften aus dem Kodex „Über die Massenmedien“ gestrichen. Zur selben Zeit stellte das Parlament der Kabardino-Balkarischen Republik die Konformität des republikanischen Gesetzes „Über die Massenmedien und Verlagstätigkeit“ mit der föderalen Gesetzgebung her.

Außer den allgemeinen Vorschriften der Mediengesetze werden von der örtlichen Gesetzgebung in der Regel noch folgende Bereiche geregelt:

- die Gewährung von zusätzlichen Subventionen an die örtlichen Massenmedien, die Befreiung der örtlichen Massenmedien von der Zahlung der örtlichen Steuern usw.;
- die Bestimmungen über die Darstellung der Tätigkeit der Organe der Staatsgewalt von Subjekten der Russischen Föderation in den regionalen staatlichen Massenmedien;
- die Informationsgewährung durch die staatlichen Organe der Subjekte der Russischen Föderation und die Akkreditierung der Journalisten;
- die Verbreitung von pornographischen und erotischen Ausgaben und Programmen.

Außerdem besteht die weitere Aufgabe der Mediengesetzgebung in der Entwicklungsförderung der Medienindustrie. Zur Charakterisierung dieser Industrie sollen folgende statistische Angaben herangezogen werden. Nach Angaben der unabhängigen Informationsagentur „Interfax“ vom 30.09.03 waren in der Russischen Föderation zum 01.09.03 41.080 periodische Druckausgaben, darunter 23.749 Zeitungen und 14.332 Zeitschriften registriert. Im Vergleich zum Jahr 2000 erhöhte sich in Russland die Gesamtzahl der registrierten Druckausgaben um 15.000 Ausgaben.

Dabei wird das quantitative Wachstum der Ausgaben längst nicht mehr von einem einigermaßen verhältnismäßigen Wachstum der Gesamtauflagen begleitet. Die heutige Auflagenzahl der russischen Zeitungen und Zeitschriften ist nicht wesentlich höher als im Krisenjahr 1998 und im Vergleich zum Jahr 1990 verringerte sich diese Zahl um ein Vielfaches. Insbesondere betrug nach Angaben des ehemaligen Ministeriums für Presse, Fernsehen, Hörfunk und Massenkommunikation die Gesamtauflagenzahl der russischen Zeitungen im Jahre 2002 ca. 8 Mrd. und die Auflagenzahl der Zeitschriften 520 Mio. Exemplare. Nach Expertenprognosen kann sich die Auflagenzahl Mitte 2004 auf 8,5 Mrd. Exemplare für Zeitungen und auf 570–600 Mio. Exemplare für Zeitschriften belaufen.

An der gesamtrussischen Gesamtauflagenzahl der Zeitungen haben die föderalen Ausgaben einen Anteil von etwa einem Drittel. Genauso groß ist der Anteil der munizipalen Presse, die hauptsächlich aus Bezirks- und Stadtzeitungen besteht.

Statistischen Daten nach genießen die Kreuzworträtselzeitschriften in der russischen Bevölkerung die meiste Popularität. Diese Ausgaben betragen 15 Prozent der Gesamtauflagenzahl der Zeitschriften. Nach diesen Ausgaben folgen Fernsehprogrammzeitschriften, Frauen-, Unterhaltungs-, Jugendzeitschriften und andere.

Bei der Charakterisierung des russischen Zeitungsmarktes hat das Kollegium des Ministeriums für Presse, Fernsehen, Hörfunk und Massenkommunikation im Jahre 2003 unterstrichen, dass „der russische Zeitungsmarkt sehr politisiert ist, was seine Entwicklung negativ beeinflusst. Eine beträchtliche Zahl der Zeitungen wird zur Erfüllung von zeitlich beschränkten politischen Aufgaben gegründet, so dass nach der Erfüllung dieser Aufgaben die Gründer in der Regel ihr Interesse an diesen Zeitungen verlieren und die Ausgaben lebensunfähig werden". Außerdem betonte das Kollegium, dass die regionale Behördenpolitik die Entwicklung des Pressemarktes negativ beeinflusst. „Die tatsächlich für die Unterstützung der Presse in den Subjekten der Russischen Föderation ausgewiesenen Mittel sind bedeutend. Ferner werden für die Unterstützung der „nützlichen" Ausgaben häufig administrative Mittel verwendet. Im Ergebnis hat dies eine ernsthafte Deformierung der regionalen Pressemärkte zur Folge und erschwert ihre normale Entwicklung".

Die föderale Staatsgewalt unterstützt ihrerseits die Stadt- und Bezirkszeitungen, die Behinderten- und Kinderausgaben sowie die kulturellen Ausgaben. Die Gesamtzahl dieser Ausgaben beträgt ca. 3.000. Die an diese Ausgaben aus den föderalen Haushaltsmitteln ausgezahlte finanzielle Unterstützung ist verhältnismäßig gering – durchschnittlich jährlich ca. 78.000 Rubel.

Bei der Charakterisierung der elektronischen Medien ist vor allem darauf hinzuweisen, dass nach den Angaben des soziologischen Dienstes „Fonds Öffentliche Meinung" 97 Prozent aller Russen zu Hause über einen Fernseher verfügen. Am zugänglichsten sind dabei der Erste Fernsehkanal, die Fernsehkanäle „Rossija" („Russland") und NTV, deren Sendungen von entsprechend 95, 93 und 69 Prozent der russischen Staatsbürger empfangen können.

Zum Ende des Jahres 2003 waren in Russland 5.300 Rundfunkmedien registriert. Die größte unter den Massenmedien ist die Allrussische Staatliche Rundfunkgesellschaft, der mehr als 90 regionale staatliche Rundfunksender sowie die nationalen Kanäle „Rossija", „Kul'tura" und „Sport" gehören.

Zur selben Zeit gab es in Russland 1.413 gültige Hörfunklizenzen. Der Hauptvorteil des staatlichen Radios besteht zweifellos in einem leistungsstarken Drahtfunknetz: durch dieses Netz wird die „Moskauer Stimme" in jedem mit einem staatlichen Hörfunkanschluss versehenen Hause empfangen. Genau aus diesem Grunde haben nach der Ansicht vieler Experten die föderalen „Radio Rossii" („Radio Russlands") und „Majak" („Leuchtturm") (die erste und die zweite „Taste" an einem Standard–Dreiprogrammempfänger) einen so großen wöchentlichen Zuhöreranteil. Diese hohen Zahlen werden ausschließlich auf Grund des Drahtfunks erreicht. Der Drahtfunk wird auch von den regionalen staatlichen Hörfunksendern genutzt. Dank diesem Umstand haben sie in Bezug auf die potentielle Zuhörerzahl in ihren Regionen keinen vergleichbaren Konkurrenten. Jedoch sollte man sich dabei des Umstandes bewusst sein, dass die meisten Zuhörer der staatlichen Hörfunkanschlüsse ältere Menschen, hauptsächlich Rentner sind. In der Regel besteht das Programm dieser Radiosender aus Wortsendungen. Es wird auch als ein „Großformatradio" bezeichnet: Es überwiegen publizistische und

Informationssendungen sowie Bildungsprogramme von mittlerer und langer Dauer (von 10 bis zu 40 Minuten).

Öffentlicher Rundfunk

Im postsowjetischen Russland wurden zahlreiche Versuche zur Regelung einzelner Bereiche des Rundfunks unternommen. So sah der Präsidialerlass Nr. 377 vom 20.03.93 „Über die Garantien der Informationsstabilität und Anforderungen an den Rundfunk“ die Gründung von Verwaltungsräten bei gesamtrussischen staatlichen Fernsehkanälen vor.[79] Die Aufgaben dieser Organe bestanden in der Beilegung von „Streitigkeiten wegen Meinungsverschiedenheiten zwischen politischen Gruppen, wegen möglicher Versuche der Wiedereinführung der Zensur, wegen rechtswidriger Kontrolle der Massenmedien sowie wegen Liquidierung von informationellen Fernseh- und Radioprogrammen und Liquidierung einzelner Fernseh- oder Radioabteilungen“. Außerdem waren die Verwaltungsräte verpflichtet, bei den Rechtsschutzorganen die Verletzungen der Freiheit der Masseninformation anzuzeigen und die Heranziehung zur Verantwortung der dafür verantwortlichen Amtspersonen zu verlangen. Die Journalisten mussten sich dem Präsidialerlass zufolge „der moralischen Autorität des Verwaltungsrates, der die Gerechtigkeit und Stabilität bei der Informationsverbreitung durch den Rundfunk zu garantieren hat“, unterordnen. Bei ihrer Arbeit mussten die Journalisten die sogenannten Minimalstandards bezüglich der Anforderungen an den Rundfunk befolgen. Die Minimalstandards umfassten wichtige Prinzipien, wie die Meinungsfreiheit, die Beachtung des Rechts auf Antwort, Korrektheit, Informationsgleichgewicht, den Schutz der Werkintegrität und der Informationsgewährung, sowie die professionelle Verantwortung.

Fast gleichzeitig mit der Verabschiedung des Präsidialerlasses gründete die IX. Versammlung der Volksabgeordneten der Russischen Föderation durch die Verordnung „Über die Maßnahmen zur Gewährleistung der Redefreiheit im staatlichen Rundfunk und im staatlichen Informationsdienst“ vom 28.03.93 den Föderalen Aufsichtsrat, der seine Arbeit aber nie aufnahm. Später wurde durch die Anordnung des Präsidenten der RF vom 31.10.97 Nr. 452-rp der Verwaltungsrat des Fernsehkanals „Kul’tura“ gegründet, dessen Aufgabe es war, „die Erfüllung der dem gesamtrussischen staatlichen Fernsehkanal „Kul’tura“ übertragenen Aufgaben zu garantieren und das Fernsehen im Hinblick auf eine Versorgung der Fernsehzuschauer im In- und Ausland mit anspruchsvollen Sendungen über Kultur und Kunst zu verbessern“.[80]

Zu beachten ist die Verordnung der Staatsduma vom 04.10.96 Nr. 639-II GD „Über die Umwandlung der geschlossenen Aktiengesellschaft ‘Öffentliches russisches Fernsehen’ in eine staatliche Fernsehgesellschaft“. In diesem Dokument wird betont, dass die im Jahre 1995 auf Grund des Präsidialerlasses gegründete geschlossene Aktiengesellschaft „Öffentliches russisches Fernsehen“ “zu einem

---

[79] Sammlung der Rechtssetzungsakte des Präsidenten und der Regierung der Russischen Föderation, 29.03.1993, Nr. 13, S. 1101.

[80] Sammlung der Gesetzgebung der Russischen Föderation, 03.11.1997, Nr. 44, S. 5059.

wirklich öffentlichen Fernsehkanal werden sollte, was sich bereits aus der Benutzung des Wortes „öffentliches“ in seiner Bezeichnung ergibt. Da diese Ziele „bis heute nicht erreicht worden sind“, muss die geschlossene Aktiengesellschaft in eine staatliche Fernsehgesellschaft umgewandelt werden. „Die Mediengesetze müssen spezielle Normen über die Gründung von Verwaltungsräten bei den staatlichen Fernsehgesellschaften enthalten. Diese Verwaltungsräte sollen aus Vertretern der Föderalversammlung (des Parlaments der RF), Vertretern der föderalen Exekutivorgane, Vertretern von Gesetzgebungsorganen (Vertretungsorganen) der Subjekte der Russischen Föderation sowie aus Vertretern von öffentlichen Organisationen und politischen Parteien bestehen. In den Mediengesetzen muss auch die Zuständigkeit der Verwaltungsräte geregelt werden“.[81] Auch dieses Vorhaben ist bislang nicht umgesetzt worden.

1998 versuchte die Staatsduma den Status der Allrussischen Staatlichen Rundfunkgesellschaft (im weiteren VGTRK genannt) dem Status einer öffentlichen Rundfunkgesellschaft anzunähern. Im Entwurf des Föderalen Gesetzes „Über die staatliche Verwaltung und Unterstützung der Allrussischen Staatlichen Rundfunkgesellschaft“ war die Gründung eines von der Leitung der VGTRK unabhängigen Aufsichtsrates vorgesehen, dessen Aufgabe es war, Empfehlungen zur Programmthematik und zur Sendezeitgestaltung zu erteilen. Werbung auf dem Kanal der Allrussischen Staatlichen Rundfunkgesellschaft war verboten.[82] Ohne Zweifel sind diese Maßnahmen für die Transformierung des staatlichen Rundfunks in einen öffentlichen Rundfunk nicht ausreichend, aber sogar ein entsprechender Gesetzentwurf hat es nicht über die erste Lesung in der Staatsduma hinweggeschafft. Als größten Nachteil des Gesetzentwurfes bezeichnete der Präsident der RF den Umstand, dass „der Entwurf in unzulässiger Weise die Fragen der Tätigkeit einer einzelnen juristischen Person behandelt. Denn diese Fragen sind durch Satzung der juristischen Person und nur nach dem Zivilgesetzbuch der Russischen Föderation zu regeln“.[83]

Zur gleichen Zeit im Jahre 1998 wurde die Gründungssatzung der VGTRK angenommen. Die Satzung sah die Errichtung eines öffentlichen Rates beim Vorsitzenden der VGTRK vor, der aus namhaften Vertretern der Wissenschaft, der Kultur und der Kunst bestehen sollte. Der Rat sollte ausschließlich als ein „beratendes Organ tätig werden und über Fragen der Entwicklung der Medienfreiheit, der Erhaltung und Verbreitung der russischen Kultur sowie Fragen der öffentlichen Kontrolle der staatlichen elektronischen Massenmedien entscheiden“. Es ist nur eine Sitzung dieses Rates bekannt geworden; aber auch diese hatte keine wesentli-

---

[81] Sammlung der Gesetzgebung der Russischen Föderation, 14.10.1996,Nr. 42, S. 4769.
[82] Sammlung der Gesetzgebung der Russischen Föderation, 26.10.1998, Nr. 4, S. 447.
[83] Gutachten des Präsidenten der RF über den Entwurf des Föderalen Gesetzes „Über die staatliche Verwaltung und Unterstützung der Allrussischen Staatlichen Fernseh- und Rundfunkgesellschaft“ in: Zeitung „Rossiskaja gazeta“ vom 19.02.98.

che Bedeutung. In der neuen Satzung der VGTRK ist dieses Organ nicht mehr vorgesehen.[84]

Im Jahre 2002 wurde auf Anregung des Journalistenverbandes der RF der Entwurf eines Föderalen Gesetzes „Über den öffentlichen Rundfunk“ ausgearbeitet und durch eine Abgeordnetengruppe in die Staatsduma eingebracht. Obwohl über diesen Gesetzentwurf in der Staatsduma bis jetzt noch nicht beraten worden ist, gewinnt die Idee der Transformierung der staatlichen Rundfunkgesellschaften in öffentliche Rundfunkgesellschaften im Bewusstsein der Öffentlichkeit immer mehr an Popularität.

Die diesbezüglich gegenwärtig laufenden öffentlichen Diskussionen beziehen sich in erster Linie auf die Bestimmung der rechtlich-organisatorischen Form für die allrussische Organisation des öffentlichen Rundfunks. Im Gesetzentwurf wird in Bezug auf diese Frage von der gesellschaftspolitischen Natur des Rundfunks ausgegangen. Im Unterschied zum staatlichen Rundfunk ist der öffentliche Rundfunk unabhängig. Im Unterschied zum kommerziellen Rundfunk verfolgt der öffentliche Rundfunk keine Gewinnerzielungsabsichten. Genau aus diesem Grunde wird im Gesetzentwurf für die allrussische öffentliche Rundfunkgesellschaft die rechtlich-organisatorische Form der Staatskörperschaft vorgeschlagen. In Art. 7[1] des Föderalen Gesetzes „Über nichtkommerzielle Organisationen“ ist bestimmt, dass „eine staatliche Körperschaft eine nicht mitgliedschaftlich organisierte nichtkommerzielle Organisation ist, die durch die Russische Föderation auf Grund der Leistung eines Vermögensbeitrages gegründet wird und der Erfüllung von sozialen, verwaltenden oder anderen gesellschaftlich nützlichen Funktionen dient“. Bei der Gründung der öffentlichen Rundfunkgesellschaft soll die VGTRK als Vermögensbeitrag im Sinne des Gesetzes „Über nichtkommerzielle Organisationen“ eingebracht werden. Gegenwärtig ist die VGTRK „eine zum staatlichen Herstellung und Verbreitung von Rundfunkprogrammen gegründete kommerzielle Organisation“. Durch die Gründung der föderalen öffentlichen Rundfunkgesellschaft in Form einer Staatskörperschaft wird ermöglicht, dass die öffentliche Rundfunkgesellschaft zum Rechtssubjekt des öffentlichen Rechts wird.

Der Lösungsansatz, nach dem der öffentliche und der staatliche Rundfunk gleichzeitig nebeneinander bestehen sollen, wäre absolut widersinnig. Denn der demokratische Staat verfolgt keine vom öffentlichen Interesse abweichenden Interessen. Hinzu kommt, dass die Befolgung dieses Lösungsansatzes eine Abkehr Russlands von der gesamteuropäischen Tradition bedeuten würde. In der Sofia–Deklaration der UNESCO von 1997 wird unterstrichen, dass „die dem Staat unterstehenden Rundfunkorgane und Nachrichtenagenturen vorrangig reformiert werden müssen. Ihnen muss der Status offener öffentlicher Institutionen verliehen werden, die sowohl journalistische als auch verlegerische Unabhängigkeit genießen,“.

---

[84] Die Verordnung der Regierung der RF vom 26.02.04 Nr. 111 «Über die Allrussische Staatliche Fernseh- und Rundfunkgesellschaft».

Die rechtliche Grundlage für die Finanzierung des öffentlichen Rundfunks stellt eine nicht weniger wichtige Frage dar. Der Gesetzentwurf sieht einen gemischten Finanzierungsmechanismus vor. Zu den wichtigsten Finanzierungsquellen sollen die Haushaltssubventionen und Beihilfen werden. Ihrem Umfang nach sollen die Subventionen und Beihilfen den alljährlich für die Finanzierung des staatlichen Rundfunks im Haushaltsplan bereitgestellten Mitteln entsprechen (0,5 % der Gesamtausgaben des föderalen Haushaltsplans). Als zweite Finanzierungsquelle wird im Gesetzentwurf die Erhebung einer Teilnehmergebühr genannt. Wegen der konzeptuellen Besonderheiten des Steuergesetzbuches der Russischen Föderation kann die Teilnehmergebühr nicht als eine Steuer qualifiziert werden, weil nach Art. 8 Abs. 1 des Steuergesetzbuches die Steuern „ausschließlich zum Zwecke der finanziellen Sicherung der Tätigkeit des Staates und (oder) der Munizipalinstitutionen“ erhoben werden können. Aus diesem Grunde kann nur ein zwischen der öffentlichen Rundfunkgesellschaft und dem Verbraucher zustande kommender Vertrag eine Grundlage für die Erhebung der Teilnehmergebühr bilden. Die Rechtsnatur dieses Vertrages ist in vielen Aspekten mit dem in Kapitel 30 § 6 des Zivilgesetzbuches geregelten Energieversorgungsvertrag vergleichbar.

Bei der Festsetzung der Höhe der Teilnehmergebühr soll nach dem Gesetzentwurf berücksichtigt werden, dass das Hauptziel der Gebührenerhebung in der Herstellung eines Rechtsverhältnisses zwischen den Staatsbürgern und der öffentlichen Rundfunkgesellschaft besteht. Ferner wird im Gesetzentwurf darauf hingewiesen, dass die Erhebung der Teilnehmergebühr zu keiner erheblichen Erhöhung der gesamten Kommunalabgaben führen darf. Die Höhe der Teilnehmergebühr, die von Hotels oder von anderen kommerziellen Organisationen erhoben wird, soll je nach dem von diesen Organisationen erzielten Gewinn bestimmt werden. Aus diesem Grunde soll nach dem Gesetzentwurf die Höhe der Teilnehmergebühr je nach Einordnung in eine bestimmte Gebührenzahlergruppe variieren. Die Gebühr kann zwischen dem 0,03fachen und 100fachen des gesetzlich bestimmten monatlichen Mindestgehalts variieren. Im Laufe der wirtschaftlichen Entwicklung des Landes wird sich das monatliche Mindestgehalt im Verhältnis zum Existenzminimum zwangsläufig erhöhen. Daher ist davon auszugehen, dass die Teilnehmergebühr in absehbarer Zeit zu einer wichtigen Einnahmequelle wird sowohl für die Finanzierung der alltäglichen Arbeit des öffentlichen Rundfunks als auch für Investitionen in anspruchsvollste Fernsehprojekte mit Einsatz von neuen Technologien und neuen Dienstleistungsarten.

Prinzipiell wichtig ist ferner das Problem der Zulässigkeit der kommerziellen Werbung auf den Kanälen des öffentlichen Rundfunks. Im Entwurf wird eine vermittelnde Lösung angeboten – die Werbung soll unter der Voraussetzung der Schaffung von günstigen Sponsoringbedingungen verboten werden. Diese Lösung wird die nicht durch Werbung unterbrochene Ausstrahlung von Filmen und anderen Fernsehsendungen ermöglichen. Zur Finanzierung können Sponsoren herangezogen werden, die daran interessiert sind, dass ihr Warenzeichen für eine qualitativ hoch stehende audiovisuelle Produktion steht. Ferner wird dadurch möglich sein, Geldströme der Schattenwirtschaft zu reduzieren.

Im Gesetzentwurf ist ferner die Gründung eines Verwaltungsrates vorgesehen, der die Interessen der Öffentlichkeit in der Verwaltung der öffentlichen Rundfunkgesellschaft vertritt. Nach dem Gesetzentwurf wird die Besetzung des Verwaltungsrates durch die Staatsduma auf Vorschlag verschiedener öffentlicher Organisationen beschlossen. Es handelt sich dabei um ein „Drei-Schlüssel-Prinzip" – das Schloss wird nur bei Gebrauch von drei Schlüsseln geöffnet.

Der Verwaltungsrat ist dabei einer der drei „Schlüssel" zur Verwaltung der öffentlichen Rundfunkgesellschaft. Nach dem Gesetzentwurf wird die Kandidatur des Generaldirektors der föderalen öffentlichen Rundfunkgesellschaft vom Verwaltungsrat vorgeschlagen. Die Ernennung des Generaldirektors obliegt dem Präsidenten der Russischen Föderation, so dass der zweite „Schlüssel" zur Verwaltung der öffentlichen Rundfunkgesellschaft dem Präsidenten gehört. Schließlich wird der dritte „Schlüssel" zur Verwaltung der öffentlichen Rundfunkgesellschaft an den Direktorenrat (das kollegiale Verwaltungsorgan der öffentlichen Rundfunkgesellschaft) übergeben. An der Bildung des Direktorenrates werden auch die Arbeitnehmer beteiligt.

Unter Berücksichtigung der gesetzlichen Anforderungen wird im Gesetzentwurf ein rechtliches Konzept aufgestellt, bei dem der Verwaltungsrat zu einem der Verwaltungsorgane der öffentlichen Rundfunkgesellschaft wird. Das Bestehen eines solchen Organs außerhalb der Struktur der öffentlichen Rundfunkgesellschaft als ein unabhängiges staatliches oder öffentlich-staatliches Organ würde dem von der Verfassung der RF aufgestellten System der Gewaltorganisation widersprechen. Die Gründung des Verwaltungsrates als ausschließlich „öffentliches Organ" widerspricht der geltenden Gesetzgebung über die öffentlichen Vereinigungen.

Der Verwaltungsrat ist bereits als Rechtsinstitut in der russischen Gesetzgebung geregelt. Gemäß Art. 7 Punkt 3 des Föderalen Gesetzes „Über nichtkommerzielle Organisationen" ist das Rechtsinstitut des Verwaltungsrates bei Stiftungen vorgesehen. Dabei haben die rechtlichen Charakteristiken einer Stiftung und einer staatlichen Körperschaft viele Gemeinsamkeiten.

Nach dem Gesetzentwurf ist die unberechtigte Inanspruchnahme von den anderen Verwaltungsorganen zugewiesenen Befugnissen durch den Verwaltungsrat ausgeschlossen. Die strikte Abgrenzung der Zuständigkeitsbereiche zwischen dem Verwaltungsrat, dem Vorsitzenden der öffentlichen Rundfunkgesellschaft und dem Direktorenrat ist genauso wichtig wie die kontinuierliche Zusammenarbeit dieser Organe. Selbstverständlich müssen die Zusammenstellung, Ausarbeitung und Herstellung der Programme in die ausschließliche Zuständigkeit der Administration der Rundfunkgesellschaft fallen.

Diese rechtspolitische, wirtschaftliche, institutionelle und organisatorische Neugestaltung soll zur Entstehung eines prinzipiell neuen Rundfunkkonzeptes führen. Das Konzept beachtet die Interessen des Auditoriums und stellt die unvoreingenommene Darstellung von Tatsachen und Ereignissen sowie die Förderung der freien Meinungsbildung und Meinungsäußerung in den Vordergrund. Im Vordergrund steht auch die Verbesserung der politischen und wirtschaftlichen Kultur sowie die Verbesserung der Rechts- und Geschäftskultur. Unter den Hauptaufgaben sind unter anderem auch die Verbreitung von Wissen, Kunst, Sport zu nennen.

Die Rolle internationaler Verträge im Medienbereich

Russland ist Teilnehmer der meisten multilateralen und bilateralen internationalen Abkommen im Bereich der Massenmedien. Diese Abkommen betreffen den Status eines Korrespondenten, den Materialienaustausch zwischen nationalen Informationsagenturen, den Austausch von Mitteilungen über Naturkatastrophen und Katastrophen technischen Ursprungs sowie den Zugang zu Informationen über verschiedene Bereiche des Gesellschaftslebens. In der Regel werden die Fragen der Massenmedien in den Abkommen über die Zusammenarbeit im Bereich der Kultur behandelt.

Von grundlegender Bedeutung ist der Internationale Pakt über bürgerliche und politische Rechte vom 16.12.66, der durch die Resolution 2200 A in der XXI. Tagung der Generalversammlung der UN angenommen wurde. In Art. 19 des Paktes sind die universellen Standards für die Einhaltung der Grundsätze der Meinungsfreiheit und der Minimierung der Einschränkungen der Informationsverbreitung geregelt. Da die UdSSR diesen Pakt ratifizierte, ist dieses internationale Rechtsdokument auch für Russland als Nachfolgerstaat zwingend. Gemäß Art. 15 Punkt 4 der Verfassung der Russischen Föderation sind die allgemein anerkannten Grundsätze und Normen des Völkerrechts und die internationalen Verträge der Russischen Föderation Bestandteil ihres Rechtssystems. Die internationalen Normen, Grundsätze und Verträge sind gegenüber den Regelungen der nationalen Gesetzgebung vorrangig.

Am 28.02.96 trat Russland dem Europarat bei. In Erfüllung seiner Verpflichtungen ratifizierte es am 05.05.98 die Europäische Konvention zum Schutze der Menschenrechte und Grundfreiheiten (EMRK). Zusammen mit den anderen Teilnehmern der Konvention übernahm Russland unter anderem die Verpflichtung, die Auslegung der Konvention durch den Europäischen Gerichtshof für Menschenrechte (EuGHMR) zu befolgen.

Im Bereich der Regulierung der Massenmedien nimmt die Konvention einen besonderen Platz ein, denn sie unterscheidet sich prinzipiell von allen anderen internationalen Abkommen im Bereich der Massenmedien. In der Konvention ist ein Mechanismus geregelt, mit dessen Hilfe natürliche und juristische Personen gegen die vom Gesetz vorgesehenen, aber in einer demokratischen Gesellschaft nicht notwendigen staatlichen Eingriffe in die Meinungsfreiheit, das Recht auf Empfang und Verbreitung von Informationen vorgehen können.

Setzt man sich mit der Rolle der internationalen Abkommen im Bereich der Masseninformation auseinander, so muss aus den oben dargelegten Gründen die unmittelbare und mittelbare Wirkung der durch die Rechtsprechung des EuGHMR geschaffenen Prinzipien und Regeln auf die russische Gesetzgebung und Rechtsprechung berücksichtigt werden. Der EuGHMR hat in seinen Entscheidungen mehrmals unterstrichen, dass in den Fällen, in denen der Meinungsfreiheit andere beträchtliche Rechte und Interessen entgegenstehen, die grundlegende Bedeutung der Meinungsfreiheit für die Demokratie nicht aus den Augen verloren werden darf. In der Entscheidung „Handyside gegen Großbritannien" (1976) hat das EuGHMR festgestellt, dass das Recht der freien Meinungsäußerung einer der Grundpfeiler einer demokratischen Gesellschaft sowie eine der Grundvoraussetzungen für ihren Fortschritt ist. Dieses Recht gilt „nicht nur für die günstig aufgenommenen oder als unschädlich oder unwichtig angesehenen „Informationen" oder „Ideen", sondern auch für die, welche den Staat oder einen einzelnen Bevölkerungsteil verletzen, schockieren oder beunruhigen. So wollen es Pluralismus, Toleranz und Aufgeschlossenheit, ohne die es eine „demokratische Gesellschaft" nicht gibt". Das Recht auf freie Meinungsäußerung ist für den politischen Dialog so bedeutend, dass nach Auffassung des EuGHMR aus diesem Recht das Recht der Öffentlichkeit auf Unterrichtung folgt sowie die Pflicht des Staates zur Nichtergreifung von Maßnahmen, die eine solche Unterrichtung verhindern können.

Die Aufgabe der Presse wurde in der Entscheidung des EuGHMR „Lingens gegen Österreich" (1986) besonders prägnant dargelegt. In dieser Sache hatte ein Journalist den österreichischen Bundeskanzler scharf kritisiert und wurde vom nationalen Gericht wegen übler Nachrede verurteilt. Der EuGHMR kam in dieser Sache zu folgendem Schluss: „Obwohl auch die Presse die Grenzen nicht überschreiten darf, die unter anderem zum „Schutz des guten Rufs anderer" gezogen werden, ist es dennoch ihre Aufgabe, Nachrichten und Ideen über politische Fragen sowie über andere Fragen von öffentlichem Interesse zu verbreiten. Nicht nur hat die Presse die Aufgabe der Verbreitung solcher Nachrichten und Ideen, zugleich hat die Öffentlichkeit ein Recht, sie zu empfangen".

Dieser Gedanke wurde in der Entscheidung des EuGHMR in der Sache „Castells gegen Spanien" (1992) mit zusätzlicher Argumentation untermauert. Der EuGHMR wies darauf hin, dass „die Rolle der Presse in einem Rechtsstaat nicht übersehen werden darf. (…) Die Pressefreiheit stellt für die Öffentlichkeit eines der besten Mittel dar, um die Ideen und Einstellungen der politischen Führer zu erfahren und sich darüber eine Meinung zu bilden. Außerdem erlaubt die Pressefreiheit den Politikern, ihre Überlegungen und Einstellungen zu für die Öffentlichkeit wichtigen Fragen zu äußern; auf diese Weise erhalten alle die Möglichkeit zur Teilnahme an einer freien politischen Diskussion, die zum Kernbereich des Begriffs einer demokratischen Gesellschaft gehört". Das Gericht betonte ferner, dass „die Freiheit der Meinungsäußerung für alle Bevölkerungsgruppen, insbesondere aber für die vom Volke gewählten Vertreter von großer Bedeutung ist. Sie vertreten ihre Wählerschaft, machen auf die Probleme der Wähler aufmerksam und verteidigen die Wählerinteressen. Daraus folgt, dass die Beeinträchtigung des einem oppositionellen Parlamentsabgeordneten – hier dem Beschwerdeführer – zustehenden Rechts auf freie Meinungsäußerung vom Gericht im besonderen Maße zu beachten ist".

Für die Verbesserung der in Russland bestehenden Praxis ist die in der oben aufgeführten Entscheidung vertretene Rechtsauffassung des EuGHMR hinsichtlich der Grenzen einer zulässigen Regierungskritik von besonderer Bedeutung. Das

Gericht hat hervorgehoben, dass „in einem demokratischen System die Handlungen und Unterlassungen der Regierung nicht nur von der Legislative und der Exekutive, sondern auch von der Presse und der Öffentlichkeit besonders aufmerksam verfolgt werden müssen. Mehr noch, ist es wegen der herrschenden Position der Regierung notwendig, dass diese von der Strafverfolgung Abstand nimmt, insbesondere dann, wenn es andere Mittel zur Verteidigung gegen ungerechtfertigte Beschuldigungen und Kritik der Gegner oder der Massenmedien gibt". In seinen späteren Entscheidungen qualifizierte der EuGHMR nicht nur die führenden Staatspolitiker, sondern auch die Politiker auf der Ebene der Ortsverwaltung als gewählte Volksvertreter.

In Anbetracht der Besonderheiten einzelner Massenmedien hat der EuGHMR eine Reihe von Grundsätzen eingeführt. Zwar sind sie nicht im Text der EMRK enthalten, jedoch wäre ohne diese Grundsätze die Realisierung der durch die EMRK geschützten Freiheiten nur schlecht möglich. Dies betrifft unter anderem auch die Rechte der Journalisten. In der Entscheidung „Goodwin gegen Großbritannien" (1996) hat der EuGHMR das Recht des Journalisten auf Geheimhaltung seiner Informationsquellen anerkannt. Das Gericht hat ausgeführt, dass „der Schutz von journalistischen Informationsquellen eine der grundlegenden Bedingungen der Pressefreiheit ist, die in den Gesetzen, Kodexen des Berufsverhaltens der Vertragsstaaten sowie in einigen internationalen Akten geregelt ist. Beim Fehlen eines solchen Schutzes würden die Informanten der Presse ihre Unterstützung verweigern, welches sich in negativer Weise auf der Fähigkeit der Presse auswirken würde, genaue und zuverlässige Information zu allen Fragen von allgemeinem Interesse mitzuteilen. Im Ergebnis würde die herausragende Rolle der Presse als Verteidigerin der öffentlichen Interessen unterminiert".

Der EuGHMR hat auch das Recht der Journalisten auf Äußerung von Werturteilen anerkannt. In der Entscheidung „Lingens gegen Österreich" (1986) wies das Gericht darauf hin, dass „eine sorgfältige Unterscheidung zwischen Tatsachenaussagen und Werturteilen getroffen werden muss. Das Vorliegen von Tatsachen kann bewiesen werden, während die Wahrheit von Werturteilen einem Beweis nicht zugänglich ist". Die Werturteile müssen begründet werden, jedoch bedarf es keines Beweises für deren Wahrheit. Leider wird von den russischen Gerichten diese Unterscheidung häufig nicht getroffen.

In den letzten Jahren wird immer häufiger versucht, Journalisten wegen Beleidigung strafrechtlich zur Verantwortung zu ziehen. Aus diesem Grund gewinnt die Auffassung des EuGHMR immer mehr an Bedeutung, dass „von Art. 10 EMRK nicht nur der Inhalt der geäußerten Ideen und Informationen, sondern auch die Form, in der sie mitgeteilt werden, geschützt wird". In seiner Entscheidung „Schwabe gegen Österreich" wies der EuGHMR darauf hin, dass „bei einer kurzen Notiz oder bei einem Artikel, die als Teile einer allgemeinen Diskussion über die Handlungen der Politiker oder über die politische Ethik anzusehen sind, nicht jedem in der Notiz oder dem Artikel verwendeten Wort eine besondere Bedeutung beigemessen werden darf, um die Möglichkeit einer fälschlichen Deutung auszuschließen“. Das Gericht verschärfte seine Position in polemischer Weise in der Entscheidung „Dalban gegen Rumänien“ (1999), indem es erklärte, dass „es nicht hinnehmbar erscheint, dass dem Journalisten sein Recht auf kritische Meinungsäußerung deswegen entzogen wird, weil er die Wahrhaftigkeit dieser Meinungen nicht zu beweisen vermag“. Der EuGHMR hat sogar das Recht des Journalisten auf gewisse Übertreibungen anerkannt. In der Entscheidung „Prager und Oberschlick gegen Österreich“ (1995) hat der EuGHMR ausgeführt, dass „die journalistische Freiheit auch gewisse Übertreibungen und Provokationen deckt“.

Nicht selten beschäftigen sich die russischen Gerichte mit der Problemstellung, die auch Gegenstand der Entscheidung des EuGHMR „Weber gegen die Schweiz“ (1990) war. In dieser Sache wurde ein Journalist vom nationalen Gericht wegen unbefugter Bekanntgabe von Ermittlungsgeheimnissen verurteilt. Der EuGHMR stellte fest, dass der staatliche Eingriff viel weiter ging, als es zur Verfolgung von legitimen Zwecken in der demokratischen Gesellschaft erforderlich war. Die Ermittlungsgeheimnisse sind zuvor in einer Pressekonferenz offenbart worden. Somit waren die Materialien des Ermittlungsverfahrens bereits an die breite Öffentlichkeit gelangt. Unter solchen Umständen richtete sich die Verurteilung des Journalisten nicht mehr auf die Gewährleistung des Informationsschutzes, sondern auf die Einschränkung der Meinungsfreiheit. Das Recht auf die Bekanntmachung der Information wurde auch durch die Entscheidung des EuGHMR „Fressoz und Roire gegen Frankreich“ (1999) bestätigt: „Art. 10 der EMRK schützt das Recht der Journalisten, Informationen zu Fragen von allgemeinem Interesse zu verbreiten, sofern sie sich guten Glaubens und auf der Grundlage exakter Tatsachen äußern und sofern sie die journalistische Berufsethik wahren sowie „zuverlässige und sachliche“ Informationen liefern“.

Bei der Überprüfung der Rechtmäßigkeit von staatlichen Eingriffen in die Meinungsfreiheit untersucht der EuGHMR die tatsächlichen Umstände und die juristische Argumentation der Parteien anhand der vier nachfolgenden Kriterien:

1. ob der Eingriff öffentlicher Behörden vom Gesetz vorgesehen ist,
2. ob der Eingriff von einer der im Art. 10 Abs. 2 EMRK genannten Beschränkungen gedeckt ist,
3. ob der Eingriff im konkreten Fall in einer demokratischen Gesellschaft notwendig war,
4. ob der Eingriff der Schwere nach gegenüber den Handlungen des Beschwerdeführers angemessen war.

Für die Beurteilung der Verhältnismäßigkeit von Beschränkungen und Sanktionen hat der EuGHMR Regeln aufgestellt, die für den russischen Gesetzgeber und Rechtsanwender prinzipiell wichtig sind. In der Entscheidung „Sunday Times gegen Großbritannien“ erklärte das Gericht, dass „die restriktive Auslegung bedeutet, dass keine anderen Kriterien, als die in der Klausel aufgezählten, eine Grundlage für jedwede Beschränkungen bilden können. Bei der Auslegung dieser Kriterien muss von der direkten Bedeutung der in der Klausel verwendeten Worte ausgegangen werden, die Grenzen des üblichen Verständnisses dieser Worte dürfen nicht überschritten werden". Der EuGHMR hat auch auf die Gefahr der strafrechtlichen Verfolgung wegen der Inanspruchnahme des Rechts auf freie Meinungsäußerung hingewiesen. Auch wenn nicht eine Freiheitsstrafe, sondern eine Geldstrafe verhängt wird, so hat bereits die Tatsache der Verurteilung eine abschreckende Wirkung. Diese Wirkung hat auch die Verurteilung zu einem unverhältnismäßig hohen Schadensersatz wegen der Verletzung der Ehre und der Würde. In der Entscheidung „Tolstoy-Miloslavsky gegen Großbritannien" (1995) machte der EuGHMR auf das Fehlen von adäquaten und effektiven Garantien des Beschwerdegegners (des Staates) gegen die Bemessung eines unverhältnismäßig hohen Schadensersatzes aufmerksam. Im russischen Zivilgesetzbuch sind solche Garantien ebenfalls nicht vorgesehen, so dass manchmal Schadensersatz in Millionenhöhe bemessen wird, was den finanziellen Untergang der Massenmedien zur Folge hat.

Eine große Bedeutung hat für die russische Rechtsprechung auch der vom EuGHMR vertretene rechtliche Standpunkt in Bezug auf die Möglichkeit der Beschlagnahme von Ausgaben und von Mitteln zur Informationsverbreitung. Diese Maßnahmen sind im Hinblick auf den damit verfolgten berechtigten Zweck unverhältnismäßig und somit nach Auffassung des EuGHMR in einer demokratischen Gesellschaft nicht notwendig (Entscheidungen des EuGHMR „Müller gegen die Schweiz", „Institut Otto-Preminger gegen Österreich", „Handyside gegen Großbritannien").

Die Rechtsprechung des EuGHMR wird vom Verfassungsgericht der Russischen Föderation, vom Hohen und vom Obersten Arbitragegericht bei der Lösung von Streitigkeiten auf dem Gebiet der Massenmedien herangezogen. Als zeitnahes Beispiel ist die Entscheidung des Verfassungsgerichts der Russischen Föderation vom 30.10.03 anzuführen, in der die Verfassungsmäßigkeit einzelner Vorschriften des Föderalen Gesetzes „Über die Grundgarantien des Wahlrechts und des Rechts auf Beteiligung an einem Referendum für Bürger der Russischen Föderation" überprüft worden ist. Die Verweise auf die Rechtsauffassung des EuGHMR wurden hier zum wichtigen Bestandteil der Entscheidungsgründe.

Selbstregulierungsmechanismen der Medien

Die körperschaftsinternen Mechanismen der Selbstregulierung sind in Russland bereits in einer Reihe von Berufen vorgesehen. Nach der in absehbarer Zukunft zu erwartenden Verabschiedung und dem Inkrafttreten des Föderalen Gesetzes „Über Selbstregulierungsorganisationen“ werden diese Mechanismen eine feste rechtliche Grundlage erhalten. Ein erster Versuch zur Schaffung einer festen rechtlichen Grundlage ist im Gesetz der Russischen Föderation „Über die Werbung“ zu finden. In Art. 28 des Gesetzes sind die „Rechte von Selbstregulierungsorganen im Bereich der Werbung“ geregelt. Laut Gesetz werden Selbstregulierungsorgane an der Ausarbeitung von Gesetzesentwürfen und anderen Normativakten beteiligt, sie führen eine unabhängige Überprüfung der Übereinstimmung der Werbung mit den gesetzlichen Anforderungen durch. Das Gesetz sieht ferner die Beteiligung von Selbstregulierungsorganen an der Durchführung von Kontrollmaßnahmen vor. Ferner leiten die Selbstregulierungsorgane Unterlagen über Verletzungen des Gesetzes über die Werbung an die Staatsanwaltschaft weiter.

Leider enthält das russische Mediengesetz keine juristisch bedeutenden Mechanismen der Selbstregulierung. Die Rechtsnormen im Bereich der Journalistentätigkeit geben häufig die allgemeingültigen Gebote der professionellen Ethik wieder. Zum Beispiel sind viele in Art. 49 des Mediengesetzes geregelten Pflichten des Journalisten als allgemein anerkannte Regeln der Medienarbeit zu qualifizieren. Hierzu gehören die in Art. 49 des Mediengesetzes geregelte Pflicht zur Überprüfung der Richtigkeit von mitgeteilten Informationen, die Pflicht zur Kenntlichmachung von zitierten Aussagen auf Verlangen des Interviewten sowie die Pflicht darauf hinzuweisen, dass Tonbandaufnahmen während des Interviews gemacht werden. Dieses Phänomen ist vor allem damit zu erklären, dass die Mechanismen der Selbstregulierung in einem Übergangsstaat mit einer noch nicht geprägten Bürgergesellschaft, in der die Journalistengemeinschaft noch nicht durch einen gemeinsamen Berufsgeist vereint ist, viel zu schwach sind, um die Effektivität der Durchsetzung der allgemeingültigen Gebote zu gewährleisten. Angesichts dieser Situation war der Gesetzgeber gezwungen, die Verhaltensregeln ausdrücklich in einen Rechtsakt aufzunehmen, um ihnen dadurch Verbindlichkeit zu verleihen. Diese Regelungspraktik birgt jedoch die Gefahr, dass Verhaltensregeln, die mit der sozialen Rolle des Journalisten im Widerspruch stehen, durch den Gesetzgeber aufgedrängt werden können. Aus diesem Grunde hat man in der Sofia-Deklaration der UNESCO von 1997 folgendes festgehalten: „Fachlich richtige Arbeitsmethoden der Journalisten stellen die effektivste Garantie dar gegen Regierungseinschränkungen und gegen Druckausübung seitens besonders interessierter Gruppen. Das Bemühen um die Aufstellung von Normen und Regelungsprinzipien muss von den Journalisten selbst ausgehen“.

In den letzten zwei Jahrzehnten gingen von der Journalistengemeinschaft Russlands hin und wieder Initiativen zur Schaffung eines Kodexes für professionelle

Ethik aus. Der erste Kodex ist vom Journalistenverband der UdSSR am 24.04.91 angenommen worden. Dieser Kodex enthielt recht gut ausformulierte Prinzipien der Berufsethik (z. B. soziale Verantwortung, Wahrheitspflicht, Objektivität, Gewissenhaftigkeit, Ehrlichkeit, Achtung der Ehre und Würde des Menschen, Achtung der allgemein menschlichen Werte, professionelle Solidarität) und die Auflistung von Verletzungstatbeständen. Prinzipiell wichtig war dabei folgende Regelung: "Sonstige Organe oder Organisationen sind nicht berechtigt, Streitigkeiten über die Verletzung der journalistischen Ethik zu behandeln. Keine der Normen des vorliegenden Kodex ermächtigt zur Heranziehung des Journalisten zu disziplinärer, verwaltungsrechtlicher oder sonstiger Verantwortung"[85]. Die Verletzungen der professionellen Ethik wurden somit einerseits zu einer rein internen Angelegenheit erklärt, die nicht von außen geregelt werden durfte, andererseits aber wurden sie ausdrücklich von solchen gesetzlichen Tatbeständen abgegrenzt, die eine rechtliche Haftung zur Folge haben.

Im Jahre 1994 unterschrieb eine Gruppe berühmter Moskauer Journalisten die Moskauer Journalisten-Charta, die gleichzeitig als Kodex und Verpflichtungserklärung zu qualifizieren ist: "Wir bestätigen durch unsere Unterschriften die vorliegende Charta und übernehmen hiermit eine gegenseitige Verpflichtung". Die grundlegenden Hauptleitsätze der Charta entsprachen dem Kodex von 1991. Die Charta enthielt jedoch keine detaillierte Aufzählung von Verletzungstatbeständen.[86] In demselben Jahr nahm der Journalistenverband Russlands seinen eigenen Kodex für professionelle Ethik an. Der wichtigste Unterschied dieses Kodex im Vergleich zu anderen Dokumenten bestand darin, dass in ihm der Gedanke der moralischen Verantwortung verworfen und stattdessen die Rückkehr zur Abhängigkeit der Mitgliedschaft im Journalistenverband von der Einhaltung der von ihm aufgestellten Vorschriften erklärt wurde. Es gibt auch andere Dokumente, die Regelungen über professionelle Ethik enthalten. Diese Dokumente gelten für bestimmte Arten der Massenmedien, bestimmte Regionen oder für eine Redaktionsgemeinschaft. Zu nennen sind z. B. die Charta der Rundfunkanbieter, die Deklaration der Vereinigung der Gerichtsreporter und v. a.

Die ethischen Kodexe und Chartas sind wegen ihrer Darlegung der professionellen Obliegenheiten wichtig, jedoch stellen sie zum größten Teil lediglich Sammlungen von nützlichen Anregungen dar, wobei die Mechanismen der Selbstregulierung fehlten. Es ist aber ein Schiedsrichter erforderlich, dessen Entscheidungen sowohl für die Parteien eines Informationsstreites als auch für die gesamte Journalistengemeinschaft verbindlich sind. Im Idealfall soll der Standpunkt des Selbstregulierungsorgans für die gesamte Journalistengemeinschaft verbindlich sein.

Der historisch erste Versuch der Schaffung eines Mechanismus der Selbstregulierung führte im Jahre 1993 zur Gründung des Schiedsgerichtes für Informations-

[85] Zitiert nach: Die professionelle Ethik von Journalisten, 2 Bände, 1. Band: Dokumente und Nachschlagmaterialien.-Moskau Galeria Verlag 1999 S. 384-392.
[86] Die professionelle Ethik von Journalisten, S. 219-220.

streitigkeiten[87], das später in die dem Präsidenten der Russischen Föderation unterstehende Gerichtskammer für Informationsstreitigkeiten umgewandelt wurde (im folgenden Gerichtskammer genannt). Die durch den Präsidialerlass vom 31.01.94 Nr. 228 bestätigte Satzung bildete die rechtliche Grundlage für die Tätigkeit der Gerichtskammer. Die Gerichtskammer bestand sowohl aus ehemaligen als auch aus gegenwärtig tätigen Journalisten und war deswegen den ausländischen Selbstregulierungsorganen ähnlich. Allerdings war die Kammer im Unterschied zu den ausländischen Selbstregulierungsorganen eine Art staatliches Organ. Die Verbindung der Kammer mit dem Präsidenten beruhte auf der Notwendigkeit, den Präsidenten als Garanten der Rechte und Freiheiten des Menschen und des Bürgers (Art. 80 Abs. 2 der Verfassung RF) bei der Umsetzung seiner Befugnisse auf dem Gebiet der Massenmedien zu unterstützen.

Die Gerichtskammer hatte einen breiten Zuständigkeitsbereich, der jedoch nicht alle hypothetisch möglichen Informationsstreitigkeiten umfasste. Als Gegenstand des Verfahrens kamen hier folgende Sachverhalte in Betracht: a) Verletzungen der Freiheit der Masseninformation; b) Erforderlichkeit der operativen Berichtigung von in Informationsberichten enthaltenen faktischen Fehlern, die das öffentliche Interesse beeinträchtigen; c) fehlende Objektivität und Unglaubwürdigkeit von Medienberichten einschließlich solcher, die auf Gerüchten, unüberprüften Daten und falschen Informationen beruhen; d) Verletzungen des Gleichberechtigungsgrundsatzes im Bereich der Masseninformation; e) Verletzung der sittlichen Interessen von Kindern und Jugendlichen im Bereich der Massenmedien; f) Verletzung des Grundsatzes des politischen Pluralismus in informatorischen und gesellschaftspolitischen Rundfunksendungen; g) Verteilung von Rundfunk-Sendezeiten für Parlamentsfraktionen.

Die von der Kammer getroffenen Entscheidungen waren endgültig. Die Anordnungen der Kammer mussten von Staatsorganen und Amtspersonen innerhalb einer zweiwöchigen Frist befolgt werden. In der Regel wurden von der Gerichtskammer solche Sanktionen verhängt, wie die Verweis- und Verwarnungserteilung oder die Erteilung von Empfehlungen (z. B. die Empfehlung, einer Redaktion eine Verwarnung zu erteilen oder eine Entlassung vorzunehmen usw.).

Im Grunde genommen stellte die Gerichtskammer ein in die Präsidialverwaltung eingegliedertes quasigerichtliches Kollegium dar, das die Informationsstreitigkeiten in Übereinstimmung mit geltendem Recht und der journalistischen Ethik beilegte. Indirekt wurde diese Tatsache auch von Mitgliedern der Gerichtskammer selbst anerkannt, indem sie ihre Entscheidungen als „kollektive Entscheidungen der Kammermitglieder, die in Übereinstimmung mit Anforderungen der russischen Gesetzgebung ergehen", charakterisierten.

[87] Vgl. Präsidialerlass «Über die Informationsgarantien für die Teilnehmer der Wahlkampagne 1993» vom 29. Oktober 1993 Nr. 1792.

Nach der Abschaffung der Gerichtskammer im Jahre 2000 ist die vom VI. Kongress des Journalistenverbandes Russlands 1998 gegründete Große Jury (GJ)[88] das einzige real funktionierende Selbstregulierungsorgan. Zwar sieht die im Jahre 1999 verabschiedete Charta der Rundfunkanbieter die Gründung eines Öffentlichen Rundfunkrates zur Überwachung der Erfüllung von Chartabestimmungen vor. Jedoch ist der Öffentliche Rundfunkrat immer noch nicht gegründet worden.

Die Große Jury tritt als eine korporative Institution der Bürgergesellschaft auf und untersucht „Konfliktsituationen sittlich-ethischen Charakters, die in der Gemeinschaft der Journalisten bei Erfüllung der Berufspflichten entstehen".[89] Bei der Lösung von konkreten Streitfragen stützt sich die GJ auf den Kodex der professionellen Ethik des Journalistenverbandes der RF von 1994, auf die Internationale Deklaration der journalistischen Verhaltensgrundsätze sowie auf die Bestimmungen über die journalistische Ethik, die in verschiedenen Regionen, Berufsverbänden und Redaktionskollektiven gelten. Betrifft die zu lösende Streitfrage zum Beispiel die Tätigkeit einer Fernsehgesellschaft und hat diese Fernsehgesellschaft die Charta der Rundfunkanbieter unterschrieben, so wird die GJ die Vorschriften der Charta in ihre Entscheidung unbedingt mit einbeziehen.[90] Die GJ berücksichtigt in ihrer Tätigkeit außerdem auch eigene Präzedenzfälle.

Eine der Besonderheiten im Verfahren vor der GJ ist die Unterzeichnung eines besonderen Dokuments – der Erklärung über die Anerkennung der Zuständigkeit der GJ – durch zumindest eine der streitenden Parteien. Die das Dokument unterzeichnende Partei fällt automatisch unter den Schutz der GJ, so dass sie alle Rechte erhält, die jeder die Erklärung unterschreibenden Partei zustehen.

Die Problematik der Nichtanerkennung der Zuständigkeit der GJ durch eine der streitenden Parteien gehört zu den wichtigsten Fragen, die die Perspektiven der Entwicklung dieses Selbstregulierungsmechanismus bestimmen. Erkennt die Partei, deren Handlungen vor der GJ gerügt werden, die Zuständigkeit der GJ nicht an, so kann die GJ ihre schiedsgerichtsähnlichen Funktionen nicht ausüben. Denn für die Abgabe einer Streitigkeit an ein Schiedsgericht ist beiderseitiges Einverständnis der Parteien erforderlich. Andererseits unterstützt die GJ durch die Weigerung, solche Konflikte zu lösen, die Verletzer der korporativen Ethik und versetzt die Partei, die diese Erklärung bereits unterschrieben hat, in eine ungünstige Lage.

Mit Sicherheit können Chefredakteure, Verleger oder Rundfunkanbieter zur Anerkennung der professionell-ethischen Zuständigkeit der GJ allein durch Überredung nicht gezwungen werden. Nur das Einsehen des Umstandes, dass ein quasigerichtliches Verfahren vor eigenen Journalistenkollegen viel qualifizierter, ernster und rücksichtsvoller ist als ein Verfahren vor einem ordentlichen Gericht oder vor einem Arbitragegericht, kann zur Anerkennung der Zuständigkeit der GJ füh-

---

[88] Angaben über die rechtlichen Grundlagen, die Zusammensetzung und Praxis des GJ des Journalistenverbandes RF sind im Internet unter www.ruj.ru zu finden.

[89] Die professionelle Ethik von Journalisten, S. 254 – 259.

[90] Vgl. Die Entscheidung der GJ Nr. 6 vom 19.11.99 in der Sache „J. M. Lužkov gegen S.L. Dorenko".

ren. Im Unterschied zum gerichtlichen Verfahren ist das Verfahren vor der GJ kostenfrei und viel flexibler, demokratischer, einfacher und schneller.

Zwar ist die GJ kein Gericht, jedoch zeigt die Praxis, dass die GJ ein viel effektiverer und genauerer Mechanismus zur Streitbeilegung als ein Gericht sein kann. So musste die GJ am 5. April 2002 über die Beschwerde des Qualifikationskollegiums der Richter und des Richterrates der Region Krasnodar wegen der Veröffentlichung des Artikels „Hinlegen! Das Gericht kommt!“ in der Zeitung „Novaja gazeta“ vom 14.01.02 entscheiden. Die Beschwerdeführer rügten die Verbreitung falscher Informationen in der unter dem Titel „Auskunft der Abteilung für Ermittlungen“ veröffentlichten Anlage zum Artikel „Hinlegen! Das Gericht kommt!“ In diesem Beitrag wurde mitgeteilt, dass der „Vorsitzende des Regionalgerichts A. Černov bösen Gerüchten nach bei der Arbeit eine Uhr der Schweizer Firma „Frank Müller“ im Wert von 50.000 US-Dollar und Schuhe der Marke „Valentino“ im Wert von 2.000 US-Dollar trägt. Außerdem bevorzugt Herr Černov Autos der Marke BMW 7-Reihe im Wert ab 120.000 US-Dollar und Autos der Marke Mercedes S-Klasse im Wert ab 100.000 US-Dollar“ etc.

Die Beschwerdeführer waren der Ansicht, dass die Veröffentlichung der „Auskunft der Abteilung für Ermittlungen“ nicht nur eine wahrheitswidrige und ehrverletzende Verbreitung von Angaben, sondern auch eine grobe Verletzung des Kodex der professionellen Ethik des russischen Journalisten darstellt. Da die Zeitung „Novaja gazeta“ eine Erklärung über die Annahme der Zuständigkeit der GJ abgegeben hat, nahm die GJ diese Sache zur Verhandlung an. Hierbei wies die GJ darauf hin, dass das zwischenmunizipale Bassmanni Gericht der Stadt Moskau über die Klage des Herrn A. Černov auf Feststellung der Ehr- und Würdeverletzung und auf Ersatz des moralischen Schadens bereits entschieden hat (das Gericht stellte fest, dass die unter dem Titel „Auskunft der Abteilung für Ermittlungen“ veröffentlichten Angaben wahrheitswidrig und ehrverletzend sind und verurteilte die Zeitung „Novaja Gazeta“ zum Ersatz des moralischen Schadens in Höhe von 30 Mio. Rubeln“).

Die Entscheidung der GJ in dieser Sache war vielseitiger als die gerichtliche Entscheidung. Sie enthält Ausführungen über das Verhältnis des Titels zum Inhalt des Artikels, zur Unzulässigkeit der Benutzung der Massenmedien zum Zwecke des informationellen Krieges und zum Zwecke der Aufstellung von Karrierehindernissen. Die Entscheidung enthält ferner eine Reihe von Leitsätzen, die über den Rahmen der konkreten Streitigkeit hinausgehen. Es wird festgestellt, dass die „Benutzung der Redewendung „bösen Gerüchten nach“ als Vorspiegelung von Beweismitteln zu werten ist, was gerade bei der journalistischen Ermittlung unzulässig ist.“ Zweitens wird in der Entscheidung festgehalten, dass „die Verweisung auf anonyme Quellen einen Journalisten nicht von der Pflicht zur Überprüfung der zur Veröffentlichung bestimmten kompromittierenden Angaben befreit“. Schließlich wurde in der Entscheidung die Besorgnis über die Geltendmachung des moralischen Schadens als Mittel zur finanziellen Zerstörung der Massenmedien geäußert.

Beachtlich ist diese Entscheidung ferner deswegen, weil sie in höchstem Maße folgenden Aufgaben der GJ bei der Konfliktlösung gerecht wird: Herstellung eines konstruktiven Dialogs zwischen den Parteien, Förderung der Überzeugung der Parteien, dass die allgemein anerkannten Verhaltensregeln der Journalisten beachtet und in der täglichen Praxis befolgt werden müssen, genaue Qualifizierung von streitigen Sachverhalten sowie Herbeiführen von Entscheidungen, die nachfolgend als Präzedenzfälle systematisiert werden. Die oben dargestellte Streitigkeit ist unter Beachtung der dargelegten Aufgaben beigelegt worden: die Zeitung „Novaja gazeta" veröffentlichte die Entscheidung der GJ und erkannte hierdurch ihre Schuld an. Herr A. D. Černov nahm daraufhin seine vor Gericht erhobene Klage zurück. Die oben aufgeführten Entscheidungsgründe der GJ wurden zu wichtigen Leitsätzen für Entscheidungen in anderen Streitigkeiten. Aus diesem Grunde gilt für die Arbeit der Großen Jury folgende Formel: die Genauigkeit der Formulierungen ist Ausdruck der Höflichkeit.

Zuständigkeit der Exekutivorgane im Medienbereich

Gemäß Art. 100 der Verfassung der Russischen Föderation wird „die vollziehende Gewalt der Russischen Föderation durch die Regierung der Russischen Föderation ausgeübt". Laut Art. 114 Buchst. a) „arbeitet die Regierung der Russischen Föderation den föderalen Haushalt aus und legt ihn der Staatsduma vor". Der Umfang der Haushaltsmittel für die Finanzierung der Tätigkeit von Massenmedien ist im föderalen Haushalt als gesonderter Posten ausgewiesen (für das Jahr 2004 sind für Zwecke der Unterstützung von staatlichen Rundfunkgesellschaften 8.520.360.000 Rubel und zusätzlich dazu 1.423.164.000 Rubel für die Unterstützung von Bezirks- und Stadtzeitungen bewilligt worden).

In den Zuständigkeitsbereich der Regierung der Russischen Föderation gehört nach Art. 114 Buchst. b) der Verfassung der RF auch „die Gewährleistung der Durchführung einer einheitlichen staatlichen Kulturpolitik". Die Politik des Staates im Bereich der Massenmedien ist Bestandteil der staatlichen Kulturpolitik.

Das Presse- und Informationsministerium war seit dem Jahre 1990 das Hauptorgan der Exekutive für die Ausarbeitung und Durchführung der staatlichen Politik im Bereich der Massenmedien. Von 1994 bis 1999 bestand das Ministerium aus zwei selbständigen Organen: dem staatlichen Pressekomitee und dem föderalen Dienst für Fernsehen und Hörfunk. Kurz vor den Parlamentswahlen 1999 wurden diese Institutionen zum Ministerium der Russischen Föderation für Presse, Rundfunk und Massenkommunikationsmittel vereinigt.

Zu den Hauptaufgaben des Ministeriums gehörten:

1) die Ausarbeitung und Durchführung der Staatspolitik auf dem Gebiet der Massenmedien und Massenkommunikationsmittel, des Fernsehens und des Hörfunks, im Bereich des Informationsaustausches und der Sendung von zusätzlichen Informationen, auf dem Gebiet der Entwicklung von Computernetzen für den allgemeinen Gebrauch, im Bereich der Presse, der Verlagstätigkeit, der Polygraphie, im Bereich der Verbreitung von periodischen Druckschriften und anderen Druckerzeugnissen; die Ausarbeitung und die Durchführung der Staatspolitik bei der Regulierung der Herstellung und Verbreitung von Audio- und Videoprodukten einschließlich der Registrierung und der Lizenzvergabe; die Teilnahme an der Ausarbeitung und Durchführung der Staatspolitik auf dem Gebiet des Urheberrechts und der verwandten Schutzrechte in den oben aufgeführten Tätigkeitsbereichen;
2) die Ausarbeitung und Durchführung der Staatspolitik auf dem Gebiet der Werbungsherstellung sowie der Werbungsverbreitung durch Massenmedien und Massenkommunikationsmittel;
3) die Regulierung der Tätigkeit im Bereich der Nutzung von Sendefrequenzen und Umlaufbahnpositionen der Nachrichtensatelliten für den Rundfunk, der Entwicklung von Massenkommunikationsmitteln und der Verbreitung der Massenmedien.

Zur Erfüllung der zugewiesenen Aufgaben hat das Ministerium insbesondere folgende Tätigkeiten ausgeübt:

1) die Ausarbeitung und Führung einheitlicher gesamtrussischer Register für Massenmedien und Massenkommunikationsmittel;
2) die Registrierung von Massenmedien;
3) die Erteilung von Rundfunklizenzen, Lizenzen für die Sendung von zusätzlichen Informationen, für die Vervielfältigung von Phonogrammen und audiovisuellen Werken auf Informationsträgern jeder Art;
4) die Kontrolle über die Einhaltung der Gesetze der Russischen Föderation und über die Erfüllung von Registrierungs- und Lizenzbedingungen, die Verhängung von gesetzlich vorgesehenen Ordnungsstrafen, die Erteilung von Verwarnungen, der vorläufige oder endgültige Entzug von Lizenzen, die Annullierung von Registrierungen;
5) die Verbesserung der Gesetzgebung und des Schutzes der Urheberrechte und verwandter Schutzrechte, die Tätigkeit im Bereich der internationalen Zusammenarbeit und das Zusammenwirken mit gesellschaftlichen Organisationen auf dem Gebiet der Urheberrechte und verwandter Schutzrechte im Rahmen der Zuständigkeit des Ministeriums;
6) die Analyse wirtschaftlicher, sozialer, technischer, rechtlicher Probleme und die Ausarbeitung von Lösungsvorschlägen einschließlich der Entwurfsvorbereitung von entsprechenden Normativakten etc.[91]

Im Rahmen seines Zuständigkeitsbereichs war das Ministerium zur Ausarbeitung und Verabschiedung von Rechtssetzungsakten ermächtigt. Diese Rechtssetzungsakte waren für alle natürlichen und juristischen Personen (unabhängig von ihrer Eigentumsform) auf dem Territorium der Russischen Föderation verbindlich.

An der Spitze des Ministeriums stand der Minister, der durch den Präsidenten der RF auf Vorschlag des Vorsitzenden der Regierung der Russischen Föderation ernannt und entlassen wurde.

Es ist darauf hinzuweisen, dass der Präsident der RF sowohl in der Vergangenheit als auch gegenwärtig eine sehr wichtige Rolle bei der Ausübung der Exekutivgewalt und somit unter anderem bei der Ausübung der Exekutivgewalt auf dem Gebiet der Massenmedien spielt. Sind bestimmte sozial wichtige Gesellschaftsverhältnisse aus irgendeinem Grunde durch das föderale Gesetz nicht geregelt, ist der Präsident der RF ermächtigt, diese Gesellschaftsverhältnisse bis zum Inkrafttreten eines entsprechenden Gesetzes durch einen Präsidialerlass zu regeln.

Ein schlagendes Beispiel dafür ist die Regelung von Gesellschaftsverhältnissen im Bereich des Rundfunks. Leider gibt es in Russland immer noch kein föderales Gesetz, das den für das gegenwärtige demokratische System sehr wichtigen Be-

---

[91] Vgl. Verordnung der Regierung der Russischen Föderation vom 10.09.99 Nr. 1022 «Fragen des Ministeriums der Russischen Föderation für Presse, Fernsehen, Hörfunk und Massenkommunikationsmittel».

reich der Informationsverhältnisse regelt. Unter den bestehenden Umständen werden die wichtigsten „Spielregeln" in diesem Bereich bis heute durch Präsidialerlasse und Regierungsverordnungen bestimmt. Hervorzuheben ist der Präsidialerlass vom 06.10.95 Nr. 1019 „Über die Verbesserung des Rundfunks in der Russischen Föderation"[92] sowie der Präsidialerlass vom 08.05.98 Nr. 511 „Über die Verbesserung der Arbeit von staatlichen elektronischen Massenmedien"[93].

Die Verwaltungsreform brachte die wichtigsten Struktur- und Funktionsveränderungen der gesamten russischen Exekutivgewalt und somit auch der Exekutivgewalt im Bereich der Massenmedien mit sich. Die Grundbestimmungen zur Verwaltungsreform sind in dem Präsidialerlass vom 09.03.04 Nr. 314 „Über das System und die Struktur der föderalen Exekutivorgane" enthalten. Außerdem schaffte Präsident Putin durch diesen Präsidialerlass das Ministerium der Russischen Föderation für Presse, Fernsehen, Hörfunk und Massenkommunikationsmittel ab und verteilte die Funktionen dieses Ministeriums auf einige neu gegründete Verwaltungsorgane.

Nach dem Präsidialerlass ist nunmehr das Ministerium der RF für Kultur und Massenkommunikation für die Ausarbeitung der Politik und die rechtliche Regulierung auf dem Gebiet der Kultur, der Kunst, des Filmwesens, der Masseninformation und -kommunikation, des Archivwesens sowie für die Fragen der internationalen Beziehungen zuständig. Das Ministerium koordiniert und kontrolliert die Tätigkeit der ihm unterstehenden föderalen Dienste und Agenturen. Die Registrierungszuständigkeiten sind auf den Föderalen Registrierungsdienst übergangen. Schließlich wurden die Bereiche Rechtsanwendung, Erbringung von staatlichen Dienstleistungen und Verwaltung des Staatseigentums im Bereich der Presse und des Rundfunks auf die Föderale Agentur für Presse und Massenkommunikation übertragen.

Nach Angaben des Pressedienstes der Föderalen Agentur für Presse und Massenkommunikation ist die nach dem oben genannten Präsidialerlass anstehende Restrukturierung des Systems der Exekutivorgane im Bereich der Massenmedien bereits die neunzehnte (!) Restrukturierung in den letzten 80 Jahren.

Die Föderale Agentur für Presse und Massenkommunikation ist für die Erbringung von staatlichen Dienstleistungen, die Verwaltung des Staatseigentums sowie für die Rechtsanwendung im Bereich der Presse, der Massenmedien und der Massenkommunikation einschließlich der für den Gemeingebrauch bestimmten Computernetze zuständig. Die Zuständigkeit der Agentur umfasst ferner die Rechtsanwendung im Bereich der elektronischen Massenmedien, der Verlagstätigkeit und der Polygraphie. Die Agentur ist dem Ministerium der RF für Kultur und Massenkommunikation untergeordnet und wird sowohl selbst als auch durch ihre territorialen Organe tätig. Dem neuen Amt unterstehen die territorialen Organe des ehemaligen Ministeriums der RF für Presse, Fernsehen, Hörfunk und Massenkommu-

---

[92] Vgl. Sammlung der Gesetzgebung der Russischen Föderation, 1998, Nr. 4, S. 472.
[93] Vgl. Sammlung der Gesetzgebung der Russischen Föderation, 2000, Nr. 39, S. 3855.

nikationsmittel. Die Föderale Agentur beschäftigt sich mit der Rechtsanwendung und der Erbringung von Dienstleistungen im Bereich der Gründung und der Arbeit der Massenmedien, der Massenkommunikationsmittel und des Rundfunks. Die Agentur befasst sich mit der Rechtsanwendung und Erbringung von Dienstleistungen auf dem Gebiet der Nutzung von Sendefrequenzen und Umlaufbahnpositionen der Nachrichtensatelliten für den Rundfunk. Sie ist für die Entwicklung der Massenkommunikationsmittel und die Verbreitung der Massenmedien sowie für die Rechtsanwendung und Erbringung von Dienstleistungen im Bereich des Informationsaustausches und der Sendung von zusätzlichen Informationen zuständig. Die Agentur befasst sich mit der Rechtsanwendung und der Erbringung von Dienstleitungen im Bereich der für den Gemeingebrauch bestimmten Computernetze, der elektronischen Massenmedien, der Presse, der Verlagstätigkeit und der Polygraphie. Die Agentur wird sich mit der Führung von einheitlichen gesamtrussischen Registern der Massenmedien und Massenkommunikationsmittel, der Rundfunkgesellschaften und der Hersteller von Audio- und Videoprodukten beschäftigen. Hinsichtlich des für die Erfüllung ihrer Aufgaben notwendigen staatlichen Eigentums ist die Agentur mit Eigentümerbefugnissen ausgestattet. Zu diesem Eigentum gehört das Eigentum der der Agentur unterstehenden föderalen staatlichen Unitarunternehmen, der föderalen fiskalischen Unternehmen und der staatlichen Institutionen. Bis zur Gründung des Föderalen Registrierungsdienstes wird die Föderale Agentur für Presse und Massenkommunikation die Registrierung der Massenmedien durchführen.

Was die Erteilung von Sendelizenzen betrifft, so wird laut der Regierungsverordnung vom 06.04.04 „Über das Ministerium für Kultur und Massenkommunikation“ bis zur Gesetzesänderung dieses Ministerium für die Erteilung von Lizenzen zur Nutzung von Umlaufbahn- und Sendefrequenzen für den Rundfunk zuständig sein. Nach der oben genannten Verordnung wird sich das Ministerium auch mit der Erteilung von Lizenzen zur Restauration von Objekten des Kulturerbes und mit der Erteilung von Lizenzen zur Filmvorführung beschäftigen.

Die neu gegründete Agentur beabsichtigt, in engem Kontakt mit der Mediengemeinschaft zu arbeiten. Als einer der Bestandteile der Zusammenarbeit ist die Gründung einer freien konsolidierten Gruppe von Fachleuten auf dem Gebiet des Medienrechts geplant. Die Gruppe soll dabei helfen, Gesetzesinitiativen, die Verwaltungspolitik und die Rechtsauffassung der Medienindustrie aufeinander abzustimmen.

Einrichtungen zur Registrierung und Lizenzierung im Medienbereich

Die rechtlich-organisatorischen Institute der Registrierung und Lizenzierung sind Hauptelemente des Systems der staatlichen Registrierung und Kontrolle der Tätigkeit der Massenmedien in der Russischen Föderation. Dabei hat das Institut der Registrierung nach dem allgemeinen Grundsatz sowohl im Bereich der Druckmedien als auch im Bereich der elektronischen Medien juristische Bedeutung. Das Institut der Lizenzierung wird nur im Bereich des Rundfunks angewendet.

Der Sinn und der allgemeine Inhalt des Registrierungsverfahrens von Massenmedien ist in Art. 8 des Mediengesetzes der RF geregelt. Gerade aufgrund der Registrierung erhalten Medienredaktionen die rechtliche Möglichkeit zur Herstellung und Herausgabe von Massenmedien. Die im Mediengesetz geregelten Rechte und Pflichten des Mediengründers und der Redaktion entstehen ebenfalls erst mit der Registrierung von Massenmedien (Art. 17 des Mediengesetzes).

Ab dem Tag der Erteilung der Registrierungsbescheinigung gelten die Massenmedien als registriert. Der Mediengründer erhält das Recht, innerhalb eines Jahres ab dem Tag der Erteilung der Registrierungsbescheinigung mit der Medienherstellung anzufangen. Im Fall des Verstreichens der Jahresfrist wird die erteilte Registrierungsbescheinigung für ungültig erklärt.

Der Gründerwechsel, Änderungen in der Zusammensetzung der Mitgründer sowie Änderungen der Bezeichnung, der Sprache und der Form der periodischen Verbreitung von Massenmedien sind nur unter der Voraussetzung einer Umregistrierung zulässig. Für die Umregistrierung wird dasselbe Verfahren wie für die Erstregistrierung durchgeführt.

Gemäß Art. 12 des Mediengesetzes der RF ist die Registrierung für folgende Massenmedien nicht erforderlich:

- Massenmedien, die durch Organe der Legislative, der Exekutive oder der Judikative ausschließlich zum Zwecke der Veröffentlichung von Offizialmitteilungen, Offizialdokumenten, Normativakten und anderen Vorschriften gegründet werden;
- periodische Druckausgaben, deren Auflagenhöhe nicht mehr als 1.000 Exemplare beträgt;
- Radio- und Fernsehprogramme, die durch Kabelnetze innerhalb eines Gebäudes oder innerhalb des Territoriums einer staatlichen Einrichtung, einer Lehranstalt oder eines Industriebetriebes verbreitet werden sowie Radio- und Fernsehprogramme, die nicht mehr als 10 Abonnenten haben;
- Aufnahmen von Audio- und Videoprogrammen mit einer Auflagenhöhe von nicht mehr als 10 Exemplaren;

Die Verweigerung der Registrierung ist *ausschließlich* aus folgenden Gründen zulässig:

1) Wenn der Registrierungsantrag von einem Bürger, einer Bürgervereinigung, einem Unternehmen, einer Institution oder einer Organisation gestellt wurde, denen nach dem Mediengesetz der RF kein Recht auf Mediengründung zusteht;
2) Wenn die im Antrag gemachten Angaben nicht der Wirklichkeit entsprechen;
3) Wenn die Bezeichnung, die voraussichtliche Thematik und (oder) die Spezialisierung der Massenmedien einen Missbrauch der Freiheit der Masseninformation darstellen;
4) Wenn ein Medienorgan mit der gleichen Bezeichnung und der gleichen Verbreitungsform bereits registriert worden ist (Art. 13 des Mediengesetzes).

Zu unterstreichen ist auch, dass nach der allgemeinen Regel gerade das Registrierungsorgan berechtigt ist, schriftliche Verwarnungen an die Medienredaktionen wegen Missbrauchs der Freiheit der Masseninformation zu erteilen. Im Fall des wiederholten Missbrauchs ist das Registrierungsorgan berechtigt, eine gerichtliche Klage auf Einstellung der Tätigkeit des Medienorgans zu erheben (Art. 16 des Mediengesetzes).

Bis zur Gründung des im Präsidialerlass vom 09.03.04 Nr. 314 „Über das System und die Struktur der föderalen Exekutivorgane" vorgesehenen Föderalen Registrierungsdienstes wird die Registrierung durch die Föderale Agentur für Presse und Massenkommunikation sowie durch deren territoriale Organe durchgeführt.[94]

Die Rechtsgrundlage für die Lizenzkontrolle des russischen Rundfunks bilden die Regelungen der Artikel 30–33 des Mediengesetzes RF sowie die konkreten Lizenzbedingungen jeder Sendelizenz.

Nach Punkt 24 des oben erwähnten Präsidialerlasses wurde die Bestimmung des für die Vergabe von Sendelizenzen an die russischen elektronischen Medien zuständigen Organs „bis zum Inkrafttreten des föderalen Gesetzes über die Änderungen der gültigen föderalen Lizenzgesetzgebung" an die Regierung der RF übertragen. Diesbezüglich standen der Regierung zwei Möglichkeiten zur Auswahl: entweder das föderale Ministerium oder die föderale Agentur. Die Regierung der RF machte von der ihr durch den Präsidialerlass übertragenen Kompetenz Gebrauch und regelte in ihrer Verordnung vom 06.04.04 „Über das Ministerium für Kultur und Massenkommunikation", dass bis zur Änderung der Lizenzgesetzgebung dieses Ministerium für die Erteilung von Lizenzen zur Nutzung von Umlaufbahn- und Sendefrequenzen für den Rundfunk zuständig sein wird.

Auf diesem Wege wurde das Ministerium für Kultur und Massenkommunikation der Russischen Föderation ab April 2004 zum berechtigten staatlichen Organ im

[94] Vgl. die Regierungsverordnung Nr. 193 vom 08.04.04 „Über die Föderale Agentur für Presse und Massenkommunikation".

Bereich der Lizenzierung des Rundfunks auf dem Territorium der Russischen Föderation.

Es ist im Moment schwer zu sagen, wie die Bestimmungen des zukünftigen „föderalen Gesetzes über die Änderungen der gültigen föderalen Lizenzgesetzgebung“ aussehen werden. Denn mit dieser Frage sind sehr ernste und oftmals einander entgegenstehende Interessen verbunden.

Die Medienfachleute vertreten diesbezüglich die im Folgenden dargestellte herrschende Auffassung.[95] Die im Bereich des russischen Rundfunks entstandene rechtlich – organisatorische Unbestimmtheit, welches Organ und nach welchem Verfahren zukünftig für die Lizenzierung der Sendetätigkeit in der Russischen Föderation zuständig sein wird, muss – von den öffentlichen Interessen ausgehend – durch die Gründung eines dauerhaft tätigen unabhängigen Regulierungsorgans gelöst werden. Genau diese Lösung würde eine logische Fortsetzung des Art. 30 des Mediengesetzes darstellen, das die Gründung von föderalen und territorialen Rundfunkkommissionen vorsieht.

Neben den oben erwähnten Bestimmungen des Mediengesetzes bilden folgende Regelungen die Rechtsgrundlage für die Lizenzierung des Rundfunks in der Russischen Föderation:

- Art. 49 des Zivilgesetzbuches der Russischen Föderation, in dem festgelegt wird, dass bestimmte Tätigkeiten nur auf Grund einer besonderen Erlaubnis (einer Lizenz) ausgeübt werden können;
- die Verordnung der Regierung der Russischen Föderation Nr. 1359 vom 07.12.94 über die Vergabe der Rundfunklizenzen in der Russischen Föderation (nach dieser Verordnung wird die Vergabe von Rundfunklizenzen in Städten mit unter 200.000 Einwohnern durchgeführt).
- die Verordnung der Regierung der Russischen Föderation Nr. 698 vom 26.06.99 über die Durchführung von Ausschreibungen bei der Vergabe von Senderechten und über die Entwicklung neuer Frequenzkanäle für den Rundfunk (nach dieser Verordnung wird die Vergabe von Rundfunklizenzen in den Hauptstädten der Subjekte der Russischen Föderation und in den Städten mit über 200.000 Einwohnern durchgeführt).

Zu betonen ist weiter, dass die Verordnung von 1994 die heutzutage einzige in Russland gültige Beschränkung des Eigentumsrechts an Massenmedien enthält. Hiernach darf ein Lizenznehmer nicht mehr als zwei Kanäle in einer Region belegen, falls sich die Sendebereiche seiner Radio- und/oder Fernsehsender ganz oder zu mehr als zwei Dritteln überschneiden. In der Verordnung ist ferner geregelt, dass eine erteilte Lizenz durch das sie erteilende Organ entzogen werden kann. Die Lizenz kann unter anderem wegen einer nach einer offiziellen schriftlichen Verwarnung erfolgten erneuten Verletzung der Lizenzbedingungen, der Verord-

---

[95] Hoffman-Riem W., Monachov V. Rundfunkrecht in Russland. Auf dem Weg zu einer neuen Medienordnung, Nomos Verlagsgesellschaft, Baden-Baden/Hamburg/St. Petersburg, 1994, S. 633.

nung oder der Gesetze der Russischen Föderation entzogen werden. Eine Lizenz wird für eine Dauer von 3 bis 5 Jahren erteilt. Bei Vorliegen besonderer Voraussetzungen (vor allem dann, wenn mehrere Bewerber die Erteilung einer Sendelizenz für denselben Rundfunkkanal erstreben) wird ein Ausschreibungsverfahren durchgeführt.

Die zehnjährige Praxis der Lizenzierung im Bereich des Rundfunks in der Russischen Föderation deckte eine Reihe von Problemen auf, die rechtlich geregelt werden müssen. So ist nach der heute gültigen Lizenzvergabeordnung der Erwerb von gleich zwei Lizenzen erforderlich. Zum einen bedarf der Betreiber einer Sendeanlage einer Lizenz. Zum anderen benötigen auch die Rundfunkgesellschaften eine Lizenz, um die Sendeanlage nutzen zu dürfen. Ist eine Rundfunkgesellschaft zugleich auch Betreiber einer Sendeanlage, so muss sie über beide Lizenzen verfügen. Unter den Medienfachleuten ist diesbezüglich die Meinung verbreitet, dass dieses rechtlich-organisatorische Modell mit einem Fahrschulauto verglichen werden kann – ein Lenkrad, aber zwei Bremspedale.[96] Nach diesem Modell muss sich der Gewinner einer von einem Staatsorgan durchgeführten Ausschreibung zur Erlangung des Rechts auf terrestrische Ausstrahlung von Fernseh- und Radiosendungen zusätzlich an einen anderen staatlichen „Schalter" wenden, um nunmehr eine Lizenz für die Sendetätigkeit (Betreiben von Sendeanlagen) zu erhalten. Dieses „Zwei-Schalter-Modell" der Lizenzvergabe ist offensichtlich veraltet und muss schnellstmöglich geändert werden.

Ein anderes Problem auf diesem Gebiet ist darauf zurückzuführen, dass die Rundfunkgesellschaften, die über eine im Wege der Ausschreibung erhaltene Lizenz verfügen, keine Möglichkeit haben, im Laufe der Zeit ihr Sendekonzept zu ändern. Dadurch werden sie gegenüber den Rundfunkgesellschaften benachteiligt, die ihre Lizenzen ohne Ausschreibung erhalten haben.

Die Entwicklung des Kabel- und Satellitenfunks wirft ein weiteres Problem auf. Die modernen Technologien ermöglichen es, gleichzeitig hunderte von Programmen innerhalb eines Sendebereichs zu übertragen sowie zugleich begleitende Dienstleistungen anzubieten (z. B. Telefonie und Internetzugang). Jedoch darf nach der oben erwähnten Regierungsverordnung vom 07.12.94 Nr. 1359 ein Lizenznehmer nicht mehr als zwei Kanäle in einer Region belegen, falls sich die Sendebereiche ganz oder zu mehr als zwei Dritteln überschneiden. Im Ergebnis verhindert diese an sich vernünftige, den Wettbewerb schützende Bestimmung die Entwicklung von fortschrittlichen Rundfunksystemen (Kabel- und Satellitenrundfunk, MMDS-Systeme u. a.).

Seit Februar 2002 ist die Lizenzierung im Bereich des Rundfunks im Föderalen Gesetz vom 25.09.98 Nr. 158-FZ „Über die Lizenzierung einzelner Tätigkeitsarten", das grundlegend die Lizenzfragen behandelt, nicht mehr geregelt. Insgesamt ist die Ausgliederung der Lizenzierung des Rundfunks aus dem Regelungsbereich

---

[96] Vgl. dazu: M. A. Fedotov Recht der Masseninformation in der Russischen Föderation, Moskau Verlag „Mezdunarodnije otnoshenija", 2002, S. 207.

dieses Gesetzes gerechtfertigt, weil die Übertragung der allgemeinen Lizenzvorschriften auf den Rundfunk wesentliche juristische und praktische Probleme mit sich brachte. Beispielsweise war in diesem Gesetz die Durchführung einer Ausschreibung für die Lizenzerteilung nicht vorgesehen, so dass Zweifel in Bezug auf die Rechtmäßigkeit der im Wege einer dennoch durchgeführten Ausschreibung erteilten Lizenzen entstanden. Hinsichtlich der Frage der Anwendbarkeit des Gesetzes auf den Rundfunk enthielt das Gesetz selbst ziemlich offensichtliche Widersprüche.

Es ist gelungen, all diese Probleme durch das Änderungsgesetz zum Gesetz „Über die Lizenzierung einzelner Tätigkeitsarten" vom 08.08.01 Nr. 128-FZ zu lösen, indem die Erteilung von Lizenzen zur Nutzung von Umlaufbahn- und Sendefrequenzen für den Rundfunk und die damit verbundenen Fragen aus dem Regelungsbereich des Gesetzes ausgeschlossen wurden. Im Ergebnis kehrte die Praxis zu den bereits 1991 im Mediengesetz enthaltenen Vorschriften für die Lizenzierung im Bereich des Rundfunks zurück.

Jedoch wird von vielen Medienrechtexperten darauf hingewiesen, dass die im Mediengesetz geregelte Lizenzvergabeordnung für den Rundfunk hinter den Prinzipien der gegenwärtigen Lizenzgesetzgebung zurückbleibt. So wird der Lizenzentzug laut Art. 32 des Mediengesetzes nicht durch Gericht, sondern durch eine Lizenzierungsbehörde durchgeführt. Außerdem sieht das Gesetz keine anderen Maßnahmen gegen den Verletzer der Lizenzbedingungen vor, als die Verwarnungserteilung und den Lizenzentzug. Keinesfalls positiv ist auch der Umstand, dass die Auflistung der Voraussetzungen für einen Lizenzentzug im Gesetz offen gelassen wurde. Allerdings muss dabei beachtet werden, dass das Mediengesetz lediglich die Konturen des Lizenzvergabeverfahrens bestimmt hat. Das Gesetz sieht vor, dass eine komplexe und detaillierte Regelung dieses Verfahrens in einem föderalen Gesetz über die Gründung und Tätigkeit einer föderalen Kommission für Rundfunk zu erfolgen hat. Dieses föderale Gesetz ist aber bis jetzt noch nicht verabschiedet worden.

Andererseits wird von den Medienwissenschaftlern angemerkt, dass sogar die rechtlichen Konstruktionen der neusten russischen Regelungen auf dem Gebiet der allgemeinen Lizenzgesetzgebung bei weitem nicht in allen Punkten als Vorlage für die Regelung des Lizenzvergabeverfahrens im Bereich des Rundfunks dienen können.[97]

Wie könnten diese Probleme gelöst werden?

Es scheint, dass ein für das heutige Russland optimaler rechtlich-organisatorischer Mechanismus der Lizenzvergabe im Bereich des Rundfunks nur in Übereinstimmung mit den Bestimmungen der Empfehlung des Ministerkomitees des Europarates Rec(2000)23 vom 20.12.00 über die Unabhängigkeit und die

---

[97] Vgl. dazu: Ševerdjaev S. O. „Über die Notwendigkeit der Reformierung der Regulierungsorgane im Bereich des russischen Fernsehens und des Rundfunks" im Sammelband „Perspektiven der Rundfunklizenzierung in Russland", Moskau, Hrsg. Institut für Probleme des Informationsrechts, 2004, S. 324 – 346.

Funktionen der Regulierungsbehörden für den Rundfunkbereich geschaffen werden kann.[98] Je umfangreicher, komplexer und dynamischer die Gestaltung des Sendebereichs der nationalen Medienunternehmen wird, desto mehr bedarf es einer durchdachten und angemessenen Regulierung der Rechtsverhältnisse innerhalb des Sendebereichs, um die einwandfreie Arbeit zu gewährleisten. Zwar haben die Mitgliedsländer des Europarates auf dem Gebiet der Rundfunkregulierung unterschiedliche Erfahrungen, in denen sich die jeweiligen politischen Systeme, das Niveau der Wirtschaftsentwicklung, historische und kulturelle Traditionen widerspiegeln. Jedoch wird in der Empfehlung des Europarates das Problem der qualitativen Regulierung der Tätigkeit im Bereich des Rundfunks nicht als eine nationale, sondern als eine gesamteuropäische Aufgabe verstanden.

Leider hat die Russische Föderation zur Lösung dieses gesamteuropäischen Problems bis jetzt nur einen symbolischen Beitrag geleistet, indem noch im Jahre 1991 im Mediengesetz die Notwendigkeit der Schaffung einer zivilisierten Regelungsbehörde im Bereich des Rundfunks, nämlich der Föderalen Kommission für Rundfunk, vorgeschrieben wurde (Art. 30–32 des Mediengesetzes).

Der langerwartete Durchbruch bei der Umsetzung der vorhandenen europäischen und russischen Ausarbeitungen zur Lösung des grundlegenden Problems des russischen Rundfunksystems – der Erlangung eines zivilisierten, den Anforderungen des XXI. Jahrhunderts entsprechenden Regulierungsorgans – muss als Teil des gegenwärtigen politischen Aufgabenbereichs von Präsident V. Putin in dessen zweiter Amtsperiode erfolgen. Außerdem würde die Erfüllung dieser Aufgabe zum bedeutungsvollen Ausdruck einer zivilisierten staatlichen Informationspolitik.

[98] Vgl. Europarat: Dokumente über die Probleme der Massenmedien, 3. Auflage, Sankt-Petersburg, Verlag „Lik“, 2002, S. 187-206.

Eigentums- und Vermögensrechte im Medienbereich

Das Verhältnis der Massenmedien zum Eigentum ist kompliziert. Assoziativ erinnert man sich diesbezüglich an die in der Mitte des 19. Jahrhunderts erfolgte Befreiung der russischen Bauern aus der Leibeigenschaft. Man schenkte den Bauern die persönliche Freiheit, das Eigentum an Grund und Boden blieb aber bei den bisherigen Grundherren. In den 90er-Jahren des letzten Jahrhunderts wiederholte sich das gleiche Befreiungsszenario im Bereich der Massenmedien. Den Journalisten wurde die Freiheit von ideologischen Dogmen geschenkt, den Zeitungen und Zeitschriften wurde erlaubt, unabhängig vom Parteistaat zu bestehen. Jedoch blieb das Eigentumsrecht am materiell-technischen Bestand der Massenmedien lange Zeit in staatlichen Händen. Bis heute befindet sich ein beträchtlicher Teil in staatlichem Eigentum, im Bereich der elektronischen Medien sind es sogar bis zu 90 Prozent. Und obwohl der Privatisierungsprozess immer noch stattfindet, führt er nicht zur Erweiterung des Konkurrenzfeldes, sondern zur Verfestigung bereits entstandener oligarchischer Monopole.

Besonders interessant ist die Frage des geistigen Eigentumsrechts im Bereich der Massenmedien. Durch das Entstehen der Digitaltechnologien und des Internets hat diese Frage an Aktualität gewonnen. Jedoch gehören die Vermögensrechte der Herausgeber von periodischen Druckausgaben nach dem Gesetz der Russischen Föderation vom 09.07.1993 Nr. 5351-1 „Über Urheberrecht und verwandte Schutzrechte" in das Prokrustesbett der Vermögensrechte der Verfasser von Sammlungen.

Gemäß Art. 11 Punkt 2 dieses Gesetzes steht dem Verleger von Zeitungen, Zeitschriften und anderen periodischen Ausgaben das ausschließliche Recht auf Nutzung solcher Ausgaben zu. Dieses Recht beschränkt sich aber auf die Nutzung der Ausgabe im Ganzen. Die Urheber von in derartige Ausgaben aufgenommenen Werken behalten das ausschließliche Recht auf Nutzung ihrer Werke unabhängig von der Ausgabe im Ganzen.

Aus der vermögensrechtlichen Perspektive ähneln die Druckmedien einem Gefäß oder einem ähnlichen Leergut. Das Recht auf das Leergut ist mit dem Recht auf dessen Inhalt nicht gleichbedeutend. Die Verleger von Massenmedien vertrauen diesbezüglich oftmals auf das Bestehen eines Arbeitsverhältnisses mit den Journalisten. Dabei hoffen sie, dass in Analogie zu anderen Bereichen schöpferischer Tätigkeit das Endprodukt der Tätigkeit dem Arbeitgeber zusteht. Nach Ansicht einiger Experten widerspricht dieser Standpunkt dem Gesetz der RF „Über Urheberrecht und verwandte Schutzrechte". Aus Art. 14 Punkt 4 des Gesetzes folgt, dass das ausschließliche Recht auf Nutzung von Werken, die in Erfüllung von Dienstpflichten oder eines dienstlichen Auftrags geschaffen wurden, dem Arbeitgeber zusteht, es sei denn, dass solche Arbeitgeber Zeitungen, Zeitschriften und andere periodische Ausgaben sind. Für Journalisten gilt somit Art. 11 Punkt 2 des Gesetzes. Daraus folgt, dass alleine das Bestehen eines Arbeitsverhältnisses für den Erwerb des Urheberrechts durch den Arbeitgeber in diesem Fall nicht ausreicht. Neben dem Arbeitsvertrag ist dazu noch ein Urheberrechtsvertrag erforderlich, in dem schriftlich alle Fragen geregelt werden, die für die rechtliche Anerkennung des Bestehens eines solchen Vertrages wesentlich sind.

Dem Journalisten kann sein Urheberrecht zugunsten seines Arbeitgebers ohne den Abschluss eines Urheberrechtsvertrages nicht genommen werden. Allerdings können Bestandteile dieses Rechts im Laufe des Arbeitsprozesses auf den Arbeitgeber übergehen. Alle Materialien, die bei den Massenmedien eingereicht werden, unterteilen sich nach Art. 42 des russischen Mediengesetzes in Autorenwerke und Briefe. In einer Informationsgesellschaft werden Texte zwischen dem Autor und der Redaktion durch die elektronische Post ausgetauscht. Der Form nach stellen diese Texte somit elektronische Briefe dar.

In Bezug auf die bei Medienredaktionen eingehenden Briefe besteht eine besondere Lage. Nach Art. 42 Abs. 2 des Mediengesetzes kann ein an die Redaktion adressierter Brief in den Mitteilungen und Materialien des Massenmediums genutzt werden, wenn dabei nicht der Sinn des Briefes entstellt wird und die Regelungen des Mediengesetzes nicht verletzt werden. Der Grad der Überarbeitung von Briefen im Wege der redaktionellen Vorbereitung ist viel höher, als bei einer Überarbeitung von Autorenartikeln. Man beschränkt sich dabei lediglich auf die Erhaltung des Sinns der eingegangenen Mitteilung.

Mit der Veröffentlichung von periodischen Ausgaben im Internet oder mit deren Digitalisierung ändert sich die rechtliche Lage beträchtlich. Die Digitalisierung von Zeitungen, Zeitschriften und anderen periodischen Ausgaben hat zur Folge, dass nunmehr die elektronische Form zu einer objektiven Darstellungs- und Organisationsform der Datengesamtheit (z. B. Artikel, fotografische Bilder, graphische Darstellungen) wird. Diese Datengesamtheit wird so systematisiert, dass die einzelnen Daten mit Hilfe von EDV gefunden und bearbeitet werden können. Somit bilden die digitalisierten Zeitungen, Zeitschriften und andere periodische Ausgaben eine Datenbank. Das Urheberrecht an einer Datenbank hat seine eigenen Besonderheiten. Neben den allgemeinen Bestimmungen des Gesetzes „Über Urheberrecht und verwandte Schutzrechte" gelten für Datenbanken die Vorschriften des speziellen Gesetzes der Russischen Föderation vom 23.09.1992 Nr. 3523-1 „Über den Rechtsschutz von Computerprogrammen und Datenbanken".

Das Urheberrecht an einer Datenbank wird unabhängig von ihrer Bestimmung und ihrem Wert anerkannt (Art. 3 Punkt 1 des Gesetzes „Über den Rechtsschutz von Computerprogrammen und Datenbanken"). Das heißt, dass für den urheberrechtlichen Schutz von Datenbanken nicht etwa ein minimaler schöpferischer Beitrag erforderlich ist. Alle Handlungen zur Schaffung einer Datenbank unterliegen dem urheberrechtlichen Schutz. Dies gilt auch dann, wenn die Datenbank aus Materialien besteht, die keine Gegenstände des Urheberrechts sind (Art. 5 des Gesetzes „Über den Rechtsschutz von Computerprogrammen und Datenbanken"). Dieses Recht ist jedoch nicht mit dem in der Gesetzgebung der Europäischen Union anerkannten Recht sui generis gleichzustellen. Der Hauptunterschied zwischen den selbständigen Datenschutzbestimmungen in der EU und den russischen Regelungen besteht im Verbot der Entnahme und der Nutzung eines wesentlichen Teils einer Datenbank zu anderen Zwecken ohne Zustimmung des Rechtsinhabers. In der russischen Gesetzgebung wird eine Datenbank als eine Art ungeordnete Ansammlung von Objekten angesehen, von denen manche Objekte Gegenstände des Urheberrechts sind, andere aber den Urheberrechtsschutz nicht genießen. Auf diese Weise lässt sich auch die vom Gesetzgeber aufgestellte Regel erklären. Laut Art. 5 Punkt 4 des Gesetzes „Über den Rechtsschutz von Computerprogrammen und Datenbanken" hindert das Urheberrecht an einer Datenbank andere Personen nicht daran, eine selbständige Sammlung und Organisierung von Werken und Materialien, die in diese Datenbank eingehen, durchzuführen.

Zugleich geht der Gesetzgeber hart mit denjenigen um, die die Rechte an einer Datenbank zum Zweck der Gewinnerzielung verletzen. Nach Art. 18 des erwähnten Gesetzes kann das Gericht nach eigenem Ermessen den Umfang des Schadensersatzes auf das bis zu 50.000fache der gesetzlich bestimmten Minimalgehälter festsetzen. Leider kann diese Norm in der Praxis nur gegen die Rechtsverletzer angewendet werden, die eine Datenbank vollständig kopieren, ohne aber diese zu überarbeiten.

In Anerkennung der Defizite dieser rechtlichen Konstruktion wird von den Autoren verschiedener Gesetzesentwürfe vorgeschlagen, den Inhalt der Massenmedien als eine dem Inhaber des jeweiligen Massenmediums gehörende Quelle zu betrachten. Die vollständige oder teilweise Nutzung der Informationsquelle macht seinerseits die Identifizierung der Herkunft von Mitteilungen und die Zustimmung des Quelleninhabers erforderlich.

Handelt es sich um den Rundfunk, so werden die Eigentumsverhältnisse um ein Mehrfaches komplexer, und zwar unabhängig davon, ob eine Kabel-, Satellitenübertragung oder eine Rundfunksendung vorliegt. Für eine Ausstrahlung oder Fernsehübertragung von kulturellen oder sportlichen Veranstaltungen ist das Einverständnis des Veranstalters einzuholen. Dieses Einverständnis zur Live-Übertragung oder zur Ausstrahlung der aufgenommenen Veranstaltung wird zum Element oder Bestandteil der Vermögensrechte der Rundfunkanbieter. Handelt es sich um ein exklusives Recht zur Übertragung solcher Veranstaltungen wie z. B. eine Fußballweltmeisterschaft oder ein Gala-Konzert weltberühmter Darsteller, so können die Aufnahmerechte und die Rechte auf die anschließende Verbreitung der gemachten Aufnahmen durch verschiedene materielle Informationsträger zum wichtigen Bestandteil des Vermögensrechts werden.

Neben dem erworbenen Recht „auf die Rundfunksendung und/oder auf die Kabelübertragung zum Zwecke der Unterrichtung der Allgemeinheit" verfügen die Rundfunkorganisationen über ein selbständig geschütztes Recht auf die von ihnen übertragenen Programme und Mitteilungen unabhängig von deren Inhalt. Dieses Recht der Rundfunkorganisationen ist Bestandteil des zivilrechtlichen Verkehrs und wird von den örtlichen Rundfunkanbietern gerne erworben. Je mehr andere Rechte der Rundfunkanbieter erwirbt, desto bedeutender wird das erwähnte Recht.

Das heißt, dass das bloße Recht einer Fernseh- und Hörfunkorganisation, überhaupt zu senden, den wirtschaftlichen Wert der Zahl „Null“ hat. Erst wenn in die Betrachtung der Erwerb von anderen ausschließlichen Rechten (z. B. Musikstücken und Filmen) einbezogen wird, erhöht sich der Wert des Ausstrahlungsrechts beträchtlich.

Viele Fernsehsendungen und Filme, die von unabhängigen Produzenten selbständig oder unter finanzieller Beteiligung von Fernsehkanälen geschaffen werden, gewinnen wegen der gleichzeitigen Übertragung des Rechts zur öffentlichen Vorführung und der Erlaubnis zur Einfügung von Werbeunterbrechungen an zusätzlichem Wert. Dabei ist das Recht auf die Bestimmung der Anzahl und der Dauer der Werbeunterbrechungen bei der Übertragung einer populären Fernsehsendung oder eines quotenträchtigen Films viel bedeutender als die Dauer, für die ein Vorführungsrecht erworben wird.

Die werbepolitische Kapazität von Fernsehkanälen oder Radiosendern ist ebenfalls ein wichtiger Bestandteil der Vermögensrechte. Durch die Einschaltung von Ratingagenturen und Schätzern kann auch dieser Aspekt der Medientätigkeit bei der Schätzung des Marktwerts von Massenmedien berücksichtigt werden.

Die den Massenmedien erteilten Registrierungsbescheinigungen und Sendelizenzen sind die wichtigsten Bestandteile der Vermögensrechte aller Massenmedien. Die Gefahr eines Lizenzentzugs oder eines Verlustes der Registrierungsbescheinigung bedeutet für ein Massenmedium den Verlust der Möglichkeit, auf dem Markt tätig zu sein. Auf diese Weise wird durch das Vorliegen dieser rechtsbegründenden Dokumente der Wert von anderen im Besitz der Massenmedien befindlichen und zur Nutzung im kommerziellen Verkehr bestimmten Rechtsobjekten multipliziert.

Als weiterer Bestandteil der Vermögensrechte der Massenmedien ist die Bezeichnung eines Massenmediums zu nennen, die auch als Warenzeichen registriert werden kann. Fast alle führenden Massenmedien haben ihre Bezeichnungen als Warenzeichen registrieren lassen, was zur erheblichen Erhöhung ihres kommerziellen Wertes führte. Manche Medien sind noch weiter gegangen und haben als Warenzeichen die Abbildungen von populären Moderatoren oder von Darstellern der Fernsehserien als Warenzeichen registriert. Anschließend werden diese Abbildungen Nutzungsinteressenten vertraglich überlassen.

Es gibt aber auch unberücksichtigte Vermögensquellen. Zum Beispiel entsteht bei der Vorbereitung von Fernseh- und Radioreportagen ein Archiv von Rundfunkaufzeichnungen. Nach Art. 24 des Gesetzes „Über Urheberrecht und verwandte Schutzrechte“ ist eine derartige Aufzeichnung innerhalb von 6 Monaten nach ihrer Herstellung zu vernichten oder an die offiziellen Archive zur Aufbewahrung zu übertragen. Nicht selten wird weder von der ersten noch von der zweiten Möglichkeit Gebrauch gemacht. Die Aufzeichnungen werden dann für die Herstellung von Dokumentarsendungen genutzt, obwohl die Umwandlung einer zeitbedingten Aufzeichnung in ein Dokument juristisch nicht registriert worden ist.

Abschließend ist darauf hinzuweisen, dass es in der Russischen Föderation keine spezielle Gesetzgebung zur Regelung von Vermögensfragen im Bereich der Massenmedien gibt. Im Ergebnis ist festzuhalten, dass alle Fragen hinsichtlich der Gewährleistung der Transparenz von vermögensrechtlichen Beziehungen und der Verhinderung der Monopolisierung durch allgemeine Rechtsvorschriften und vor allem durch das Gesetz der RF vom 22.03.91 Nr. 948-1 „Über die Konkurrenz und Beschränkung der Monopoltätigkeit auf den Warenmärkten" geregelt werden müssen. Jedoch sind nach der Ansicht von Medienrechtsexperten und in Anbetracht der vorhandenen Erfahrung der EU-Länder für die Regulierung der Fragen der Transparenz von vermögensrechtlichen Beziehungen und der Verhinderung der Monopolisierung im Bereich der Massenmedien spezielle Gesetze erforderlich.

Recht auf Information. Zugang zu geschützten Informationen

Es ist allgemein anerkannt, dass das Recht auf Information in Art. 29 Abs. 4 der Verfassung der Russischen Föderation geregelt ist. Nach dieser Bestimmung hat „jeder das Recht, Informationen auf jegliche legale Weise zu beschaffen, zu erhalten, weiterzugeben, zu produzieren und zu verbreiten“. Jedoch wird durch diese Formel nicht das selbständige subjektive Recht des Menschen auf die Information festgehalten, so wie dies in Art. 29 Abs. 1 und Abs. 5 hinsichtlich der Gedanken- und Redefreiheit und der Freiheit der Masseninformation der Fall ist. Die Absätze 2, 3 und 4 des Artikels 29 der Verfassung sind vielmehr Garantien der in den Abs. 1 und 5 verankerten informellen Freiheiten.

Durch die Regelung des Art. 38 „Das Recht auf Informationserhaltung“ im Gesetz „Über die Massenmedien“ (Mediengesetz) hat man versucht, das Fehlen eines der wesentlichen Grundpfeiler der Freiheit der Masseninformation – ein föderales Gesetz über das Recht auf Information – auszufüllen. Die ersten Versuche zur Verabschiedung eines solchen Gesetzes starteten bereits im Jahre 1987 noch vor dem Inkrafttreten des Gesetzes der UdSSR vom 12.06.90 „Über die Presse und andere Massenmedien“. Diese erfolglosen Versuche dauern bis zum heutigen Tage noch an. Bei der Ausarbeitung des Entwurfes des Gesetzes der Russischen Föderation „Über die Massenmedien“ (Mediengesetz) hat man die Aufgabe erkannt, zumindest die juristischen Konturen des Rechts der Bürger auf Information zu bestimmen. Die Lösung dieser Aufgabe ist nur teilweise gelungen: in Art. 38 des Mediengesetzes ist eine ziemlich eng gefasste Auflistung der Personen enthalten, deren Pflicht zur Weitergabe von Informationen mit dem Recht der Bürger auf die Erhaltung dieser Informationen korrespondiert. Nicht zu diesem Personenkreis gehören die Organe der örtlichen Selbstverwaltung, juristische Personen, natürliche Personen, die in staatlichem Dienst stehen, aber keine Amtsfunktionen ausüben usw. Das Recht auf Information ist in diesem Artikel ebenfalls ziemlich eng ausgelegt: Es ist nur die Erlangung von operativen Informationen durch die Massenmedien geregelt. Mit anderen Worten steht den Bürgern zwar das Recht auf Information zu, dieses kann von ihnen aber nur über die Massenmedien verwirklicht werden. Daraus folgt, dass die Journalisten ein weitergehendes Recht auf Information besitzen als sonstige Bürger.

Die bestehende Rechtslage ist historisch bedingt, denn der noch vor dem Mediengesetz ausgearbeitete Entwurf eines Gesetzes über das Recht auf Information (im Jahre 1987 hieß es Gesetz „Über die Offenheit“ („glasnost‘“)) scheiterte, wohingegen das zwei Jahre später ausgearbeitete Mediengesetz aber erfolgreich durch das Parlament angenommen wurde. Genau aus diesem Grunde bildete sich eine privilegierte Gruppe von Bürgern (nämlich die der Journalisten) heraus, der kraft Gesetzes weiter reichende Möglichkeiten zur Verfügung steht, Informationen zu erlangen, als den übrigen Bürgern. Eine solche Herangehensweise war auch für den Staat und die Staatsbeamten bequem, da sich dadurch die Kontrolle der Massenmedien und die Einführung von unrechtmäßigen Beschränkungen der Freiheit der Masseninformation viel leichter handhaben ließ. Deswegen hatte der Entwurf des Gesetzes „Über das Recht auf Information“ auch in der Folgezeit ein unglückliches Schicksal.

In der Verfassung der Russischen Föderation ist festgehalten, dass jeder das Recht hat, Informationen zu beschaffen und zu erhalten (Art. 29 Abs. 4). Hervorzuheben ist dabei, das dieses Recht jedem und nicht nur den Journalisten zusteht. Dieses Recht lässt sich nicht nur über die Informationsvermittlung durch die Massenmedien realisieren. Außerdem regelt die Verfassung der RF, dass die Organe der Staatsgewalt und die Organe der örtlichen Selbstverwaltung sowie ihre Amtsträger verpflichtet sind, jedem die Möglichkeit zu gewährleisten, in Dokumente und Materialien Einsicht zu nehmen, die seine Rechte und Freiheiten unmittelbar berühren (Art. 24 Abs. 2). Jedoch ist in der Praxis die Erlangung von Informationen für Bürger, die keinen journalistischen Status haben, erschwert aufgrund des Fehlens eines Mechanismus zur Realisierung ihrer Rechte und der entsprechenden gesetzlichen Garantien.

Allerdings hat man durch das Föderale Gesetz „Über Information, Informatisierung[99] und Informationsschutz“ versucht, diese juristische Ungleichheit abzuschaffen. In Art. 12 „Die Umsetzung des Rechts auf Zugang zu Informationen aus informationellen Ressourcen“ und in Art. 13 „Die Garantien der Informationsgewährung“ wurde die Regelung des Art. 24 Abs. 2 der Verfassung weiter ausgeführt. Die Vorschriften dieses Gesetzes wurden aber nur sehr schematisch formuliert und die konkrete Gestaltung der Gewährung des Informationszugangs damit den Informationsinhabern überlassen.

Das subjektive Recht auf Informationszugang ist in Art. 24 Abs. 2 der Verfassung der RF geregelt, wonach „die Organe der Staatsgewalt und die Organe der örtlichen Selbstverwaltung sowie ihre Amtsträger verpflichtet sind, jedem die Möglichkeit zu gewährleisten, in Dokumente und Materialien Einsicht zu nehmen, die seine Rechte und Freiheiten unmittelbar berühren, soweit vom Gesetz nichts anderes vorgesehen ist“. Durch die Aufstellung der – den Bürgerrechten korrespondierenden – Pflichten der anderen Rechtssubjekte hat man hier auf eine „spiegelbildliche“ Weise die Rechte der Bürger geregelt. Eine enge Auslegung dieser Verfassungsnorm lässt auf die persönlich zu erfolgende Einsicht in die Dokumente und Materialien schließen. Jedoch ist auch eine weitere Auslegung dieser Bestimmung auf Grund des Präsidialerlasses vom 31.12.93 (mit den Änderungen vom 01.09.00) „Über die zusätzlichen Garantien der Rechte der Bürger der Russischen Föderation auf Information“ möglich. Dieser Auslegung zufolge soll neben der unmittelbaren Offenlegung von Dokumenten und Materialien an interessierte Personen auch die Veröffentlichung von offiziellen Informationen erlaubt sein.

Es können folgende Formen des Informationszuganges unterschieden werden:

a) Informationsanfrage;

---

[99] Vgl. Fußnote 78, Kapitel 2.

b) Besuch der öffentlichen Sitzungen der Organe der Staatsgewalt;

c) Zugang zu Archiven und sonstigen Datenbanken.

Gemäß Art. 39 des Mediengesetzes ist die Medienredaktion berechtigt, Informationen über die Tätigkeit der staatlichen Organe und Organisationen, der öffentlichen Vereinigungen und ihrer Amtsträger anzufordern. Diese Vorschrift vermittelt eine Vorstellung über die wesentlichen Elemente des Rechtsverhältnisses, das bei der Geltendmachung des Rechts der Massenmedien auf die auf Anfrage zu erfolgende Informationsgewährung entsteht. In Art. 47 des Mediengesetzes sind unter den Rechten des Journalisten folgende Rechte genannt:

„1) das Recht, Informationen zu sammeln, anzufordern, zu erhalten und zu verbreiten,

2) staatliche Organe und Organisationen, Unternehmen und Anstalten sowie Organe der öffentlichen Vereinigungen oder ihre Pressestellen zu besuchen,

3) wegen einer Informationsanfrage von den Amtsträgern empfangen zu werden,

4) Zugang zu Dokumenten und Materialien zu erhalten mit Ausnahme solcher Auszüge, die ein staatliches, kommerzielles oder ein anderes durch Gesetz besonders geschütztes Geheimnis darstellen,

5) Dokumente und Materialien zu kopieren, zu veröffentlichen, bekannt zu machen oder auf eine andere Weise wiederzugeben".

Es muss berücksichtigt werden, dass auch andere Gesetze die Erlangung einer Information auf Anfrage regeln. So wird nach dem Föderalen Gesetz „Über Information, Informatisierung und Informationsschutz" der Anfragende von der Verpflichtung zur Darlegung der Gründe der Anfrage freigestellt (Art. 12 Punkt 1). Das Gesetz der Russischen Föderation „Über die Banken und die Banktätigkeit" vom 02.12.90 (in der Fassung vom 21.03.02) statuiert die Verpflichtung zur Gewährung der Information über die Tätigkeit einer Kreditorganisation, einer Bankgruppe oder einer Bankholding (Art. 8). Im Föderalen Gesetz „Über die Aktiengesellschaften" (in der Fassung vom 07.08.01) ist Art. 92 „Die notwendige Bekanntgabe der Informationen durch die Gesellschaft" enthalten. Zur weiteren Ausgestaltung dieser Vorschrift hat die Föderale Kommission für den Wertpapiermarkt durch ihre Verordnung vom 20.04.98 Nr. 9 „Die Bestimmungen über das Verfahren und den Umfang der Bekanntgabe von Informationen durch die offenen Aktiengesellschaften bei der im Wege der Zeichnung erfolgenden Anlegung der Aktien und der in Aktien konvertierten Wertpapiere" erlassen. In diesen Bestimmungen ist die Pflicht von offenen und geschlossenen Aktiengesellschaften zur Veröffentlichung von bestimmten Angaben geregelt. Das Verfahren zur Informierung der Bürger ist auch im Städtebaulichen Kodex der Russischen Föderation (in der Fassung vom 10.01.03) geregelt.

Die Gesetzgebungsakte der Subjekte der Russischen Föderation, die das Recht der Bürger auf Information garantieren, dürfen ebenfalls nicht unberücksichtigt bleiben. Solche Gesetzgebungsakte gibt es in den Gebieten Kaliningrad, Novosibirsk, Moskau, Sankt-Petersburg, in den Republiken Karelien, im Jüdischen Autonomen Gebiet sowie in vielen anderen Regionen der Russischen Föderation. In den Gesetzgebungsakten der genannten Regionen wurden interessante Elemente der rechtlichen Ausgestaltung des Rechts auf Information herausgearbeitet. Es scheint, dass diese rechtlichen Mechanismen für den Bereich der Massenmedien in dem zukünftigen Mediengesetz vereinheitlicht werden müssen. Ferner muss auch das Verfahren zur Beantwortung von Informationsanfragen der Massenmedien geregelt werden, welches in der heutigen Gesetzgebung nicht vorgesehen ist.

Es ist zu unterstreichen, dass die Informationsanfrage sowohl in schriftlicher als auch in mündlicher Form erfolgen kann. Nach dem Mediengesetz beginnen die Fristen für die Zustellung der Mitteilungen über die Verweigerung oder den Aufschub der Informationsgewährung im Fall einer mündlichen Antragstellung erst ab der Stellung des schriftlichen Antrages zu laufen. Durch diese Regelung werden Probleme geschaffen. Es entsteht insofern die Notwendigkeit, folgende Tatsachen zu beweisen: a) dass eine Anfrage tatsächlich erfolgte, falls die Ausübung des Rechts auf Information behindert wird; b) welche Information genau angefordert wurde; c) auf welche Weise die Informationsanfrage eingereicht wurde; d) das Datum der Entgegennahme der Anfrage durch den Adressaten. Im Fall einer mündlichen Anfrage sind keine gesetzlichen Garantien der Informationsgewährung vorgesehen; es sind faktisch keine Vorgehensmöglichkeiten gegen die Verweigerung der Informationsgewährung oder gegen die Untätigkeit des Adressaten vorhanden. Die im Mediengesetz vorgesehene Möglichkeit der mündlichen Anfrage ist aber eine notwendige Bedingung für den rechtlichen Schutz des Interviews als einer Form der journalistischen Tätigkeit.

Die Frage des Zugangs zu gerichtlichen Verhandlungen sollte gesondert betrachtet werden. In Art. 123 Abs. 1 der Verfassung der Russischen Föderation ist der Grundsatz der Öffentlichkeit von gerichtlichen Verhandlungen verankert: „Die Verhandlung ist in allen Gerichten öffentlich. Verhandlungen unter Ausschluss der Öffentlichkeit sind in den durch ein föderales Gesetz vorgesehenen Fällen zulässig". Im Unterschied zu der allgemeinen Regel hat der Journalist bei den gerichtlichen Verhandlungen im Vergleich zu anderen Bürgern keine besonderen Rechte. Wie alle anderen Bürger auch können die Journalisten bei den Gerichtsverhandlungen ungehindert anwesend sein und dabei schriftliche Notizen oder Tonbandaufnahmen machen, wenn dies den Gang der Gerichtsverhandlung – z. B. durch den Lärm der Tonbandgeräte – nicht behindert. Diese Handlungen bedürfen keiner besonderen richterlichen Erlaubnis. Jedoch ist für die Durchführung von Foto- und Filmaufnahmen, von Videoaufnahmen sowie für die Übertragung der Sitzung im Fernsehen und im Radio eine besondere Erlaubnis erforderlich. Dies ist in Art. 241 der Strafprozessordnung, in Art. 10 der Zivilprozessordnung und in Art. 11 der Arbitrageprozessordnung der Russischen Föderation geregelt.

Es gibt keine speziellen Vorschriften, die den Zugang der Journalisten zum Prozessstoff regelt. Die jeweiligen Prozessordnungen gestatten nur den am Verfahren Beteiligten die Einsicht in den Prozessstoff. In der Praxis erlauben aber die Richter (sowie auch die Ermittlungsbeamte und Staatsanwälte) den Medienvertretern, den Prozessstoff bei der Vorbereitung ihrer Publikationen noch vor der Prozessbeendigung zu benutzen. Allerdings gibt es auch anders gelagerte Fälle, in denen die Richter bemüht sind, die Veröffentlichung von Publikationen vor der Verkündung der gerichtlichen Entscheidung zu verhindern. In diesem Zusammenhang hat die Gerichtskammer für Informationsstreitigkeiten beim Präsidenten der Russischen Föderation in ihrer Empfehlung vom 24.12.97 „Über die Anwendung des Grundsatzes der Unschuldsvermutung in der journalistischen Tätigkeit" die Anforderung an die Massenmedien, „die Informationen, die die Entscheidungen des Gerichts vorausbestimmen, nicht zu verbreiten", für rechtswidrig erklärt. Der Umstand, dass ausschließlich die Gerichte über die Schuld des Bürgers zu urteilen haben, kann die Beschränkung des Rechts des Journalisten auf die Äußerung seiner Meinung zu den einzelnen Aspekten eines Ermittlungsverfahrens oder eines Gerichtsprozesses nicht begründen.

Der freie Zugang zu den Parlamentssitzungen ist in Art. 100 Abs. 2 der Verfassung RF garantiert. In dieser Norm ist der Grundsatz der Öffentlichkeit von Sitzungen des Föderationsrates und der Staatsduma statuiert. Wie auch beim Zugang zu gerichtlichen Verhandlungen ist der Grundsatz der Öffentlichkeit der Sitzungen des Föderationsrates und der Staatsduma nicht als ein den Journalisten und den Bürgern garantiertes Zugangsrecht, sondern als eine Norm des Gesetzgebungsprozesses ausgestaltet. Im Ergebnis weist die in den Geschäftsordnungen der beiden Kammern der Föderalversammlung enthaltene Auslegung dieses Grundsatzes einen einschränkenden Charakter auf und ermöglicht es, in vielen Fällen die Sitzungen für nichtöffentlich zu erklären. Ein wesentlicher Punkt bei dem Recht auf Zugang zu den Parlamentssitzungen und Materialien ist der Umstand, dass die Ausübung dieses Rechts nur bei Vorliegen einer Journalistenakkreditierung möglich ist. Das Recht, diese Akkreditierung zu erteilen, zu verweigern oder zu entziehen ist dabei den Gesetzgebungsorganen selbst vorbehalten. So kann nach Art. 48 des Mediengesetzes einem Journalisten die Akkreditierung entzogen werden, wenn „er oder die Redaktion die gültigen Akkreditierungsregeln verletzt".

Im Föderalen Gesetz „Über die Ordnung der Berichterstattung über die Tätigkeit der Organe der Staatsgewalt durch die staatlichen Massenmedien" ist die journalistische Tätigkeit viel zu ausführlich geregelt. Nach diesem Gesetz sind die föderalen staatlichen Rundfunkgesellschaften verpflichtet, in ihren Informationssendungen über Entscheidungen, Erklärungen und Handlungen der Parlamentskammern, über die Pressekonferenzen mit den Kammervorsitzenden sowie über die Auslandsbesuche der Delegationen der Parlamentskammern zu berichten. Ferner müssen die föderalen staatlichen Rundfunkgesellschaften wöchentlich eine Sendung über die Ergebnisse der Arbeit der Parlamentskammern, ihrer Komitees und Kommissionen ausstrahlen. Die Gestaltung der Sendungen (die Sendezeit und die

Reihenfolge der Sendungen) wird auf Vorschlag der Pressedienste der Parlamentskammern ausgearbeitet. Es ist zu beachten, dass die meisten Vorschriften dieses Gesetzes nicht funktionieren. Nach wie vor wird die Einhaltung dieses Gesetzes nicht kontrolliert. Die Nichteinhaltung des Gesetzes wird auch von den Organen der Staatsgewalt nicht gerügt. Jedoch haben einige Föderationssubjekte eigene Gesetze über die Berichterstattung über die Tätigkeit der regionalen staatlichen Gewaltorgane geschaffen.

Somit gehört der Zugang zu den Parlamentssitzungen und die Veröffentlichung von Parlamentsdokumenten offensichtlich zum Zuständigkeitsbereich der Gesetzgebungsorgane und wird weder als ein Recht auf Zugang zu Informationen im weiteren Sinne verstanden noch im Lichte der Freiheit der Masseninformation gesehen.

Auf dem Gebiet des Zugangs zu den Archiven und Datenbanken gibt es viele Probleme. Die gültige Gesetzgebung über die Archive und den Archivfond dient dem Schutz und der Zentralisierung von Informationen, während die Gesetzgebung über Information, Informatisierung und Informationsschutz das Verfahren und die Garantien des Zugangs zu Informationen nur in allgemeinen Zügen regelt. Aus diesem Grunde steht es noch bevor, in der Gesetzgebung über das Recht auf Zugang zu Informationen Vorschriften über den Zugang zu Informationen mit der Gesetzgebung über Archive, Bibliotheken und Datenbanken zu verknüpfen. Es scheint aber, dass zwischen diesen Bereichen – mit Ausnahme des Zugangs zu den Datenbanken mittels Kommunikationsnetzwerken – trotzdem nur ein mittelbarer Zusammenhang bestehen wird.

Zugang zu geschützten Informationen

Die Beschränkungen des Informationszuganges und die Schranken der Informationsfreiheit werden in bedeutendem Maße wegen der Gewährleistung der Unversehrtheit von gesetzlich besonders geschützten Geheimnissen aufgestellt. In den heute geltenden russischen föderalen Gesetzen werden mehr als 30 Arten von solchen Geheimnissen erwähnt. Aus diesem Grunde hat man versucht, diese Vielzahl von Beschränkungen gesetzlich zu regeln.

In Art. 10 des Föderalen Gesetzes „Über Information, Informatisierung[100] und den Informationsschutz" wurde die gesamte dokumentierte Information in zwei Kategorien aufgeteilt: offene (allgemein zugängliche) Information und Information mit beschränktem Zugang. Die Information mit beschränktem Zugang wird ihrerseits entsprechend den rechtlichen Voraussetzungen in zwei Arten je nach dem Maß der Beschränkung unterteilt: Information, die ein Staatsgeheimnis darstellt (strenges Maß der Beschränkung) und vertrauliche Information (mildes Maß der Beschränkung). Das genannte Gesetz gibt keine Definitionen für diese zwei Informationsarten und verweist diesbezüglich auf das Gesetz der Russischen Föderation „Über das Staatsgeheimnis" sowie auf die Gesetzgebung, in der verschiedene Arten der vertraulichen Information geregelt sind.

Die Bestimmungen des Art. 10 Punkt 3 dieses Gesetzes haben grundlegende Bedeutung. Dort sind Bestimmungen enthalten, nach denen die Beschränkung des Zuganges zu bestimmten Informationsarten verboten ist. Zu diesen Informationen gehören: normativ-rechtliche Informationen; Dokumente, die Informationen über den Zustand der Umwelt enthalten, welche für die Gewährleistung der gefahrlosen Existenz der Bürger, der bewohnten Ortschaften und der Industrieobjekte notwendig sind; Dokumente, die Informationen über die Tätigkeit der Organe der Staatsgewalt und der Organe der örtlichen Selbstverwaltung enthalten, die kein Staatsgeheimnis darstellen und den Bürgern ermöglichen, eine Vorstellung über solche Tätigkeit zu bekommen. Es ist ferner verboten, den Zugang zu Informationen zu beschränken, die ein gesammeltes Wissen darstellen. Darunter fällt das in Bibliotheken, Archiven und in den „Informationssystemen" verschiedener wissenschaftlicher Institutionen gesammelte Wissen, das für die Realisierung der Rechte, der Freiheiten und der gesetzlichen Interessen der Bürger notwendig ist oder an dem ein öffentliches Interesse besteht.

Der Zugang von Amtspersonen und von Bürgern der Russischen Föderation zu Staatsgeheimnissen erfolgt auf freiwilliger Basis und setzt die Übernahme der Verpflichtung zur Nichtverbreitung von überlassenen Informationen, soweit sie ein Staatsgeheimnis darstellen, gegenüber dem Staat sowie die Einverständniserklärung zur teilweisen vorläufigen Einschränkung der Rechte des Bürgers voraus. Die Bekanntgabe von Informationen, die ein Staatsgeheimnis darstellen durch die

---

[100] Vgl. Fußnote 78, Kapitel 2.

Person, der entweder solche Informationen gewährt wurden oder aber Kenntnis von diesen Informationen auf dem Dienst- oder Arbeitswege erlangt hat, hat eine strafrechtliche oder eine andere Verantwortung zur Folge.

Während der Personenkreis, dem solche Informationen überlassen oder auf dem Dienstwege bekannt werden, ziemlich scharf umrissen ist, ist die Lage hinsichtlich der Bestimmung der Personen, die auf dem Arbeitswege über solche Informationen Kenntnis erlangen, in großem Maße unbestimmt. Da die Aufgabe eines Journalisten in der Informierung der Gesellschaft besteht, gehört zu seiner Arbeit die Suche nach Informationen. Ist ein Journalist, der während der Informationssuche zum Inhaber von Informationen wird, die ein Staatsgeheimnis darstellen, wegen der Bekanntgabe dieser Informationen zur Verantwortung zu ziehen? Die meisten Rechtswissenschaftler sind der Auffassung, dass der Journalist nach der allgemeinen Regel nicht als Subjekt solcher Rechtsverletzungen anzusehen ist.

Art. 2 des Gesetzes der Russischen Föderation „Über das Staatsgeheimnis" bezeichnet als Staatsgeheimnis „staatlich geschützte Informationen und Nachrichten auf dem Gebiet seiner militärischen, außenpolitischen und ökonomischen Tätigkeit, im Bereich der Spionage und Gegenspionage und bei der operativ ermittelnden Fahndung zur Verbrechensbekämpfung, deren Verbreitung der Sicherheit der Russischen Föderation Schaden zufügen kann". Art. 5 des Gesetzes führt diese Auflistung näher aus und zählt Informationen, die ein Staatsgeheimnis darstellen, für jeden in Art. 2 genannten Bereich auf. Durch den Präsidialerlass „Über das Verzeichnis von Informationen, die ein Staatsgeheimnis darstellen" wird der Kreis der Staatsgeheimnisse noch mehr konkretisiert. Es gibt auch andere ausführliche Verzeichnisse der als Staatsgeheimnisse eingestuften Informationen, die durch die im Präsidialerlass bezeichneten Ministerien und Ämter aufgestellt werden. Das Verzeichnis von Informationen, die Staatsgeheimnisse darstellen, wird auch durch die Überbehördliche Kommission für den Schutz des Staatsgeheimnisses verfasst, deren Zusammensetzung auf Vorschlag der Regierung der Russischen Föderation durch den Präsidenten der RF bestätigt wird.

Die Aufmerksamkeit ist ferner auf die in diesem Bereich bestehenden Probleme zu richten. Erstens sind nicht alle behördlichen Verzeichnisse offen (allgemein zugänglich). Zweitens wurde das Gesetz der Russischen Föderation „Über das Staatsgeheimnis" noch vor der Verfassung angenommen und stimmt mit ihr nicht in allen Punkten überein.

Die Preisgabe eines Staatsgeheimnisses kann die Erteilung der Verwarnung an die Medienredaktion zur Folge haben. Im Fall der wiederholten Preisgabe von Staatsgeheimnissen kann die Tätigkeit der Massenmedien durch gerichtliche Entscheidung eingestellt werden. Zugleich darf ein Journalist nach der allgemeinen Regel dann nicht zur strafrechtlichen Verantwortung nach Art. 283 des Strafgesetzbuches der Russischen Föderation wegen der Preisgabe eines Staatsgeheimnisses herangezogen werden, wenn ihm dieses Geheimnis auf dem Dienst- oder Arbeitswege anvertraut wurde oder bekannt geworden ist. Dabei ist die Heranziehung zur strafrechtlichen Verantwortung nur dann möglich, wenn das preisgegebene Geheimnis in einem offenen und veröffentlichten Verzeichnis der Staatsgeheimnisse enthalten war. Dies folgt aus der Verordnung des Plenums des Obersten Gerichts der Russischen Föderation vom 31.12.95, die sowohl für die Staatsbürger der Russischen Föderation als auch für die Journalisten eine große Bedeutung hat. In dieser Verordnung wird darauf hingewiesen, dass „gemäß Art. 15 Abs. 3 der Verfassung der Russischen Föderation Gesetze sowie jegliche normativen Rechtsakte, die die Rechte, Freiheiten und Pflichten des Menschen und des Bürgers berühren, nicht angewendet werden können, wenn sie nicht offiziell zur allgemeinen Kenntnisnahme bekannt gemacht worden sind. In Übereinstimmung mit der oben genannten Verfassungsbestimmung darf das Gericht seine Entscheidung nicht auf nicht veröffentlichte normative Rechtsakte stützen, die die Rechte, Freiheiten und Pflichten des Menschen und des Bürgers berühren".

Art. 29 Abs. 4 der Verfassung der Russischen Föderation lautet: „Das Verzeichnis der Angaben, die ein Staatsgeheimnis darstellen, wird durch föderales Gesetz festgelegt". Nach dieser Verfassungsregelung ist eine stillschweigende (diskrete) Übertragung der Zuständigkeiten für die Festlegung des Verzeichnisses der Angaben, die ein Staatsgeheimnis darstellen, an die Exekutivorgane unzulässig. Indessen wird das Recht auf die Bestimmung, welche Angaben ein Staatsgeheimnis darstellen, im Gesetz der RF „Über das Staatsgeheimnis" teilweise auf die Exekutive übertragen. Somit entspricht die geltende Ordnung der Beschränkung der Informationsfreiheit aus Gründen der Wahrung von Staatsgeheimnissen nicht ganz der Verfassung der Russischen Föderation.

Im Unterschied zum Staatsgeheimnis gehören zur vertraulichen Information solche Angaben, für die eine Zugangsbeschränkung aufgestellt wird zum Zwecke der Einhaltung der Rechte und der gesetzlichen Interessen solcher Personen, die Informationsinhaber, Informanten oder Subjekte dieser Rechte und Interessen sind. Zur vertraulichen Information gehören mehrere Arten von Geheimnissen. Dazu gehört zum Beispiel das Geschäftsgeheimnis. Die Voraussetzungen für das Vorliegen eines Geschäftsgeheimnisses sind in Art. 139 des Zivilgesetzbuches der Russischen Föderation geregelt. Obwohl dieser Artikel die Amtsbezeichnung „Dienst- und Geschäftsgeheimnis" hat, ist die Definition des Dienstgeheimnisses darin nicht enthalten. Eine solche Definition befindet sich im Verzeichnis der vertraulichen Angaben, das durch den Präsidialerlass vom 06.03.97 bestätigt wurde. Der Zugang zu solchen Angaben wird von den Organen der Staatsgewalt nach den föderalen Gesetzen beschränkt. Trotz Fehlens einer präziseren Definition wird der Fachbegriff „Dienstinformation" großzügig in vielen föderalen Gesetzen benutzt.

Nach der Zivilgesetzgebung der Russischen Föderation sind das Geschäfts- und das Dienstgeheimnis in gleichem Maße zu schützten, im Unterschied zum Bankgeheimnis, welches seine eigenen Besonderheiten und eine besondere Schutzordnung hat (Art. 857 des Zivilgesetzbuches der RF). Dabei ist der in Art. 26 des Gesetzes „Über die Banken und die Banktätigkeit" verwendete Begriff des Bankgeheimnisses viel weiter als der in Art. 857 Punkt 1 des Zivilgesetzbuches enthaltene Begriff. Es ist offensichtlich, dass diese Vorschrift des Gesetzes „Über die Banken und die Banktätigkeit“ an die Regelung des Zivilgesetzbuches angepasst werden muss.

Zu der vertraulichen Information gehören auch Angaben über das Wesen einer Erfindung, eines Gebrauchsmusters oder eines gewerblichen Musters bis zur offiziellen Veröffentlichung der Informationen über diese Gegenstände.

Zur vertraulichen Information zählen ferner Angaben über die berufliche Tätigkeit, für die eine Zugangsbeschränkung nach der Verfassung der RF und den föderalen Gesetzen besteht. Dazu gehören unter anderem das ärztliche Berufsgeheimnis, das Berufsgeheimnis des Notars, das Anwaltsgeheimnis und das Postgeheimnis. Nach der Verfassung der Russischen Föderation werden auch das Personen- und Familiengeheimnis und das Privatgeheimnis geschützt. Jedoch gibt es noch kein Gesetz, in dem diese Arten der vertraulichen Information und die Bestimmungen zu ihrem Schutze geregelt sind. Eine besondere Art der vertraulichen Information bildet eine solche Information, die in Art. 11 des Föderalen Gesetzes „Über Information, Informatisierung und den Informationsschutz“ als Information über die Bürger (persönliche Daten) bezeichnet wird.

Im Mediengesetz ist der Begriff „vertrauliche Information“ nur in der Amtsbezeichnung des Art. 41 enthalten, obwohl dieser Begriff im Text der Vorschrift fehlt. Im Wege der Auslegung dieses Artikels kann darauf geschlossen werden, dass zur vertraulichen Information die in diesem Artikel aufgezählten Informationsarten gehören. Indessen lautet das nach dem Mediengesetz verabschiedete Föderale Gesetz „Über Information, Informatisierung und den Informationsschutz“: „Die Zuordnung zur vertraulichen Information erfolgt nach der durch die Gesetzgebung der Russischen Föderation aufgestellten Ordnung“ (Art. 10 Punkt 5). Gegenwärtig gilt der oben bereits erwähnte Präsidialerlass vom 06.03.97 „Über die Aufstellung des Verzeichnisses der Informationen vertraulichen Charakters“. In der Zukunft muss die entsprechende Ordnung gesetzlich geregelt werden. Aber sowohl nach der heutigen als auch nach der zukünftigen Rechtslage darf die Zuordnung jeglicher Information zur vertraulichen Information nicht im Ermessen des sie bereitstellenden Bürgers stehen. Somit hat sich gegenwärtig der Umfang des Begriffes „vertrauliche Information“ geändert und entspricht nicht der Amtsbezeichnung des Art. 41 des Mediengesetzes.

Der Zugang der Journalisten zur Information kann durch verschiedene Subjekte beschränkt werden:

1) durch staatliche Organe und Organisationen sowie durch die Organe der öffentlichen Organisationen, wenn es sich um ihre Information handelt, die ein Staatsgeheimnis, ein Geschäfts- oder Dienstgeheimnis oder ein anderes gesetzlich besonders geschütztes Geheimnis darstellt;

2) durch Organisationen und natürliche Personen, denen eine bestimmte kraft Gesetzes geheimzuhaltende Information wegen ihrer beruflichen Tätigkeit bekannt geworden ist;

3) durch Organisationen und natürliche Personen, wenn es sich um eine diese Personen und Organisationen oder ihre Tätigkeit betreffende Information handelt, es sei denn, sie sind kraft Gesetzes zur Bekanntgabe dieser Information verpflichtet;
4) durch die Inhaber von ausschließlichen Rechten an den Produkten ihrer intellektuellen Tätigkeit.

Spricht man über das Mediengesetz, so kann nach ihm die Informationsgewährung nur aus einem – auf die Regelungen der anderen Gesetze im Wesentlichen abgestimmten – Grunde gegenüber der Redaktion und somit auch gegenüber dem Journalisten verweigert werden, und zwar wenn diese Information Angaben enthält, die ein Staatsgeheimnis oder ein anderes gesetzlich besonders geschütztes Geheimnis darstellt.

Schutz der persönlichen Ehre

Es ist schon vor langer Zeit bemerkt worden, dass zwischen den ein Dreieck bildenden Rechten „Recht auf Information", „Freiheit der Masseninformation" und dem „Recht auf den Schutz der Würde und der Ehre" eine objektiv innewohnende Kollision der Rechte und Freiheiten besteht. Durch die Verfassung der Russischen Föderation und die Gesetzgebung werden die Rechte und Freiheiten dieses Dreiecks in ein nur verhältnismäßig labiles Gleichgewicht gebracht, obwohl dieser Ausgleich mittels eines ziemlich systematischen normativ-rechtlichen Mechanismus durchgeführt wird. Allerdings funktioniert dieser Mechanismus nicht immer fehlerfrei.

Art. 21 Abs. 1 der Verfassung der Russischen Föderation lautet: „Die Würde der Person wird vom Staat geschützt. Nichts darf als Grund dafür dienen, sie zu schmälern". In der Entscheidung des Verfassungsgerichts der Russischen Föderation vom 27.06.00 heißt es: „Die Würde ist die unerlässliche Eigenschaft des Menschen als höchster aller Werte, sie bildet die Grundlage für die Anerkennung und Achtung aller seiner Rechte und Freiheiten". Mit anderen Worten stellt die Achtung der Würde des Individuums das Grundprinzip des Systems der persönlichen Rechte und Freiheiten des Menschen und des Bürgers dar.

In Art. 23 der Verfassung der Russischen Föderation stehen die Begriffe „Ehre" und „guter Ruf" nebeneinander: „Jeder hat das Recht auf … den Schutz seiner Ehre und seines guten Rufes". In Art. 150 des Zivilgesetzbuches der RF werden die Begriffe „Ehre" und „guter Ruf" in ein einheitliches Immaterialgut vereint, dass unmittelbar nach der „Würde" folgt.

Wie immer sich ein Mensch in der Gesellschaft bewährt, wie immer er sich selbst einschätzt, was immer für – unter anderem auch negative – Eigenschaften er hat, sind der Staat und seine Organe verpflichtet, vollumfänglich alle Voraussetzungen für die Realisierung aller Rechte des Menschen zu schaffen, die den Schutz seiner Ehre gewährleisten und seine Würde und seinen guten Ruf schützen. Dies bedeutet vor allem, dass der Mensch notwendigerweise nicht als Einwirkungsobjekt, sondern als gleichberechtigtes Subjekt behandelt werden muss, das das Recht hat, seine Rechte und Freiheiten mit allen Mitteln zu verteidigen, die nicht vom Gesetz verboten sind (Art. 45 Abs. 2 der Verfassung der Russischen Föderation) und daneben das Recht hat, sowohl mit dem durch seine Organe vertretenen Staat (so die Entscheidung des Verfassungsgerichts der RF 03.05.95) als auch mit anderen Bürgern und juristischen Personen, einschließlich der Medienorganisationen, zu polemisieren.

Die in Art. 21 und 23 der Verfassung der Russischen Föderation aufgestellten Verbote erstrecken sich sowohl auf die Amtspersonen, die Staatsorgane und den gesamten Staat als auch auf die Journalisten und alle juristischen Personen, darunter auch auf die Medienredaktionen.

Das Recht auf den Schutz der Würde, der Ehre und der geschäftlichen Reputation kann mit dem Recht auf die Freiheit der Masseninformation kollidieren. Aus diesem Grunde ist in der russischen Gesetzgebung eine Reihe von Methoden zur Lösung der entstehenden Kollisionen und Widersprüche vorgesehen. Diese Methoden sind im Wesentlichen in drei Rechtsetzungsakten geregelt: im Mediengesetz der Russischen Föderation, im Zivilgesetzbuch der Russischen Föderation und im Strafgesetzbuch der Russischen Föderation. Auf welchem Wege werden die Fragen bezüglich des Schutzes der Ehre und der Würde gelöst?

Diese Fragen können erstens auf außergerichtlichem Wege gelöst werden, wenn der Staat sich überhaupt nicht in die Beilegung des zwischen einem Bürger und einer Medienredaktion – dem Geschädigten und dem „Beleidiger" – entstandenen Konflikts einmischt und daran nicht teilnimmt. Für die Lösung dieses Konflikts sind in der Gesetzgebung zwei Möglichkeiten vorgesehen: das Recht auf Antwort (Replik, Kommentar) (Art. 46 des Mediengesetzes) und das Recht auf Gegendarstellung (Art. 43–45 des Mediengesetzes). Dieser Weg kann als „Nichtbeteiligung des Staates" bezeichnet werden.

Beim zweiten Lösungsweg entscheidet der Staat darüber, wer im entstandenen Streit Recht hat und tritt in der Rolle eines Schiedsrichters auf. Dabei sichert der Staat natürlich auch die Ausführung seiner Entscheidung. Bei diesem Lösungsweg sind auch zwei Möglichkeiten vorgesehen: der Schutz der Ehre und der Würde (Art. 152 des Zivilgesetzbuches der RF) und als eine zusätzliche Variante die Kompensation des moralischen Schadens (Art. 151 des Zivilgesetzbuches der RF). Es ist dabei darauf hinzuweisen, dass Art. 62 des Mediengesetzes, in dem die Kompensation des moralischen Schadens geregelt ist, heute praktisch keine Geltung mehr hat, da diese Vorschrift mit den Vorschriften des später in Kraft getretenen Zivilgesetzbuches der RF im Widerspruch steht. Ist der Versuch der Durchsetzung des Rechts auf Antwort oder auf Gegendarstellung auf dem außergerichtlichen Wege misslungen, so hat der Verletzte die Möglichkeit, diese Rechte auf gerichtlichem Wege durchzusetzen. Dabei kann der „Beleidiger" unter Umständen seinen privilegierten Status beanspruchen (Art. 57 „Haftungsbefreiung"). Dieser Weg kann als „Auftreten des Staates als Schiedsrichter" bezeichnet werden.

Schließlich schützt der Staat beim dritten Weg den Verletzten, obgleich er natürlich den „Spieß" umdrehen kann und somit denjenigen verteidigen kann, der unrechtmäßig als „Beleidiger" galt, ohne es in Wirklichkeit gewesen zu sein. Dieser Weg kann als „der Staat als Verteidiger" bezeichnet werden. Ist der zweite Weg dem Zivilprozess zuzuordnen, so gehört der dritte Weg dem Strafprozess an. Hier sind ebenfalls zwei Möglichkeiten zu unterscheiden: die „Verleumdung" (Art. 129 des Strafgesetzbuches) und die „Beleidigung" (Art. 130 des Strafgesetzbuches). Die Straftaten nach Art. 129 Abs. 1 und nach Art. 130 des Strafgesetzbuches sind Privatklagedelikte und werden nur auf Antrag des Geschädigten oder seines gesetzlichen Vertreters verfolgt. Diese Verfahren sind einzustellen, wenn der Geschädigte und der „Beleidiger" bis zu dem Zeitpunkt Frieden schließen, in dem das Gericht sich zur Urteilsberatung in das Beratungszimmer zurückzieht (Art. 20 Abs. 2 der Strafprozessordnung der Russischen Föderation).

In dem zuerst dargestellten Fall, wenn der Staat unbeteiligt bleibt, hängt der Ausgang der Streitigkeit unter anderem von dem „Gewicht" der Parteien – des Geschädigten und des „Beleidigers" – ab. Man kann sich sicherlich den Verlauf des Streites zwischen der Stadtverwaltung der Stadt Moskau und irgendeiner kleinen Zeitung, die in irgendeinem Bezirk der Hauptstadt veröffentlicht wird, vorstellen. Genauso kann man sich den Verlauf des Streites zwischen einem Bürger und einer Großzeitung, die nicht nur über eine Rechtsabteilung verfügt, sondern es sich auch leisten kann, die besten Rechtsanwälte zu engagieren, vorstellen. Dabei ist aber der Ausgang des Streits sowohl im ersten als auch im zweiten Falle nicht vorausbestimmt.

Viel interessanter sind der zweite und der dritte Lösungswege. Bei dem zweiten Lösungsweg hat es der „Beleidiger" im Prozess viel schwieriger, jedoch kommt er im Falle des Unterliegens viel leichter davon. Was den Kläger angeht, so hat er hier nur die Tatsache der Verbreitung von Angaben über ihn zu beweisen. Begehrt der Kläger den Ersatz des moralischen Schadens, so hat er auch die Tatsache und den Charakter der ihm zugefügten moralischen Leiden zu beweisen. Hinsichtlich aller anderen Tatsachen sind die Redaktion und der Journalist beweispflichtig. Als Ergebnis kommt hier die Veröffentlichung einer Gegendarstellung und die Zahlung einer bestimmten Geldsumme in Betracht – falls ein moralischer Schaden zugefügt wurde.

Bei der dritten Variante hat es dagegen der Geschädigte viel schwerer. In der Tat hat hier der Journalist wegen seiner Unschuldsvermutung die Wahrhaftigkeit des von ihm verfassten Beitrages nicht zu beweisen, in dem nach Auffassung des Geschädigten die Verleumdungsmerkmale erfüllt sind. Der Journalist ist nicht verpflichtet, gegen sich selbst auszusagen. Die Beweislast liegt hier beim Geschädigten; aus diesem Grunde wird gerade von der anklagenden Partei die Tatsache der Verleumdung oder der Beleidigung in den Medienbeiträgen bewiesen. Gelingt es aber, die Schuld des Journalisten zu beweisen, so trifft es den Journalisten viel härter, als in den zwei anderen dargelegten Situationen – er wird vorbestraft sein, und dies ist eine viel strengere Haftung, als die Kompensation des moralischen Schadens. Freilich kommt die Verhängung einer finanziellen Sanktion, zum Beispiel, die Verhängung einer Geldstrafe, auch nicht dem Geschädigten, sondern der Staatskasse zugute. Darin besteht noch ein Unterschied zum zweiten Lösungsweg, bei dem es sich um die Kompensation des moralischen Schadens handelt.

Somit kann der Geschädigte, dessen Ehre, Würde oder geschäftliche Reputation verletzt worden ist, den für ihn günstigsten und aussichtsreichsten Verteidigungsweg wählen.

Die „geschäftliche Reputation" stellt einen Sonderfall des „guten Rufes" dar. Genau aus diesem Grunde ist in der Verfassung der Russischen Föderation diese Kategorie nicht vorgesehen. Im Unterschied zu Ehre und Würde, die in jedem Falle geschützt werden, gibt es auf dem Gebiet der öffentlichen Beziehungen, auf dem die geschäftliche Reputation geschützt wird, bestimmte Beschränkungen. Die Information, die eine Klage wegen des Schutzes des geschäftlichen Rufes begründet, muss entweder professionelle oder geschäftliche Eigenschaften einer Person betreffen, die sich auf die Teilnahme am bürgerlichen Geschäftsverkehr beziehen – im Zivilgesetzbuch der Russischen Föderation wird der Begriff „geschäftlich" ausschließlich im Zusammenhang mit unternehmerischer Tätigkeit gebraucht.

In Art. 29 der Verfassung der RF wird den Staatsbürgern die Gedanken- und Redefreiheit einschließlich des Rechts auf Meinungs- und Überzeugungsäußerung garantiert. Bei der Veröffentlichung von Tatsachen und Meinungen in den Massenmedien kann diese Freiheit mit dem Recht auf den Schutz der Ehre, des guten Rufes und der Würde kollidieren. Es besteht ein Unterschied zwischen einer Klage wegen des Schutzes der Ehre, der Würde und der geschäftlichen Reputation und einem Strafantrag wegen Verleumdung einerseits und einem Strafantrag wegen Beleidigung andererseits. Die Verfahren wegen des Schutzes der Ehre, der Würde und der geschäftlichen Reputation und wegen der Verleumdung können nur Angaben zum Gegenstand haben. Dies bedeutet, dass es sich dabei um Tatsachen und nicht um Werturteile handelt. Spricht man über Beleidigung, so ist die Situation eine prinzipiell andere: man interessiert sich nicht dafür, ob eine bestimmte Information der Wahrheit entspricht oder nicht, wichtig ist gerade die Bewertung dieser Information und die Form (angemessene oder nicht angemessene), in der dieses Werturteil abgegeben wurde. Für die Rechtsprechung besteht das wesentliche Problem darin, Tatsachen von Meinungsäußerungen abzugrenzen – das, was für die Theorie des Journalismus als Postulat gilt, erweist sich als eine gar nicht so einfache juristische Aufgabe. So wurden in der Rechtsprechung Fälle verzeichnet, in denen ein Widerruf gemäß Art. 150 des Zivilgesetzbuches der RF nicht nur hinsichtlich der verbreiteten faktischen Angaben, sondern auch hinsichtlich der Meinungen und Werturteile verfügt wurde. Es scheint, dass in diesen Fällen das verfassungsrechtliche Gleichgewicht zugunsten des Schutzes der Ehre, der Würde und der geschäftlichen Reputation und zu Lasten der Meinungs-, der Redefreiheit und der Freiheit der Masseninformation verletzt wird. Die Aufforderung zum Widerruf von Werturteilen und Meinungen verstößt gegen Art. 29 Abs. 3 der Verfassung der Russischen Föderation, der lautet: „Niemand kann gezwungen werden, seine Meinungen und Überzeugungen zu äußern oder sich von ihnen loszusagen". Denn im Grunde genommen wird eine Person durch diese Aufforderung gezwungen, sich von ihrer geäußerten Meinung oder Überzeugung loszusagen. Ist jemand der Auffassung, dass die von einem Journalisten in den Massenmedien geäußerte Meinung oder Überzeugung seine Würde beeinträchtigt oder seine Ehre, seinen guten Ruf oder seine geschäftliche Reputation verletzt, so kann er nach Art. 46 des Mediengesetzes das Recht auf Antwort beanspruchen.

Wirksame Verteidigungsmittel gegen die Anschuldigungen wegen der Verletzungen der Ehre, der Würde und der geschäftlichen Reputation sind in Art. 57 des Mediengesetzes festgelegt. In diesem Artikel sind Fälle aufgelistet, in denen die Redaktion, der Chefredakteur und der Journalist von der Haftung wegen der

Verbreitung von wahrheitswidrigen und die Ehre und die Würde von Bürgern oder von Organisationen verletzenden Informationen befreit sind.

Die Intention des Gesetzgebers ist klar – man will den Journalisten von der Haftung in all den Fällen freistellen, in denen nicht er, sondern jemand anderer, der bereits der Sache nach als vertrauenswürdig gilt, als Quelle der streitigen Information in Betracht kommt. Aus diesem Grunde gilt diese Privilegierung dann, wenn die streitige Information in Mitteilungen enthalten war, die kraft Gesetzes veröffentlicht werden müssen oder auch dann, wenn die Information von Informationsagenturen erlangt wurde. Die genannte Privilegierung umfasst auch die Fälle, in denen die streitige Information in der Beantwortung einer Informationsanfrage oder in Materialien der Pressedienste von Staatsorganen, Organisationen, Anstalten, Unternehmen und Organen öffentlicher Vereinigungen enthalten war.

Der Journalist ist von der Verantwortung auch dann freizustellen, wenn die streitige Information eine wörtliche Wiedergabe von Fragmenten einer Rede eines Abgeordneten während einer Tagung eines Gesetzgebungsorgans sowie einer offiziellen Rede einer Amtsperson eines Staatsorgans und einer öffentlichen Vereinigung darstellt. Allerdings wird die Formulierung „wörtliche Wiedergabe" in der Rechtsprechung manchmal ausschließlich buchstäblich ausgelegt, wohingegen es sich dabei nach der Intention des Gesetzgebers um eine gewissenhafte, den Sinn nicht entstellende und nicht verfälschende Wiedergabe der Fragmente der Reden und anderer Auftritte handelt.

Gewiss haftet ein Journalist oder eine Redaktion auch dann nicht, wenn die streitige Information während einer Direktübertragung zum Beispiel von einem Radiohörer oder einem Studiogast mitgeteilt wurde.

Schließlich werden Journalisten und Redaktion auch dann von der Haftung befreit, wenn die streitige Information eine wörtliche Wiedergabe von Berichten und Materialien (oder ihrer Fragmente) eines anderen Massenmediums darstellt, das festgestellt und wegen dieser Gesetzesverletzung zur Verantwortung gezogen werden kann.

Demnach hat das Recht auf den Schutz der Ehre und der Würde seine verfassungsrechtlichen Grenzen, die unter anderem auch durch die Freiheit der Masseninformation und durch das Recht auf Information bedingt sind. Es sind auch ganz wirksame Mechanismen zur Sicherung des Gleichgewichts zwischen den genannten Rechte und Freiheiten vorhanden.

Schutz der Individualsphäre

In Übereinstimmung mit Art. 8 der EMRK, in dem "der Anspruch auf Achtung des Privat- und Familienlebens" gewährleistet wird, garantiert die Verfassung der Russischen Föderation den Bürgern das Recht auf Unantastbarkeit des Privat- und Familienlebens, das Recht auf das Geheimnis des Schriftverkehrs, von Telefongesprächen, postalischen, telegrafischen und anderen Mitteilungen. Die Verfassung verbietet das Sammeln, das Aufbewahren, die Verwendung und die Verbreitung von Informationen über das Privatleben einer Person ohne ihr Einverständnis.

Einer der Ausflüsse des Schutzes des Rechts auf Unantastbarkeit des Privatlebens ist die im Strafgesetzbuch der Russischen Föderation vorgesehene Geld- oder Freiheitsstrafe für den Verrat von Geheimnissen des Privatlebens, des Schriftverkehrs und des Adoptionsgeheimnisses (Art. 137, 138 und 155). Voraussetzung für die Bestrafung ist in der Regel das Fehlen des Einverständnisses des betroffenen Bürgers, das Vorliegen von eigennützigen Absichten sowie die Schädigung der Rechte und der Interessen des Bürgers.

Die Unantastbarkeit des Privatlebens ist auch anerkanntes Objekt des bürgerlichen Rechts und wird vom Zivilgesetzbuch der Russischen Föderation geschützt (Art. 150).

Das Gesetzbuch über Ordnungswidrigkeiten sieht seinerseits eine Geldstrafe für die Verletzung des gesetzlich geregelten Verfahrens der Verbreitung von Informationen über Bürger (Art. 13.11) vor.

Die im Föderalen Gesetz vom 20.02.95 Nr. 24-FZ „Über die Information, Informatisierung[101] und den Informationsschutz" enthaltene Definition des Begriffs „persönliche Daten" ermöglicht es, praktisch jede Mitteilung über Tatsachen und Ereignisse des Privatlebens und über Schicksalsumstände, die eine Identifizierung der Person möglich machen, als Privatgeheimnis zu qualifizieren. Sind diese Umstände von der betroffenen Person zuvor öffentlich bekannt gemacht worden, so stellen diese Mitteilungen selbstverständlich kein Privatgeheimnis mehr dar. In diesem Zusammenhang hat der Beschluss des Verfassungsgerichts der Russischen Föderation vom 14.07.98 eine große Bedeutung, der die Überprüfung einzelner Vorschriften des Föderalen Gesetzes „Über die vorbeugende Verbrechensbekämpfung und Fahndungstätigkeit" auf ihre Verfassungsmäßigkeit zum Gegenstand hatte. Dieses Gesetz bestimmt folgendes: „Informationen über eine strafbare Handlung gehören nicht zum Privatleben einer Person, bei denen das Sammeln, das Aufbewahren, die Verwendung und die Verbreitung ohne ihr Einverständnis unzulässig sind. Daraus folgt, dass das Sammeln, das Aufbewahren, die Verwendung und die Verbreitung von Informationen über strafbare Handlungen „nicht als Verletzung der in Art. 24 der Verfassung der Russischen Föderation garantierten Verfassungsrechte angesehen werden können".

---

[101] Vgl. Fußnote 78, Kapitel 2.

Das Föderale Gesetz „Über die Information, Informatisierung und den Informationsschutz“ enthält Vorschriften über das Sammeln, die Verwendung und das Aufbewahren von persönlichen Daten durch Staatsorgane und Organe der Ortsverwaltung. In diesem Gesetz wird hervorgehoben, dass persönliche Daten zum Zwecke der Zufügung von Vermögensschäden oder immateriellen Schäden sowie zur Erschwerung der Realisierung von Bürgerrechten und Freiheiten nicht genutzt werden dürfen. Die Beschränkung der Bürgerrechte durch die Verwendung von Informationen über die soziale Herkunft, über die Rassen-, National- und Sprachzugehörigkeit sowie über die Religions- und Parteizugehörigkeit ist verboten und wird gesetzlich bestraft.

Das Arbeitsgesetzbuch der Russischen Föderation enthält ebenfalls eine Reihe von Bestimmungen über den Schutz persönlicher Daten von Arbeitnehmern: es werden Beschränkungen für das Sammeln solcher Daten nach Inhalt und Umfang aufgestellt. Das Gesetzbuch garantiert die Einhaltung der Rechte von Arbeitnehmern bei der Überlassung ihrer persönlichen Daten an Dritte sowie das Recht der Arbeitnehmer auf den Zugang, das Kopieren und die Berichtigung eigener in Verwahrung des Arbeitgebers befindlicher Daten. Dabei ist der Arbeitgeber nicht berechtigt, persönliche Daten des Arbeitnehmers über seine politischen, religiösen oder anderen Überzeugungen und über sein Privatleben entgegen zu nehmen und zu verarbeiten.

In den Grundlagen der Gesetzgebung der Russischen Föderation über den Schutz der Bürgergesundheit vom 22.07.93 Nr. 5487-1 wird auch das Verbot der Bekanntgabe eines ärztlichen Berufsgeheimnisses aufgestellt. Unter das ärztliche Berufsgeheimnis fallen Informationen über die Inanspruchnahme ärztlicher Hilfe, über den Gesundheitszustand des Bürgers, über die Diagnose seiner Erkrankung sowie über andere bei der Untersuchung und Behandlung erhaltene Informationen. Das Gebot der Geheimhaltung umfasst auch Informationen über die Todesursache des Patienten.

Nach den Grundlagen der Gesetzgebung der Russischen Föderation über das Notariat vom 11.02.93 Nr. 4462-1 ist die Verbreitung von Informationen über vollzogene notarielle Handlungen, wie z. B. über eine Testamentserrichtung, verboten.

Gemäß Art. 49 des Mediengesetzes der Russischen Föderation ist der Journalist verpflichtet, „von dem betroffenen Bürger oder von seinem gesetzlichen Vertreter ein Einverständnis zur Verbreitung von Informationen über sein Privatleben in Massenmedien einzuholen (es sei denn, die Verbreitung solcher Informationen ist zum Schutze von öffentlichen Interessen notwendig)“. Diese Vorschrift enthält ferner ein explizites Verbot der Bekanntgabe von Informationen über minderjährige Straftäter und Geschädigte: „Die Redaktion ist ohne Einverständnis des Minderjährigen oder seines gesetzlichen Vertreters nicht berechtigt, in den verbreiteten Berichten und Materialien Informationen bekannt zu geben, die mittelbare oder unmittelbare Hinweise auf die Person eines Minderjährigen enthalten, der eine Straftat begangen hat, einer Straftat verdächtig ist sowie eine Ordnungswidrigkeit oder eine gesellschaftsfeindliche Tat begangen hat. Die Redaktion ist ohne Einverständnis des Minderjährigen oder seines gesetzlichen Vertreters nicht berechtigt, in den verbreiteten Berichten und Materialien Informationen zu verbreiten, die mittelbar oder unmittelbar auf die Person des geschädigten Minderjährigen hinweisen".

Die Garantien der Unantastbarkeit von Privatgeheimnissen sind auch in den prozessualen Vorschriften über die Öffentlichkeit von Gerichtsverhandlungen enthalten.

Zu den zugänglichen Informationen aus dem Bereich der persönlichen Daten gehört die Information über das Einkommen und das Vermögen von Staatsangestellten. Dies ist im Präsidialerlass vom 15.05.97 Nr. 484 „Über die Gewährung von Auskünften über das Einkommen und das Vermögen der Personen, die ein öffentliches Amt der Russischen Föderation bekleiden oder eine staatliche Stellung im Staatsdienst sowie ein Amt in den Organen der Ortsverwaltung bekleiden" geregelt. In diesem Erlass ist das Verfahren zur Gewährung von Auskünften über das Einkommen und das Vermögen der Personen, die ein staatliches oder munizipales Amt bekleiden, an die gesamtrussischen Massenmedien geregelt.

Der Antrag der Redaktion eines gesamtrussischen Massenmediums, in dem die Gewährung von Auskünften über das Einkommen und das Vermögen einer Amtsperson innerhalb einer Wochenfrist ab dem Eingang des Antrages begehrt wird, wird zur Ausführung an die Personalabteilung des entsprechenden Amtes weitergeleitet. Enthält der Redaktionsantrag keine Verpflichtung zur Veröffentlichung von angeforderten Auskünften in der baldmöglichsten Ausgabe oder innerhalb einer Wochenfrist ab dem Tag des Erhalts der Auskünfte, so wird der Antrag nicht bearbeitet und zurückgewiesen. Die Personalabteilung des Staatsorgans unterrichtet ihrerseits die betroffene Person über den Antrag und leitet an die gesamtrussischen Medien folgende Daten weiter:

- den summarischen deklarierten Wert des Immobilienvermögens, der Transportmittel und der Wertpapiere, die sich im Eigentum der Amtsperson befinden;
- eine Auflistung der Immobilien, die sich im Eigentum der Amtsperson befinden oder ihr zur Nutzung überlassen worden sind, jeweils mit Angaben über die Art, die Fläche und das Land, in dem sich die Immobilie befindet (aber ohne Adressenangabe);
- das deklarierte Jahreseinkommen.

Dabei dürfen aber die zur Verfügung gestellten Informationen keine Daten über den Ehegatten, die Kinder und andere Familienmitglieder der Amtsperson sowie keine Daten, die die Feststellung des Wohnortes, der postalischen Adresse, der Telefonnummer usw. ermöglichen, enthalten.

Die Zugänglichkeit von Informationen über das Privatleben einer Person kann nach Ansicht einiger Rechtswissenschaftler nicht nur von dem bekleideten Amt abhängen, sondern auch von dem Ort, an dem sich die Person aufhält. Hierbei geht es um die Frage, ob sich der rechtliche Schutz von Privatgeheimnissen auf das Verhalten einer Person an zum Gemeingebrauch bestimmten Orten erstreckt. In diesem Zusammenhang entsteht die Frage, was unter einem zum Gemeingebrauch bestimmten Ort zu verstehen ist. In Art. 262 des Zivilgesetzbuches der Russischen Föderation ist geregelt, dass die Bürger das Recht haben, sich frei und ohne jegliche Erlaubnis auf nicht dem Gemeingebrauch entzogenen, in staatlichem oder munizipalem Eigentum befindlichen Grundstücken aufzuhalten. Ist das Grundstück nicht umzäunt oder hat sein Eigentümer auf eine andere Weise nicht kenntlich gemacht, dass der Zugang zum Grundstück ohne sein Einverständnis verboten ist, so kann jede Person das Grundstück unter der Bedingung betreten, dass der Eigentümer dadurch weder geschädigt noch gestört wird.

Das Bodengesetzbuch der Russischen Föderation vom 25.10.01 Nr. 136-FZ regelt in Art. 85, dass zu sich in Gemeingebrauch befindlichen Grundstücken Plätze, Straßen, Durchfahrten, Autostraßen, Uferstraßen, Grünanlagen, Boulevards, künstliche Gewässer, Strände und andere Objekte gehören.

In Art. 21 des Forstgesetzbuches der Russischen Föderation vom 29.01.97 Nr. 22-FZ wird den Bürgern das Recht auf freies Verweilen in Staatswäldern sowie in sonstigen Wäldern garantiert, soweit nicht etwas anderes von der Gesetzgebung der Russischen Föderation bestimmt ist.

Nach dem Wassergesetzbuch der Russischen Föderation vom 16.11.95 Nr. 167-FZ werden unter Wasserobjekten des Gemeingebrauchs Objekte verstanden, die zur allgemeinzugänglichen offenen Benutzung freigegeben sind. Wasserobjekte, die sich in staatlichem Eigentum befinden sowie die in munizipalem Eigentum befindlichen künstlichen Wasserobjekte sind zum Gemeingebrauch bestimmt, wenn nicht durch die Wasserschutzgesetzgebung, ökologische Gesetzgebung oder zum Schutze anderer Interessen etwas anderes bestimmt ist. Der an das im Gemeingebrauch stehende Wasserobjekt angrenzende Uferbereich ist ebenfalls zum Gemeingebrauch bestimmt.

Der Begriff einer verdeckten Aufnahme wurde zum ersten Mal durch das russische Mediengesetz eingeführt. Darunter versteht man eine mit Hilfe von technischen Mitteln durchgeführte heimliche (unbemerkbare, nicht offensichtliche) Fixierung der Handlungen (Unterlassungen) von Personen, die nicht über die Durchführung der Aufnahme unterrichtet worden sind. Art. 50 des Mediengesetzes verbietet nicht die Durchführung von verdeckten Tonband- oder Videoaufnahmen oder die Aufbewahrung von auf diesem Wege erhaltenen Film- oder Fotomaterialien. Jedoch ist in Übereinstimmung mit Art. 49 des Mediengesetzes („Die Pflichten des Journalisten“) die Verbreitung (Vorführung) von verdeckten Aufnahmen verboten, es sei denn es liegt eine der drei in Art. 49 geregelten Ausnahmen vor:

1) wenn die Verbreitung (Vorführung) die von der Verfassung garantierten Rechte und Freiheiten des Menschen und des Bürgers nicht verletzt;

2) wenn die Verbreitung (Vorführung) zum Schutze von öffentlichen Interessen notwendig ist und Maßnahmen gegen eine mögliche Identifizierung von unbeteiligten Dritten ergriffen worden sind;
3) wenn die Vorführung der Aufnahme auf Grund eines Gerichtsbeschlusses stattfindet.

Gerichtliche Kontrolle der Informationsverbreitung

Das Recht, Informationen auf jegliche legale Weise frei zu beschaffen, zu erhalten, weiterzugeben, zu produzieren und zu verbreiten ist in Art. 29 Abs. 4 der Verfassung der Russischen Föderation garantiert. Dementsprechend müssen jegliche Beschränkungen dieses Rechts zeitlich beschränkt und angemessen sein. Die Beschränkungen dieses Verfassungsrechts können nur zum Schutz anderer legitimer Interessen von Verfassungsrang vorgenommen werden. Dieser Standpunkt ist in Art. 1 des Mediengesetzes der RF verankert. Die Freiheit der Verbreitung der Masseninformation bedeutet die Freiheit von Beschränkungen, die nicht aufgrund des Mediengesetzes vorgenommen werden.

Die russische Pressegesetzgebung sieht zwei Arten von Beschränkungen im Bereich der Informationsverbreitung vor. Zum einen ist die Verhinderung der rechtmäßigen Verbreitung von Medienprodukten durch Bürger, Bürgervereinigungen, Amtspersonen, Unternehmen, Anstalten, Organisationen und Staatsorgane verboten (Art. 25 des Mediengesetzes der RF). Bei der Auslegung dieser Regelung ist der Begriff der Rechtmäßigkeit entscheidend.

Zum anderen lässt der Gesetzgeber Beschränkungen der Informationsverbreitung wegen des Inhalts der Informationen zu. Das erste Kriterium ist durch die rechtmäßige Herkunft der Information bedingt. Die Information wird in zwei Arten unterteilt. Zur öffentlichen Information besteht unbeschränkter Zugang, für den Zugang zu anderen Informationen ist das Einverständnis des Rechtsinhabers erforderlich. Als Rechtsinhaber kommen der Staat, Unternehmen, Autoren und Darsteller, Staatsbürger, Ausländer und Staatenlose in Betracht. Sie können den Zugang und die Verbreitung der Information beschränken, wenn es sich um eine persönliche Information handelt oder wenn die Rechtsinhaber über eine Befugnis zur Aufstellung von gesetzlich anerkannten Beschränkungen des Informationszugangs und der Informationsverbreitung verfügen.

In Art. 25 Abs. 5 des Mediengesetzes ist geregelt, dass im Fall der Verletzung von Vermögensrechten oder von persönlichen Nichtvermögensrechten der Autoren durch eine Redaktion, einen Verleger oder einen Verbreiter sowie in anderen gesetzlich geregelten Fällen die Verbreitung des Massenmediums eingestellt werden kann.

Als zweites Kriterium bei der Beschränkung der Informationsverbreitung kommen die Zwecke in Betracht, die durch die Verbreitung der Massenmedien verfolgt werden. Laut Art. 4 des Mediengesetzes der RF ist die Verbreitung einer Information zur Verfolgung von rechtswidrigen Zielen rechtswidrig. Die Regelung enthält eine Auflistung von rechtswidrigen Zwecken. Eine rechtswidrige Information genießt keinen rechtlichen Schutz und deren Verbreitung ist strafbar.

In Bezug auf die Medienprodukte hat das Verbreitungsverbot einen weit weniger kategorischen Charakter. Für die Verhängung des Verbreitungsverbotes sind die Gerichte zuständig. Beispielsweise wird die Verbreitung von Informationen dann als rechtswidrig angesehen, wenn durch eine Gerichtsentscheidung festgestellt wurde, dass diese Informationen wahrheitswidrig sind oder die Ehre, die Würde einer natürlichen Person oder die geschäftliche Reputation einer juristischen Person verletzen.

Die Regelungen über das Staatsgeheimnis oder über sonstige besonders geschützte Geheimnisse beschränken das Verfahren und die Bedingungen der Verbreitung von Informationen, die zu staatlichen oder privaten Geheimnissen zählen. Diese Regelungen verpflichten die Massenmedien zur Geheimhaltung solcher Informationen. Werden in den Massenmedien Informationen veröffentlicht, die ein Staatsgeheimnis oder ein anderes gesetzlich geschütztes Geheimnis darstellen, so ist der rechtmäßige Informationsinhaber berechtigt, vor Gericht die Ergreifung von Schutzmaßnahmen zu beantragen, um die Verletzung seines Rechts zu verhindern.

Hinsichtlich der Frage, ob den Journalisten nach der russischen Gesetzgebung besondere Rechte im Bereich der Informationsbeziehungen auf Grund der journalistischen Verpflichtung zur Gewährleistung des Informationsrechts zustehen, vertreten die Medienrechtexperten unterschiedliche Ansichten. In der Tat, ist der Begriff des absoluten oder qualifizierten Journalistenprivilegs, auf das sich bei der Veröffentlichung ihrer Untersuchungen die Journalisten in vielen europäischen Ländern, in den USA und in Kanada berufen, in der russischen Gesetzgebung nicht bekannt. Allerdings kann eine gewisse Analogie zu diesem Privileg in Art. 57 des Mediengesetzes gesehen werden. Nach dieser Vorschrift wird der Journalist oder die Redaktion in gesetzlich geregelten Fällen von der Verantwortung wegen Verletzung des Mediengesetzes befreit.

Wird die Information auf legale Weise verbreitet, so wird diese Informationsverbreitung nach dem Grundsatz der Freiheit der rechtmäßigen Informationsverbreitung geschützt.

Das gerichtliche Verbot der Informationsverbreitung wird meistens als Sanktion wegen einer begangenen Rechtsverletzung verhängt. Jedoch kann das Verbot auch zur Vorbeugung einer Rechtsverletzung oder einer Schädigung von gesetzlichen Interessen der Bürger und Organisationen verhängt werden. Allerdings ist die letzte Möglichkeit mit großer Vorsicht zu genießen, da sich in diesem Fall das Gerichtsverbot an der Grenze zur Vorzensur befindet.

Nach der Arbitrageprozessordnung der Russischen Föderation vom 24.07.02 Nr. 95-FZ und nach der Zivilprozessordnung der Russischen Föderation vom 14.11.02 Nr. 138-FZ kann das gerichtliche Verbot der Informationsverbreitung als eine vorbeugende Sicherungsmaßnahme verhängt werden. Dieses vorbeugende Verbot ist in den jeweiligen Kapiteln der Arbitrage- und der Zivilprozessordnung über die Sicherungsmaßnahmen geregelt.

Die Sicherungsmaßnahmen müssen einen vorläufigen Charakter haben, dringend sein, die Klagesicherung gewährleisten oder die Vermögensinteressen des Antragstellers schützen. Unter den Voraussetzungen, die das Ergreifen der Sicherungsmaßnahmen rechtfertigen, nennt der Gesetzgeber die Gefahr einer späteren

Nichtbefolgung der Gerichtsentscheidung durch den Antragsgegner oder das Drohen eines erheblichen Schadens beim Antragsteller im Fall der Nichtergreifung der Sicherungsmaßnahmen. Die jeweiligen Vorschriften der Arbitrage- und der Zivilprozessordnung gelten für Vermögensrechtsgeschäfte und für Geldmittelgeschäfte. Auf die Verbreitungstätigkeit der Massenmedien können nur Art. 91 Punkt 3 der Arbitragegerichtsordnung RF und Art. 140 Punkt 3 der Zivilprozessordnung RF angewendet werden, wonach dem Beklagten die Verpflichtung zur Vornahme bestimmter Handlungen in Bezug auf den Streitgegenstand auferlegt werden kann.

Die Sicherungsmaßnahmen dürfen den Umfang des Antragsbegehrens nicht überschreiten. Gemäß Art. 93 Punkt 7 der Arbitragegerichtsordnung kann gegen die gerichtliche Sicherstellung des Klageanspruchs Beschwerde eingelegt werden. Jedoch hat die Beschwerdeeinlegung keine aufschiebende Wirkung.

Diese Fragen sind besonders aktuell geworden, weil nach dem Inkrafttreten der neuen Zivil- und Arbitragegerichtsordnungen im Jahre 2002 eine ganze Reihe von Streitigkeiten wegen des Schutzes der geschäftlichen Reputation von juristischen Personen nunmehr unabhängig von der Zusammensetzung der streitenden Parteien in die gerichtliche Zuständigkeit der Arbitragegerichte fällt. Früher waren für die Streitigkeiten mit Beteiligung natürlicher Personen (zu denen auch die Journalisten gehören) unter der gleichzeitigen Beteiligung von Medienredaktionen (den juristischen Personen) die ordentlichen Gerichte zuständig. Nunmehr hat sich die Lage geändert. In der Verordnung des Plenums des Obersten Arbitragegerichts vom 09.12.02 Nr. 11 wurde betont, dass gemäß Art. 27 Abs. 4 der Arbitragegerichtsordnung über eine unter Berücksichtigung der Zuständigkeitsvorschriften vom Arbitragegericht zur Entscheidung angenommene Klage durch dieses Arbitragegericht in der Sache auch dann zu entscheiden ist, wenn dem Streit später ein Bürger beitritt, der kein Individualunternehmer ist.

Es ist darauf hinzuweisen, dass nach der Vorstellung von vielen Arbitragerichtern die Masseninformation eine gewöhnliche Ware ist, die einen kommerziellen Wert hat oder den kommerziellen Wert anderer Waren und Dienstleistungen beeinflusst. Mit den höheren Werten wie die Gesellschaftsinformierung oder die Gewährleistung der Funktionsfähigkeit demokratischer Institute durch die Massenmedien setzt man sich dabei nicht auseinander.

Die Verhängung eines gerichtlichen Verbotes der Informationsverbreitung kann ferner unter Ausschluss der Öffentlichkeit und damit in Ausnahme vom Grundsatz der Öffentlichkeit von Gerichtsverhandlungen erfolgen. Nach Art. 10 der Zivilprozessordnung sind Gerichtsverhandlungen öffentlich. Das Gericht erklärt die Verhandlung für nichtöffentlich, wenn die zu verhandelnde Sache Angaben enthält, die ein Staatsgeheimnis oder ein Adoptionsgeheimnis darstellen sowie auch in den durch föderale Gesetze geregelten anderen Fällen.

So ist nach Art. 182 der Zivilprozessordnung die Verlesung und Überprüfung des Briefwechsels und der telegrafischen Mitteilungen von Bürgern in einer öffentlichen Gerichtsverhandlung nur mit Einverständnis dieser Personen möglich. Bei Verweigerung des Einverständnisses ist die Verhandlung nichtöffentlich.

Jedoch nutzen die Richter in der Praxis andere prozessuale Möglichkeiten, um die Presse aus dem Gerichtssaal entfernen zu können. Nach Art. 10 Abs. 2 steht den Parteien des Rechtsstreits das Recht zu, die Durchführung einer nichtöffentlichen Verhandlung zu beantragen. Das Gesetz führt eine Reihe von Voraussetzungen auf, die einen solchen Antrag begründen können. Der Antrag ist mit der Notwendigkeit der Geheimhaltung eines kommerziellen Geheimnisses, eines anderen gesetzlich geschützten Geheimnisses oder der Unantastbarkeit des Privatlebens zu begründen. Der Antrag kann auch mit der Darlegung von anderen Umständen, deren öffentliche Bekanntmachung zur Verhinderung des gerechten Verfahrens, zur Bekanntmachung der oben genannten Geheimnisse oder zur Beeinträchtigung von Rechten oder gesetzlichen Interessen eines Bürgers führen können, begründet werden.

Das Mittel der Berufung der Antragsteller auf die „Beeinträchtigung von Rechten und gesetzlichen Interessen" ermöglicht es den Richtern, die Parteien des Rechtsstreits zu manipulieren; und zwar dergestalt, dass die Richter die Parteien fragen, ob sie nicht befürchten, dass deren Auffassung oder der Sachverhalt durch die anwesenden Medien in einem falschen Licht dargestellt werden könnten. Erhält der Richter auf diese Frage eine bejahende Antwort, so fragt er, ob diese Antwort als Antrag auf die Durchführung einer nichtöffentlichen Verhandlung verstanden werden kann. Nach dieser Blitzumfrage kann der Richter die Gerichtsverhandlung für nicht öffentlich erklären und seinen Beschluss mit dem Antrag der Parteien begründen. Als Ausgleich zu dieser prozessualen Möglichkeit haben die Anwesenden das Recht, in einer öffentlichen Gerichtsverhandlung ohne vorherige Erlaubnis des Gerichts den Gang der Verhandlung schriftlich oder durch Tonbandaufnahmen zu fixieren. Jedoch ist für die Durchführung von Foto- und Videoaufnahmen und für die Durchführung von Rundfunkübertragungen die vorherige Erlaubnis des Gerichts erforderlich.

Bis vor kurzem betraf das gerichtliche Verbot der Informationsverbreitung nur solche Informationen, deren Verbreitung durch eine rechtskräftige Gerichtsentscheidung für unzulässig erklärt wurde oder aufgrund der gesetzlichen Regelungen verboten war. Die Verhängung des Verbots der Informationsverbreitung vor der Informationsveröffentlichung wurde nicht praktiziert und war nur theoretisch möglich. Allerdings treten in der Praxis solche Fälle ab und zu auf. So hat das Jaroslawler Bezirksgericht auf die Klage NN. wegen des Schutzes der Ehre, der Würde und der geschäftlichen Reputation der verklagten Gebietszeitung „Zolotoje kol'co" verboten, jegliche Informationen über den Kläger bis zur Entscheidung in der Hauptsache zu veröffentlichen. Ein ähnlicher Beschluss wurde Ende der 90er-Jahre von einem Bezirksgericht des Gebiets Astrachan gefasst. Dieser Beschluss wurde aber von der nächsthöheren Instanz aufgehoben.

Schutz von Informationsquellen

Das Recht des Journalisten auf Geheimhaltung seiner Informationsquellen ist einer der wichtigsten Bestandteile der Pressefreiheit in jeder demokratischen Gesellschaft und eine wichtige Bedingung für die effektive Erfüllung seiner wesentlichen sozialen Funktionen.

In der Russischen Föderation ist der Grundsatz der Geheimhaltung von Informationsquellen umfassend in Art. 41 Abs. 2 und in Art. 49 Abs. 1 Punkt 4 des Mediengesetzes der Russischen Föderation geregelt. Durch diese Regelung wurde eine gesetzliche und doktrinäre Grundlage für die spätere Aufnahme der Bestimmung über die Zeugenimmunität in die Verfassung der Russischen Föderation im Jahre 1993 geschaffen. Gemäß Art. 51 Abs. 2 der Verfassung können bestimmte Personengruppen durch ein föderales Gesetz von der Pflicht zur Zeugenaussage befreit werden.

Der Rechtsgrundsatz der Geheimhaltung von journalistischen Informationsquellen ist erstmals durch Art. 28 des Gesetzes der UdSSR vom 12.06.90 „Über die Presse und andere Massenmedien" in das russische Rechtssystem eingeführt worden. Genau dieser Grundsatz stellte im Laufe seiner weiteren gesetzlichen Verfestigung im russischen Recht einen Streitpunkt zwischen den russischen Gewaltorganen und der Journalistengemeinschaft dar. Es geht dabei darum, dass die von dem Obersten Sowjet der Russischen Sozialistischen Föderativen Sowjetrepublik (RSFSR) am 19.12.91 angenommene redaktionelle Fassung des Mediengesetzes den Text des Abänderungsantrags der Abgeordneten V. Stepankov (damaliger Generalstaatsanwalt der RSFSR) und V. Isakov enthielt. Nach dem Abänderungsantrag waren die Medienredaktionen verpflichtet, ihre Informationsquellen nicht nur auf Aufforderung eines Gerichtes (wie es im Initiativentwurf des Mediengesetzes vorgeschlagen wurde), sondern auch auf Aufforderung von Ermittlungsbeamten und Staatsanwälten bekannt zu geben.

Der offene Brief der Autoren[102] des Initiativentwurfes des Mediengesetzes sowie die gleichlautenden Eingaben des Sankt-Petersburger und des Moskauer Stadtsowjets (Staatsorgane in der UdSSR) an das Parlament und an den Präsidenten der Russischen Föderation haben breite Protestaktionen in der Öffentlichkeit und in der Presse gegen den Abänderungsantrag hervorgerufen. Die Einstimmigkeit der sich entwickelnden Bürgergesellschaft veranlasste seinerseits den Präsidenten der Russischen Föderation zur Verkündung seiner Absicht, ein Veto gegen das angenommene Gesetz einzulegen. Im Ergebnis beschloss der Oberste Sowjet, erneut über den Gesetzentwurf zu beraten und nahm am 27.12.91 das Mediengesetz der Russischen Föderation ohne den Text des Änderungsantrags der Abgeordneten V. Stepankov und V. Isakov an. Somit enthält das Gesetz nur eine Ausnahme von

[102] Der Initiativentwurf des Mediengesetzes sowie der Initiativentwurf des Gesetzes „Über die Presse und andere Massenmedien" wurde von Juri Baturin, Michail Fedotov und Vladimir Ėntin verfasst.

der Verpflichtung der Redaktion zur Geheimhaltung von vertraulichen Informationsquellen, die in Art. 41 Abs. 2 des Mediengesetzes wie folgt geregelt wird: „… es sei denn, dass die Aufforderung zur Bekanntgabe der Informationsquelle seitens eines Gerichts wegen eines bei ihm anhängigen Verfahrens ergeht".

Das Interesse der russischen Organe der Staatsgewalt für Informationsquellen von Journalisten ist im Laufe des letzten Jahrzehnts keineswegs zurückgegangen. Lediglich die rechtlichen Grundlagen für Befriedigung dieses Interesses haben sich geändert: In Ermangelung öffentlich-rechtlicher Normen werden von den Rechtsschutzorganen manchmal die Mechanismen des Zivilrechts angewandt. Davon zeugt jedenfalls die in manchen russischen Regionen entstehende Praxis für Abschlüsse von Vereinbarungen über die Zusammenarbeit zwischen staatlichen Medien und territorialen Strukturen der Organe der Staatsgewalt. So sieht die Vereinbarung über die Zusammenarbeit vom 05.06.00 Nr. 101 zwischen der Verwaltung des Föderalen Sicherheitsdienstes der RF des Gebiets Wolgograd und der Redaktion der Zeitung „Wolgogradskaja pravda" vor, dass „im Fall des Erhalts von Informationen, für deren Erteilung der Föderale Sicherheitsdienst zuständig ist, aus anderen Informationsquellen, die Redaktionsmitarbeiter gemäß Art. 47 Punkt 8 des Mediengesetzes verpflichtet sind, diese Auskünfte auf ihre Richtigkeit beim Föderalen Sicherheitsdienst zu überprüfen". In diesem Fall ist ein arglistiges Austauschen des Inhalts des Art. 47 des Mediengesetzes offensichtlich, weil es sich in dieser Vorschrift nicht um Pflichten, sondern um Rechte des Journalisten handelt. Zweitens wird hier die in Art. 41 des Mediengesetzes geregelte Verpflichtung der Medienredaktion und des Journalisten zur Geheimhaltung von Informationsquellen offensichtlich missachtet. Ferner handelt es sich dabei um eine faktische Nötigung von Journalisten zur Sammlung von Informationen für die Sicherheitsdienste, was gegen Art. 51 Abs. 1 des Mediengesetzes verstößt. Gemäß Art. 51 Abs. 1 des Mediengesetzes „können die im vorliegenden Gesetz geregelten Journalistenrechte nicht zum Sammeln von Informationen für dritte Personen oder Organisationen, die keine Massenmedien sind, ausgenutzt werden".[103]

Die jüngste russische strafprozessuale Gesetzgebung enthält nunmehr – der Verfassung und dem Mediengesetz folgend – Normen, die die Geheimhaltung von journalistischen Informationsquellen garantieren. So ist in Art. 144 Abs. 2 der Strafprozessordnung vom 18.12.01 geregelt, dass „nach einer in den Massenmedien erschienenen Mitteilung über die Verübung einer Straftat die Überprüfung dieser Mitteilung im Auftrag des Staatsanwalts durch ein Ermittlungsorgan oder durch einen Untersuchungsbeamten durchgeführt wird. Die Redaktion und der Chefredakteur des entsprechenden Massenmedienorgans sind verpflichtet, auf Aufforderung des Staatsanwalts, des Untersuchungsbeamten oder der Ermittlungsorgane sich im Besitz des Medienorgans befindliche Dokumente und Materialien zu übergeben, die die Mitteilung über die Verübung der Straftat bestätigen.

---

[103] Vgl. M. A. Fedotov Das Masseninformationsrecht in der Russischen Föderation, Moskau, „Meždunarodnie otnošenija", 2002, S. 332-333.

Die Redaktion und die Chefredaktion sind auch verpflichtet, auf Aufforderung des Staatsanwalts, des Untersuchungsbeamten oder der Ermittlungsorgane die persönlichen Daten des Informanten mitzuteilen, es sei denn, der Informant hat die Geheimhaltung der Informationsquelle zur Bedingung der Bekanntgabe seiner Mitteilung gemacht".

Leider ist dieser zivilisierte Weg weder durch die Strafprozessordnung vom 18.12.01 noch durch die Zivilprozessordnung vom 14.11.02 weiter verfolgt worden. Die Vorschriften über die Zeugenimmunität (Art. 56 der Strafprozessordnung und Art. 69 der Zivilprozessordnung) enthalten weder Bestimmungen über Journalisten noch über Redaktionsvertreter der Massenmedien. Im Ergebnis ist festzustellen, dass der Journalist nach dem Mediengesetz verpflichtet ist, „Informationen und/oder Informationsquellen geheim zu halten" (vgl. Art. 49 Abs. 1 Ziff. 4), wobei er aber weder nach der Strafprozess- noch nach der Zivilprozessordnung eine für die Erfüllung seiner Verpflichtungen notwendige Zeugenimmunität genießt. Nimmt somit ein Journalist als Zeuge an einem Zivil- oder Strafverfahren teil und verweigert er seine Aussage über seine Informationsquelle, so entsteht eine rechtliche Kollision. Denn einerseits kann er wegen Aussageverweigerung (vgl. Art. 308 des Strafgesetzbuches) oder wegen Missachtung des Gerichts (Art. 297 des Strafgesetzbuches) strafrechtlich zur Verantwortung gezogen werden. Andererseits aber erfüllt der Journalist durch diese Handlungen die ihm durch das Mediengesetz auferlegte Verpflichtung.

Es scheint, dass diese gesetzlichen Kollisionen im Wege der bevorstehenden Modernisierung des geltenden Mediengesetzes beseitigt werden sollten. Die Einbeziehung von Journalisten und Redaktionsvertretern in die durch Gesetz mit dem Zeugnisverweigerungsrecht ausgestattete Personengruppe (die Normen der Straf- und Zivilprozessordnung müssen entsprechend ergänzt werden), wird sowohl der russischen Gesetzgebung und Praxis als auch den vom Europarat aufgestellten Grundsätzen völlig entsprechen.

Betrachtet man dieses Problem unter dem völkerrechtlichen Gesichtspunkt, so ist zu betonen, dass nach den vom Europarat aufgestellten Grundsätzen sogar eine gerichtliche Aufforderung zur Bekanntgabe von Informationsquellen nicht immer als rechtmäßig angesehen wird. Neben dem Erfordernis der gesetzlichen Verankerung dieses dem Gericht zustehenden Rechts ist die Frage, inwieweit die Ausübung dieses Rechts in einer demokratischen Gesellschaft im konkreten Fall erforderlich ist und ob sie im Verhältnis zu den vom Gericht verfolgten Zielen angemessen ist, nicht weniger bedeutsam. In diesem Zusammenhang hat das Verfahren Goodwin gegen Großbritannien grundlegende Bedeutung erhalten. In der gerichtlichen Entscheidung in dieser Sache wird darauf hingewiesen, dass Art. 10 EMRK es erfordert, „dass sich jeglicher Zwang des Journalisten zur Bekanntgabe seiner Informationsquellen auf außergewöhnliche Umstände, die lebenswichtige öffentliche oder private Interessen gefährden, zu beschränken hat". Ferner wird ausgeführt, dass „beim Fehlen des entsprechenden Schutzes die Informanten berechtigt sind, ihre Hilfeleistung beim Informieren der Gesellschaft zu verweigern.

Dies kann im Ergebnis dazu führen, dass die wichtige Rolle der Presse beim Schutz öffentlicher Interessen unterminiert und die Fähigkeit der Presse, genaue und zuverlässige Information zu vermitteln, absichtlich gefährdet wird".[104]

Die gesamteuropäischen Grundsätze für die Regelung dieses Problems sind auch enthalten in der Resolution des Europäischen Parlaments vom 18.01.94 über die Geheimhaltung der Informationsquellen von Journalisten und das Recht der Staatsangestellten auf Bekanntmachung von Informationen[105] und in der Empfehlung des Ministerkomitees des Europarates Nr. R(2000)7 zum Recht von Journalisten, ihre Informationsquellen nicht bekannt zu geben[106].

In der erwähnten Empfehlung des Ministerkomitees des Europarates wird insbesondere darauf hingewiesen, dass die Bekanntgabe der quellenidentifizierenden Information nur dann als notwendig gelten sollte, wenn überzeugend festgestellt werden kann:

- dass es keine angemessenen Alternativmaßnahmen zu der Bekanntgabe gibt oder diese durch Personen oder Behörden, welche die Bekanntgabe zu erwirken suchen, ausgeschöpft worden sind, und
- das legitime Interesse an der Bekanntgabe deutlich das öffentliche Interesse an der Nichtbekanntgabe überwiegt, d. h. dass insoweit

  - das vorrangige Erfordernis der Notwendigkeit einer Bekanntgabe bewiesen worden ist,

  - hinreichend wesentliche und ernste Umstände vorliegen,

  - ein zwingendes gesellschaftliches Erfordernis für die Notwendigkeit der Bekanntgabe festgestellt wird.

Die oben genannten Voraussetzungen gelten für sämtliche Stadien eines jeden Verfahrens, in welchem die Möglichkeit besteht, sich auf das Recht auf Nichtbekanntgabe zu berufen.

Außerdem wird in der Empfehlung darauf hingewiesen, dass Journalisten durch die zuständigen Behörden über ihr Recht auf Nichtbekanntgabe von quellenidentifizierenden Informationen sowie über die Grenzen dieses Rechts informiert werden sollen, bevor eine Bekanntgabe verlangt wird. Wenn ein Journalist einer Aufforderung oder einer Verfügung, eine quellenidentifizierende Information bekannt zu geben, nachkommt, sollten die zuständigen Behörden Maßnahmen zur Begrenzung der Verbreitung dieser Information ergreifen, unter anderem auch durch die vertrauliche Behandlung dieser Information innerhalb der betreffenden Behörden selbst.

---

[104] Goodwin gegen das Vereinigte Königreich Großbritannien. Gerichtsentscheidung vom 27.03.1996 // Der Europäische Gerichtshof für Menschenrechte. Ausgewählte Entscheidungen: 2 Bände, Bd. 2 / Vorsitzende des Redaktionskollegiums Prof. V. A. Tumanov. - Moskau, Verlag NORMA, S. 183-195.

[105] Vgl. Official Journal of the European Communities. N C, 44/34.

[106] Vgl. Europarat: Dokumente bezüglich der Probleme im Bereich der Massenmedien – 3. Auflage, Sankt-Petersburg, Verlag „Lik", 2002, S. 125-149.

Das Recht und zugleich die Pflicht des Journalisten zur Geheimhaltung von Informationsquellen gehört zu den allgemein anerkannten Berufsgrundsätzen und ist nicht nur durch Gesetz, sondern auch durch Normen der professionellen Ethik geregelt. Der Kodex der professionellen Ethik des russischen Journalisten enthält folgende Bestimmung: „Der Journalist wahrt das Betriebsgeheimnis hinsichtlich der Quelle der vertraulich erhaltenen Information. Keiner kann ihn zur Bekanntgabe dieser Informationsquelle zwingen. Das Recht auf Geheimhaltung kann nur in Ausnahmefällen eingeschränkt werden, wenn der Verdacht besteht, dass der Informant absichtlich die Wahrheit verzerrte sowie wenn die Bekanntgabe der Informationsquelle das einzige Mittel zur Vermeidung eines schweren und unvermeidbaren Schadens für die Menschen ist."

Schutz der öffentlichen Moral und der Rechte von Jugendlichen

Während der gesamten Sowjetzeit war Pornographie in Russland verboten. Im Jahre 1996 wurde das Strafgesetzbuch der Russischen Föderation angenommen. Laut Art. 242 dieses Strafgesetzbuches war nur die gesetzwidrige Herstellung von pornographischen Materialien zum Zwecke der Verbreitung und die Werbung von pornographischen Materialien und Gegenständen verboten. 2003 wurde in das Strafgesetzbuch eine zusätzliche Vorschrift eingeführt (Art. 242.1), nach der die Mitwirkung Minderjähriger im Bereich der Pornographie verboten ist (nach dem Strafgesetzbuch sind Personen minderjährig, die das 18. Lebensjahr noch nicht vollendet haben).

Es ist oft schwer zu bestimmen, was genau unter dem Begriff Pornographie zu verstehen ist. Aus diesem Grund enthält der „Kommentar zum Strafgesetzbuch der Russischen Föderation" die Empfehlung, in streitigen Fällen ein Sachverständigengutachten (z. B. kunstwissenschaftliche, literaturwissenschaftliche, sexologische Gutachten u. a.) einzuholen. Denn „es ist manchmal sehr schwierig Pornographie von erotischer Kunst abzugrenzen". Dabei kommen die Verfasser des Kommentars darin überein, dass als pornographische Materialien und Gegenstände zeichnerische, graphische, literarische, musikalische und andere Werke anzusehen sind, die eine grob naturalistische detaillierte Darstellung von anatomischen und (oder) physiologischen Einzelheiten sexueller Handlungen beinhalten. So haben die Ermittlungsorgane in der Strafsache gegen F. das berühmte Denkmal der indischen Volksliteratur „Kamasutra" als pornographisch angesehen. In der Strafsache gegen H. wurde die Einschätzung des vom Arzt T. G. Van-de-Welde verfassten Buches „Technik der Ehe" erörtert. In beiden Fällen haben die Experten den oben genannten Werken den pornographischen Charakter aberkannt.[107]

Im Kontext dieses Problems müssen die Bestimmungen des Art. 37 des Mediengesetzes der Russischen Föderation berücksichtigt werden, die erotische Druckausgaben und Fernseh- und Radiosendungen betreffen. Als Kriterium für die Zuordnung von Massenmedien zu erotischen Medien dient hier die „hauptsächliche und systematische" Ausnutzung des Interesses an Sex. Die Ausstrahlung solcher spezialisierten Radio- und Fernsehsendungen ist nur zwischen 23.00 Uhr und 4.00 Uhr nach der jeweiligen Ortszeit erlaubt, sofern das Signal nicht verschlüsselt ist und soweit von den Ortsverwaltungen nicht etwas anderes vorgeschrieben ist. Die entsprechenden Druckausgaben dürfen nur in verschlossenen Klarsichthüllen zum Verkauf angeboten werden, der Einzelhandel ist nur in speziell dafür vorgesehenen, von der Ortsverwaltung zu bestimmenden Räumen erlaubt.

Die erotischen Massenmedien erhalten keine staatlichen Besteuerungserleichterungen und zahlen eine erhöhte Registrierungsgebühr.

---

[107] 2. geänderte und berichtigte Auflage, Moskau, Verlag INFRA M-NORMA, 1997.

Nach Art. 4 des Mediengesetzes ist die Benutzung der Massenmedien zur „Verbreitung von Sendungen, welche Pornographie oder Gewalt- und Brutalitätskult propagieren", verboten. Es sind Fälle bekannt, in denen das Ministerium der Russischen Föderation für Presse, Fernsehen, Hörfunk und Massenkommunikationsmittel nach der Durchführung von entsprechenden Begutachtungen Verwarnungen wegen der Verbreitung von Pornographie in den Massenmedien erteilte. Als Beispiel kann eine am 20.07.03 von diesem Ministerium erteilte Verwarnung wegen der Werbung für pornographische Filme im Fernsehen dienen. Auf Grund einer von der Nord-Westlichen überregionalen territorialen Bezirksleitung des Ministeriums durchgeführten Überprüfung wurde festgestellt, dass von der Rundfunkgesellschaft „Nevsky Kanal" das Programm „RelaXXX TV" ausgestrahlt wird, in dem eine Übersicht über erotische Videoprodukte einschließlich der Vorführung von Videofilmausschnitten und der Hinweise auf die Verbreitungsstellen dieser Produkte angeboten wird. Nach dem Sachverständigengutachten enthielten einige der Videofilme pornographische Szenen. Da nach Art. 4 des Mediengesetzes die Benutzung der Massenmedien zur Verbreitung von Sendungen, die Pornographie propagieren, verboten ist, war das Ministerium berechtigt, der Fernsehgesellschaft „Nevsky Kanal" eine offizielle Verwarnung zu erteilen.

Die Anleitung zur Altersklassifizierung von audiovisuellen Werken, die durch die Anordnung des Kulturministers der Russischen Föderation vom 05.03.01 Nr. 192 bestätigt wurde, bezweckt auch den Schutz der öffentlichen Moral. Nach diesem Dokument wird die nachfolgend dargestellte, den psychischen und altersbedingten Erziehungsbesonderheiten entsprechende Altersklassifizierung von audiovisuellen Werken eingeführt:

- der Film ist ohne Altersbeschränkung freigegeben;
- der Film ist für Kinder bis zur Vollendung des 12. Lebensjahres in Begleitung der Eltern freigegeben;
- der Film ist für Zuschauer ab 16 Jahren freigegeben;
- der Film ist für Zuschauer ab 18 Jahren freigegeben.

Die Klassifizierung der Filme dient in erster Linie dem Schutz von Kindern und Jugendlichen vor audiovisuellen Werken, die ihre Gesundheit oder die emotionale und intellektuelle Entwicklung gefährden können. Ferner wird dadurch die Meinung von erwachsenen Zuschauern berücksichtigt, die Gewalt und Brutalität sowie den durch sie ausgeübten Einfluss auf die Gesellschaftsmitglieder gegen deren Willen als besorgniserregend empfinden.

Die allgemeinen Arbeitsprinzipien der Klassifizierung von Filmen beinhalten:

- die absolute Freiheit bei der Wahl und der Vorführung von für erwachsene Zuschauer bestimmten Filmen unter der Bedingung, dass Kindern, Jugendlichen und Erwachsenen, die gegen ihren Willen oder ohne Hinweis darauf mit Filmen solchen Inhalts konfrontiert werden, hinreichender Schutz gewährt wird;

- das Verbot von Filmen, in denen Krieg, Gewalt und Brutalität, nationale, religiöse Überlegenheit oder Intoleranz, Rassen- oder Klassenüberlegenheit oder Intoleranz sowie andere Arten der Überlegenheit oder der Intoleranz und Pornographie propagiert wird.

Ein Film kann ohne Altersbeschränkung freigegeben werden, wenn er keine Materialien enthält, die Zuschauern jeden Alters Schaden zufügen oder ihre Gefühle verletzen können. Er darf keine Szenen der Gewalt oder der Brutalität, keine sittlich zu missbilligenden und sittenwidrigen Wörter und Ausdrücke enthalten.

Ein Film kann als ein für Kinder bis zur Vollendung des 12. Lebensjahres in Begleitung der Eltern freigegebener Film eingestuft werden, wenn dessen Inhalt die Überprüfung der Zweckmäßigkeit der Darbietung an die Kinder im geringen und mittleren Schulalter durch die Eltern erforderlich macht. Denn die Eltern können einzelne Filmszenen als für ihre Kinder unangemessen erachten. Die zu dieser Kategorie gehörenden Filme können einzelne Jargonwörter ohne Beschimpfungen, Gewaltszenen ohne Blutvergießen, kurze Darstellungen eines Unfalls oder einer Katastrophe, eine episodenhafte Darstellung des nackten Körpers, eine schonende Darstellung von „übernatürlichen" Themen oder milde „Gruseldarstellungen" enthalten. Die Eltern sollen ihre Kinder begleiten, um erforderlichenfalls den Kindern den Sinn der auf dem Bildschirm dargestellten Geschehnisse zu erklären.

Ein Film kann als für Zuschauer ab 16 Jahren freigegebener Film eingestuft werden, wenn in ihm so genannte „Erwachsenenthemen" behandelt werden. Hierzu gehören solche Themen wie Selbstmord, Verbrechen, Korruption, Eheprobleme, Scheidung und andere emotionale traumatische Erlebnisse, Drogen- und Alkoholabhängigkeit, Tod und ernsthafte Krankheiten, Rassismus sowie religiöse Fragen. In den zu dieser Kategorie gehörenden Filmen können eine grobe Redeweise der Darsteller und vulgäre Ausdrücke unter der Bedingung verwendet werden, dass sie nicht übermäßig beleidigend sind. Hier können sexuellen Beziehungen zwischen den Partnern unter der Bedingung angedeutet oder imitiert werden, dass die sexuellen Handlungen den Rahmen allgemein anerkannter Verhaltensregeln nicht überschreiten. Eine häufige Darstellung von Gewaltszenen und Brutalität ist hier erlaubt. Der Drogenkonsum kann ebenfalls dargestellt werden, jedoch darf diese Darstellung keine rechtfertigende oder sympathisierende Einstellung zu diesem Thema enthalten.

In einem für Zuschauer ab 18 Jahren freigegebenen Film erachtet das Kulturministerium folgende Darstellungen als zulässig:

- Darstellungen des Geschlechtsverkehrs oder anderer erotischer Handlungen, der sexuellen Gewalt oder Nötigung unter der Bedingung, dass diese Darstellungen durch das Sujet und die künstlerische Aufgabe des Kinowerkes gerechtfertigt sind;
- Gewalt – deutliche und realistische Gewaltdarstellung – kann gezeigt werden, wenn sie nicht in allen Einzelheiten und mit keiner übermäßigen Brutalität dargestellt wird;

- Szenen des Drogenkonsums und deren Folgen, solange sie nicht in einem positiven Kontext dargestellt werden;
- Szenen asozialen Verhaltens.

Gleichzeitig dürfen keine Filme und Programme öffentlich vorgeführt und verbreitet werden, die folgende Szenen enthalten:

- Darstellung sexueller Gewalt gegenüber Kindern;
- ungerechtfertigte Einzelheiten sadistischer Szenen und Darstellungen von übermäßiger Gewalt und Brutalität, insbesondere gegenüber Kindern und Tieren; Szenen der Zergliederung von Opfern, Folter, Tötung von Menschen in einer besonders grausamen Weise; lange dauernde Großaufnahmen von gequälten Menschen und Tieren; Gewalt an Leichen;
- Methoden der Herstellung und Anwendung von Waffen und Foltergegenständen, wenn solche Szenen den größten Teil der Vorführungszeit einnehmen;
- Darstellungen, in denen Chauvinismus, nationale Außergewöhnlichkeit und Rassismus verherrlicht werden; Darstellungen, in denen Krieg und Konflikte propagiert werden sowie Darstellungen, die Aufrufe zum Sturz der gültigen politischen Ordnung enthalten;
- Szenen mit pornographischem Inhalt, nämlich naturalistische detaillierte Fixierung des Geschlechtsverkehrs und die detaillierte Darstellung von nackten Geschlechtsteilen während des Geschlechtsverkehrs zum Zwecke der Erregung sexueller Instinkte beim Zuschauer, wenn sie nicht einem künstlerischen oder einem bildenden Zweck dienen; Darstellungen von sexuellen Gruppenhandlungen, die zum Selbstzweck geworden sind;
- Szenen, die detaillierte Anweisungen zur Gewaltausübung und Verbrechensbegehung sowie zum Drogenmissbrauch und die Förderung von genannten Handlungen enthalten.

Wegen des Fehlens eines föderalen Gesetzes zur Regelung des Verkehrs von sexuellen Produkten werden diese Fragen durch die Gesetzgebungsorgane der Subjekte der Russischen Föderation selbständig geregelt.

Heutzutage gelten auf diesem Gebiet in den folgenden Subjekten der Russischen Föderation Gesetze und Verordnungen: in der *Region Altai* (das Gesetz vom 04.12.95 Nr. 28-ZS „Über den Schutz der öffentlichen Moral"), im *Gebiet Brjansk* (das Gesetz vom 15.10.99 Nr. 54-Z „Über die Regulierung der Verbreitung und der Werbung von erotischen Produkten"), im *Gebiet Woronesch* (das Gesetz vom 26.10.95 Nr. 30-Z „Über die Verbreitung von erotischen Produkten auf dem Territorium des Gebiets Woronesch"), im *Gebiet Iwanowo* (das Gesetz vom 26.07.95 Nr. 20-OZ „Über die Verbreitung und öffentliche Vorführung von erotischen Ausgaben, Kino- und Videofilmen und anderer ähnlicher Produkte auf dem Territorium des Gebiets Iwanowo"), im *Gebiet Magadan* (das Gesetz vom 01.07.96 Nr. 10-OZ „Über den Schutz der öffentlichen Moral"), im *Gebiet Omsk* (das Gesetz vom 08.02.95 Nr. 17-OZ „Über die Kontrolle der Verbreitung und der Vorführung erotischer Produkte auf dem Territorium des Gebiets Omsk“), im *Gebiet Orenburg* (das Gesetz vom 24.04.96 „Über die Kontrolle der Verbreitung und der Vorführung erotischer Produkte auf dem Territorium des Gebiets Orenburg“), in der *Republik Dagestan* (das Gesetz vom 09.11.99 Nr. 16 „Über den Schutz der persönlichen und der öffentlichen Moral in der Republik Dagestan“), in der *Republik Sacha (Jakutien)* (das Gesetz vom 11.05.00 Nr. 189-II „Über die Grundregel der Verbreitung erotischer Produkte und über das Verbot der Gewalt- und Brutalitätspropaganda“), im *Gebiet Tjumen* (das Gesetz vom 22.08.95 Nr. 10 „Über die Kontrolle der Verbreitung und der Vorführung von erotischen Produkten im Gebiet Tjumen“), im *Gebiet Tschita* (das Gesetz vom 19.01.99 Nr. 150-ZTO „Über die Verbreitung und Vorführung von erotischen Produkten und über die verwaltungsrechtliche Verantwortung wegen der Gefährdung der öffentlichen Moral, der öffentlichen Ordnung und der Gesundheit der Bevölkerung auf dem Territorium des Gebiets Tschita“). In der Stadt Moskau sowie in manchen anderen Orten gelten auf der Grundlage von entsprechenden Gesetzen erlassene Rechtsakte, die für den Handel mit erotischen Ausgaben eine bestimmte Ordnung aufstellen.

In diesen Akten wird eine Reihe von Problemen erörtert: die Bestimmung des Regelungsgegenstandes; die Schaffung von Expertenkommissionen für die Erstellung von Gutachten hinsichtlich des Vorliegens von Erotik oder Pornographie in Materialien; die Aufstellung von örtlichen und zeitlichen Grenzen der Verbreitung von erotischen Produkten.

Das Gesetz der Republik Sacha (Jakutien) „Über die Grundregel der Verbreitung erotischer Produkte und über das Verbot der Propaganda des Gewalt- und Brutalitätskultes“ vom 11.05.00 Nr. 189-II ist von allen angenommenen regionalen Rechtsakten am meisten gelungen. Dieses Gesetz wurde später als die anderen Gesetze angenommen. Aus diesem Grunde vereinte dieses Gesetz nicht nur die von den anderen Subjekten der Russischen Föderation gesammelten Erfahrungen bezüglich der rechtlichen Regulierung in sich, sondern auch die Erfahrungen, die während der Beratung des Gesetzentwurfes „Über den staatlichen Schutz der moralischen Gesundheit und die strengere Kontrolle der Verwendung von Produkten mit sexuellem Charakter“ gesammelt wurden. Gegen den Gesetzentwurf legte der Präsident der Russischen Föderation aber ein Veto ein. Allerdings muss darauf hingewiesen werden, dass die Vorschriften des Gesetzes der Republik Sacha (Jakutien), nach denen für die Verbreitung von erotischen Produkten eine Lizenz erforderlich ist, gegen das Föderale Gesetz „Über die Lizenzierung einzelner Tätigkeitsarten“ vom 08.08.01 Nr. 128-FZ verstoßen.

Werbung in den Medien

Während der langen Jahrzehnte der Sowjetherrschaft gab es keine Werbung in den Massenmedien. Am Beginn des Wiederaufkommens der russischen Werbung in den Massenmedien stand das deutsche Verlagshaus Burda mit seiner gleichnamigen Zeitschrift. 1987 veröffentlichte die Zeitung „Izvestija" zusammen mit der Zeitschrift „Burda" eine Mitteilung mit folgenden Worten: „Zum ersten Mal seit vielen Jahrzehnten erscheint in einer zentralen Zeitung Werbung".

In den darauf folgenden Jahren erfasste den Werbemarkt im Bereich der Massenmedien ein dynamischer Wachstum. Zwar ging der Marktumfang wegen der Finanzkrise im Jahre 1998 zurück, jedoch hatte er bereits 2002 den vor der Finanzkrise verzeichneten Stand wieder erreicht und setzte sein Wachstum fort. Im Jahre 2003 betrugen die Werbeeinnahmen der russischen elektronischen Massenmedien (vor allem des Fernsehens) ca. 1,3 Mrd. US-Dollar. Die Werbeeinnahmen der Druckmedien betrugen ca. 790 Mio. US-Dollar. Kennzeichnend dabei ist der Umstand, dass bis zu 90 Prozent der Werbeeinnahmen in Moskau blieben, da mehr als 70 Prozent des Werbemarktes im Bereich des Fernsehens von der Hauptstadtagentur „VideoInternational" und deren Tochtergesellschaften beherrscht wird.[108]

Nach Art. 36 des Mediengesetzes der RF (in der Fassung des Änderungsgesetzes vom 02.03.98 Nr. 30-FZ) „wird die Verbreitung der Werbung in den Massenmedien in dem von der Werbegesetzgebung der Russischen Föderation vorgeschriebenen Wege durchgeführt". Heute gibt es in Russland etwa zehn Gesetzgebungsakte, die die Verbreitung verschiedener Arten der Werbeinformation regeln[109]. Der wichtigste Gesetzgebungsakt ist das Föderale Gesetz vom 18.07.95 Nr. 108-FZ „Über die Werbung" (im folgenden Werbegesetz genannt). Werbung wird im Gesetz definiert als „eine in beliebiger Form und auf beliebigem Wege erfolgende Verbreitung von Informationen über natürliche oder juristische Personen, Waren, Ideen und Vorhaben (Werbeinformationen), die an eine unbestimmte Zahl von Personen gerichtet ist und den Zweck hat, das Interesse für die genannten Inhalte zu wecken, zu steigern oder die Realisierung von Waren, Ideen oder Vorhaben zu begünstigen" (Art. 2 des Werbegesetzes).

Durch das Werbegesetz werden die Rechtsbeziehungen geregelt, die während der Herstellung, der Veröffentlichung und der Verbreitung der Werbung auf Waren-, Arbeits- und Dienstleistungsmärkten entstehen. Durch das Werbegesetz werden auch die werberechtlichen Beziehungen auf den Bank- und Versicherungsmärkten sowie auf anderen Dienstleistungsmärkten im Bereich der Verwen-

---

[108] Die Daten beruhen auf den Angaben des Generaldirektors der Gesellschaft «ROMIR Monitoring» A. Milechin bei seinem Vortrag in der vom russischen Managerverband organisierten Konferenz „Informationsverwaltung auf dem Medienmarkt – effektives Business und qualitative Ressource".

[109] Vgl. Die rechtliche Regulierung der Werbetätigkeit. Kommentar zur Gesetzgebung, Moskau, Verlag Spark, 2001.

dung von Geldmitteln durch Bürger (natürliche Personen) und durch juristische Personen geregelt. In den Regelungsbereich des Gesetzes fallen auch die Werbebeziehungen auf den Wertpapiermärkten. Etwas einfacher ausgedrückt, gehören zum Regelungsbereich des Gesetzes die Rechtsbeziehungen auf dem Gebiet der unternehmensbezogenen Werbung. In den Regelungsbereich des Werbegesetzes fällt beispielsweise nicht die Veröffentlichung von Privatanzeigen in Massenmedien, wenn diese Anzeigen keinen unternehmensbezogenen Charakter aufweisen. (Art. 1 Punkt 5 des Werbegesetzes). Ebenfalls nicht in den Regelungsbereich des Werbegesetzes fallen Rechtsbeziehungen, die im Bereich der Verbreitung der politischen Werbung in den Medien entstehen.

Die Frage der Gesetzgebungskompetenzen (Kompetenz der Föderation, der Subjekte der Russischen Föderation oder gemeinsame Kompetenz) im Werbebereich wurde 1997 vom Verfassungsgericht der Russischen Föderation erörtert. Das Gericht hat entschieden, dass die rechtliche Regulierung der Werbetätigkeit in die ausschließliche Kompetenz der Russischen Föderation fällt. Das Verfassungsgericht hat seine Entscheidung damit begründet, dass die Regelung der Werbetätigkeit als Bestandteil der „Festlegung der rechtlichen Grundlagen des einheitlichen Marktes“ anzusehen ist, wobei dieser Bereich seinerseits laut Art. 71 Buchst. ž) der Verfassung der Russischen Föderation Gegenstand der ausschließlichen Gesetzgebung der Russischen Föderation ist. Ferner begründete das Verfassungsgericht seine Entscheidung damit, dass die Regulierung der Werbetätigkeit den freien Verkehr von Waren, Dienstleistungen und Finanzmitteln auf dem gesamten Territorium der Russischen Föderation gewährleisten müsse.[110]

Das Werbegesetz unterscheidet folgende Subjekte der Werbung:

- Werbegeber – eine juristische oder natürliche Person, die Werbeinformationen zur Herstellung, Veröffentlichung und zur anschließenden Verbreitung der Werbung zur Verfügung stellt;
- Werbehersteller – eine juristische oder natürliche Person, die die Werbeinformation zur weiteren Verbreitung ganz oder teilweise vorbereitet;
- Werbeverbreiter – eine juristische oder natürliche Person, die sich mit der Veröffentlichung und/oder der Verbreitung der Werbeinformation durch Bereitstellung und/oder Nutzung des Vermögens beschäftigt. Darunter fällt auch die Bereitstellung und/oder die Nutzung der technischen Rundfunkobjekte, der Funkkanäle, der Sendezeit oder anderer Mittel;
- Werbeverbraucher – juristische oder natürliche Personen, die Empfänger oder potentielle Empfänger der Werbung sind und somit durch die Werbung beeinflusst werden sollen.

---

[110] Entscheidung des Verfassungsgerichts der Russischen Föderation vom 04.03.97 Nr. 4-P in der Sache über die Überprüfung der Verfassungsmäßigkeit des Art. 3 des Föderalen Gesetzes vom 18.07.95 „Über die Werbung“, veröffentl. in Vedomosti konstitucionnogo Suda Rossiskoj Federacii, 97, Nr. 1.

Es ist darauf hinzuweisen, dass nach Art. 30 des Werbegesetzes Werbegeber, Werbehersteller und Werbeverbreiter insbesondere gegenüber den Werbeverbrauchern jeweils für bestimmte voneinander scharf abgegrenzte Bereiche haften. Nach dieser Vorschrift haften Werbeverbreiter (darunter auch die Massenmedien) für Verletzungen von Vorschriften der Werbegesetzgebung, die „die Zeit, den Ort und die Mittel der Werbeveröffentlichung" regeln.

Die Haftung von Subjekten der Werbung entsteht in der Regel wegen der Durchführung so genannter unangemessener Werbung. Darunter versteht man Werbung, die die gesetzlichen Vorschriften über den Inhalt, die Zeit, den Ort der Werbung und die Verbreitungsmethoden missachtet (unlautere, unwahre, sittenwidrige, wissentlich falsche Werbung).

Unlauter ist Werbung, die „Aussagen oder Abbildungen enthält, die die Ehre oder die Würde eines oder mehrerer Mitbewerber verletzt oder ihrer geschäftlichen Reputation schadet" (Art. 6 des Werbegesetzes). Unwahr ist Werbung, die unter anderem Ausdrücke höchsten Wertes enthält, darunter fällt auch die Benutzung solcher Wörter wie „bester", „absoluter", „einziger" und anderer Ausdrücke, soweit die Werbeaussagen nicht dokumentarisch bestätigt werden können (Art. 7 des Werbegesetzes). Sittenwidrig ist nach dem Werbegesetz Werbung, die unter anderem beleidigende Aussagen oder Abbildungen „hinsichtlich der Rasse, der Nationalität, des Berufes, der Sozial- oder Alterszugehörigkeit, des Geschlechts, der Sprache, der religiösen, philosophischen, politischen und sonstigen Überzeugungen einer natürlichen Personen" enthält (Art. 8 des Werbegesetzes).

Unangemessen ist auch so genannte verdeckte Werbung. Verdeckte Werbung ist Werbung, die einen unbewussten Einfluss auf die Wahrnehmung des Verbrauchers ausübt, unter anderem auch durch die Benutzung von besonderen Videoeinfügungen im Fernsehen und Hörfunk (sog. Tonverdoppelung) sowie durch Verwendung anderer Methoden der verdeckten Beeinflussung der Wahrnehmung der Werbeverbraucher (Art. 10 des Werbegesetzes).

Eine besondere Werbeart stellt ferner die sogenannte Sozialwerbung dar. Die Sozialwerbung ist Werbung, die „öffentliche und staatliche Interessen vertritt und wohltätigen Zwecken dient" (Art. 18 des Werbegesetzes).

Je nach Form der Informationsverbreitung sieht das Werbegesetz unterschiedliche Regelungen vor. So enthält das Gesetz bestimmte Beschränkungen für die Werbung in Radio- und Fernsehprogrammen zum Schutz der Fernsehzuschauer und Radiohörer. Unter anderem ist die Werbung während der Ausstrahlung von Kinderprogrammen und religiösen Sendungen verboten. Die Übertragung von Bildungsprogrammen darf nicht mehr als einmal im Laufe von 15 Minuten für höchstens 45 Sekunden durch Werbung unterbrochen werden. Werbung während der Übertragung von Radioaufführungen oder Spielfilmen ist ohne vorherige Erlaubnis der Rechtsinhaber verboten. Ferner ist Werbung während der Ausstrahlung von Sendungen verboten, deren Übertragungsdauer weniger als 15 Minuten beträgt, (Art. 11 des Werbegesetzes).

Werbung für dieselbe Ware sowie die Verbreitung von Werbung über den Werbegeber selbst darf nicht öfter als zweimal pro Sendestunde einer Fernseh- und Radiosendung auf einer Sendefrequenz erfolgen, wobei die Gesamtdauer solcher Werbung nicht mehr als zwei Minuten betragen darf. In Radio- und Fernsehsendungen, die über keine Registrierung für eine spezialisierte Ausstrahlung von Mitteilungen und Materialien mit Werbecharakter verfügen, darf die Werbung 20 Prozent der gesamten Sendezeit, bezogen auf eine Zeitspanne von 24 Stunden, nicht überschreiten.

Nachdem der russische Gesetzgeber bestimmte „Spielregeln" für den russischen Werberaum aufgestellt hatte, regelte er das System der Organe der Staatskontrolle und der Selbstregulierungsorgane.

Bei der Kontrolle der Einhaltung der Werbegesetzgebung der RF wird der Staat durch den Föderalen Antimonopoldienst (FAS RF) und dessen territoriale Dienststellen vertreten. Der FAS RF ist ein föderales Organ der Exekutive, das die Einhaltung der Werbegesetzgebung kontrolliert und Aufsicht ausübt. Im Rahmen der ihm zugewiesenen Kompetenzen darf der FAS RF individuelle Rechtsakte für einen bestimmten Tätigkeitsbereich erlassen.

Nach dem Werbegesetz hat das föderale Organ der Staatskontrolle im Werbebereich folgende Aufgaben:

- Vorbeugung und Unterbindung unangemessener Werbung durch juristische oder natürliche Personen;
- Erlass und Weiterleitung von Aufforderungen zur Beendigung von Verletzungen der Werbegesetzgebung an Werbegeber, Werbehersteller und Werbeverbreiter sowie Erlass und Weiterleitung von Entscheidungen über die Durchführung der Gegenwerbung an obengenannte Personen;
- Weiterleitung von Materialien über Verletzungen der Werbegesetzgebung der Russischen Föderation an die Lizenzierungsorgane zum Zwecke der Entscheidung über den vorläufigen oder endgültigen vorzeitigen Entzug einer Lizenz für eine bestimmte Tätigkeit (Art. 26 des Werbegesetzes).

Im Werbegesetz sind auch besondere Rechte der Selbstregulierungsorgane geregelt. Diese in der Form von öffentlichen Organisationen, Verbänden und Vereinigungen juristischer Personen bestehenden Organe werden zur Teilnahme an der Ausarbeitung von Anforderungen an die Werbung herangezogen, unter anderem auch zur Teilnahme an der Ausarbeitung von Gesetzesentwürfen und anderen normativen Rechtsakten. Sie führen unabhängige Untersuchungen hinsichtlich der Übereinstimmung der Werbung mit den Anforderungen der russischen Werbegesetzgebung durch und geben ihre Empfehlungen an interessierte Teilnehmer der Werbebranche. Die Selbstregulierungsorgane leiten Materialien über Verletzungen der Werbegesetzgebung an die Staatsanwaltschaft weiter und wenden sich wegen dieser Verletzungen an die föderalen Organe der Exekutive. Das wichtigste den Selbstregulierungsorganen zustehende Recht ist die ihnen eingeräumte Möglichkeit, die Verletzung von gesetzlich geregelten Verbraucherrechten im Interesse der Werbeverbraucher, darunter auch im Interesse eines unbestimmten Verbraucherkreises, vor Gericht auf dem Klageweg geltend zu machen (Art. 28 des Werbegesetzes).

Die Selbstregulierungsorgane machen von den ihnen eingeräumten Rechten aktiv Gebrauch. So hat im Februar 2004 das Ministerium der Russischen Föderation für Antimonopolpolitik, das zu diesem Zeitpunkt die Funktionen des föderalen Antimonopolorgans wahrnahm, gegenüber der Zeitung „Argumenty i fakty" wegen der Verletzung des Werbegesetzes eine Geldstrafe in Höhe von 400 gesetzlich bestimmten Minimalgehältern verhängt.[111] Dieses Verfahren wurde auf Antrag der Internationalen Vereinigung der Verbrauchergesellschaften – einer öffentlichen Organisation – eingeleitet. Die Internationale Vereinigung der Verbrauchergesellschaften sah in dem Artikel „Die Beichte eines Zeitgenossen" der Zeitung „Argumenty i fakty - Moskau" Nr. 34 aus dem Jahre 2003 eine Verletzung des Werbegesetzes. Im Artikel wurde die Aufmerksamkeit der Leser zielgerichtet auf das Medikament „Viagra" gelenkt. Die Kolumne mit dem Artikel enthielt den Vermerk, dass „die Materialien dieser Kolumne als Werbung veröffentlicht werden". Da aber das Medikament „Viagra" in Russland verschreibungspflichtig ist, stellte die Veröffentlichung dieses Artikels eine Verletzung des Art. 16 Punkt 2 des Werbegesetzes dar. Gemäß Art. 16 Punkt 2 des Werbegesetzes darf für verschreibungspflichtige Medikamente nur in den für Mediziner und Pharmazeuten bestimmten Druckausgaben geworben werden.[112]

Nach der Verabschiedung des Werbegesetzes begann der Prozess der Bildung von spezialisierten Selbstregulierungsorganen. Seit Februar 1995 ist bei der Industrie- und Handelskammer der Russischen Föderation der öffentliche Werberat in Funktion, zu dessen Hauptaufgaben die Entwicklung des Systems der öffentlichen Regulierung der Werbetätigkeit sowie die Harmonisierung von Verbraucherinteressen, Medieninteressen und der Interessen von Werbegeschäftsleuten gehören.

Im Dezember 2002 haben die größten Journalistenvereinigungen, die Vereinigungen der Werbeagenturen und der Werbegeber Russlands ein gemeinsames Dokument – den Russischen Werbekodex – unterschrieben. In diesem Kodex haben sie eine Reihe von Einschränkungen und Verpflichtungen geregelt, weil in der Gesellschaft die Unzufriedenheit mit der Aufdringlichkeit und der Qualität der Werbung wächst. Der Kodex ist auf die Bildung eines zivilisierten Werbemarktes und auf die Entwicklung einer gesunden Konkurrenz ausgerichtet. Er wurde auf der Grundlage des Internationalen Werbekodexes unter Berücksichtigung von ethischen Normen und kulturell-historischen Traditionen Russlands geschaffen.

Für die Parlamentstagung im Herbst 2004 bereiten die Regierung der Russischen Föderation und die kommerziellen und öffentlichen Organisationen einen Entwurf

---

[111] Zu diesem Zeitpunkt betrug das Minimalgehalt 100 Rubel.

[112] Vgl. http://irexmedia.ru/main/news/index.php?id48=160

des Änderungsgesetzes zum Werbegesetz vor, der die Verbraucherinteressen und die Interessen der Subjekte der Werbung harmonisieren soll.

Massenmedien und Wahlen

Die Rolle der Massenmedien während einer Wahlkampagne wird durch das Mediengesetz der RF und durch das Föderale Gesetz „Über die Grundgarantien des Wahlrechts und des Rechts auf Beteiligung an einem Referendum für Bürger der Russischen Föderation" vom 12.06.02 Nr. 67-FZ geregelt (im Folgenden Gesetz über die Grundgarantien genannt). Mit dem föderalen Gesetz über die Grundgarantien müssen auch alle anderen föderalen und regionalen Wahlgesetze im Einklang stehen.

Im Rahmen des Wahlsystems haben die Massenmedien gleichzeitig mehrere Funktionen. Sie dienen einerseits als Informationsquellen für die Wähler (z. B. Mitteilung des Wahltermins, Mitteilungen über die Einteilung von Wahlbezirken, über die Registrierung von Kandidaten etc.). Zweitens sind die Massenmedien Mittel der Wahlagitation. Schließlich sind sie auch Instrumente der öffentlichen Kontrolle. Bei den ersten beiden Funktionen der Massenmedien handelt es sich um die Benutzung der Massenmedien durch a) die Wahlkommissionen, b) die örtliche Selbstverwaltung (z. B. für die Veröffentlichung von Wahlbezirklisten), c) die registrierten Wahlkandidaten. Im dritten Fall treten die Massenmedien dagegen als selbständige Institutionen der Bürgergesellschaft auf.

Die russische Wahlgesetzgebung geht traditionell davon aus, dass die Massenmedien keine Subjekte des Wahlkampfes und somit auch nicht Teilnehmer des Wahlkampfes sind. Die Massenmedien erfüllen lediglich ihre Informationsdienstleistungen gegenüber den Parteien und Wahlkandidaten. Den Journalisten ist sogar untersagt, während ihrer beruflichen Tätigkeit Wahlpropaganda zu betreiben, Agitationsmaterialien zu veröffentlichen oder zu verbreiten (Art. 48 des Gesetzes über die Grundgarantien).

Bei der Berichterstattung über den Wahlkampf spielen die Massenmedien dagegen die Hauptrolle. Dem Gesetzgeber ist allerdings eine scharfe Abgrenzung zwischen den Begriffen „Wahlpropaganda" und „Informierung der Wähler" nicht gelungen. Das Fehlen einer scharfen Abgrenzung kann dazu führen, dass Wahlpropaganda unter dem Deckmantel der Informierung der Wähler betrieben wird, die objektive Informierung der Wähler dagegen als rechtswidrige Wahlpropaganda qualifiziert wird. Solche Fälle sind in den letzten Jahren bei weitem keine Seltenheit gewesen. Sowohl den Bürgern als auch der Gesellschaft wird großer Schaden zugefügt. Denn der Wähler erhält unter dem Deckmantel einer objektiven, unvoreingenommenen Informierung voreingenommene, präparierte Informationen. Mit diesen Handlungen werden die Bürger bewusst irregeführt und zu einem bestimmten Wahlverhalten bewegt. Im Grunde genommen stellt eine solche Pseudoberichterstattung eine Manipulierung der öffentlichen Meinung dar.

Allerdings darf die verdeckte Wahlpropaganda, die z. B. wegen einer Journalistenbestechung stattfindet, nicht mit der objektiven Darstellung von Tatsachen verwechselt werden, die einen Wahlkandidaten charakterisieren. Die objektive

Darstellung von Tatsachen stellt einen Normalfall dar und ist das notwendige Ergebnis der Tätigkeit von professionellen Journalisten.

Das Gesetz über die Grundgarantien enthält eine ziemlich detaillierte Definition der „Wahlpropaganda". Zugleich fehlt aber im Gesetz eine Legaldefinition für den Begriff „Informierung der Wähler". Im Ergebnis ist der Rechtsanwender gezwungen, selbständig den Umfang des Begriffs „Informierung der Wähler" im Wege des Ausschlusses aus dem Tätigkeitsbereich der Medien all der Handlungen, die als „Wahlpropaganda" zu werten sind, zu bestimmen. Die uferlose Definition des Begriffs „Wahlpropaganda" führt aber dazu, dass der Inhalt des Begriffs „Informierung der Wähler" auf Null reduziert wird.

Dass der Begriff „Wahlpropaganda" im Gesetz über die Grundgarantien zu weit gefasst ist, wurde auch vom Verfassungsgericht der Russischen Föderation in seiner Entscheidung vom 30.10.03[113] anerkannt. Um sich hiervon zu überzeugen, muss man nur die Regelung des Art. 48 Punkt 2 des Gesetzes über die Grundgarantien analysieren. Hiernach werden „Bevorzugende Äußerungen über einen der Kandidaten", „die Darstellung der möglichen Konsequenzen der Wahl oder Nichtwahl eines Kandidaten", sowie „die Verbreitung von Informationen mit deutlichem Informationsschwerpunkt im Hinblick auf einen bestimmten Kandidaten in Verbindung mit der Abgabe einer positiven oder negativen Bewertung" als Wahlpropaganda anerkannt.

Sogar die Verbreitung von „Informationen, die mit der professionellen Tätigkeit eines Kandidaten oder mit der Erfüllung seiner Dienst- und Amtspflichten nicht in Verbindung stehen" wird vom Gesetz als „Wahlpropaganda" angesehen. Aus der vom Gesetzgeber verwendeten Formulierung folgt, dass z. B. der Bericht über das Überfahren eines Fußgängers durch das Fahrzeug eines Wahlkandidaten nur dann keine Wahlpropaganda ist, wenn sich der Unfall mit dem Dienstwagen des Kandidaten und während der Erfüllung seiner dienstlichen Aufgaben ereignete. Hat der Wahlkandidat dagegen den Fußgänger mit seinem privaten Wagen im alkoholisierten Zustand nach einer Familienfeier überfahren, so wird diese Information als Wahlpropaganda verstanden, da sie nicht mit seiner professionellen Tätigkeit oder mit Erfüllung seiner Dienst- und Amtspflichten in Verbindung steht. Folglich wird die Presse in solchen Fällen entweder schweigen und dadurch das verfassungsrechtlich verankerte Recht der Bürger auf Information verletzten oder aber die gültigen Wahlgesetze verletzen.

Gemäß Art. 48 Punkt 2 des Wahlgesetzes umfasst der Begriff der Wahlwerbung sogar „andere Aktionen, die das Ziel verfolgen, die Wähler dazu zu bewegen, für oder gegen einen Kandidaten zu stimmen". Damit hat der Gesetzgeber den Begriff der fahrlässigen Wahlpropaganda eingeführt. Das Verfassungsgericht der RF hat

---

[113] Entscheidung des Verfassungsgerichts der Russischen Föderation vom 30.10.03 Nr. 15-P „Über die Überprüfung der Verfassungsmäßigkeit von einzelnen Regelungen des Föderalen Gesetzes „Über die Grundgarantien des Wahlrechts und des Rechts auf Beteiligung an einem Referendum für Bürger der Russischen Föderation" anlässlich der Anfrage der Abgeordnetengruppe der Staatsduma und der Beschwerden der Staatsbürger S. A. Buntman, K. A. Katanian und K. S. Rožkov.

in seiner Entscheidung vom 30.10.03 diese Gesetzregelung für verfassungswidrig erklärt. Das Verfassungsgericht hat folgende Rechtsauffassung vertreten: „Da sowohl die Wahlpropaganda als auch die Informierung die Wähler zu einer Wahlentscheidung bewegen und wahrheitsgetreue und objektive Informationen über einen Kandidaten dem Wähler bei seiner Wahlentscheidung viel mehr helfen, als bloße Aufrufe zur Stimmabgabe für oder gegen einen Kandidaten, ist offensichtlich, dass als Abgrenzungskriterium zwischen Wahlpropaganda und Informierung nur die Verfolgung einer besonderen Absicht gelten kann, nämlich der Absicht, die Wähler in eine bestimmte Richtung zu lenken, einem bestimmten Kandidaten oder einer Wahlorganisation Unterstützung zu gewähren oder dagegen Widerstand zu leisten".

Je mehr wahrheitsgetreue und bedeutende Informationen über einen Kandidaten oder eine Wahlorganisation dem Bürger übermittelt werden, desto größer wird seine Willensfreiheit und desto bewusster seine Willensentscheidung. Umgekehrt, je weniger Informationen dem Bürger über einen Kandidaten oder eine Wahlorganisation übermittelt werden und je weniger der Umfang der erhaltenen wahrheitsgetreuen Information ist, desto weniger bewusst und somit stärker manipulierbar wird die Wahl des Bürgers. Mit anderen Worten können Wahlen nur dann als frei gelten, wenn das Informationsrecht und die Freiheit der Meinungsäußerung garantiert sind.

Diesbezüglich ist folgender Leitsatz der oben genannten Entscheidung des Verfassungsgerichts der RF prinzipiell wichtig: Vertreter der Medienorganisationen, „die auf Grund der redaktionellen Freiheit und der zu erarbeitenden Selbstregulierungsvorschriften der journalistischen Gemeinschaft, nämlich auf Grund beruflicher und ethischer Grundsätze handeln, müssen ethische und ausgewogene Positionen vertreten und den Wahlkampf in gerechter, ausbalancierter und unvoreingenommener Weise darstellen". Die Entscheidung liefert keinen Hinweis auf die Gültigkeit des Grundsatzes, nach dem über die Wahrung der Gleichheit nach der Zahl der für jeden Kandidaten verwendeten Zeilen entschieden wird. Aus diesem Grunde muss die gesetzliche Aufforderung zur Wahrung der Gleichheit aller Kandidaten bei der Informierung der Wähler ausschließlich als Aufforderung verstanden werden, die Informationen in gerechter, ausbalancierter und unvoreingenommener Weise zu übermitteln.

Es stellt sich weiter die Frage, ob deswegen das Recht des Journalisten auf eigene Meinungsäußerung über einen Kandidaten oder eine Wahlorganisation aufgehoben wird. Das Verfassungsgericht vertritt hierzu eine eindeutige Auffassung: „Zur Gewährleistung der freien Wahl … kann die Freiheit der Meinungsäußerung für die Vertreter der Massenmedien … durch das föderale Gesetz eingeschränkt werden". Zugleich ist „eine positive oder negative Meinung über einen Kandidaten keine Wahlpropaganda, … es sei denn, es wird die Absicht nachgewiesen, einen konkreten Kandidaten unterstützen oder ihm schaden zu wollen".

Die eigene Meinung des Journalisten wird jedoch in der Praxis häufig durch die Meinung des Redakteurs und schlimmstenfalls durch die Meinung eines föderalen oder regionalen Amtsträgers oder privaten Auftraggebers ausgetauscht. Gerade damit lässt sich hauptsächlich die offensichtlich verzerrte Informierung der Wähler über die am Wahlkampf 2003 beteiligten Kandidaten und Wahlorganisationen erklären.

Es ist zu unterstreichen, dass die Wahlgesetzgebung die Massenmedien in bestimmte Arten unterteilt. Dabei werden in erster Linie die staatlichen und kommunalen Massenmedien ausgegliedert. Hierzu gehören alle Medien, die unter ihren Gründern oder Mitgründern staatliche (kommunale) Organe haben, ferner alle Medien, die aus dem föderalen, regionalen oder kommunalen Haushalt Subventionen erhalten haben und schließlich alle Medien mit staatlichem (kommunalem) Anteil am Stammkapital.

Den zu dieser Kategorie gehörenden Massenmedien obliegen folgende Aufgaben:

1) gleiche Wahlkampfbedingungen für die registrierten Wahlkandidaten zu schaffen;
2) den Wahlkommissionen die Veröffentlichung von Druckinformationen zu ermöglichen;
3) den Wahlkommissionen kostenlose Sendezeit für die Informierung der Wähler zur Verfügung zu stellen;
4) den registrierten Wahlkandidaten zu gleichen Bedingungen kostenlose Primetime-Sendezeit zur Verfügung zu stellen;
5) den registrierten Wahlkandidaten gegen Bezahlung zusätzliche Sendezeit zu reservieren;
6) kostenlose Druckfläche zur Verfügung zu stellen für die Veröffentlichung der von registrierten Wahlkandidaten eingereichten Materialien;
7) Mitteilungen der Zentralen Wahlkommission zu veröffentlichen über Einnahmen und Ausgaben von Mitteln aus den Wahlfonds.

Die zweite Kategorie der Massenmedien umfasst sowohl staatliche als auch unabhängige spezialisierte Massenmedien, die auf nichtpolitische Thematiken ausgerichtet sind. Diesen Massenmedien steht nach den Wahlgesetzen das Recht zu, die Veröffentlichung jeglicher Wahlmaterialien unter der Bedingung zu verweigern, dass am Wahlkampf in keiner Form teilgenommen wird.

Zur dritten Kategorie der Massenmedien gehören Medien und deren Redaktionen, die von Wahlkandidaten oder Wahlorganisationen weniger als ein Jahr vor Beginn des Wahlkampfes gegründet wurden. Die für diese Massenmedien geltende Besonderheit liegt in deren Befreiung von der Verpflichtung, allen Wahlkandidaten zu gleichen Zahlungsbedingungen Druckfläche zur Verfügung zu stellen (Art. 50 Punkt 5 des Gesetzes über die Grundgarantien). Diese Medien sind auch von der Verpflichtung befreit, die Bekanntgabe von Informationen zu verhindern, die der geschäftlichen Reputation eines Wahlkandidaten schaden sowie seine Ehre oder Würde verletzen können. Die Befreiung von dieser Verpflichtung kommt dann in Betracht, wenn diese Medien einem registrierten Wahlkandidaten vor Ende der Wahlkampagne die Möglichkeit zur Veröffentlichung einer Gegendarstellung oder einer anderen Erklärung zur Verteidigung von Ehre, Würde oder geschäftlicher Reputation nicht gewähren können (Art. 56 Punkt 6 des Gesetzes über die Grundgarantien).

Zu der vierten Kategorie der Massenmedien zählen Medien, die nicht bereits zu den oben genannten Kategorien gehören und denen das Recht zusteht, den Wahlkandidaten auf vertraglicher Basis entgeltlich Sendezeit und Druckfläche anzubieten. Die zu dieser Kategorie gehörenden unabhängigen Massenmedien dürfen nicht später als ein Jahr vor Beginn der Wahlkampagne gegründet worden sein. Ferner müssen sie frühzeitig Informationen über ihre Preise und Zahlungsbedingungen für die Erbringung der Dienstleistungen veröffentlichen und frühzeitig die Wahlkommission über ihre Bereitschaft benachrichtigen (Art. 50 Punkt 4 des Gesetzes über die Grundgarantien).

Schließlich gehören zu der fünften Kategorie unabhängige Massenmedien, die weniger als ein Jahr vor Beginn Wahlkampagne gegründet worden sind. Diesen Medien ist das Anbieten von Sendezeit und Druckflächen für Zwecke der Wahlwerbung verboten (Art. 50 Punkt 4 des Gesetzes über die Grundgarantien).

Am deutlichsten kommt das Prinzip der gegenseitigen inhaltlichen Ergänzung von Medien- und Wahlgesetzen bei den Regelungen über die Tätigkeit der Massenmedien als öffentliche Kontrollinstitutionen zum Vorschein. Die im Mediengesetz der RF festgelegten professionellen Rechte und Pflichten eines Journalisten (Art. 47–49 des Mediengesetzes) werden im Rahmen des Wahlsystems etwas modifiziert und konkretisiert, aber weder aufgehoben noch eingeschränkt. So sind nach dem Gesetz über die Wahlen der Abgeordneten der Staatsduma der RF die Massenmedien mit folgenden Rechten ausgestattet:

- bei allen Sitzungen von Wahlkommissionen und bei der Zählung der Wählerstimmen anwesend zu sein;
- am Wahltage in den Wahlbezirken anwesend zu sein, dabei sind Dienstabzeichen mit der Medienbezeichnung zu tragen;
- in den Wahlkommissionen bei der Feststellung von Abstimmungs- und Wahlergebnissen u. a., anwesend zu sein;
- Zugang zu den Räumlichkeiten der Wahlkommissionen zu erhalten, die sich in einer Truppeneinheit, einem Krankenhaus, Sanatorium, Erholungsheim oder in einer Untersuchungshaftanstalt (einzelne Wahlbezirke) befinden;
- Einsicht in die Entscheidungen und Protokolle aller Wahlkommissionen über die Wahl- und Abstimmungsergebnisse zu nehmen, diese Entscheidungen und Protokolle zu kopieren oder von der entsprechenden Wahlkommission Kopien zu erhalten, sowie die amtliche Beglaubigung der Kopien solcher Entscheidungen und Protokolle zu verlangen;

- Informationen über die Erstellung eines Zweitprotokolls über die Wahlergebnisse zu erhalten, wenn im ursprünglichen Protokoll Schreib-, Tipp- oder Rechenfehler entdeckt wurden;
- von den Wahlkommissionen über die Abstimmungsergebnisse in jedem Wahlbezirk und Wahlterritorium sowie über Wahlergebnisse in Wahlkreisen informiert zu werden.

Eine Verletzung der gültigen Gesetze durch Medienorganisationen oder Journalisten zieht die gesetzliche Verantwortung nach sich. Das Gesetzbuch über die Ordnungswidrigkeiten der Russischen Föderation enthält einige Tatbestände, in denen Rechtsverletzungen von Massenmedien während einer Wahlkampagne geregelt sind. Es handelt sich dabei um folgende Tatbestände:

- durch einen Chefredakteur oder durch eine Medienorganisation begangene Verfahrensverletzungen bei der Veröffentlichung von (Agitations-) Materialien über die Vorbereitung oder die Durchführung von Wahlen einschließlich solcher Veröffentlichungen im Internet (Art. 5.5 des Gesetzbuches über die Ordnungswidrigkeiten);
- Verletzungen der einem Medienvertreter zustehenden Rechte (Art. 5.6 des Gesetzbuches über die Ordnungswidrigkeiten);
- die Durchführung von Wahlagitation vor Wahlkampfbeginn oder an Orten, an denen die Durchführung von Wahlagitation verboten ist (Art. 5.10 des Gesetzbuches über die Ordnungswidrigkeiten);
- die Durchführung von Wahlagitation durch Personen, deren Beteiligung an der Wahlagitation durch föderales Gesetz verboten ist (Art. 5.11 des Gesetzbuches über die Ordnungswidrigkeiten);
- die Nichtgewährung der Möglichkeit zur Veröffentlichung einer Gegendarstellung oder einer anderen Erklärung zur Verteidigung von Ehre, Würde oder geschäftlicher Reputation eines registrierten Kandidaten vor Ende der Wahlkampagne (Art. 5.13 des Gesetzbuches über die Ordnungswidrigkeiten);
- die fehlende oder nicht rechtzeitige Unterrichtung der Medien durch den Vorsitzenden der Wahlkommission über die Einnahmen und Ausgaben aus den Wahlfonds von Kandidaten (Art. 5.17 Abs. 2 des Gesetzbuches über die Ordnungswidrigkeiten);
- die fehlende oder nicht rechtzeitige Unterrichtung der Vertreter der Massenmedien durch den Vorsitzenden der Wahlkommission über die Abstimmungsergebnisse (Art. 5.25 des Gesetzbuches über die Ordnungswidrigkeiten).

Zeitgleich mit der im Jahre 2003 durchgeführten Verschärfung der verwaltungsrechtlichen Haftung für Verletzungen der Wahlgesetzgebung wurde in das Mediengesetz der Art. 16^1 mit der Bezeichnung „Vorläufige Einstellung der Herausgabe von Massenmedien wegen der Verletzung der Gesetzgebung der RF über

Wahlen und Referenden“ eingeführt. Nach dieser Regelung kann die Herausgabe von Massenmedien auf Grund mehrmaliger Verletzungen der Wahlgesetzgebung während desselben Wahlkampfes durch gerichtliche Verfügung vorläufig eingestellt werden. Allerdings sind bis jetzt keine Fälle bekannt, in denen diese Regelung angewandt wurde. Dies hat wahrscheinlich unter anderem damit zu tun, dass diese Regelung gegen grundlegende Normen des Gesetzbuches über die Ordnungswidrigkeiten und gegen Normen der Zivilprozessordnung der RF verstößt.

Предисловие

Своим появлением на свет данная книга обязана, прежде всего, той дискуссии о свободе массовой информации в Германии и России, что началась на форуме «Петербургского Диалога» в 2002 году в Веймаре и была продолжена годом позже в Санкт-Петербурге. Нельзя сказать, чтобы споры о судьбе этой важнейшей из демократических свобод были слишком академичны, поскольку большинство участников принадлежали к числу журналистов или руководителей СМИ. Напротив, достаточно часто в качестве доказательств использовались вырванные из исторического контекста факты, ни на чем не основанные предположения, а то и просто ошибочные утверждения о том, какие законы о прессе существуют в наших странах и как они действуют в жизни.

Разумеется, для нас, правоведов, такой метод ведения дискуссии профессионально неприемлем. Мы привыкли опираться на нормы законов и подзаконных актов, судебную статистику и правоприменительную практику, официальные толкования и решения по конкретным делам. Вот почему группа ведущих немецких и российских экспертов в области права СМИ предприняла настоящее сравнительно-правовое исследование – чтобы максимально аргументированно показать, с какими вызовами сталкивается ныне свобода массовой информации и какие ответы на эти вызовы предлагают правовые системы наших стран.

Стремясь наиболее эффективно использовать методы сравнительного правоведения для выявления общего и особенного в немецком и российском законодательстве о СМИ, авторы книги выделили восемнадцать вопросов, отражающих наиболее существенные стороны правового регулирования данной сферы. Из ответов на эти вопросы сложились, соответственно, восемнадцать глав, каждая из которых состоит из двух частей, более или менее подробно отражающих состояние законодательства и правоприменительной практики: а) в Германии и б) в России. Безусловно, этим далеко не исчерпывается постоянно пополняющийся перечень актуальных проблем в сфере правового регулирования массовой информации. Однако авторы хотели бы надеяться, что сумели найти именно те проблемы, с решения которых следовало бы начинать движение к гармонизации правового пространства Европейского Союза и России в сфере массовой информации.

Хотя авторы не ограничились изложением позитивного права и правоприменительной практики, однако, критически анализируя на страницах книги все имеющиеся здесь пробелы и противоречия, они стремились избегать политических оценок и публицистических гипербол. При этом они ориентировались на обязательную для обеих наших стран Европейскую конвенцию о правах человека (ЕКПЧ), одновременно учитывая особенности сложившихся правовых систем, национальные традиции законодательной техники и т. д. Такой подход имел целью, во-первых, дать читателю максимально приспособленный для сравнения материал, во-вторых, не навязывать ему никаких выводов, наконец, в-третьих, выявить некие политически нейтральные, но юридически эффективные варианты законодательного регулирования отношений в сфере массовой информации, способные содействовать формированию и укоренении разумных правил поведения прессы по отношению к гражданину, обществу, государству, и, соответственно, наоборот.

Сравнивая механизмы правового регулирования сферы массовой информации в Германии и России, не стоит удивляться ни сходствам, ни различиям, ибо и то, и другое имеют свои причины. С одной стороны, весь 19 век и вплоть до 1917 года развитие правовой системы Российской Империи шло под сильным влиянием германской юридической школы. В постсоветский период сложились условия для возобновления такого влияния. Во всяком случае, Закон РФ 1991 года «О средствах массовой информации», а также проекты Федеральных законов «Об общественном телерадиовещании» и «О праве на доступ к информации» свидетельствуют об успешной апперцепции правового опыта ФРГ.

С другой стороны, современная правовая система Российской Федерации сохраняет многочисленные рудименты советского законодательства и правоприменительной практики, которые органически конфликтуют с постулатами правового государства, что, в свою очередь, резко снижает ее восприимчивость к законодательному опыту Германии. Однако общность как законов рыночной экономики, так и общеевропейских стандартов в области прав человека в конечном итоге должна предопределить совместимость правовых моделей, используемых в наших странах для обеспечения свободы выражения мнений и права на информацию, для формирования общественного телерадиовещания, предупреждения монополизации СМИ и т. д. Иными словами, общность проблем и условий диктует сходство решений, но лишь постольку, поскольку эти условия действительно одинаковы.

Конечно, российская свобода прессы несравненно моложе германской. Но роднит их то, что обе они сформировались на развалинах тоталитарной системы. Это предопределяет обращение именно к опыту ФРГ при решении таких проблем, как разгосударствление печатной и электронной прессы, противодействие национализму и другим формам политического экстремизма, воспитание культуры свободной журналистики. Ценно и то, что многими из нынешних болезней российских СМИ немецкая пресса давно уже переболела, найдя эффективные средства выздоровления. Это позволило авторам кратко изложить в данной книге проверенные опытом рецепты.

Впрочем, бег политического времени стремителен, хотя и не всегда заметен. Достаточно сослаться на тот факт, что уже после завершения работы над книгой в России были в очередной раз перераспределены государственные функции по регистрации СМИ и лицензированию телерадиовещания. На этот раз указанные функции отошли к новому органу исполнительной власти – Федеральной службе по надзору за соблюдением законодательства в сфере массовых коммуникаций и охране культурного наследия.[114] Данное ведомство, находящееся в ведении Министерства культуры и массовых коммуникаций Российской Федерации, наделено весьма широкими полномочиями для легального принуждения, поскольку на него, помимо прочего, возлагается осуществление контроля за выполнением всеми медийными организациями требований законодательства о СМИ, а телекомпаниями и радиостанциями – также и лицензионных условий.

В связи с происходящими в России изменениями особенно актуальным становится создание неправительственной структуры, объединяющей усилия юристов, специализирующихся в сфере права СМИ, по развитию законодательства и правоприменительной практики. Именно к такому выводу пришла первая Всероссийская конференция юристов СМИ, собравшая в Москве в начале лета 2004 года около 300 практикующих юристов и правоведов. Новая организация задумана как центр, где собираются, анализируются и обобщаются материалы судебной, квазисудебной и административной практики в отношении СМИ, проводится их комплексная экспертиза, разрабатываются предложения по оптимизации правового регулирования в данной сфере. Опыт немецких юристов в этих вопросах, несомненно, будет востребован их российскими коллегами.

Книга стала результатом совместных усилий немецких и российских экспертов в области права СМИ. В работе над ней приняли участие:

Профессор, доктор Альберт Шарф; (вся германская часть)

Профессор, доктор юридических наук Михаил Федотов
(российская часть глав 1, 4, 6, 18);

Профессор, доктор юридических наук Юрий Батурин
(российская часть глав 2, 10, 11, 12);

Кандидат юридических наук Виктор Монахов
(российская часть глав 7, 8, 15, 17);

Кандидат филологических наук Андрей Рихтер
(российская часть глав 3, 13, 16);

Кандидат юридических наук Владимир Энтин
(российская часть глав 5, 9, 14).

В том, что эта книга смогла состояться, есть заслуга ряда уважаемых организаций и отдельных лиц. Мы признательны «Петербургскому Диалогу», инициировавшему данный проект, и Министерству иностранных дел ФРГ, поддержавшему его реализацию, а также Фонду имени К. Аденауэра, оказавшему содействие в обеспечении устного перевода. Мы благодарны асессору права Ксении Федотовой за перевод этой книги на немецкий и русский

[114] См.: Постановление Правительства РФ № 301 от 17.06.04 «О Федеральной службе по надзору за соблюдением законодательства в сфере массовых коммуникаций и охране культурного наследия».

языки, как и господину Томасу Пфанне, госпоже Петре Кохендерфер и госпоже Александре Лухтай за ценные советы. Мы благодарим также госпожу Беату Форис за ее хлопоты по организации эффективной работы авторского коллектива.

Михаил Федотов **Альберт Шарф**

Конституционные положения

Положение, касающиеся прессы, впервые появились в Конституции СССР 1936 г., однако до начала 90-х годов они представляли собой ничего не значащие декларации о свободе слова и печати. Лишь после принятия Закона СССР от 12.06.90 «О печати и других средствах массовой информации» и Закона РФ от 27.12.91 «О средствах массовой информации» (далее – Закон о СМИ) конституционные нормы, касающиеся свободы выражения мнений, наполнились реальным юридическим содержанием.

Ныне действующая Конституция РФ, принятая на референдуме 12.12.93, закрепила свободу массовой информации в ч. 5 ст. 29, использовав при этом краткую, но емкую формулу: «Гарантируется свобода массовой информации. Цензура запрещается». Хотя норма весьма лаконична, однако в общем контексте Конституции, интегрируя содержание других норм, она обретает необходимые конкретность и системность.

Обогащению содержания свободы массовой информации служат, прежде всего, нормы, содержащиеся в других частях той же статьи и гарантирующие свободу мысли и слова, право свободно искать, получать, передавать, производить и распространять информацию любым законным способом, недопустимость принуждения человека к выражению своих мнений и убеждений или отказу от них. Тем самым структура данной конституционной статьи подчеркивает, во-первых, относительную обособленность этих свобод, во-вторых, их глубинную генетическая взаимосвязь, в-третьих, взаимодополнение их юридического содержания. Среди конституционных гарантий свободы массовой информации следует назвать также свободу экономической деятельности и право частной собственности, закрепленные в ст.ст. 8, 34 и 35 Конституции, а также принцип идеологического разнообразия (ст. 13), предусматривающий, что никакая идеология не может устанавливаться в качестве государственной или обязательной. Тем самым закладываются основы информационного плюрализма.

В качестве конституционных гарантий свободы массовой информации выступают также нормы, устанавливающие ответственность должностных лиц за сокрытие фактов и обстоятельств, создающих угрозу для жизни и здоровья людей (ч. 3 ст. 41), закрепляющие право каждого на достоверную информацию о состоянии окружающей среды (ст. 42), свободу творчества и преподавания, охрану интеллектуальной собственности (ч. 1 ст. 44), открытость заседаний палат Федерального собрания (ч. 2 ст. 100), открытость судопроизводства (ч. 1 ст. 123) и т. д. Конституцией также предусмотрена возможность законодательного освобождения отдельных категорий граждан от обязанности давать свидетельские показания (ч. 2 ст. 51), что трансформировано Законом о СМИ в обязанность журналиста и редакции сохранять конфиденциальность источника информации.

Характеризуя конституционные положения, касающиеся деятельности СМИ, следует подчеркнуть ту позитивную роль, которую играют в обеспечении свободы массовой информации принципы: непосредственного действия конституционных норм; прямой имплементации норм международного права; независимости судебной власти. Так, норма ст. 18, закрепляющая непосредственное действие конституционных норм, позволяет в правоприменительной деятельности, в том числе в судебных процессах, использовать ссылки на нормы Конституции, что существенно обогащает арсенал юридических средств защиты.

Принцип прямой имплементации международно-правовых норм в российскую правовую систему (ч. 4 ст. 15, ч. 1 ст. 17, ч. 3 ст. 46) не только закрепляет алгоритм разрешения возможных коллизий, но и устанавливает прямое действие общепризнанных принципов и норм международного права, а также международных договоров на территории РФ. Применительно к свободе массовой информации эти конституционные нормы означают, прежде всего, непосредственное действие в России ст. 19 Международного пакта о гражданских и политических правах, а также ст. 10 Европейской Конвенции о защите прав человека и основных свобод (ЕКПЧ). Отсюда, в свою очередь, следует, что свобода массовой информации должна рассматриваться государством как правило, а вмешательство властей в ее реализацию – как исключение. Причем, возможность вмешательства не означает необходимость вмешательства: если демократическое общество не испытывает потребности в ограничении тех или иных форм свободы выражения мнений, то государство не обязано что-либо предпринимать в этом направлении. Для правомерного вмешательства государства в сферу свободы массовой информации, во-первых, должна быть законодательная база. Во-вторых, основанием для вмешательства могут быть только те основания, которые перечислены в пункте 2 ст. 10 ЕКПЧ. В-третьих, вмешательство должно быть соразмерно потребностям именно демократического, а не авторитарного или тоталитарного общества. При этом прецеденты, складывающиеся в практике Европейского суда по правам человека (ЕСПЧ), имеют самое непосредственное отношение к деятельности российских судов. В Федеральном законе «О ратификации Европейской конвенции о защите прав человека и основных свобод» от 30.03.98 содержится норма об обязательности для РФ как юрисдикции ЕСПЧ, так и его решений. В этом смысле весьма показательны постановления Конституционного Суда РФ по делам, связанным с правом на информацию и свободой выражения мнений: в них неизменно учитывается правовая позиция ЕСПЧ. Так, в принципиально важном деле о допустимых пределах свободы информации в период выборов Конституционный Суд постановил, что «ограничения конституционных прав, в том числе, следовательно, свободы массовой информации, должны быть необходимыми и соразмерными конституционно признаваемым целям таких ограничений; в тех случаях, когда конституционные нормы позволяют законодателю установить ограничения закрепляемых ими прав, он не может осуществлять такое регулирование, которое посягало бы на само существо того или иного права и приводило бы к утрате его реального содержания; при допустимости ограничения того или иного права в соответствии с конституционно одобряемыми целями государство, обеспечивая баланс конституционно защищаемых ценностей и интересов, должно использовать не чрезмерные, а только необходимые и строго обусловленные этими целями меры; публичные интересы, перечисленные в статье 55 (часть 3) Конституции Российской Федерации, могут оправдать правовые ограничения прав и свобод, только если такие ограничения отвечают требованиям справедливости, являются адекватными, пропорциональными, соразмерными и необходимыми для защиты конституционно значимых ценностей, в том числе прав и законных интересов других лиц, не имеют обратной силы и не затрагивают само существо конституционного права, т. е. не ограничивают пределы и применение основного содержания соответствующих конституционных норм; чтобы исключить возможность несоразмерного ограничения прав и свобод человека и гражданина в конкретной правоприменительной ситуации, норма должна быть формально определенной, точной, четкой и ясной, не допускающей расширительного толкования установленных ограничений и, следовательно, произвольного их применения».[115]

Конституционный принцип независимости суда имеет важное значение для обеспечения свободы массовой информации, поскольку именно в суд могут быть обжалованы неправомерные действия органа, регистрирующего СМИ или выдающего лицензии на телерадиовещание; нарушение порядка предоставления запрашиваемой информации, нарушение порядка аккредитации журналистов. Кроме того, суд и только суд полномочен решать вопросы о признании недействительным свидетельства о регистрации СМИ, о прекращении и приостановлении деятельности СМИ, о прекращении распространения продукции СМИ, о возложении ответственности за нарушения законодательства о СМИ, о компенсации морального вреда и т. д.

Отдельные дела, связанные с функционированием СМИ, рассматривает Конституционный Суд РФ. Так, 19.05.93 была удовлетворена жалоба членов журналистского коллектива редакции газеты «Известия» в связи с постановлением Верховного Совета РФ от 17.07.92 «О газете «Известия». Предметом рассмотрения в Конституционном Суде было также Постановление IX Съезда народных депутатов «О мерах по обеспечению свободы слова на государственном телерадиовещании и в службах информации». Среди актов Конституционного Суда, имеющих отношение к статусу СМИ, отметим также

---

[115] Постановление Конституционного Суда РФ от 30.10.03 № 15-П «По делу о проверке конституционности отдельных положений Федерального закона «Об основных гарантиях избирательных прав и права на участие в референдуме граждан Российской Федерации» в связи с запросом группы депутатов Государственной Думы и жалобами граждан С.А.Бунтмана, К.А.Катаняна и К.С.Рожкова.

решение о привлечении главного редактора «Российской газеты» к ответственности за неуважение к суду.

Конституционные нормы определяют также разграничение полномочий в сфере массовой информации между федеральными органами государственной власти и органами власти субъектов Федерации. Пункт «и» ст. 71 устанавливает, что «федеральные транспорт, пути сообщения, информация и связь» относятся к исключительной компетенции РФ. И в этом есть своя логика, так как регулирование деятельности, например, общенациональных телеканалов даже практически невозможно на уровне регионов. Что же касается региональных средств массовой информации, то здесь реализуется исключительная компетенция субъектов Федерации, поскольку ст. 72 Конституции РФ не указывает «региональные информацию и связь» среди предметов совместной компетенции. В то же время пункт «е» ст. 72 относит общие вопросы культуры к совместной компетенции Федерации и ее субъектов. Сюда же попадает и административное законодательство (пункт «к»). Следовательно, законодательство о СМИ по необходимости распадается на три сегмента, в первом из которых реализуется исключительное ведение Федерации, во втором – совместное ведение, в третьем – исключительное ведение субъекта Федерации.

Отметим также, что пункт «в» ст. 71 Конституции РФ относит к исключительной компетенции Федерации «регулирование и защиту прав и свобод человека и гражданина», а пункт «б» ст. 72 относит защиту прав и свобод человека и гражданина к сфере совместной компетенции. Отсюда следует, что региональный законодатель вправе регулировать отношения в сфере массовой информации, во-первых, только опираясь на федеральный закон, и, во-вторых, не затрагивая вопросов регулирования свободы массовой информации и связанных с ней прав и свобод человека и гражданина. В то же время региональные власти обязаны защищать свободу массовой информации, руководствуясь при этом нормами федерального Закона о СМИ.

Конституции республик, а также уставы краев и областей, входящих в состав Российской Федерации, по-разному подходят к регулированию вопросов деятельности СМИ. Конституции большинства республик (Адыгеи, Алтая, Бурятии, Коми, Марий Эл, Мордовии, Хакасии, Чувашии) ограничиваются буквальным воспроизведением правовых норм, содержащихся в ст. 29 федеральной Конституции. В конституциях Башкортостана и Дагестана эти нормы сформулированы более узко, в результате чего запрет цензуры здесь отсутствует. Напротив, в конституции Саха (Якутии) запрещается не только цензура, но и монополизация средств массовой информации.

Особо следует отметить следующее положение конституции Кабардино-Балкарской Республики: «Распространение информации, несовместимой с морально-нравственными и национальными традициями и устоями народов Кабардино-Балкарской Республики, преследуется по закону». Представляется, что данная норма незаконно, неоправданно и до неопределенных границ расширяет возможности ограничения свободы выражения мнений.

В то же время в конституциях Карелии и Удмуртии, а также в уставах ряда краев и областей вопросы деятельности СМИ вообще не рассматриваются. Как правило, средства массовой информации упоминаются в уставах субъектов Российской Федерации лишь в связи с: закреплением права граждан на получение информации о деятельности региональных и муниципальных органов власти; установлением порядка участия представителей СМИ в заседаниях представительных и исполнительных органов власти соответствующего края или области; определением роли этих органов в учреждении региональных государственных СМИ.

Общие ограничения

Всякое законодательное регулирование уже само по себе является ограничением, поскольку правовые нормы являются ни чем иным, как правилами, то есть устанавливают рамки поведения. Это *ограничение в широком смысле.* В данном контексте понятие «регулирование» включает не только закрепление прав и свобод, гарантии их осуществления, но и их границы. Нас же будут интересовать *ограничения в узком смысле* – прямо сформулированные. Именно такие ограничения имеются в виду в ст. 1 Закона РФ «О средствах массовой информации» (Закон о СМИ), где применительно к составляющим свободы массовой информации устанавливается, что они «не подлежат ограничениям, за исключением предусмотренных законодательством Российской Федерации о средствах массовой информации».

Провозглашению свободы массовой информации сопутствует законодательное установление пределов (меры) этой свободы, препятствующее нанесению вреда обществу и исключающее злоупотребление свободой. Такое законодательное определение меры свободы называется в Конституции РФ *ограничением* в смысле ч. 3 ст. 55 («в той мере, в какой это необходимо в целях защиты основ конституционного строя, нравственности, здоровья, прав и законных интересов других лиц, обеспечения обороны страны и безопасности государства»).

Применительно к средствам массовой информации Конституция РФ в ст. 29 прямо установила ограничение: «Не допускается пропаганда или агитация, возбуждающие социальную, расовую, национальную или религиозную ненависть или вражду. Запрещается пропаганда социального, расового, национального, религиозного или языкового превосходства». Хотя эти конституционные запреты и сформулированы в общем виде, но они все-таки дают ориентиры для СМИ и журналистов при осуществлении свободы массовой информации. Нарушение этих запретов влечет предусмотренную законом ответственность. Так, ст. 282 Уголовного кодекса РФ устанавливает уголовную ответственность за возбуждение национальной, расовой или религиозной вражды, унижение национального достоинства, если эти деяния совершены публично или с использованием СМИ.

В Законе о СМИ, в ст. 4 «Недопустимость злоупотребления свободой массовой информации» ограничение как мера свободы изначально было сформулировано следующим образом: «Не допускается использование средств массовой информации в целях совершения уголовно наказуемых деяний, для разглашения сведений, составляющих государственную или иную специально охраняемую законом тайну, для призыва к захвату власти, насильственному изменению конституционного строя и целостности государства, разжигания национальной, классовой, социальной, религиозной нетерпимости или розни, для пропаганды войны». Следует признать, что эта норма оказалась недостаточно операциональной и трудно применимой на практике из-за отсутствия ясных критериев и недвусмысленной процедуры оценки соответствующих деяний.

Кроме того, та же статья со временем пополнилась еще несколькими видами запретов: на использование СМИ «для распространения передач, пропагандирующих порнографию, культ насилия и жестокости», а также на распространение в СМИ сведений о способах, методах разработки, изготовления и использования, местах приобретения наркотических средств, психотропных веществ и их прекурсоров, пропаганду каких-либо преимуществ их использования, «а также распространение иной информации, распространение которой запрещено федеральными законами».

Статье 4 Закона о СМИ корреспондирует ст. 13.15. Кодекса РФ об административных правонарушениях «Злоупотребление свободой массовой информации». Правда, здесь речь идет только об одном виде такого злоупотребления, указанном в ч. 2 ст. 4, а именно об изготовлении и (или) распространении теле-, видео-, кинопрограмм, документальных и художественных фильмов, «содержащих скрытые вставки, воздействующие на подсознание людей и (или) оказывающие вредное влияние на их здоровье».

Свобода массовой информации наталкивается и на определенные ограничения, связанные с государственной тайной, иными специально охраняемыми законом тайнами и конфиденциальной информацией.

К правовым барьерам для свободы массовой информации можно отнести также право на охрану достоинства личности, защиту чести и деловой репутации, право на неприкосновенность частной жизни, личную и семейную тайну, право на охрану интеллектуальной собственности. Эти конституционные положения не связаны непосредственно со свободой массовой информации, однако, они подразумевают, что распространение некоторой информации может нарушать права личности, порождая коллизии между разными группами конституционных гарантий.

К числу ограничений свободы массовой информации, содержащихся в самом Законе о СМИ можно отнести: запрет на распространение сведений, предоставленных редакции с условием сохранения их в тайне (ст. 41), запрет на распространение писем, адресованных в редакцию, с искажением их смысла (ст. 42), запрет на распространение сведений о личной жизни гражданина без его согласия (ст. 49), запрет на распространение слухов под видом достоверных сведений (ст. 51). Подчеркнем, что закон отнюдь не запрещает распространение слухов как таковых, он лишь указывает на недопустимость их распространения под видом достоверной информации. Последнее закон относит к категории «злоупотребление правами журналиста» и там же, в ст. 51, специально оговаривает: «запрещается использовать право журналиста на распространение информации с целью опорочить гражданина или отдельные категории граждан исключительно по признакам пола, возраста, расовой или национальной принадлежности, языка, отношения к религии, профессии, места жительства и работы, а также в связи с их политическими убеждениями».

Определенные запреты содержатся также в федеральных законах «Об авторском праве и смежных правах», «Об информации, информатизации и защите информации», «О рекламе», «О государственном регулировании производства и оборота этилового спирта, алкогольной и спиртосодержащей продукции» и других.

Итак, основанные на Конституции РФ, конкретные границы свободы СМИ указаны в законодательстве, и соответствующие меры ответственности за их нарушение предусмотрены в соответствующих статьях Кодекса РФ об административных правонарушениях, Уголовного кодекса РФ, Гражданского кодекса РФ, иных законах. Таким образом, реализация конституционной нормы о свободе массовой информации предполагает как беспрепятственное осуществление журналистами и СМИ этой свободы, создание для этого государством правовых и организационных механизмов, так и пресечение злоупотребления данной свободой.

От описанного *ограничения как меры свободы* массовой информации следует отличать временное *ограничение возможности пользоваться свободой,* например, в условиях чрезвычайного положения (ст. 56 Конституции РФ). Так, п. б ст. 12 Федерального конституционного закона «О чрезвычайном положении» устанавливает «ограничение свободы печати и других средств массовой информации путем введения предварительной цензуры с указанием условий и порядка ее осуществления, а также временное изъятие или арест печатной продукции, радиопередающих, звукоусиливающих технических средств, множительной техники, установление особого порядка аккредитации журналистов». В соответствии с требованием ст. 56 Конституции РФ такие ограничения могут производиться лишь с указанием «пределов и срока их действия». В свою очередь, чрезвычайное положение вводится лишь при наличии обстоятельств, которые представляют непосредственную угрозу жизни и безопасности граждан или конституционному строю России и устранение которых невозможно без применения чрезвычайных мер. Чрезвычайное положение вводится по достаточно сложной процедуре, включающей Указ Президента и его утверждение Советом Федерации – верхней палатой Федерального Собрания РФ, парламента страны. Необходимо сказать, что данный конституционный закон еще ни разу не применялся и предусмотренные им ограничения свободы массовой информации не вводились.

Основной организационно-правовой механизм ограничения свободы массовой информации закреплен в ст. 16 Закона о СМИ, где устанавливается порядок прекращения и приостановления деятельности средства массовой информации по решению суда в порядке гражданского судопроизводства. При этом «основанием для приостановления судом (судьей) деятельности средства массовой информации может служить только необходимость обеспечения иска», поданного регистрирующим органом с целью прекращения выпуска данного СМИ. Такая мера как приостановление допускается только тогда, когда ее непринятие может сделать невозможным исполнение решения суда о прекращении деятельности СМИ.

Особо следует остановиться на внесенном в 2003 году в Закон о СМИ дополнении, предусматривающем возможность приостановления выпуска средства массовой информации за нарушение законодательства РФ о выборах и референдумах (ст. 16-1). По мнению многих экспертов, эта поправка ввела неадекватное ограничение свободы массовой информации. В российских юридических публикациях неоднократно отмечалось, что помимо несоразмерности конституционно признаваемым целям таких ограничений ст. 16-1 противоречит действующему законодательству России – Кодексу РФ об административных правонарушениях и Гражданскому процессуальному кодексу РФ.

Наконец, обратим внимание на то, что и Конституция РФ, и Закон о СМИ говорят о свободе массовой информации, а не о свободе средств массовой информации. Речь идет о свободе распространять информацию через СМИ, а не о свободе редакций СМИ и журналистов делать, что угодно. К сожалению, эта тонкость практически не замечается в среде профессиональных работников СМИ. Большинство из них имеют весьма слабое представление о самом Законе, их «знание» сводится почти исключительно к существованию лозунга «свободы средств массовой информации». В таких условиях границы свободы массовой информации становятся весьма расплывчатыми. Только время, судебная практика и повышение юридической культуры работников СМИ могут приблизить реальность к описанной правовой конструкции конституционных и законодательных ограничений свободы массовой информации.

Существует общий формальный принцип необходимого ограничения прав и свобод: их осуществление не должно нарушать права и свободы других лиц. Частные критерии конкретных ограничений конкретизируют этот общий принцип и позволяют исключить из сферы свободы массовой информации такую активность в сфере массовой информации, которая нарушает права и свободы других лиц. В Российской Федерации конституционные и законодательные ограничения свободы массовой информации в целом соответствуют этому принципу, за некоторыми исключениями, относящимися к новациям последнего времени. Другим выводом является констатация того, что не все необходимые ограничения сформулированы достаточно четко, чтобы обеспечить их адекватную реализацию. Наконец, представления журналистов, а подчас также судей и прокуроров о границах свободы настолько расплывчаты, что установленные ограничения скорее не соблюдаются, чем признаются.

Система законодательства и структура индустрии СМИ

Основным источником права в Российской Федерации являются конституционные нормы и общепризнанные принципы и нормы международного права и международные договоры, соглашения, заключённые и ратифицированные Российской Федерацией. Вторыми в иерархии источников права стоят федеральные конституционные законы и федеральные законы. Именно с их помощью на основе одной или нескольких статей Конституции складывается целая отрасль законодательства.

Для законодательства о СМИ основополагающее значение имеет статья 29 Конституции РФ. По своему значению следом идут такие федеральные конституционные законы, как:

- Федеральный конституционный закон от 10.10.95 № 2-ФКЗ «О референдуме в Российской Федерации», в котором имеется статья «Агитация по вопросам, вынесенным на референдум Российской Федерации»;
- Федеральный конституционный закон от 30.05.01 № 3-ФКЗ «О чрезвычайном положении», в соответствии с которым предусматривается ограничение свободы печати и других средств массовой информации путём введения предварительной цензуры. Это возможно в условиях чрезвычайного положения, введенного при наличии следующих особых обстоятельств: попытки насильственного изменения конституционного строя Российской Федерации, захвата или присвоения власти, вооруженного мятежа, массовых беспорядков, террористических актов, блокирования или захвата особо важных объектов или отдельных местностей, подготовки и деятельности незаконных вооруженных формирований, межнациональных, межконфессиональных и региональных конфликтов, сопровождающихся насильственными действиями, создающими непосредственную угрозу жизни и безопасности граждан, нормальной деятельности органов государственной власти и органов местного самоуправления;
- Федеральный конституционный закон от 30.01.02 № 1-ФКЗ «О военном положении», предусматривающий в случае агрессии против Российской Федерации или непосредственной угрозы агрессии введение контроля над работой средств массовой информации, использование их работы для нужд обороны и другие ограничения на период действия военного положения.

Следующими по значению источниками права массовой информации являются федеральные законы. Ступенькой ниже стоят нормативные указы Президента РФ, то есть указы, которые относятся к неопределённому кругу лиц, органов государства, должностных лиц и т. п., содержат общие правила поведения и рассчитаны на многократное применение. «Указы и распоряжения Президента Российской Федерации не должны противоречить Конституции Российской Федерации и федеральным законам» (ст. 90 Конституции РФ). Однако, если те или иные отношения не урегулированы законом, Президент вправе самостоятельно урегулировать эту сферу своими указами. Эти указы действуют до тех пор, пока сам законодатель, т. е. парламент, не заполнит эту нишу законом, либо дольше – если они не вступают с ним в противоречие.

Такой нишей является, в частности, сфера отношений в электронных СМИ. В России до сих пор нет действующего закона о телевидении и радиовещании, хотя, конечно, специфика правоотношений в этой сфере существует. При отсутствии закона Президент РФ принимает соответствующие указы, по которым, например, создаются органы, выдающие лицензии на вещание, утверждается определённый порядок функционирования телекомпаний и радиокомпаний. Такая картина будет сохраняться до тех пор, пока парламент не примет, а Президент не подпишет соответствующего закона. В связи с этим подчеркнем, что закон о телевидении и радиовещании многократно рассматривался парламентом, но когда он был принят, Президент наложил на него вето. Преодолеть президентское вето парламент не смог. В итоге налицо замкнутый круг: закона о телерадиовещании нет, потому что Президент налагает вето, а Президент в свою очередь принимает указы, касающиеся телевидения и радиовещания, потому что нет закона.

Следующую ступень в иерархии источников права массовой информации занимают постановления и распоряжения Правительства РФ, издаваемые на основании и во исполнение Конституции, федеральных законов и указов Президента РФ. Наконец, в систему законодательства о СМИ входят приказы и постановления органов исполнительной власти (например, приказы Министра культуры и массовых коммуникаций, а до 09.03.04 – Министра по делам печати, телерадиовещания и средств массовых коммуникаций). Приказы министра издаются в соответствии с полномочиями, зафиксированными в Положении о Министерстве, утвержденном Постановлением Правительства Российской Федерации и во исполнение других постановлений и распоряжений Правительства.

В общей сложности законодательство о средствах массовой информации насчитывает порядка сорока федеральных законов, десятки законов субъектов федерации, многочисленные указы Президента РФ, постановления Правительства и нормативные акты других органов государственной власти.

Важный элемент законодательства о СМИ формируется из нормативно-правовых актов субъектов Российской Федерации. Несовершенство конституционного механизма разграничения компетенции даёт региональным и федеральным законодательным учреждениям большую свободу манёвра при толковании возможностей регулирования в данной сфере. В качестве примера сошлемся на результаты рассмотрения Конституционным судом РФ дела о проверке конституционности одной из норм Федерального закона «О рекламе». Одна из сторон утверждала, что регулирование рекламы является частью регулирования культуры и, следовательно, должно находиться в совместном ведении Российской Федерации и её субъектов. Другая – что, поскольку реклама не упоминается в Конституции РФ, постольку она должна входить исключительно в компетенцию региональных властей. Суд решил, что в тех случаях, когда законы о рекламе регулируют вопросы бизнеса, конкуренции и права на доступ к коммерческой информации, эти вопросы находятся исключительно в ведении федерального законодательства. В отношении остальных вопросов, затрагивающих эту сферу (например, связанных с особенностями распространения наружной рекламы, – поскольку они затрагивают правомочия пользования, владения и распоряжения муниципальной собственностью), субъекты Российской Федерации и органы местного самоуправления могут принимать свои собственные нормативные акты. Можно предположить, что это постановление Конституционного суда указывает также на то, каковы пределы полномочий субъектов федерации и в отношении принятия актов законодательства о СМИ.

В начале 1990-х годов собственные нормативные акты о СМИ приняли, по меньшей мере, шесть субъектов Российской Федерации. В большинстве своём эти документы механически повторяли Закон РФ о СМИ 1991 года, что ставит под сомнение правовую целесообразность подобного законотворчества. В региональных законах о СМИ появился и ряд новых ограничений, не записанных в законе федеральном. Например, в Башкирии и в Адыгее запрещалось учреждение и (или) распространение любых средств массовой информации, основанных организациями, зарегистрированными за пределами данного региона, без предварительного разрешения со стороны местных властей.

Однако в последние годы удалось многие из этих ограничений, введенных региональными органами власти, устранить. Так, Верховный Суд Республики Адыгея своим решением от 09.06.00 признал целый ряд статей Закона Республики Адыгея от 25.11.93 «О печати и других средствах массовой информации» противоречащими федеральному законодательству, недействующими и не подлежащими применению со дня вступления решения в законную силу. В декабре того же года Республика Башкортостан приняла закон, приостанавливающий действие отдельных положений местного кодекса «О средствах массовой информации» до приведения их в соответствие с измененной незадолго до этого башкирской Конституцией. Впоследствии Законодательная Палата Государственного Собрания Республики Башкортостан удалила из Кодекса наиболее одиозные положения. В эти же годы Парламент Кабардино-Балкарской Республики привел в соответствие с федеральным законодательством республиканский закон «О средствах массовой информации и издательской деятельности».

Кроме общих норм, заключённых в законы о СМИ, местное законодательство обычно регламентирует следующие области:

- дополнительные субсидии местным СМИ, освобождение их от уплаты местных налогов и т. п.;
- порядок освещения деятельности органов государственной власти субъекта федерации в региональных государственных средствах массовой информации;
- порядок предоставления информации органами государственной власти субъекта федерации и порядок аккредитации журналистов;
- распространение порнографических и эротических изданий и программ.

Законодательство о СМИ призвано, помимо прочего, стимулировать развитие медийной индустрии. Для характеристики этой индустрии сошлемся на следующие статистические данные. По данным неправительственного информационного агентства «Интерфакс» от 30.09.03 на 1 сентября 2003 года в РФ зарегистрировано 41.080 периодических печатных изданий, в том числе 23.749 газет и 14.332 журнала. По сравнению с 2000 годом общее количество зарегистрированных печатных СМИ увеличилось в России на 15 тысяч изданий.

Вместе с тем, количественный рост изданий давно не сопровождается сколько-нибудь сопоставимым ростом их общего тиража. Нынешние тиражи российских газет и журналов лишь ненамного превышают уровень кризисного 1998 года, а по сравнению с 1990 годом сократились многократно. В частности, по данным бывшего Министерства по делам печати, телерадиовещания и средств массовых коммуникаций, общий тираж российских газет в 2002 году составил примерно 8 млрд. экземпляров, а журналов – 520 млн. экземпляров. По прогнозам специалистов, к середине 2004 года эти показатели могут составить 8,5 млрд. и 570–600 млн. экземпляров соответственно.

Федеральные издания в общероссийском тираже газет составляют примерно треть. Столько же приходится на долю муниципальной прессы – главным образом районных и городских газет.

Согласно статистическим данным, наибольшей популярностью среди журналов у россиян пользуются кроссвордные журналы, которые составляют 15 процентов от общего тиража всех журналов. Далее идут телегиды, женские журналы, развлекательные, молодежные и другие.

Характеризуя газетный рынок России, коллегия МПТР отметила в 2003 году следующее: «Газетный рынок России сильно политизирован, что оказывает большое негативное воздействие на его развитие. Значительное число газет создается для решения ограниченных во времени политических задач, после чего интерес учредителей к ним обычно пропадает, а сами издания становятся нежизнеспособны». Кроме того, коллегия подчеркнула, что негативное развитие на рынок прессы оказывает политика региональных властей. «Реальные суммы, так или иначе направляемые на поддержку прессы в субъектах федерации, значительны. К тому же на поддержку «нужных» изданий нередко задействуется административный ресурс. В совокупности, это серьезно деформирует региональные рынки прессы и затрудняет их нормальное развитие».

В свою очередь, федеральная власть поддерживает районные и городские газеты, издания для инвалидов, детей, культурно-просветительские издания, общее число которых колеблется в пределах 3 тыс. наименований. Финансовая помощь этим изданиям из средств федерального бюджета сравнительно невелика – в среднем около 78 тыс. рублей в год.

Характеризуя состояние электронной прессы, отметим, прежде всего, что по данным социологической службы Фонд «Общественное мнение» у 97 процентов россиян дома есть телевизор. Наиболее доступными являются Первый канал, каналы «Россия» и НТВ, передачи которых могут принимать соответственно 95, 93 и 69 процентов российских граждан.

На конец 2003 года в Российской Федерации зарегистрировано 5.300 телевизионных и телерадиовещательных СМИ. Крупнейшим из них является Всероссийская государственная телерадиокомпания, к которой относятся более 90 региональных государственных вещателей, а также национальные телеканалы «Россия», «Культура» и «Спорт».

На тот же период в России насчитывалось 1.413 действующих лицензий на радиовещание. Главным козырем государственного радио, несомненно, является его мощная сеть проводного вещания: с ее помощью «голос Москвы» приходит в каждый дом, где установлена «радиоточка». Именно поэтому так велика, согласно различным исследователям, доля еженедельной аудитории федеральных «Радио России» и «Маяка» (первая и вторая «кнопка» стандартного 3-программного радиоприемника). Свои постоянные высокие показатели они набирают исключительно за счет проводного вещания. Возможностями проводного вещания активно пользуются и региональные государственные станции, благодаря чему по потенциальному охвату аудитории им у себя на местах нет равных. Правда, тут надо отдавать себе отчет в том, что основными слушателями «радиоточек» являются люди старшего, в основном пенсионного возраста. Как правило, такое радио является разговорным, или, как его еще принято называть, «широкоформатным»: среди программ преобладают информационные, публицистические и просветительские передачи средней и большой продолжительности (от 10 до 40 минут).

Общественное телерадиовещание

В постсоветской России неоднократно предпринимались попытки реализовать отдельные элементы общественного вещания. Так, Указ Президента РФ от 20.03.93 № 377 «О гарантиях информационной стабильности и требованиях к телерадиовещанию», предполагал создание попечительских советов на общероссийских государственных телеканалах.[116] Задачи этих органов состояли в разрешении «споров, вызванных разногласиями между политическими группами, попытками введения цензуры или незаконного контроля средств массовой информации, а также связанных с реорганизацией либо ликвидацией информационных телерадиопрограмм и подразделений». Кроме того, на попечительские советы возлагалась обязанность обращаться в правоохранительные органы с требованием привлечения к ответственности должностных лиц, виновных в ущемлении свободы массовой информации. Что же касается журналистов, то по указу им надлежало «подчиняться нравственному авторитету попечительского совета, призванного быть гарантом справедливости и стабильности в распространении телерадиоинформации». Им также следовало руководствоваться так называемым Минимальным стандартом требований к телерадиовещанию, включавшим такие важные принципы, как свобода мнений, уважение права на ответ, корректность, информационное равновесие, защита целостности произведений, защита информационности, профессиональная ответственность и т. д.

Почти одновременно с президентским указом IX Съезд народных депутатов РФ своим постановлением от 28.03.93 «О мерах по обеспечению свободы слова на государственном телерадиовещании и в службах информации» учредил Федеральный наблюдательный совет, который, однако, так и не приступил к работе. Позднее распоряжением Президента РФ от 31.10.97 № 452-рп был образован Попечительский совет телеканала «Культура», призванный «гарантировать реализацию общероссийским государственным телевизионным каналом "Культура" возложенных на него функций, совершенствование телевизионного вещания в целях обеспечения телезрителей в Российской Федерации и за рубежом качественными программами в области культуры и искусства».[117]

Обращает на себя внимание постановление Государственной Думы от 04.10.96 № 639-II ГД «О преобразовании закрытого акционерного общества ‘Общественное российское телевидение’ в государственную телевизионную компанию». В этом документе подчеркивается, что созданное в 1995 г. на основании указа Президента РФ ЗАО ОРТВ «должно было стать действительно общественным телевизионным каналом России», о чем можно судить

---

[116] Собрание актов Президента и Правительства Российской Федерации, 29.03.1993, № 13, ст. 1101.

[117] Собрание законодательства Российской Федерации, 03.11.1997, № 44, ст. 5059.

по использованию в его названии слова "общественное". Однако, поскольку эти цели «до настоящего времени не достигнуты», постольку следует преобразовать ЗАО в государственную телевизионную компанию и предусмотреть в законодательстве о СМИ специальные нормы о создании «из представителей Федерального Собрания - Парламента Российской Федерации, законодательных (представительных) органов субъектов Российской Федерации, федеральных органов исполнительной власти, органов исполнительной власти субъектов Российской Федерации и общественных объединений, в том числе политических партий, советов государственных телевизионных компаний и о полномочиях этих советов».[118] Этим планам также было не суждено сбыться.

В 1998 г. Государственная Дума предприняла попытку приблизить статус Всероссийской государственной телевизионной и радиовещательной компании (ВГТРК) к статусу организации общественного вещания. В проекте Федерального закона «О государственном управлении и поддержке Всероссийской государственной телевизионной и радиовещательной компании» предполагалось создание не подчиненного руководству ВГТРК наблюдательного совета, призванного «давать рекомендации по тематике программ и сетке вещания»; устанавливался запрет на распространение рекламы.[119] Конечно, всего этого явно недостаточно для трансформации государственного вещания в общественное, однако даже такой проект не прошел дальше стадии первого чтения. В качестве главного недостатка законопроекта Президент РФ отметил то обстоятельство, что «проект регулирует вопросы деятельности отдельно взятого юридического лица, что является недопустимым, поскольку данные вопросы должны регулироваться уставом юридического лица и исключительно в рамках Гражданского кодекса Российской Федерации».[120]

Тогда же, в 1998 г. был утвержден устав ВГТРК, в котором предусматривалось формирование при председателе Компании общественного совета «из видных деятелей науки, культуры и искусства». Это должен был быть исключительно «консультативный орган, решающий задачи развития свободы средств массовой информации, сохранения и распространения российской культуры, общественного контроля за государственными электронными средствами массовой информации». Известно лишь об одном заседании данного совета, да и то не имевшем какого-либо значения. В новом уставе ВГТРК этот орган уже отсутствует.[121]

---

[118] «Собрание законодательства Российской Федерации», 14.10.1996, № 42, ст. 4769.

[119] «Собрание законодательства Российской Федерации», 26.01.1998, № 4, ст. 447;

[120] Заключение Президента РФ на проект Федерального закона «О государственном управлении и поддержке Всероссийской государственной телевизионной и радиовещательной компании». – Российская газета, 19 февраля 1998 г.;

[121] Постановление Правительства РФ от 26.02.04 № 111 «О Всероссийской государственной телевизионной и радиовещательной компании»;

В 2002 г. по инициативе Союза журналистов России был разработан и группой депутатов внесен в Государственную Думу проект Федерального закона «Об общественном телерадиовещании». Хотя до настоящего времени этот законопроект остается без рассмотрения, однако в общественном мнении идея трансформации государственных телерадиокомпаний в организации общественного вещания становится все более и более популярна.

Идущие в настоящее время публичные дискуссии по данному вопросу затрагивают, прежде всего, вопрос о выборе организационно-правовой формы для общенациональной организации общественного вещания. Имеющийся законопроект предлагает в этом вопросе исходить из общественно-политической природы такого вещания, которое, в отличие от государственного, является независимым, а в отличие от коммерческого – не преследующим цели извлечения прибыли. Вот почему для общенациональной организации общественного вещания проект предлагает организационно-правовую форму государственной корпорации. Федеральный закон «О некоммерческих организациях» (ст. 7^1) устанавливает, что «государственной корпорацией признается не имеющая членства некоммерческая организация, учрежденная Российской Федерацией на основе имущественного взноса и созданная для осуществления социальных, управленческих или иных общественно полезных функций». Что же касается имущественного взноса, то им естественным образом должна стать ВГТРК, ныне являющаяся «коммерческой организацией, созданной для выполнения функции государственного производителя и распространителя телерадиопрограмм». Именно благодаря использованию правовой конструкции государственной корпорации становится возможно формирование такой федеральной организации общественного телерадиовещания, которая будет субъектом публичного права.

Иное решение вопроса, предполагающее параллельное существование государственного и общественного телерадиовещания, означало бы откровенный нонсенс: у демократического государства не может быть интересов, отличных от интересов общества. Кроме того, это свидетельствовало бы об отходе России от общеевропейской традиции. «Принадлежащие государству органы вещания и информационные агентства, – отмечается в Софийской декларации ЮНЕСКО 1997 г., – следует реформировать в первоочередном порядке и предоставить им статус открытых общественных учреждений, пользующихся журналистской и издательской независимостью».

Не менее важный вопрос касается правовых основ финансирования общественного вещания. Имеющийся законопроект предполагает смешанный механизм финансирования. Одним из главных источников должны стать бюджетные субсидии и субвенции в пределах той доли бюджетных расходов, которая ежегодно выделяется на финансирование государственного телерадиовещания (0,5 процента общей суммы расходов федерального бюджета). Вторым источником финансирования должна стать абонентская плата. Концептуальные особенности Налогового кодекса РФ исключают придание абонентской плате формы налога, поскольку, согласно п. 1 ст. 8, налоги могут взиматься только «в целях финансового обеспечения деятельности государства и (или) муниципальных образований». Вот почему правовым основанием взимания абонентской платы может быть только договор между организацией общественного телерадиовещания и потребителем ее информационных услуг. По своей правовой природе такой договор во многом аналогичен договору энергоснабжения, предусмотренному § 6 главы 30 Гражданского кодекса РФ.

При определении размера абонентской платы проект предлагает учитывать, во-первых, что главный смысл абонентской платы с населения заключается в установлении правовых отношений между гражданами и организацией общественного вещания; во-вторых, что абонентская плата не должна значительно увеличивать существующие коммунальные платежи; в-третьих, что размер абонентской платы с гостиниц и других коммерческих организаций должен быть соразмерен извлекаемому доходу. Вот почему проект дифференцирует размер абонентской платы в зависимости от категории плательщиков в пределах от 0,03 до 100 минимальных размеров оплаты труда (МРОТ) в месяц. Учитывая тот факт, что размер МРОТ с развитием экономики страны неизбежно будет расти, как в абсолютных показателях, так и относительно прожиточного минимума, легко понять, что в среднесрочной перспективе абонентская плата станет серьезным источником не только финансирования повседневной деятельности общественного вещания, но и инвестиций в самые амбициозные телевизионные проекты, связанные с новыми технологиями, новыми видами услуг и т. д.

Принципиально важным является вопрос о допустимости коммерческой рекламы на каналах общественного телерадиовещания. Проект предполагает компромиссный вариант – запрет рекламы при одновременном создании благоприятных условий для спонсорства. Такое решение позволит: во-первых, исключить прерывание кинопоказов, трансляций и других передач рекламными вставками; во-вторых, привлечь к финансированию общественного вещания средства спонсоров, заинтересованных в том, чтобы их торговые марки ассоциировались с высококачественной аудиовизуальной продукцией организаций общественного вещания; в-третьих, минимизировать теневые финансовые потоки.

Законопроект предполагает наличие попечительского совета, представляющего интересы аудитории в управлении организацией общественного вещания. Данный орган должен формироваться Государственной Думой на основе предложений различных структур гражданского общества. По сути дела здесь используется принцип «трех ключей», когда «замок» открывается лишь при наличии всех троих. Совет представляет интересы граждан как потребителей информационных услуг организации общественного телерадиовещания в той мере, в какой их отражают структуры гражданского общества, участвующие в его формировании. В то же время он представляет интересы общества и государства в целом в той мере, в какой их отражает Государственная Дума как представительный орган государственной власти.

В то же время сам попечительский совет призван играть роль одного из трех «ключей», с помощью которых открывается «замок» управления организацией общественного телерадиовещания. Согласно законопроекту именно совет должен выдвигать кандидатуру для назначения на должность генерального директора федеральной организации общественного вещания. Однако функцию назначения проект передает Президенту страны, тем самым вручая ему второй «ключ». Наконец, третий «ключ» отходит к коллегиальному органу управления общественной телерадиокомпанией – совету директоров, в формировании которого участвует и творческий коллектив.

С учетом требований текущего законодательства в проекте реализуется такая правовая модель, при которой попечительский совет является одним из органов управления телерадиокомпанией. Существование такого органа вне структуры телерадиокомпании, в качестве некоей независимой государственной или общественно-государственной институции создает, помимо прочего, коллизии с установленной в Конституции системой организации власти. Учреждение же совета как исключительно «общественного органа» порождает противоречия, в частности, с законодательством об общественных объединениях.

В то же время попечительский совет как правовой институт уже существует в российском законодательстве. Пункт 3 ст. 7 Федерального закона «О некоммерческих организациях» использует такую конструкцию как попечительский совет применительно к фондам. Причем, правовые характеристики фонда и государственной корпорации содержат много общего.

Использованная в законопроекте правовая конструкция исключает посягательство попечительских советов на функции других органов управления организацией общественного телерадиовещания. Строгое разделение предметов ведения между попечительским советом, председателем телекомпании и советом директоров не менее важно, чем постоянство их сотрудничества. Естественно, компоновка программ, а также разработка и производство передач должны находиться в исключительной компетенции администрации телерадиокомпании.

Результатом всех этих преобразований – политико-правовых, экономических, управленческих, организационных – должна стать принципиально новая концепция вещания – ориентированная на интересы аудитории и ставящая во главу угла непредвзятое освещение фактов и событий в информационных программах, содействие свободному формированию и выражению мнений, повышение политической – в том числе электоральной – правовой, экономической и деловой культуры, распространение знаний, популяризацию искусства, спорта и т. д.

Роль международных соглашений в сфере СМИ

Россия является участником большинства международных соглашений в области СМИ – как многосторонних, так и двусторонних. Они касаются статуса корреспондента средства массовой информации, обмена материалами национальных информационных агентств, соглашений об обмене сведениями о природных и техногенных катастрофах, доступе к информации по различным аспектам общественной жизни. Вопросы деятельности СМИ, как правило, затрагиваются в соглашениях о сотрудничестве в области культуры.

Принципиальное значение имеет Международный пакт о гражданских и политических правах от 16.12.66, принятый резолюцией 2200 А на XXI сессии Генеральной Ассамблеи ООН. Ст. 19 Пакта содержит универсальные стандарты соблюдения принципов свободы слова и минимизации ограничений, налагаемых на распространение информации. Поскольку СССР ратифицировал данный Пакт, постольку для Российской Федерации как для государства-продолжателя этот международно-правовой акт является обязательным. В соответствии с п. 4 ст. 15 Конституции РФ общепризнанные принципы и нормы международного права и международные договоры РФ являются частью национальной правовой системы, а установленные ими правила имеют более высокую юридическую силу, чем правила внутреннего законодательства.

Россия вошла в состав Совета Европы 28.02.96. В соответствии со взятыми на себя обязательствами 05.05.98 она ратифицировала Европейскую конвенцию о защите прав человека и основных свобод (ЕКПЧ). Россия вместе с другими участниками Конвенции взяла на себя обязательство следовать тем толкованиям содержания ЕКПЧ, которое дается в решениях Европейского суда по правам человека (ЕСПЧ).

Конвенция заняла особое место в сфере регулирования деятельности СМИ благодаря принципиальному отличию данного документа от всех иных международных соглашений, затрагивающих средства массовой информации. В ней содержится механизм, позволяющий физическим и юридическим лицам оспаривать действия государств, приведшие к ограничению на законных основаниях права на свободу выражения мнения, получения и распространения информации больше, чем это необходимо в демократическом обществе.

Вот почему, когда мы говорим сегодня о роли международных соглашений в области массовой информации, нужно учитывать фактическое и эвентуальное воздействие принципов и правил регулирования деятельности СМИ, созданных практикой ЕСПЧ, на российские законодательство и судебную практику. Суд неоднократно подчеркивал, что в условиях, когда праву на свободу слова противостоят иные заслуживающие уважения права и интересы, нельзя терять из виду то основополагающее значение, которое данная свобода имеет для демократии. В деле «Хэндисайд против Соединенного Королевства» (1976) Суд установил, что свобода выражения мнения «составляет одну из фундаментальных опор демократического общества и одно из главных условий его прогресса». Более того, эта свобода применима «не только к «информации» или «идеям», которые встречаются благосклонно или рассматриваются как безобидные либо безразличные, но и в отношении тех, которые задевают, шокируют или беспокоят государство или какую-либо часть населения. Таковы требования плюрализма, толерантности и либерализма, без которых нет демократического общества». Важность свободы слова для политического диалога настолько велика, что из нее, по мнению Суда, проистекают право общества «знать» и обязанность государства воздерживаться от мер, могущих воспрепятствовать такому знанию.

Доктрина миссии прессы наиболее ярко выражена в решении ЕСПЧ по делу «Лингенс против Австрии» (1986), когда журналист позволил себе резкие оценки поведения канцлера республики и был осужден национальным судом за диффамацию. Суд пришел к выводу: «Хотя пресса и не должна преступать границы, установленные inter alia для «защиты репутации других лиц», тем не менее, на нее возложена миссия по распространению информации и идей по политическим вопросам, а также по другим проблемам, представляющим общественный интерес. Если на прессе лежит задача распространять такую информацию и идеи, то общественность, со своей стороны, имеет право получать их».

Эта мысль получила дополнительную аргументацию в решении по делу «Кастеллс против Испании» (1992). ЕСПЧ отметил: «Нельзя забывать наиважнейшую роль прессы в государстве, руководствующемся принципом господства права. (…) Свобода прессы дает общественности непревзойденный инструмент, позволяющий ей знакомиться и получать представление об идеях и позициях своих политических лидеров. Кроме того, она позволяет политикам размышлять и высказывать свою точку зрения по вопросам, заботящим общественное мнение; таким образом, все получают возможность принять участие в свободной политической дискуссии, которая находится в самом центре концепции демократического общества». Суд подчеркнул: «Свобода слова важна для всех, но это особенно справедливо, когда речь идет о выборных представителях народа. Они представляют свой электорат, привлекают внимание к его заботам и отстаивают его интересы. Соответственно вмешательство в осуществление свободы слова членом парламента от оппозиции, каковым является заявитель, требует самого пристального внимания со стороны Суда».

Для совершенствования российской практики особенно важна содержащаяся в данном решении правовая позиция ЕСПЧ в отношении пределов допустимой критики Правительства. В демократической системе, подчеркивается в решении Суда, «действия или упущения Правительства должны стать предметом пристального внимания не только законодательных и судебных властей, но также прессы и общественного мнения. Более того, доминирующее положение, которое занимает Правительство, делает необходимым, чтобы оно демонстрировало сдержанность при обращении к уголовному преследованию, в особенности, когда имеются другие средства ответа на неоправданные нападки и критику его противников или средств массовой информации». Впоследствии ЕСПЧ распространил свою квалификацию выборных лиц не только на политиков национального масштаба, но и местного управления.

Учитывая специфику деятельности различных средств массовой информации, ЕСПЧ вывел ряд норм, прямо не записанных в тексте Конвенции, но без существования которых реализация охраняемых ею свобод была бы затруднительна. В частности, это касается прав журналистов. В деле «Гудвин против Соединенного Королевства» (1996) ЕСПЧ признал право журналиста на сохранение конфиденциальности своих источников. По мнению Суда, «защита журналистских источников информации является одним из основополагающих условий свободы печати, в том виде как она нашла отражение в законах и кодексах профессионального поведения в ряде Договаривающихся Государств и нескольких международных актах … При отсутствии подобной защиты источники не стали бы оказывать содействие прессе, что отрицательно сказалось бы на способности прессы представлять точную и надежную информацию по вопросам, имеющим общественный интерес. В результате жизненно важная роль прессы как стража интересов общества была бы подорвана».

ЕСПЧ признал также право журналистов на оценочное суждение. В решении по делу «Лингенс против Австрии» (1986) Суд указал на необходимость «проводить тщательное различие между фактами и оценочными суждениями. Существование фактов может быть доказано, тогда как истинность оценочных суждений не всегда поддается доказыванию». Последние должны быть мотивированы, но доказательства их справедливости не требуется. К сожалению, российские суды далеко не всегда проводят это различие.

Поскольку в последние годы все чаще предпринимаются попытки привлечь журналистов к уголовной ответственности за оскорбление, постольку все большее значение приобретает правовая позиция ЕСПЧ, согласно которой ст. 10 ЕКПЧ «защищает не только содержание высказываемых идей и информации, но также и форму, в которой они сообщаются». В деле «Швабе против Австрии» (1992) Суд отметил, «что в короткой заметке или статье, являющейся частью общей дискуссии о действиях политиков или политической этике, не каждое слово может быть взвешено с тем, чтобы исключить возможность его превратного толкования». Суд полемически заострил свою позицию в деле «Далбан против Румынии» (1999), заявив: «Представляется неприемлемым, чтобы журналиста лишали возможности высказывать критические мнения на том основании, что он (она) не могут доказать их истинность». Более того, Суд признал за журналистом право на преувеличение. В деле «Прагер и Обершлик против Австрии» (1995) ЕСПЧ разъяснил, что «журналистская свобода включает также возможность прибегнуть к некоторой степени преувеличения или даже провокации».

Нередко в российской практике возникает вопрос, аналогичный тому, который пришлось решать ЕСПЧ в деле «Вебер против Швейцарии» (1990). Журналиста осудили за разглашение тайны следствия. Рассматривая это дело, Суд установил, что вмешательство властей идет дальше, нежели необходимо в демократическом обществе для реализации вполне законной цели. Указанная информация была разглашена на предшествовавшей пресс-конференции. Таким образом, данные следствия уже стали известны широкой публике. В таких условиях осуждение журналиста было направлено не на защиту информации, а на ограничение свободы слова. Право придавать информацию гласности подтверждено также в решении ЕСПЧ по делу «Фрезос и Руар против Франции» (1999): «Ст. 10 защищает право журналистов разглашать информацию по вопросам, представляющим всеобщий интерес, при условии, что они действуют добросовестно и на точной фактологической основе, предоставляют надежную и точную информацию в соответствии с этикой журналистской профессии».

При рассмотрении споров по поводу правомерности действий государства, ограничивающих свободу слова, ЕСПЧ последовательно анализирует фактические обстоятельства и юридическую аргументацию сторон с точки зрения четырех критериев:

1. были ли действия властей основаны на законе,
2. правомерны ли они в свете ограничений, предусмотренных п. 2 ст. 10 ЕКПЧ,
3. были ли подобные действия в данных конкретных обстоятельствах необходимы в демократическом обществе,
4. были ли принятые меры по их тяжести соразмерны с действиями заявителя.

В частности, в вопросах соразмерности ограничений и наказаний, ЕСПЧ установил принципиально важные для российского законодателя и правоприменителя правила. В деле «Санди Таймс против Соединенного Королевства» (1979) Суд заявил: «Строгое толкование означает, что никакие другие критерии, кроме перечисленных в клаузуле, касающейся исключений, не могут служить основанием для каких-либо ограничений, и что эти критерии, в свою очередь, должны интерпретироваться на основании прямого значения слов, их формулирующих, не выходя за пределы их обычного понимания». Суд указал также на серьезную опасность возможности уголовного преследования за пользование свободой слова. Даже, когда речь идет не о тюремном заключении, а лишь о наложении штрафа, устрашающее воздействие оказывает сам факт осуждения. Такое же воздействие оказывают неоправданно крупные суммы денежной компенсации за причинение морального вреда в делах, связанных с защитой честью и достоинства. В деле «Толстой-Милославский против Соединенного Королевства» (1995) Суд обратил внимание на отсутствие у государства–ответчика адекватных и эффективных гарантий против установления непропорционально высокого размера денежной компенсации. Как известно, в Гражданском кодексе РФ также отсутствуют подобные гарантии, что приводит порой к установлению многомиллионных компенсаций, ведущих к разорению СМИ.

Большое значение для российской правоприменительной практики имеет правовая позиция ЕСПЧ в отношении возможности конфискация тиража и средств распространения информации. Подобные меры несоразмерны преследуемой законной цели, а потому, по мнению ЕСПЧ, не являются необходимыми в демократическом обществе (дела «Мюллер против Швейцарии», «Институт Отто-Премингер против Австрии, «Хэндисайд против Соединенного Королевства»).

Конституционный Суд РФ, Верховный и Высший Арбитражный Суды активно используют практику ЕСПЧ при решении дел, связанных с деятельностью СМИ. Наиболее свежий пример – постановление Конституционного Суда РФ от 30.10.03, касающееся проверки конституционности отдельных положений Федерального закона «Об основных гарантиях избирательных прав и права на участие в референдуме граждан Российской Федерации». Ссылки на правовую позицию ЕСПЧ стали здесь важной составляющей мотивировочной части.

Механизмы саморегулирования прессы

Механизмы внутрикорпоративной саморегуляции уже существуют в России в целом ряде профессий, а после ожидаемого в обозримом будущем принятия и вступления в силу Федерального закона «О саморегулируемых организациях» они приобретут надежный правовой фундамент. Первую попытку создания такого фундамента можно найти в Законе РФ «О рекламе», где имеется ст. 28 «Права органов саморегулирования в области рекламы». Согласно закону такие органы привлекаются к разработке законопроектов и иных нормативных актов, проводят независимую экспертизу рекламы на предмет установления ее соответствия требованиям законодательства, привлекаются к проведению контрольных мероприятий, направляют в прокуратуру материалы о нарушениях законодательства о рекламе и т. д.

К сожалению, Закон о СМИ не предусмотрел юридически значимых механизмов саморегуляции, хотя в журналистской профессии нормы права нередко дублируют деонтологические императивы. Например, многие обязанности журналиста, перечисленные в статье 49 Закона о СМИ – проверять достоверность сообщаемой им информации, удовлетворять просьбу интервьюируемого об авторизации цитируемых высказываний, предупреждать о проведении аудиозаписи интервью и т. д. – являются общепризнанными правилами работы СМИ. Этот феномен может быть объяснен прежде всего тем, что в условиях переходного государства, когда гражданское общество еще не сформировалось, а дух профессиональной общности еще не успел сплотить журналистское сообщество, механизмы саморегуляции слишком слабы, чтобы обеспечить эффективность деонтологических норм. В этой ситуации законодатель был вынужден включить нормы профессионального поведения в правовой акт, таким образом придав им обязательность. Но подобная практика регулирования таит в себе опасность того, что законодатель может попытается навязать правила поведения, противоречащие социальной роли журналиста. Вот почему Софийская декларация ЮНЕСКО 1997 г. закрепила: «Профессионально правильные методы журналистской работы являются наиболее эффективной гарантией от правительственных ограничений и давления со стороны особо заинтересованных групп. Любые попытки установления норм и руководящих принципов должны исходить от самих журналистов».

За последние два десятилетия в рамках журналистского сообщества России время от времени возникали инициативы по выработке кодексов профессиональной этики. Первый Кодекс был принят Союзом журналистов СССР 24.04.1991. Он содержал довольно четко выписанные принципы профессиональной этики (социальная ответственность, правдивость, объективность, добросовестность, честность, уважение чести и достоинства личности, уважение общечеловеческих ценностей, профессиональная солидарность) и перечислял составы нарушений этих принципов. Принципиально важным было следующее положение: «Никакие иные органы или организации не вправе рассматривать дела о нарушениях журналистской этики. Никакие нормы настоящего Кодекса не могут служить основанием для привлечения журналиста к дисциплинарной, административной или иной ответственности».[122] Тем самым, с одной стороны, нарушения профессиональной этики объявлялись чисто внутренним корпоративным делом, не допускающим постороннего участия, а с другой – они демонстративно отделялись от деликтов, влекущих правовую ответственность.

В 1994 г. группа известных столичных журналистов подписала Московскую Хартию журналистов, представляющую собой кодекс-обязательство: «Мы скрепляем своими подписями настоящую Хартию и тем принимаем на себя взаимные обязательства». Основные тезисы Хартии и Кодекса 1991 г. совпадали, хотя более или менее подробного перечня составов нарушений Хартия не содержала.[123] В том же году Союз журналистов России (СЖР) утвердил свой Кодекс профессиональной этики, главным отличием которого стало то, что он отбросил идею нравственного обязательства и вернулся к установлению зависимости между соблюдением его норм и членством в Союзе журналистов. Существуют и другие документы, призванные играть роль деонтологических регуляторов на уровне отдельных видов СМИ, отдельных регионов и даже редакционных коллективов, а именно: Хартия телерадиовещателей, Декларация Гильдии судебных репортеров и т. д.

Этические кодексы и хартии важны содержащимся в них изложением профессионального долга, однако в значительной степени остаются лишь сборниками благих пожеланий в отсутствие организационных механизмов саморегуляции. Необходим некий арбитр, решения которого имели бы значение, как для тяжущихся сторон информационного спора, так и для журналистского сообщества в целом. Идеально, если мнение органа саморегулирования оказывается существенно и для всего общества.

Исторически первая попытка создания организационного механизма саморегулирования привела в 1993 г. к образованию Третейского информационного суда[124], трансформировавшегося затем в Судебную палату по информационным спорам при Президенте Российской Федерации (СПИС). Правовой основой деятельности СПИС было Положение, утвержденное Указом Президента РФ от 31.01.94 № 228. В составе СПИС было несколько бывших и действующих журналистов, что роднило Палату с зарубежными органами саморегулирования прессы. Однако в отличие от зарубежных аналогов СПИС являлась неким подобием государственного органа. Ее связь с инсти-

---

[122] Цит. по: Профессиональная этика журналистов: - В 2-х т. – Т. 1: Документы и справочные материалы. – М.: Галерия. 1999.– С. 384-392.

[123] Профессиональная этика журналистов. – С. 219-220.

[124] См.: Указ Президента РФ «Об информационных гарантиях для участников избирательной кампании 1993 года» от 29 октября 1993 года № 1792.

тутом Президента выводилась из необходимости оказания содействия Президенту в реализации его полномочий в сфере массовой информации как гаранта прав и свобод человека и гражданина (ч. 2 ст. 80 Конституции РФ).

Компетенция Судебной палаты была весьма широка, хотя, конечно, далеко не исчерпывала спектр гипотетически возможных информационных споров. Предметом разбирательства здесь могли быть споры, вытекающие из: а) ущемления свободы массовой информации; б) необходимости оперативно обеспечить исправление фактических ошибок в информационных сообщениях СМИ, затрагивающих общественные интересы; в) необъективности и недостоверности сообщений в СМИ, в том числе основанных на слухах, непроверенных данных и ложной информации; г) нарушений принципа равноправия в сфере массовой информации; д) ущемления нравственных интересов детства и юношества в СМИ; е) нарушений принципа политического плюрализма в информационных и общественно-политических теле- и радиопередачах; ж) распределения времени вещания на телевидении и радио для фракций парламента.

Принимаемые Палатой решения были окончательными и обязательными для исполнения государственными органами и их должностными лицами в 2-недельный срок. Среди мер воздействия фигурировали, как правило, замечание, выговор, рекомендация (о направлении редакции предупреждения, об увольнении от должности и т. д.).

По сути дела СПИС представляла собой организованную в рамках Администрации Президента квази-судебную коллегию, разрешавшую информационные споры с позиций права и журналистской этики. Этот факт косвенно признавала и сама Палата, характеризуя свои решения как «коллективное мнение членов Палаты, основанное на требованиях российского законодательства». Именно здесь кроется причина того, что согласно Положению, решения СПИС являлись окончательными.

После ликвидации СПИС в 2000 г. единственным реально функционирующим органом саморегуляции осталось Большое Жюри (БЖ), учрежденное VI Съездом СЖР в 1998 г.[125] Правда, Хартией телерадиовещателей, принятой в 1999 г., предусмотрено формирование Общественного вещательного совета для контроля за ее выполнением, однако он так и не создан.

Большое Жюри функционирует как корпоративный институт гражданского общества, рассматривающий «конфликтные ситуации нравственно-этического характера, возникающие в журналистском сообществе в связи с исполнением журналистами своих профессиональных обязанностей».[126] При разрешении конкретных споров БЖ опирается на нормы Кодекса профессиональной этики СЖР 1994 г., международную Декларацию принципов поведения журналистов, а также действующие в разных регионах, профес-

---

[125] Материалы, касающиеся нормативной базы, состава и практики БЖ СЖР, размещены в Интернете по адресу: www.ruj.ru.

[126] Профессиональная этика журналистов. – С. 254–259.

сиональных объединениях и даже редакционных коллективах правила журналистской этики. Если, например, рассматриваемый спор касается деятельности телекомпании, подписавшей Хартию телерадиовещателей, то БЖ обязательно примет во внимание требования Хартии.[127] Кроме того, БЖ учитывает собственные прецеденты.

Одной из особенностей процедуры, принятой в БЖ, является подписание, как минимум, одной из сторон конфликта специального документа – Соглашения о признании юрисдикции Большого Жюри. Лицо, подписавшее Соглашение, автоматически попадает под защиту БЖ, что означает признание за ним всех тех прав, которые имеет здесь любой другой подписавший Соглашение.

Вопрос о возможности рассмотрения Большим Жюри конкретного спора в отсутствие признания его юрисдикции одной из сторон конфликта является одним из важнейших, в значительной степени определяющим перспективы развития этого механизма саморегуляции. С одной стороны, если тот, чьи действия вызвали жалобу, не признает профессионально-этическую юрисдикцию БЖ, то в отношении него Жюри не может выполнять функции, аналогичные функциям третейского суда, поскольку для передачи спора в такой суд требуется согласие сторон. С другой стороны, если БЖ будет уклоняться от рассмотрения подобных конфликтов, то тем самым оно станет потворствовать нарушителям корпоративной этики и ставить в заведомо невыгодные условия те СМИ, которые уже поставили свои подписи под Соглашением.

Конечно, никакие уговоры не могут заставить главного редактора, издателя или вещателя признать профессионально-этическую юрисдикцию БЖ. К этому их может вынудить только осознание того, что квази-судебное разбирательство своих коллег-журналистов может быть более квалифицированным, более вдумчивым, более деликатным, чем суд общей юрисдикции или арбитражный суд. В отличие от судебной, процедура БЖ является куда более гибкой, демократичной, простой, быстрой, не требующей никаких затрат.

Конечно, БЖ – вовсе не суд, однако, как показывает практика, оно может быть даже более эффективным и точным инструментом разрешения спора, чем суд. Например, 5 апреля 2002 г. Жюри рассмотрело обращение Квалификационной коллегии судей и Совета судей Краснодарского края в связи с публикацией «Ложись! Суд идет!» в «Новой газете» от 14.01.02. Заявители выражали возмущение фактом распространения ложной информации в «справке отдела расследований», которой редакция «Новой газеты» сопроводила статью «Ложись! Суд идет!». В этом материале сообщалось, что «председатель краевого суда А. Чернов, как свидетельствуют злые языки, ходит на работу в часах швейцарской фирмы «Франк Мюлер» за 50 тысяч долларов и костюмах и обуви от Валентино за 2 тысячи долларов. Кроме

[127] См., решение № 6 от 19.11.99 по делу «Ю. М. Лужков против С. Л. Доренко».

того, он предпочитает автомобили марки БМВ 7-й серии стоимостью от 120 тысяч долларов и «Мерседес» 220-й серии от 100 тысяч долларов» и т. д.

Авторы обращения посчитали, что «справка отдела расследований» свидетельствует не только о факте распространения не соответствующих действительности и порочащих сведений, но и о грубом нарушении Кодекса профессиональной этики российского журналиста. Большое Жюри, памятуя о том, что «Новая газета» уже давно признала его юрисдикцию, приняла данное обращение к рассмотрению, обратив внимание на то, что в связи с данной публикацией Басманным межмуниципальным судом г. Москвы уже вынесено решение по иску А. Чернова о защите чести и достоинства, и о компенсации морального вреда (суд признал сведения, опубликованные в «справке отдела расследований», не соответствующими действительности и порочащими честь и достоинство А. Чернова, а также взыскал с редакции «Новой газеты» 30 млн. руб. в порядке компенсации морального вреда).

Решение БЖ по данному делу было значительно более многоплановым, чем судебный акт. В нем нашли отражение и такие вопросы, как соотношение заголовка и содержания статьи, недопустимость использования СМИ как средства информационной войны и инструмента воспрепятствования карьерному росту конкретного человека. В решении содержатся также ряд тезисов, важность которых выходит далеко за пределы данного конкретного спора. Здесь постулируется, во-первых, что «использование фигуры речи «как свидетельствуют злые языки» является подменой доказательств, что особенно недопустимо в жанре журналистского расследования». Во-вторых, в решении утверждается, что «ссылка на анонимные источники не освобождает журналиста от обязанности перепроверять те компрометирующие сведения, которые он намеревается предать огласке». В-третьих, здесь выражается озабоченность возможностью использования института компенсации морального вреда для разорения СМИ.

Данное решение примечательно еще и тем, что оно в максимальной степени соответствует задачам БЖ при рассмотрении конфликтных ситуаций, а именно: установлению конструктивного диалога между сторонами; осознанию сторонами общепризнанных правил поведения журналистов и необходимости следования им в повседневной практике СМИ; точной квалификации оспариваемых действий и формулированию решений, пригодных для последующей их систематизации в качестве прецедентов. И, действительно, конфликт таким образом был урегулирован: «Новая газета» опубликовала решение БЖ, признав тем самым свою неправоту, а А. Д. Чернов отозвал свое исковое заявление из суда. В то же время, приведенные выше тезисы общего характера стали важными прецедентами для принятия решений по другим обращениям. Вот почему применительно к Большому Жюри будет справедлива формула: точность формулировок – это форма вежливости.

Компетенция органов исполнительной власти в сфере СМИ

В соответствии со ст. 110 Конституции России, «Исполнительную власть Российской Федерации осуществляет Правительство Российской Федерации". В частности, именно Правительство «разрабатывает и представляет Государственной Думе федеральный бюджет и обеспечивает его исполнение» (п. «а» ст. 114), в котором отдельным блоком фиксируется объем выделяемых бюджетных средств на финансирование деятельности средств массовой информации (в 2004 году на цели государственной поддержки российских государственных телерадиокомпаний выделено 8.520.360 тыс. руб., а кроме того, еще 1.423.164 тыс. руб. – на поддержку районных и городских газет и т. д.).

В компетенцию Правительства России в медийной сфере входит также обеспечение проведения «единой государственной политики в области культуры» (п. «в» ст. 114 Конституции России), неотъемлемой частью которой является государственная политика в области массовой информации.

Начиная с 1990 года, главным федеральным органом исполнительной власти, обеспечивающим разработку и реализацию государственной политики в области СМИ, было Министерство печати и информации Российской Федерации. С 1994 по 1999 год оно существовало в виде двух самостоятельных органов – Государственного комитета по печати и Федеральной службы по телевидению и радиовещанию. В 1999 году, накануне парламентских выборов эти ведомства были объединены в Министерство РФ по делам печати, телерадиовещания и средств массовых коммуникаций.

Основными задачами этого Министерства были:

1) разработка и реализация государственной политики в области средств массовой информации и массовых коммуникаций, телерадиовещания, информационного обмена, вещания дополнительной информации, развития компьютерных сетей общего пользования, печати, издательской, полиграфической деятельности, распространения периодических изданий, и иной печатной продукции, регулирование производства и распространения аудио- и видеопродукции, включая регистрацию и лицензирование, а также участие в разработке и реализация государственной политики в сфере авторского права и смежных прав в указанных областях деятельности;
2) разработка и реализация государственной политики в процессе производства рекламы, а также ее распространения средствами массовой информации и массовых коммуникаций;
3) регулирование деятельности, включая разработку и реализацию политики и соответствующих процедур, в области использования радиочастотного спектра и орбитальных позиций спутников связи для це-

лей телерадиовещания, развития средств массовых коммуникаций и распространения средств массовой информации.

В целях реализации возложенных на него задач Министерство, в частности, осуществляло:

1) разработку и ведение единых общероссийских реестров средств массовой информации и массовых коммуникаций;
2) регистрацию средств массовой информации;
3) лицензирование телевизионного вещания, радиовещания, вещания дополнительной информации, тиражирования фонограмм и аудиовизуальных произведений на любых видах носителей;
4) контроль за соблюдением законодательства РФ, условий регистрации и лицензий, наложение предусмотренных законом взысканий, вынесение предупреждений; приостановление и аннулирование регистраций и лицензий в установленном порядке;
5) деятельность в пределах своей компетенции по вопросам совершенствования законодательства и организации защиты авторских и смежных прав, международного сотрудничества и взаимодействия с общественными организациями в области авторского и смежных прав;
6) анализ экономических, социальных, технических, правовых проблем и выработка предложений по их решению, включая подготовку проектов соответствующих нормативных правовых актов и т. д.[128]

Министерство в пределах своей компетенции, среди прочего, имело право разрабатывать и утверждать нормативные документы, обязательные к исполнению всеми физическими и юридическими (независимо от формы собственности) лицами на территории страны. Министерство возглавлял Министр, назначаемый на должность и освобождаемый от должности Президентом РФ по представлению председателя федерального Правительства.

Необходимо отметить, что Президент РФ играл и играет весьма серьезную роль в осуществлении исполнительной власти Российской Федерации вообще и в сфере СМИ, в частности. В том случае, если те или иные социально важные общественные отношения по каким–либо причинам не получают регулирования федеральным законом, Президент России правомочен урегулировать эти отношения своим указом до момента вступления в силу соответствующего закона.

Наиболее яркий пример – регламентация общественных отношений в сфере телерадиовещания. К сожалению, Россия до настоящего времени все еще не имеет федерального закона, регулирующего эту важнейшую для совре-

[128] См.: Постановление Правительства РФ от 10.09.99 № 1022 «Вопросы Министерства Российской Федерации по делам печати, телерадиовещания и средств массовых коммуникаций».

менной демократической системы сферу информационных отношений. В силу этого обстоятельства основные правила «игры» на этом информационном поле до настоящего времени определяются соответствующими Указами Президента Российской Федерации и постановлениями правительства. Отметим Указ Президента РФ от 06.10.95 № 1019 «О совершенствовании телерадиовещания в Российской Федерации»[129], а также Указ от 08.05.98 № 511 «О совершенствовании работы государственных электронных средств массовой информации»[130].

Серьезнейшие изменения в структуру и функции российской исполнительной власти вообще и в сфере СМИ, в частности, внесла административная реформа, основные положения которой зафиксированы в Указе Президента РФ от 09.03.04 № 314 «О системе и структуре федеральных органов исполнительной власти». Помимо прочего, Президент России В. Путин этим указом упразднил Министерство РФ по делам печати, телерадиовещания и средств массовых коммуникаций, разделив его функции между несколькими вновь образованными структурами управления.

В соответствии с этим указом Министерство культуры и массовых коммуникаций РФ ответственно за выработку политики и нормативно-правовое регулирование в сфере культуры, искусства, кинематографии, массовой информации и коммуникаций, архивного дела, а также по вопросам межнациональных отношений. Министерство координирует и контролирует деятельность находящихся в его ведении федеральных служб и агентств. Функции регистрации средств массовой информации отошли к Федеральной регистрационной службе. Наконец, Федеральному агентству по печати и массовым коммуникациям переданы правоприменительные функции, а также функции по оказанию государственных услуг и управлению государственным имуществом в сфере печати и телерадиовещания.

Производимая в соответствии с вышеуказанным Указом Президента России реструктуризация системы органов исполнительной власти в сфере СМИ по подсчетам пресс-службы Федерального агентства по печати и массовым коммуникациям (ФАПМК) является девятнадцатой (!) за последние 80 лет.

На Федеральное агентство по печати и массовым коммуникациям возложено осуществление функций по оказанию государственных услуг, управлению государственным имуществом, а также правоприменительные функции в сфере печати, средств массовой информации и массовых коммуникаций, в том числе компьютерных сетей общего пользования, в области электронных средств массовой информации, издательской и полиграфической деятельности. Агентство находится в ведении Министерства культуры и массовых коммуникаций РФ и осуществляет свою деятельность как непосредственно,

---

[129] См.: Собрание законодательства Российской Федерации, 1998, № 4, ст. 472.
[130] См.: Собрание законодательства Российской Федерации, 2000, № 39, ст. 3855.

так и через свои территориальные органы. Новому ведомству передаются территориальные органы бывшего Министерства РФ по делам печати, телерадиовещания и средств массовых коммуникаций.

Федеральное агентство осуществляет правоприменительную деятельность и оказание государственных услуг в сфере создания и функционирования СМИ и массовых коммуникаций, телерадиовещания, использования радиочастотного спектра и орбитальных спутников связи для телерадиовещания, развития средств массовых коммуникаций и распространения СМИ, в сфере информационного обмена, вещания дополнительной информации, компьютерных сетей общего пользования в области электронных СМИ, печати, издательской и полиграфической деятельности. Агентство будет вести единые общероссийские реестры СМИ и массовых коммуникаций, телерадиовещательных компаний, производителей аудио- и видеопродукции.

Агентство осуществляет полномочия собственника в отношении необходимого для исполнения своих функций федерального имущества, в том числе переданного федеральным государственным унитарным предприятиям, федеральным казенным предприятиям и государственным учреждениям, подведомственным агентству. ФАПМК продолжит осуществление функций по регистрации СМИ до момента образования Федеральной регистрационной службы.

Что же касается функции лицензирования вещательной деятельности, то в соответствии с постановлением правительства РФ от 06.04.04 «Вопросы Министерства культуры и массовых коммуникаций», до внесения изменений в законодательство, именно это Министерство будет проводить лицензирование использования орбитальных частотных ресурсов и радиочастот для осуществления теле- и радиовещания; лицензирование деятельности по реставрации объектов культурного наследия; выдавать лицензии на показ фильмов в кинозалах.

Вновь созданное Агентство планирует осуществлять свою деятельность в тесном контакте с медийным сообществом. В качестве одного из элементов сотрудничества предполагается формирование мобильной консолидированной группы специалистов в области права массовой информации, которая помогала согласовывать законодательные инициативы и административную практику с правовой позицией медийной индустрии.

Институты регистрации и лицензирования в сфере СМИ

Основными элементами системы государственного учета и контроля деятельности СМИ в Российской Федерации являются организационно-правовые институты их регистрации и лицензирования. При этом институт регистрации, по общему правилу, имеет юридическое значение, как в печатной, так и в электронной прессе, а институт лицензирования применяется только в отношении телерадиовещания.

Смысл и общее содержание процедуры регистрации средства массовой информации закреплен нормами ст. 8 Закона о СМИ. Именно юридический факт регистрации СМИ предоставляет его редакции юридическую возможность начать производство и выпуск СМИ. И именно с момента регистрации средства массовой информации возникают предусмотренные Законом права и обязанности учредителя и редакции (ст. 17).

Средство массовой информации считается зарегистрированным со дня выдачи свидетельства о регистрации. Учредитель сохраняет за собой право приступить к производству продукции средства массовой информации в течение одного года со дня выдачи свидетельства о регистрации. В случае пропуска этого срока свидетельство о регистрации средства массовой информации признается недействительным.

Смена учредителя, изменение состава соучредителей, а равно названия, языка, формы периодического распространения массовой информации, территории распространения его продукции допускается лишь при условии перерегистрации средства массовой информации. Осуществляется перерегистрация в том же порядке, что и регистрация.

В соответствии со ст. 12 Закона о СМИ, регистрация не требуется для:

- средств массовой информации, учреждаемых органами законодательной, исполнительной и судебной власти исключительно для издания их официальных сообщений и материалов, нормативных и иных актов;
- периодических печатных изданий тиражом менее одной тысячи экземпляров;
- радио- и телепрограмм, распространяемых по кабельным сетям, ограниченным помещением и территорией одного государственного учреждения, учебного заведения или промышленного предприятия либо имеющим не более десяти абонентов;
- аудио- и видеопрограмм, распространяемых в записи тиражом не более десяти экземпляров.

Отказ в регистрации СМИ возможен *только* по следующим основаниям:

1) если заявление подано от имени гражданина, объединения граждан, предприятия, учреждения, организации, не обладающих правом на

учреждение средств массовой информации в соответствии с Законом РФ «О СМИ»;

2) если указанные в заявлении сведения не соответствуют действительности;
3) если название, примерная тематика и (или) специализация средства массовой информации представляют собой злоупотребление свободой массовой информации;
4) если регистрирующим органом ранее зарегистрировано средство массовой информации с теми же названием и формой распространения массовой информации (ст. 13).

Подчеркнем также то обстоятельство, что по общему правилу именно регистрирующий орган правомочен выносить письменные предупреждения редакциям СМИ по поводу допущенных ими злоупотреблений свободой массовой информации и, в случае неоднократных в течение 12 месяцев повторения подобного рода злоупотреблений, обращаться в суд с иском о прекращении деятельности СМИ (ст. 16).

В настоящее время функции регистрации СМИ, впредь до создания, предусмотренной Указом Президента РФ от 09.03.04 № 314 «О системе и структуре федеральных органов исполнительной власти», Федеральной регистрационной службы, возложены на Федеральное агентство по печати и массовым коммуникациям и его территориальные органы.[131]

Основу правовой базы лицензионного контроля деятельности вещательных СМИ России составляют нормы ст.ст. 30–33 Закона о СМИ, а также конкретные лицензионные условия, закрепленные в каждой вещательной лицензии.

В соответствии с п. 24 упомянутого выше Указа Президента РФ вопрос определения органа, осуществляющего лицензирование вещательной деятельности российских электронных СМИ «до вступления в силу федерального закона о внесении изменений в действующие федеральные законы по вопросам лицензирования», был оставлен за Правительством РФ. Имелось два варианта - или федеральное министерство, или федеральное агентство. Реализуя предоставленное правомочие, Правительство РФ своим постановлением от 06.04.04. № 157 «Вопросы Министерства культуры и массовых коммуникаций Российской Федерации» установило, что до внесения соответствующих изменений в лицензионное законодательство Российской Федерации функции лицензирования использования орбитально-частотных ресурсов и радиочастот для осуществления телевизионного вещания и радиовещания будет осуществлять это федеральное министерство.

---

[131] См.: Постановление Правительства РФ № 193 от 8 апреля 2004 г. «Вопросы Федерального агентства по печати и массовым коммуникациям».

Таким образом, с апреля 2004 г. уполномоченным государственным органом в сфере лицензирования телерадиовещания на территории РФ стало Министерство культуры и массовых коммуникаций Российской Федерации.

Однозначно ответить на вопрос, какими именно будут нормы будущего «федерального закона о внесении изменений в действующие федеральные законы по вопросам лицензирования», сегодня трудно. Слишком серьезные и зачастую разнонаправленные интересы связаны с этим вопросом.

Что касается точки зрения, доминирующей среди специалистов в области права массовой информации, то она такова.[132] Возникшую в вещательном пространстве России организационно-правовую неопределенность в вопросе о том, какой орган и по какой процедуре будет в дальнейшем заниматься лицензированием вещательной деятельности на территории Российской Федерации, следует – с точки зрения общественных интересов – разрешить учреждением постоянно действующего независимого регулирующего органа. Именно такое решение было бы логичным продолжением ст. 30 Закона о СМИ, предусматривающей создание Федеральной и территориальных комиссий по телерадиовещанию.

Наряду с упомянутыми нормами Закона о СМИ правовую базу лицензирования телерадиовещания в РФ составляют:

ст. 49 Гражданского кодекса РФ, которая устанавливает, что осуществление отдельных видов деятельности возможно только на основании наличия специального разрешения (лицензии);

Положение о лицензировании телевизионного вещания и радиовещания в Российской Федерации, утвержденное постановлением Правительства РФ от 07.12.94 № 1359 (по данному Положению осуществляется лицензирование вещания в городах с населением менее 200 тыс. человек);

Положение о проведении конкурса на получение права на наземное эфирное телерадиовещание, а также на разработку и освоение нового радиочастотного канала для целей телерадиовещания, утвержденное постановлением Правительства РФ от 26.06.99 № 698 (по данному Положению осуществляется лицензирование в столицах субъектов РФ и в городах с населением более 200 тыс. человек).

Интересно отметить, что Положение 1994 г. содержит единственное из действующих сегодня в России ограничений на концентрацию собственности в СМИ, запрещая получение лицензии на осуществление теле- и (или) радиовещания более чем по двум каналам вещания на одну и ту же территорию, если зоны обслуживания совпадают полностью или более чем на две трети. Кроме того, его нормами устанавливается, что лицензия подлежит аннулированию выдавшим её органом. В частности, в случае повторного в течение года нарушения лицензионных условий, данного Положения или

---

[132] Hoffmann-Riem W., Monachov V. Rundfunkrecht in Russland. Auf dem Weg zu einer neuen Medienordnung, Nomos Verlagsgesellschaft, Baden-Baden/Hamburg/St. Petersburg, 1994, 633s.

законодательства Российской Федерации, последовавшего после официального письменного предупреждения. Срок действия лицензии – от 3 до 5 лет. При определённых условиях (прежде всего, если имеется несколько претендентов на вещание с использованием данного теле- или радиоканала) предусмотрено проведение конкурса.

Десятилетняя практика лицензирования вещательной деятельности на территории Российской Федерации выявила ряд проблем, требующих своего нормативного правового разрешения. В частности, действующий лицензионный порядок предусматривает необходимость получения не одной, а двух лицензий. Одну должен получить оператор связи, имеющий передатчик. А другую – теле- или радиокомпания, которая намерена использовать данный передатчик. Если же телекомпания сама выступает в качестве оператора связи, то она должна иметь обе лицензии. Среди экспертов популярно мнение, что подобная организационно-правовая модель напоминает автомобиль для учебной езды: руль один, зато две педали тормоза.[133] В рамках такой модели конкурсант, победивший в конкурсе на получение права на наземное эфирное телерадиовещание, проводимом одним государственным органом, должен был затем обращаться еще в одно властное «окно», принадлежащее уже другому государственному органу, для получения лицензии на деятельность по связи в области телерадиовещания. Подобная доктрина «двухоконного» лицензирования российских вещателей явно себя изжила и требует скорейшего изменения.

Другая проблема связана с тем, что вещательные организации, получившие лицензии на основании результатов конкурса, лишены возможности в дальнейшем изменить концепцию своего вещания. Это ставит их в неравные условия с теми вещателями, которые получили лицензии без проведения конкурса.

Развитие кабельного и спутникового вещания ставит в повестку дня и еще один вопрос. Дело в том, что современные технологии позволят одновременно распространять десятки и сотни программ на одну и ту же территорию, с одновременным оказанием сопутствующих услуг (телефония, доступ в Интернет и др.) Однако согласно упомянутому выше постановлению Правительства РФ от 07.12.94 № 1359 ни одно юридическое лицо не может получить лицензию на осуществление теле- (и) или радиовещания более чем по 2 каналам вещания на одну и ту же территорию, если зоны обслуживания совпадают полностью или более чем на две трети. В результате вполне разумная антимонопольная норма препятствует развитию прогрессивных систем телерадиовещания (кабельного, спутникового, систем MMDS и др.).

С февраля 2002 г. лицензирование телерадиовещания выведено из сферы действия базового для лицензионных отношений Федерального закона от

---

[133] См. об этом: Федотов М. А. Право массовой информации в Российской Федерации, М., «Международные отношения»,2002, с. 207.

25.09.98 № 158-ФЗ «О лицензировании отдельных видов деятельности». В целом, такое решение вполне оправдано, поскольку распространение на телерадиовещание общих правил лицензирования порождало весьма существенные юридические и практические проблемы. В частности, данный закон не предусматривал конкурсного порядка выдачи лицензий, в результате чего возникали сомнения в легитимности лицензий, полученных в результате конкурса. Кроме того, в самом законе имелись достаточно явные противоречия в вопросе о его применимости к сфере телерадиовещания.

Все эти проблемы удалось решить в редакции данного Закона от 08.08.01 № 128-ФЗ, исключив из сферы его действия вопросы лицензирования деятельности по использованию орбитально-частотных ресурсов и радиочастот для осуществления телевизионного вещания и радиовещания. В результате практика вернулась к использованию норм о лицензировании телерадиовещания, заложенных в Законе о СМИ еще в 1991 г.

Однако, как отмечается многими экспертами в области права массовой информации, установленный в Законе о СМИ порядок лицензирования вещания в ряде вопросов отстает от принципов современного лицензионного законодательства. В частности, согласно ст. 32 аннулирование лицензии производится не судом, а лицензирующим органом. Кроме того, Закон не предусматривает иные способы воздействия на нарушителя лицензионных условий, кроме вынесения предупреждения и аннулирования лицензии. Нельзя признать позитивным и тот факт, что перечень оснований аннулирования лицензии на вещание Закон оставляет открытым. Правда, не будем забывать, что Закон о СМИ наметил лишь абрис лицензионного механизма, предусмотрев, что комплексное и детализированное его регулирование будет осуществлено другим федеральным законом – определяющим порядок формирования и деятельности Федеральной комиссии по телерадиовещанию. Такой закон, однако, до сих пор не принят.

С другой стороны, исследователями справедливо отмечается, что конструкции даже самых последних российских актов общего лицензионного законодательства далеко не во всем могут быть взяты за образец для регулирования лицензионной процедуры в сфере вещания.[134]

Каким же видится выход?

Представляется, что оптимальный для современной России организационно-правовой механизм лицензирования вещания может быть построен только на основании положений, содержащихся в Рекомендации Комитета Министров Совета Европы Rec(2000)23 от 20.12.00 о независимости и функциях регулирующих органов в вещательном секторе.[135] Действительно, чем боль-

---

[134] См. об этом: Шевердяев С. О необходимости реформирования регулирующих органов в сфере телерадиовещания в России, в сборнике «Перспективы лицензирования телерадиовещания в России»\- М.: Институт проблем информационного права, 2004, с.324-346.

[135] См.: Совет Европы: документы по проблемам средств массовой информации – 3-е изд., СПб, “Лик”, 2002, с. 187-206.

ше расширяется вещательный сектор национальных медиаиндустрий и чем сложнее и динамичнее он становится, тем больше он нуждается в хорошо продуманном и соразмерном регулировании, призванном обеспечить его нормальное функционирование. Даже с учетом того, что опыт государств-участников Совета Европы в деле регулирования вещания сильно разнится, и в нем находят отражение особенности их политических систем, уровень экономического развития, а также исторические и культурные традиции, Рекомендация трактует проблему качества регулирования вещательной деятельности не просто как национальную, а поистине общеевропейскую задачу.

К сожалению, Российская Федерация в разрешение этой общеевропейской задачи внесла пока лишь чисто символический вклад, закрепив еще в 1991 г. в Законе о СМИ необходимость создания цивилизованного регулятора вещательных отношений, а именно Федеральной комиссии по телерадиовещанию (ст.ст. 30–32).

Представляется, что именно теперь, в рамках политической повестки дня второго срока правления Президента России В. Путина должен стать реальностью долгожданный прорыв в деле воплощения в жизнь этих европейских и собственных российских наработок по решению фундаментальной проблемы российской вещательной системы – обретения ею цивилизованного, отвечающего вызовам XXI века, регулятора. Помимо прочего, это послужило бы выразительным показателем цивилизованной государственной информационной политики.

Регулирование права собственности в СМИ

У средств массовой информации сложные отношения с собственностью. По ассоциации в голову приходит освобождение крепостных крестьян в России в середине 19 века. Им даровали личную свободу, однако земельная собственность осталась у прежних хозяев. В 90-х годах прошлого века сценарий освобождения повторился в сфере массовой информации. Журналистам даровали свободу от идеологических догм, газетам и журналам разрешили стать независимыми от партии-государства, однако право собственности на материально-техническую базу СМИ долгое время продолжало оставаться в руках государства. И по сей день значительная часть этой базы, а в сфере электронной прессы – до 90 процентов, продолжает оставаться в руках государства. И хотя процесс приватизации продолжается, однако ведет не к расширению границ конкурентной среды, а к укреплению уже сложившихся олигархических монополий.

Особый интерес представляет вопрос о регулировании права интеллектуальной собственности в сфере массовой информации. Появление цифровых технологий и интернета еще более актуализирует его, однако с точки зрения Закона РФ от 9 июля 1993 г. № 5351-1 «Об авторском праве и смежных правах» (Закон об авторском праве) имущественные правомочия издателей периодической печати помещены в прокрустово ложе полномочий составителей сборников.

В соответствии с п. 2 ст. 11 данного Закона издателю газет, журналов и других периодических изданий принадлежат исключительные права на использование таких изданий. Но эти права ограничиваются использованием издания как целого. Авторы произведений, включенных в такие издания, сохраняют исключительные права на использование своих произведений независимо от издания в целом.

С точки зрения имущественных прав печатное средство массовой информации напоминает сосуд или иную тару. Наличие «прав на тару» не равнозначно праву собственности на ее содержимое. Издатели средств массовой информации нередко уповают на то, что они находятся в трудовых отношениях с журналистами. При этом они надеются, что по аналогии с другими областями творческой деятельности полученный результат принадлежит работодателю. По мнению некоторых экспертов такое мнение противоречит Закону об авторском праве. В силу п. 4 ст. 14 исключительные имущественные права на произведения, созданные в порядке выполнения служебных обязанностей или служебного задания переходят к работодателям, кроме случаев, когда такими работодателями выступают газеты, журналы и другие периодические издания. В случае с журналистами действует норма п. 2 ст. 11. Следовательно, для приобретения авторских прав сотрудников одних трудовых отношений мало. Необходимо наряду с трудовым договором иметь еще и авторский договор, в котором следует урегулировать в письменном виде все вопросы, которые считаются существенными для признания факта существования авторского договора.

Забрать у журналиста авторские права в пользу работодателя без авторского договора нельзя. Однако часть их можно изъять в ходе производственного процесса. Все материалы, направленные в СМИ с точки зрения ст. 42 Закона о СМИ подразделяются на авторские произведения и письма. В информационном обществе тексты между автором и редакцией курсируют по электронной почте. То есть по форме они являются электронными письмами.

В отношении писем, поступающих в редакции средств массовой информации, установлен особый режим. В соответствие с ч. 2 ст. 42 письмо, адресованное в редакцию, может быть использовано в сообщениях и материалах данного средства массовой информации, если при этом не искажается смысл письма, и не нарушаются положения данного закона. Степень переработки писем в ходе редакционной подготовки гораздо глубже, чем авторских статей и ограничивается лишь сохранением смысла полученного сообщения.

Правовая ситуация существенно меняется с размещением периодических изданий в Интернет или переводом их в цифровую форму. Перевод газет, журналов иных периодических изданий в электронную форму означает, что именно становится объективной формой представления и организации совокупности данных (например: статей, фотографий, графических изображений), систематизированных таким образом, чтобы эти данные могли быть найдены и обработаны с помощью ЭВМ. Тем самым они превращаются в базу данных. В свою очередь, авторское право на базу данных имеет свою специфику. Наряду с общими положениями Закона об авторском праве и смежных правах к ним применяются нормы специального Закона РФ от 23 сентября 1992 № 3523-1 «О правовой охране программ для ЭВМ и баз данных».

Авторское право на базу данных, признается независимо от ее назначения и достоинств (п. 1 ст. 3). То есть, для распространения авторско-правовой охраны на базу данных не требуется даже минимального творческого вклада. Охране авторским правом подлежат любые усилия по созданию базы данных, даже если она состоит из материалов, которые не являются объектами авторского права (ст. 5). Но это совсем не то право sui generis, которое признается законодательством Европейского Союза. Основным отличительным признаком самостоятельного режима охраны баз данных в ЕС является запрет на изъятие и использование существенной части базы данных по другому назначению без согласия правообладателя. Российское законодательство рассматривает базу данных как своего рода кучу, куда свалены вместе объекты, как пользующиеся, так и не пользующиеся охраной авторским правом. Отсюда и правило, которое вводит законодатель. Согласно п. 4 ст. 5 авторское право на базу данных не препятствует другим лицам осуществлять самостоятельный подбор и организацию произведений и материалов, входящих в эту базу данных.

Вместе с тем законодатель сурово относится к тем, кто нарушает права на базу данных с целью извлечения коммерческой выгоды из такого нарушения. Согласно ст. 18 упомянутого закона суд вправе назначить компенсацию причиненного ущерба по своему усмотрению в размере до 50.000-кратного МРОТ, то есть установленного законом минимального размера оплаты труда. К сожалению, данная норма фактически может быть применима в отношении тех правонарушителей, которые копируют базу данных целиком, не утруждая себя ее переработкой.

Ощущая дефектность такой правовой конструкции, авторы различных проектов нового закона о средствах массовой информации предлагают рассматривать содержание средства массовой информации как информационный ресурс, принадлежащий владельцу СМИ. Использование же информационного ресурса в целом или в части требует идентификации источника происхождения сведений и согласия владельца ресурса.

Отношения собственности многократно усложняются, когда речь идет о теле- и радиовещании, независимо от того, осуществляется оно по кабелю, через спутник или в эфире. В случае, когда речь идет о показе или трансляции какого-либо события культурной или спортивной жизни требуется получить разрешение устроителей зрелища. Такое согласие на трансляцию живьем и/или в записи становится элементом или составной частью имущественного комплекса вещателя. Если речь идет об эксклюзивном праве на трансляцию такого спортивного события как чемпионат мира по футболу, гала-концерт мировых знаменитостей, то важной составляющей могут быть дополнительно права на фиксацию указанного события и последующее распространение сделанной записи на тех или иных материальных носителях.

Одновременно с приобретаемым «правом на передачу в эфир и/или по кабелю для всеобщего сведения» вещательные организации имеют самостоятельно охраняемое право на передаваемые ими программы и сообщения независимо от их содержания. Это принадлежащее им исключительное право также находится в гражданском обороте и охотно приобретается местными вещателями. Причем, это право тем значимее, чем большее количество иных прав приобрел данный вещатель. То есть, право вещательной организации имеет свойство нуля, который будучи приставлен к сумме, отданной за приобретение иных исключительных прав, на порядок увеличивает эту сумму.

Многочисленные телепередачи и фильмы, созданные независимыми продюсерами самостоятельно или при финансовом участии телеканалов, приобретают дополнительную ценность в силу того, что право на их публичный показ передается от канала к каналу одновременно с разрешением включить в них рекламные вставки. Причем, право на количество и продолжительность рекламных вставок в популярную телепередачу или рейтинговый фильм даже более значимо, чем срок, на который приобретается право их показа.

Рекламно-политический ресурс телевизионного канала или радиостанции также может рассматриваться как важная составляющая их имущественного комплекса. Наличие рейтинговых агентств и оценщиков позволяет учитывать и этот аспект деятельности СМИ при оценке их рыночной стоимости.

Свидетельство о регистрации средства массовой информации, как и лицензию на вещание следует рассматривать как важнейшую часть имущественного комплекса любого СМИ. Угроза лишиться лицензии или утратить свидетельство о регистрации означает потерю средством массовой информации возможности действовать на рынке. Таким образом, эти правоустанавливающие документы оказываются мультипликатором стоимости иных объектов права, имеющихся у того или иного средства массовой информации для использования в коммерческом обороте.

Еще один компонент имущественного комплекса СМИ – название СМИ, которое может быть зарегистрировано и как товарный знак. Практические все ведущие средства массовой информации зарегистрировали свои названия в качестве товарных знаков, чем значительно повысили их коммерческую стоимость. Некоторые пошли значительно дальше, зарегистрировав в качестве товарных знаков изображения своих популярных ведущих, образы героев телесериалов. В таком виде их сдают в аренду рекламодателям.

Имеется, однако, и неучтенный ресурс. Например, в процессе подготовки теле- и радиорепортажей в телерадиокомпаниях накапливается архив эфирных записей. В соответствии со ст. 24 Закона об авторском праве такая запись подлежит уничтожению в течение шести месяцев или передаче в официальные архивы. Нередко ни первого, ни второго не происходит. Записи используются для создания документальных передач, хотя превращение временной фиксации в документ так и не было оформлено.

В заключение следует подчеркнуть, что специального законодательства, регулирующего вопросы собственности в сфере массовой информации, в РФ не существует. В результате все вопросы обеспечения прозрачности отношений собственности и предотвращения монополизации в данной сфере должны, в принципе, регулироваться законодательными актами общего характера, и, прежде всего, Законом РФ от 22.03.91 № 948-1 «О конкуренции и ограничении монополистической деятельности на товарных рынках». Однако, по мнению экспертов в области права массовой информации и с учетом опыта стран Европейского Союза для регулирования вопросов транспарентности и предотвращения монополизации в сфере массовой информации необходимы специальные законы.

Право на информацию

Считается, что право на информацию закреплено в ч. 4 ст. 29 Конституции РФ, где закреплено, что «каждый имеет право свободно искать, получать, передавать, производить и распространять информацию любым законным способом». Тем не менее, эта формула отнюдь не закрепляет самостоятельного субъективного права человека на информацию, как это сделано в ч. 1 и ч. 5 ст. 29 в отношении свободы мысли и слова, а также свободы массовой информации. Части 2, 3 и 4 ст. 29 выполняют функцию гарантий информационных свобод, провозглашенных в частях 1 и 5 ст. 29 Конституции РФ.

Закон РФ «О средствах массовой информации» в ст. 38 «Право на получение информации» пытается восполнить отсутствие одной из главных опор для свободы массовой информации – федерального закона о праве на информацию. Попытки принятия такого закона начались в 1987 году, еще до принятия Закона СССР от 12.06.90 «О печати и других средствах массовой информации». Они безуспешно продолжаются и до сего дня. И когда разрабатывался проект Закона РФ от 27.12.91 «О средствах массовой информации» (Закон о СМИ) встала задача хотя бы наметить юридические контуры права граждан на информацию. Решить эту задачу удалось лишь частично: ст. 38 содержит достаточно узкий перечень лиц, чья обязанность предоставлять информацию корреспондирует праву гражданина на ее получение. В этот перечень не входят органы местного самоуправления, юридические лица, физические лица, состоящие на службе в государственных органах, но не осуществляющие функций должностного лица, и т. д. Достаточно узко данная статья трактует и право на получение информации: речь идет лишь об оперативном получении информации через СМИ. Иначе говоря, граждане имеют право на информацию, но – через СМИ. Таким образом, журналисты имеют больше права на информацию, чем остальные граждане.

Так сложилось исторически, потому что разрабатывавшийся до закона о СМИ закон о праве на информацию (в 1987 г. он носил название «О гласности») был провален, а шедший на два года позже закон о СМИ благополучно прошел через парламент. Вот почему создалась привилегированная группа граждан (журналистов), которым по закону принадлежат значительно большие возможности на получение информации, чем другим гражданам. Такой подход оказался удобен для государства и государственных чиновников, поскольку позволял легче контролировать СМИ и вводить внезаконные ограничения свободы информации. Поэтому и впоследствии проект закона «О праве на информацию» имел несчастливую судьбу.

Конституция РФ установила, что каждый имеет право на поиск и получение информации (ч. 4 ст. 29). Подчеркнем, каждый, а не только журналист. И это право реализуется не только через средства массовой информации. Кроме того, Конституция РФ установила положение, обязывающее органы государственной власти и органы местного самоуправления, их должностных лиц обеспечить каждому возможность ознакомления с документами и материалами, непосредственно затрагивающими его права и свободы (ч. 2 ст. 24). Однако отсутствие механизма реализации предоставленных прав и соответствующих законодательных гарантий затрудняет гражданам, не обладающим статусом журналиста, реально получать ту или иную информацию.

Впрочем, была попытка исправить это юридическое неравенство в Федеральном законе «Об информации, информатизации и защите информации», который развил положения указанной конституционной нормы в ст. 12 «Реализация права на доступ к информации из информационных ресурсов» и ст. 13 «Гарантии предоставления информации». Но эти статьи тоже были сформулированы весьма схематично, а разработка конкретных процедур оставлена на усмотрение владельцев информации.

Субъективное право на доступ к информации содержится в ч. 2 ст. 24 Конституции РФ, устанавливающей, что «органы государственной власти и органы местного самоуправления, их должностные лица обязаны обеспечить каждому возможность ознакомления с документами и материалами, непосредственно затрагивающими его права и свободы, если иное не предусмотрено законом». Здесь применена «зеркальная» форма закрепления субъективного права гражданина – через корреспондирующие обязанности других субъектов права. Узкое толкование данной нормы указывает на личное ознакомление с документами и материалами. Но возможно и более широкое толкование, основанное на Указе Президента РФ от 31.12.93 (с изменениями от 01.09.00) «О дополнительных гарантиях прав граждан РФ на информацию». Такое толкование помимо непосредственного предоставления документов и материалов заинтересованным лицам подразумевает также опубликование официальной информации.

Можно выделить следующие формы доступа к информации:

а) запрос информации;

б) посещение открытых заседаний органов власти;

в) допуск к архивам и иным базам данных.

В соответствии со ст. 39 Закона о СМИ редакция СМИ имеет право запрашивать информацию о деятельности государственных органов и организаций, общественных объединений, их должностных лиц. Данная статья дает представление об основных элементах правоотношения по реализации права СМИ на предоставление информации по запросу. В ст. 47 того же закона среди прав журналиста называются права:

«1) искать, запрашивать, получать и распространять информацию;

2) посещать государственные органы и организации, предприятия и учреждения, органы общественных объединений либо их пресс-службы;

3) быть принятыми должностными лицами в связи с запросом информации;
4) получать доступ к документам и материалам, за исключением их фрагментов, содержащих сведения, составляющие государственную, коммерческую и иную специально охраняемую законом тайну;
5) копировать, публиковать, оглашать или иным способом воспроизводить документы и материалы».

Необходимо учитывать, что ряд других законов также уделяют внимание получению информации по запросам. Так, Федеральный закон «Об информации, информатизации и защите информации» освобождает запрашивающую сторону от обязанности объяснять причину, по которой искомая информация нужна (п. 1 ст. 12). Закон РФ «О банках и банковской деятельности» от 02.12.90 (в редакции от 21.03.02) устанавливает обязательства по предоставлению информации о деятельности кредитной организации, банковской группы и банковского холдинга (ст. 8), а Федеральный закон «Об акционерных обществах» (в редакции от 07.08.01) содержит ст. 92 «Обязательное раскрытие обществом информации». В развитие этой нормы Федеральная комиссия по рынку ценных бумаг своим постановлением от 20.04.98 № 9 утвердила «Положение о порядке и объеме раскрытия информации открытыми акционерными обществами при размещении акций и ценных бумаг, конвертируемых в акции, путем подписки». В нем установлена обязанность открытых и закрытых акционерных обществ с различным числом акционеров публиковать определенные сведения о себе. Процедуры информирования граждан содержатся также в Градостроительном кодексе РФ (в редакции от 10.01.03).

Нельзя не упомянуть и законодательные акты субъектов РФ, гарантирующие право на получение информации. Они существуют в Калининградской области, Новосибирской области. Московской области, Санкт-Петербурге, Республике Карелия, Еврейской автономной области и других регионах РФ. В указанных законодательных актах найдены интересные элементы алгоритма получения информации по запросу. Представляется, что в будущем законе о СМИ должно появиться обобщение данных правовых механизмов для СМИ, а также прописана процедура ответа на запросы СМИ, которая действующим законодательством не предусматривается.

Важно подчеркнуть, что запрос информации возможен как в устной, так и в письменной форме. По действующему Закону о СМИ, в случае запроса информации в устной форме сроки вручения уведомления об отказе или отсрочке в предоставлении запрашиваемой информации исчисляются только с момента подачи письменного запроса. Это, конечно, создает проблему. Появляется необходимость доказывания: а) самого факта подачи запроса в случае возникновения препятствий к реализации данного права; б) какая именно информация запрашивалась; в) каким был способ доставки запроса;

г) какова дата приема запроса адресатом. При устном запросе никаких законодательных гарантий предоставления информации и возможности обжаловать отказ или бездействие адресата фактически не существует. Однако предусмотренная в законе возможность устного запроса является необходимым условием для правовой защиты такой формы журналистской деятельности как интервью.

Самостоятельного рассмотрения заслуживает вопрос о доступе к судебным слушаниям. В ч. 1 ст. 123 Конституции РФ провозглашен принцип гласности судопроизводства: «Разбирательство дел во всех судах открытое. Слушание дела в закрытом заседании допускается в случаях, предусмотренных федеральным законом». В судебном заседании, в отличие от общего правила, особыми правами по сравнению с другими гражданами журналист не пользуется. Журналисты, как и любые другие граждане, свободно могут присутствовать на процессах, делая записи в блокнотах, пользуясь диктофонами, если это не создает препятствий для судебного разбирательства, например, шумом аппаратуры. Специального разрешения судьи на это не требуется. Однако такое разрешение необходимо иметь для кино- и фотосъемки, производства видеозаписи, трансляции заседания по радио и телевидению. На это указывают ст. 241 Уголовно-процессуального кодекса РФ, ст. 10 Гражданского процессуального кодекса РФ и ст. 11 Арбитражного процессуального кодекса РФ.

Специальных норм, регламентирующих доступ журналистов к материалам судебных дел, не существует. Процессуальное законодательство дает возможность знакомиться с ними только лицам, участвующим в деле. Но на практике судьи (а также следователи, прокуроры) нередко разрешают представителям СМИ использовать материалы дела при подготовке публикаций еще до завершения процесса. Впрочем, есть и противоположные примеры, когда судьи пытаются запретить публикации до решения суда. В связи с этим Судебная палата по информационным спорам при Президенте РФ в своей Рекомендации от 24.12.97 «О применении принципа презумпции невиновности в деятельности журналистов» признала неправомерным требование к СМИ «не распространять информацию, предопределяющую решение суда». То обстоятельство, что только суд вправе устанавливать виновность гражданина, не может служить основание для ограничения права журналиста излагать свое мнение по тем или иным аспектам следствия или судебного разбирательства.

Доступ к парламентским заседаниям гарантирован ч. 2 ст. 100 Конституции РФ, где закреплен принцип открытости заседаний Совета Федерации и Государственной Думы Федерального Собрания. Как и в случае с доступом к судебным заседаниям этот принцип представлен как норма законодательного процесса, а не как право доступа, гарантированное СМИ и гражданам. В результате толкование этого принципа, даваемое самими палатами Федерального Собрания в их регламентах, носит достаточно ограничительный характер и предоставляет широкие возможности для объявления заседаний закрытыми. Существенным моментом в праве доступа к парламентским заседаниям и документам является то, что обычно оно обусловлено наличием у журналистов аккредитации, право предоставления, отказа или лишения которой оказывается прерогативой самого законодательного органа. Так, согласно ст. 48 Закона о СМИ журналист может быть лишен аккредитации, «если им или редакцией нарушены установленные правила аккредитации».

Федеральный закон РФ «О порядке освещения деятельности органов государственной власти в государственных средствах массовой информации» чрезмерно детализирует журналистскую деятельность. Он обязывает федеральные государственные телерадиокомпании включать в информационные программы сообщения о решениях, заявлениях, обращениях и действиях палат, пресс-конференциях их председателей, о визитах их делегаций за рубеж. Им предписано еженедельно выпускать программы об итогах работы палат, их комитетов, комиссий и т. д. Порядок вещания этих передач разрабатывается по представлению пресс-служб палат. Необходимо заметить, что большинство норм этого закона так и не стало работать. Контроля за его соблюдением не было и нет. Сами органы власти не ставят вопрос о его несоблюдении. Но в ряде субъектов Российской Федерации действуют свои законы об освещении в государственных СМИ деятельности региональных органов власти.

Таким образом, доступ к парламентским заседаниям и публикация парламентских документов явно относится к сфере полномочий законодательного органа и не рассматривается как право доступа к информации в широком смысле, в том числе и в плане свободы массовой информации.

В сфере доступа к архивам и базам данных существует немало проблем. Действующее законодательство об архивах и архивном фонде ориентировано на сохранность и централизацию информации, в то время как законодательство о информации, информатизации и защите информации лишь в самых общих чертах закрепляет порядок и гарантии доступности. Поэтому в законодательстве о праве на доступ к информации еще предстоит связать нормы о доступе к информации с законодательством об архивах, библиотеках и базах данных. Представляется, что такая связь все равно окажется опосредованной, за исключением доступа к базам данных через сетевые средства коммуникации.

Доступ к информации, специально охраняемой законом

Пределы права на доступ к информации и границы свободы информации устанавливаются в значительной степени в связи с обеспечением сохранности специально охраняемых законом тайн. В действующих российских федеральных законах упоминается более 30 видов таких тайн. Поэтому была предпринята попытка законодательно упорядочить этот массив ограничений.

Ст. 10 Федерального закона «Об информации, информатизации и защите информации» разделила всю документированную информацию на две категории: открытую (общедоступную) и с ограниченным доступом. Информация с ограниченным доступом по условиям ее правового режима подразделяется на два вида в зависимости от степени ограничения: на информацию, отнесенную к государственной тайне (жесткая степень ограничения), и на конфиденциальную информацию (мягкая степень ограничения). Указанный закон не дает определений этих двух видов информации, отсылая к Закону РФ «О государственной тайне» и к законодательству о разных видах конфиденциальной информации.

Принципиальное значение имеют положения, содержащиеся в п. 3 ст. 10 данного закона, где сформулированы положения, запрещающие ограничивать доступ к определенным видам информации. Это – нормативно-правовая информация; документы, содержащие информацию о состоянии окружающей среды, необходимую для обеспечения безопасного существования граждан, населенных пунктов и функционирования производственных объектов; документы, содержащие информацию о деятельности органов государственной власти и органов местного самоуправления, не составляющие государственную тайну и позволяющие гражданам иметь представление о такой деятельности. Запрещено ограничивать доступ к информации, составляющей накопленные знания, – в библиотеках, архивах, в системах текущей информации различных общественных институтов – представляющей общественный интерес или необходимой для реализации прав, свобод и законных интересов граждан.

Допуск должностных лиц и граждан РФ к государственной тайне осуществляется в добровольном порядке и предусматривает принятие на себя гражданином обязательств перед государством по нераспространению доверенных сведений, составляющих государственную тайну, а также согласие на частичные, временные ограничения его прав. Разглашение сведений, составляющих государственную тайну, лицом, которому они были доверены или стали известны по службе или по работе, влечет за собой уголовную или иную ответственность.

Если круг лиц, которым такого рода сведения были доверены или стали известны по службе, определяется достаточно четко, то с теми, кому эти сведения стали известны по работе ситуации значительно более неопределенная. Поскольку задача журналиста – информировать общество, постольку его работа состоит в поиске информации. И если в ходе поиска он станет обладателем сведений, содержащих государственную тайну, должен ли он привлекаться к ответственности за их разглашение? Большинство правоведов полагают, что журналист по общему правилу не может считаться субъектом такого рода правонарушений.

Закон РФ «О государственной тайне» в ст. 2 определяет государственную тайну как «защищаемые государством сведения в области его военной, внешнеполитической, экономической, разведывательной, контрразведывательной и оперативно-розыскной деятельности, распространение которой может нанести ущерб безопасности Российской Федерации». Делая этот перечень более подробным, ст. 5 данного Закона перечисляет категории сведений, которые отнесены к государственной тайне по каждой из этих позиций. Указ Президента РФ «О перечне сведений, отнесенных к государственной тайне» еще более детализирует круг государственных тайн. Существуют и другие подробные списки засекреченных в качестве государственной тайны сведений, утверждаемые перечисленными в Указе министерствами и ведомствами. Межведомственная комиссия по защите государственной тайны, состав которой по представлению Правительства РФ утверждает Президент РФ, также формирует перечень сведений, отнесенных к государственной тайне.

Следует обратить внимание на существующие в данной сфере проблемы. Во-первых, не все из ведомственных перечней являются открытыми (общедоступными). Во-вторых, Закон РФ «О государственной тайне» принят до Конституции РФ и не во всем ей соответствует.

Разглашение государственной тайны может быть основанием для направления редакции СМИ предупреждения, а в случае неоднократности – для прекращения деятельности СМИ по решению суда. В то же время, по общему правилу, журналист не может быть привлечен к ответственности по ст. 283 Уголовного кодекса РФ за разглашение государственной тайны, если она не была ему доверена либо стала известна по службе или работе. При этом возможно наступление уголовной ответственности, только если разглашенная тайна обозначена в открытом, опубликованном перечне государственных тайн. Это следует из Постановления Пленума Верховного Суда РФ от 31.12.95, имеющего важное правовое значение для граждан РФ вообще, и для журналистов, в частности. В нем указывается, что «в силу ч. 3 ст. 15 Конституции Российской Федерации не могут применяться законы, а также любые иные нормативные правовые акты, затрагивающие права, свободы, обязанности человека и гражданина, если они не опубликованы официально для всеобщего сведения. В соответствии с указанным конституционным положением суд не вправе основывать свое решение на неопубликованных нормативных актах, затрагивающих права, свободы, обязанности человека и гражданина».

Конституция РФ в ч. 4 ст. 29 устанавливает: «Перечень сведений, составляющих государственную тайну, определяется федеральным законом». Это конституционное положение не допускает дискреционных полномочий исполнительной власти по определению перечня сведений, составляющих государственную тайну. Между тем, Закон РФ «О государственной тайне» право решать, какие сведения являются государственной тайной, частично передал исполнительной власти. Таким образом, существующий порядок ограничения свободы информации по основаниям, связанным с государственной тайной, не вполне соответствует Конституции РФ.

В отличие от государственной тайны конфиденциальная информация представляет собой сведения, доступ к которым ограничен с целью соблюдения прав и законных интересов лиц, являющихся их владельцами, источниками или субъектами. Конфиденциальная информация включает множество видов тайн. Например, к этой категории относится коммерческая тайна. Признаки конфиденциальности коммерческой информации даны в ст. 139 Гражданского кодекса РФ. Хотя эта статья носит название «Служебная и коммерческая тайна», в ней определения служебной информации вообще нет. Такое определение можно найти в перечне сведений конфиденциального характера, утвержденном Указом Президента РФ от 06.03.97, где под служебной тайной понимаются служебные сведения, доступ к которым ограничен органами государственной власти в соответствии с федеральными законами. Несмотря на отсутствие более четкого определения термин «служебная информация» широко используется во многих действующих федеральных законах.

В соответствии с гражданским законодательством Российской Федерации коммерческая тайна и служебная тайна должны защищаться одинаково, в отличие от банковской тайны, которая имеет свои отличия и свой порядок защиты (ст. 857 Гражданского кодекса РФ). При этом понятие банковской тайны в ст. 26 Федерального закона «О банках и банковской деятельности» значительно шире того, что содержится в п. 1 ст. 857 Гражданского кодекса РФ. Очевидно, что требуется приведение статьи закона в соответствие с нормой Гражданского кодекса.

К конфиденциальной деятельности относятся также сведения о сущности изобретения, полезной модели или промышленного образца до официальной публикации информации о них.

К конфиденциальной информации относятся также сведения, связанные с профессиональной деятельностью, доступ к которым ограничен в соответствии с Конституцией РФ и федеральными законами: врачебная тайна, нотариальная тайна, адвокатская тайна, тайна переписки, телефонных переговоров, почтовых отправлений, телеграфных или иных сообщений и др. Конституция РФ признает личную, частную, семейную тайну, однако, пока нет закона, который бы определял эти виды конфиденциальной информации и устанавливал бы правила их защиты. Особым видом конфиденциальной информации является та, что в ст. 11 ФЗ «Об информации, информатизации и защите информации» определена как информация о гражданах (персональные данные).

В Законе о СМИ понятие «конфиденциальная информация» содержится только в названии ст. 41, хотя в тексте статьи оно отсутствует. Толкование данной статьи позволяет прийти к выводу, что к конфиденциальной информации относятся те виды информации, которые перечислены в статье. Между тем, принятый позже Закона о СМИ Федеральный закон «Об информации, информатизации и защите информации» гласит: «Отнесение информации к конфиденциальной осуществляется в порядке, установленном законодательством Российской федерации» (п. 5 ст. 10). В настоящее время действует упомянутый выше Указ Президента РФ от 06.03.97 «Об утверждении перечня сведений конфиденциального характера». В будущем соответствующий порядок должен быть установлен законом. Но и тогда, и сейчас невозможно относить к сведениям конфиденциального характера любую информацию по усмотрению предоставившего ее гражданина. Таким образом, к настоящему времени понятие «конфиденциальная информация» изменило свой объем, и не соответствует названию статьи 41 действующего Закона о СМИ.

Доступ журналистов к информации могут ограничить разные группы субъектов:

1) государственные органы и организации, а также органы общественных организаций, если речь идет об их информации, составляющей государственную, коммерческую, служебную или иную специально охраняемую законом тайну;
2) организации и физические лица, которым определенная информация стала известна в силу их профессиональной деятельности и которую закон обязывает их хранить в тайне;
3) организации и физические лица в случаях, когда речь идет об информации, касающейся их самих и их деятельности, если только закон не обязывает их сообщить эту информацию;
4) обладатели исключительных прав на результаты интеллектуальной деятельности.

Если говорить о Законе о СМИ, то он предусматривает лишь одно, но с достаточной степенью общности сформулированное, основание, по которому редакции, а следовательно, и журналисту может быть отказано в предоставлении информации, – наличие в ней сведений, отнесенных к государственной или иной специально охраняемой законом тайне.

Посягательство на честь, достоинство и деловую репутацию. Способы защиты

Давно замечено, что в треугольнике: «право на информацию», «свобода массовой информации» и «право на защиту чести и достоинства» имеет место объективно заложенный конфликт прав и свобод. Конституцией РФ и законодательством достигается лишь относительно неустойчивое равновесие между правами и свободами в этом треугольнике, хотя делается это с помощью достаточно системного нормативно-правового механизма. (Правда, механизм этот работает не без погрешностей)

Часть 1 ст. 21 Конституции РФ гласит: «Достоинство личности охраняется государством. Ничто не может быть основанием для его умаления». Достоинство – неотъемлемое свойство человека как высшей ценности, составляющее основу признания и уважения всех его прав и свобод, – констатировано в Постановлении Конституционного Суда РФ от 27.06.00. Иначе говоря, уважение достоинства личности – базисный принцип в системе личных прав и свобод человека и гражданина.

В ст. 23 Конституции РФ понятия «честь» и «доброе имя» стоят рядом: «Каждый имеет право на … защиту своей чести и доброго имени». А в ст. 150 Гражданского кодекса РФ «честь» и «доброе имя» объединяются в одно общее нематериальное благо, которое следует сразу за «достоинством».

Как бы ни зарекомендовал себя человек в обществе, как бы ни оценивал сам себя, какими бы качествами, в том числе и отрицательными, он ни обладал, государство и его органы обязаны в полной мере создавать ему условия для реализации всех прав, обеспечивающих его человеческое достоинство, и оберегать его честь и доброе имя. А это означает, прежде всего, необходимость относиться к человеку не как к объекту воздействия, а как к равноправному субъекту, который может защищать свои права всеми, не запрещенными законом способами (ч. 2 ст. 45 Конституции РФ), и спорить, как с государством в лице любых его органов (постановление Конституционного Суда от 03.05.95), так и с другими гражданами или юридическими лицами, включая организации СМИ.

Действие запретов, установленных в ст. 21 и ст. 23 Конституции, распространяется на должностных лиц государства, на государственные органы и государство в целом, равно как и на частных лиц, например, на журналистов, и на любых юридических лиц, в том числе на редакции СМИ.

Право на защиту чести, достоинства и деловой репутации может вступить в конфликт с правом на свободу массовой информации. Поэтому российское законодательство предусматривает ряд алгоритмов разрешения возникающих коллизий и противоречий. Эти алгоритмы содержатся, главным образом, в трех законодательных актах: в Законе РФ «О средствах массовой информации» (Закон о СМИ), Гражданском кодексе РФ и Уголовном кодексе

РФ. Какими путями разрешаются ситуации, связанные с защитой чести и достоинства?

Первый путь – внесудебный, когда государство вообще не вмешивается и не участвует в разрешении возникшего конфликта, – конфликта гражданина и редакции СМИ, потерпевшего и “обидчика”. Существуют две возможности, которые предоставляет законодательство в этом случае: право на ответ (ст. 46 Закона о СМИ) и право на опровержение (ст.ст. 43–45 Закона о СМИ). Обозначим этот путь как «государство в стороне».

Второй путь – когда государство определяет, кто прав в споре, и выступает арбитром. И, конечно, обеспечивает выполнение собственного вердикта. Здесь также есть два пути: защита чести и достоинства (ст. 152 Гражданского кодекса РФ) и как дополнительный вариант – компенсация морального вреда (ст. 151 Гражданского кодекса РФ). Заметим, кстати, что ст. 62 Закона о СМИ, которая посвящена возмещению морального вреда, в настоящее время практически не действует в связи с тем, что не соответствует нормам принятого позднее Гражданского кодекса. Если попытка осуществить право на ответ или опровержение в досудебном порядке не удалась, у потерпевшего есть возможность добиваться того же по суду. При этом возможно использование «обидчиком» привилегированного статуса (ст. 57 «Освобождение от ответственности»). Обозначим этот путь как “государство-арбитр”.

Наконец, третий путь – когда государство защищает потерпевшего, хотя, конечно, может повернуть ситуацию и тем самым защитить того, кто неправомерно считался “обидчиком”, на самом деле таковым не являясь. Обозначим этот путь как “государство-защитник”. Если второй путь относится к гражданскому процессу, то третий – к уголовному процессу. И здесь тоже есть две возможности – “клевета” (ст. 129 Уголовного кодекса РФ) и “оскорбление” (ст. 130 Уголовного кодекса РФ). Уголовные дела о преступлениях, предусмотренных частью 1 ст. 129, а также ст. 130 Уголовного кодекса РФ, считаются делами частного обвинения и возбуждаются не иначе как по заявлению потерпевшего или его законного представителя. Они подлежат прекращению, если потерпевший помирится со своим «обидчиком» до удаления суда в совещательную комнату для постановления приговора (п. 2 ст. 20 Уголовно-процессуального кодекса РФ).

В первом случае, когда государство стоит в стороне, перспективы дела зависят, в том числе, и от относительного «веса» сторон – потерпевшего и «обидчика». Можно себе, конечно, представить спор Московской мэрии с какой-нибудь маленькой газеткой, выпускаемой в одном из микрорайонов столицы. И также можно себе представить спор гражданина против крупной газеты, которая имеет не только большой юридический штат, но и обладает возможностью приглашать лучших адвокатов. Хотя и при том, и при другом варианте исход заранее не предрешен.

Более интересны второй и третий варианты. Во втором – “обидчику” приходится труднее в процессе, но он легче отделается в случае проигрыша дела. Что же касается истца, то он обязан доказать только факт распространения сведений относительно него. Если он хочет, чтобы был компенсирован моральный вред, то он также должен доказать факт и характер причиненных ему моральных страданий. Все остальное обязаны доказывать редакция и журналист. В результате – публикация опровержения и некоторая денежная сумма, если есть компенсация морального вреда.

А вот при третьем варианте труднее будет потерпевшему. В самом деле, журналисту не надо ничего доказывать в силу презумпции невиновности, не требуется подтверждать истинность написанного им сообщения, в котором, по мнению потерпевшего, усматриваются признаки клеветы. Он вправе не свидетельствовать против себя. Обязанность доказывания лежит на потерпевшем, поэтому в суде именно обвиняющая сторона доказывает факт наличия клеветы либо оскорбления в материалах СМИ. Но зато, если удастся доказать вину журналиста, то журналисту придется куда хуже, чем в двух предыдущих ситуациях, у него будет судимость, а это более сильный вид ответственности, чем компенсация морального вреда. Правда, и санкция, если она выражается в деньгах, например, штраф, также идет не потерпевшему, а в доход государства. В этом еще одно отличие от второго пути, где речь идет о компенсации морального вреда.

Таким образом, у потерпевшего, у того, чья честь, достоинство или деловая репутация пострадали, есть возможность выбирать наиболее удобный и перспективный для него путь защиты.

«Деловая репутация» – частный случай «доброго имени». Именно поэтому в Конституции РФ этой категории нет. В отличие от чести и достоинства, которые защищаются во всех случаях, область общественных отношений, в которой защищается деловая репутация, имеет определенные ограничения. Информация, в связи с которой можно предъявлять иски о защите деловой репутации, должна касаться либо профессиональных, либо деловых качеств лица, которые связаны с участием в гражданском деловом обороте: в Гражданском кодексе РФ атрибут «деловой» употребляется исключительно в связи с предпринимательской деятельностью.

Ст. 29 Конституции РФ гарантирует гражданам свободу мысли и слова, включая право на выражение своих мнений и убеждений. Эта свобода может вступить в противоречие с правом на защиту чести, доброго имени и достоинства человека при публикации в СМИ сообщений о фактах и сообщений, выражающих мнения. Существует различие между предъявлением исков о защите чести, достоинства и деловой репутации, заявлением о привлечении к уголовной ответственности за клевету, с одной стороны, и заявлением о привлечении к уголовной ответственности за оскорбление, с другой. В делах о защите чести, достоинства, деловой репутации или о клевете речь может идти только о сведениях. То есть о фактах, но не об оценках. Когда мы говорим об оскорблении, ситуация принципиально иная: нас не интересует, соответствуют или не соответствуют действительности сведения, важна именно их оценка, та форма (приличная или неприличная), в которой высказана эта оценка. Для судебной практики здесь основная проблема – разграничение факта и мнения: то, что для теории журналистики является постулатом, оказывается весьма непростой юридической задачей. Так, в судебной практике отмечены случаи опровержения в порядке ст. 152 Гражданского кодекса РФ мнений и оценок, а не только распространенных фактических сведений. Представляется, что здесь конституционный баланс нарушается в пользу защиты чести, достоинства и деловой репутации и в ущерб свободе мысли, слова и массовой информации. Требование опровержения оценок и мнений противоречит ч. 3 ст. 29 Конституции РФ: «Никто не может быть принужден к выражению своих мнений и убеждений или отказу от них», поскольку по существу принуждает лицо к отказу от высказанного мнения или своего убеждения. Если лицо полагает, что высказанное журналистом в СМИ мнение или убеждение умаляет его достоинство или затрагивает его честь, доброе имя или деловую репутацию, он вправе воспользоваться правом на ответ в порядке ст. 46 Закона о СМИ. Действенные средства защиты от обвинений в посягательстве на честь, достоинство и деловую репутацию заложены в ст. 57 Закона о СМИ. Данная статья перечисляет случаи, когда редакция, главный редактор, журналист не несут ответственности за распространение сведений, не соответствующих действительности и порочащих честь и достоинство граждан или организаций.

Интенция законодателя понятна – освободить журналиста от ответственности во всех тех случаях, когда не он, а кто-то другой, по определению заслуживающий доверия, является источником спорной информации. Вот почему, данная привилегия действует, если спорные сведения присутствуют, например, в сообщениях, обязательность публикации которых предусмотрена законом, или если они получены от информационных агентств. Указанная привилегия распространяется также на случаи, когда спорная информация содержалась в ответе на запрос информации либо в материалах пресс-служб государственных органов, организаций, учреждений, предприятий, органов общественных объединений.

Не должен журналист привлекаться к ответственности и тогда, когда спорные сведения являются дословным воспроизведением фрагментов выступлений депутатов на сессиях законодательных органов, а также официальных выступлений должностных лиц государственных органов и общественных объединений. Правда, судебная практика подчас исключительно буквально толкует формулу «дословное воспроизведение», тогда как по мысли законодателя речь должна идти именно о добросовестном, не искажающем смысл, не извращенном воспроизведении фрагментов речей и других выступлений.

Разумеется, не может отвечать журналист, редактор и в том случае, если спорная информация прозвучала в прямом эфире из уст, например, радиослушателя или гостя в студии.

Наконец, журналист, редакция освобождаются от ответственности в том случае, если спорная информация является дословным воспроизведением сообщений и материалов (или их фрагментов) другого средства массовой информации, которое может быть установлено и привлечено к ответственности за данное нарушение законодательства.

Таким образом, право на защиту своей чести и достоинства имеет свои конституционные пределы, обусловленные, в том числе и свободой массовой информации, и правом на информацию. Имеются также вполне действенные механизмы для сохранения баланса указанных прав и свобод.

Неприкосновенность частной жизни

Следуя норме статьи 8 «Право на уважение частной и семейной жизни» Европейской конвенции о правах человека, Конституция РФ гарантирует гражданам право на неприкосновенность частной жизни, личную и семейную тайну, право на тайну переписки, телефонных переговоров, почтовых, телеграфных и иных сообщений, запрещает сбор, хранение, использование и распространение информации о частной жизни лица без его согласия.

Одним из видов защиты права на неприкосновенность частной жизни является предусмотренное в Уголовном кодексе РФ наказание в виде штрафа и лишения свободы за разглашение тайны частной жизни, тайны почтовой связи и тайны усыновления (ст.ст. 137, 138, 155). Условиями такого наказания, как правило, являются отсутствие согласия самого гражданина, наличие корыстных интересов, а также нанесение вреда правам и интересам граждан.

Неприкосновенность частной жизни признаётся также объектом гражданских прав и защищается в соответствии с Гражданским кодексом РФ (ст. 150).

В свою очередь, Кодекс РФ об административных правонарушениях предусматривает наказание в виде штрафа за нарушение установленного законом порядка распространения информации о гражданах (ст. 13.11).

Имеющееся в Федеральном законе от 20.02.95 № 24-ФЗ «Об информации, информатизации и защите информации» определение понятия «персональные данные» позволяет практически любые сведения о фактах, событиях в жизни человека, обстоятельствах его судьбы, по которым возможно его идентифицировать, рассматривать как его личную тайну. Разумеется, если эти обстоятельства он ранее уже сделал достоянием гласности, то сведения о них нельзя считать тайной. В этой связи большое значение имеет Определение Конституционного суда РФ от 14.07.98 по делу о проверке конституционности отдельных положений Федерального закона “Об оперативно-розыскной деятельности”. Здесь сказано: «Преступное деяние не относится к сфере частной жизни лица, сведения о которой не допускается собирать, хранить, использовать и распространять без его согласия», а следовательно, сбор, хранение, использование и распространение сведений о преступлениях «не может рассматриваться как нарушение конституционных прав, предусмотренных статьей 24 Конституции Российской Федерации».

Федеральный Закон «Об информации, информатизации и защите информации» устанавливает правила сбора, использования и хранения персональных данных государственными органами и органами местного самоуправления. Здесь подчеркивается, что персональные данные не могут быть использованы в целях причинения имущественного или морального вреда гражданам, затруднения реализации их прав и свобод. Ограничение прав граждан на основе использования информации об их социальном происхождении, о расовой, национальной, языковой, религиозной и партийной принадлежности запрещено и карается в соответствии с законодательством.

Трудовой кодекс РФ также содержит ряд норм, посвящённых защите персональных данных работников: устанавливаются ограничения на сбор таких данных по содержанию и объёму, закрепляются гарантии соблюдения прав работников при передаче их персональных данных третьим лицам, а также их право на доступ, копирование и исправление своих данных, хранящихся у работодателя. Причем, работодатель не имеет права получать и обрабатывать персональные данные работника о его политических, религиозных и иных убеждениях и частной жизни.

Основы законодательства РФ об охране здоровья граждан от 22.07.93 № 5487-1 устанавливают также запрет на разглашение врачебной тайны, под которой понимается информация о факте обращения за медицинской помощью, состоянии здоровья гражданина, диагнозе его заболевания и иные сведения, полученные при его обследовании и лечении. Требование сохранения тайны распространяется и на сведения о причине смерти пациента.

Основы законодательства РФ о нотариате от 11.02.93 № 4462-1 запрещают распространение сведений о совершённых нотариальных действиях, например, о составлении завещания.

Закон о СМИ (ст. 49) относит к обязанностям журналиста обязанность «получать согласие (за исключением случаев, когда это необходимо для защиты общественных интересов) на распространение в средстве массовой информации сведений о личной жизни гражданина от самого гражданина или его законных представителей». Там же (ст. 41) специально оговаривается запрет на разглашение сведений о несовершеннолетних правонарушителях и потерпевших: «Редакция не вправе разглашать в распространяемых сообщениях и материалах сведения, прямо или косвенно указывающие на личность несовершеннолетнего, совершившего преступление либо подозреваемого в его совершении, а равно совершившего административное правонарушение или антиобщественное действие, без согласия самого несовершеннолетнего и его законного представителя. Редакция не вправе разглашать в распространяемых сообщениях и материалах сведения, прямо или косвенно указывающие на личность несовершеннолетнего, признанного потерпевшим, без согласия самого несовершеннолетнего и (или) его законного представителя».

Гарантии неприкосновенности тайны частной жизни оговорены также в процессуальных нормах, регламентирующих гласность судопроизводства.

К открытым сведениям из сферы персональных данных относится информация о доходах и имуществе государственных служащих, подпадающая под действие Указа Президента РФ от 15.05.97 № 484 «О предоставлении лицами, замещающими государственные должности Российской Федерации, и лицами, замещающими государственные должности государственной службы и должности в органах местного самоуправления, сведения о доходах и имуществе». Этим указом утвержден порядок предоставления должностными лицами, состоящими на государственной или муниципальной службе, в общероссийские средства массовой информации сведений о своих доходах и имуществе.

Обращение редакции общероссийского СМИ с просьбой предоставить сведения о доходах и имуществе того или иного должностного лица в недельный срок со дня получения направляется для исполнения в кадровую службу соответствующего государственного органа. Причем, если обращение не содержит обязательства редакции опубликовать запрашиваемые сведения в полном объеме в ближайшем номере либо в недельный срок со дня их получения, то оно не рассматривается и подлежит возврату. В свою очередь, кадровая служба государственного органа при получении обращения редакции в недельный срок сообщает об обращении лицу, в отношении которого поступило такое обращение, и передает для публикации в общероссийском СМИ следующие сведения:

- суммарная декларированная стоимость недвижимого имущества, транспортных средств и ценных бумаг, принадлежащих данному должностному лицу на праве собственности;
- перечень объектов недвижимости, принадлежащих ему на праве собственности или находящихся в его пользовании, с указанием вида, площади и страны расположения каждого из них (но без указания адреса);
- декларированный годовой доход.

В то же время в предоставляемых сведениях запрещается указывать данные о супруге, детях и иных членах семьи должностного лица, а также сведения, позволяющие определить его местожительство, почтовый адрес, телефон и т. д.

Уровень открытости информации о частной жизни лица может зависеть не только от занимаемой им должности, но, по мнению некоторых правоведов, от его места нахождения. Речь идет о том, распространяется ли правовая охрана тайны частной жизни на поведение лица в местах общего пользования? В связи с этим возникает вопрос о том, что следует понимать под местами общего пользования. Гражданский кодекс РФ (ст. 262) устанавливает, что граждане имеют право свободно, без каких-либо разрешений находиться на не закрытых для общего доступа земельных участках, находящихся в государственной или муниципальной собственности. Если земельный участок не огорожен либо его собственник иным способом ясно не обозначил, что вход на участок без его разрешения не допускается, любое лицо может пройти через участок при условии, что это не причиняет ущерба или беспокойства собственнику.

Земельный кодекс РФ от 25.10.01 № 136-ФЗ устанавливает (ст. 85), что к земельным участкам общего пользования могут относиться площади, улицы, проезды, автомобильные дороги, набережные, скверы, бульвары, закрытые водоемы, пляжи и другие объекты.

Лесной кодекс РФ от 29.01.97 № 22-ФЗ гарантирует гражданам право свободно пребывать в лесном фонде и в не входящих в лесной фонд лесах, если иное не предусмотрено законодательством Российской Федерации (ст. 21).

Водный кодекс РФ от 16.11.95 № 167-ФЗ понимает под водными объектами общего пользования – водные объекты, находящиеся в общедоступном, открытом пользовании. Водные объекты, находящиеся в государственной собственности, а также обособленные водные объекты, находящиеся в муниципальной собственности, являются водными объектами общего пользования, если в водоохранных, экологических или иных интересах законодательством Российской Федерации не предусмотрено иное. Полоса суши вдоль берегов водных объектов общего пользования предназначается для общего пользования.

Закон о СМИ впервые ввел в российское законодательство понятие скрытой записи, то есть негласной (незаметной, неочевидной) фиксации с помощью технических средств действий (бездействия) лица, которое не осведомлено о её производстве. Закон (ст. 50) не запрещает вести скрытую аудио- и видеозапись или хранить полученные таким образом кино- и фотоматериалы. Но он в полном соответствии со ст. 49 («Обязанности журналиста») запрещает распространять (демонстрировать) эту скрытую запись, за исключением трёх указанных в ней случаев:

1) если это не нарушает конституционных прав и свобод человека и гражданина;
2) если это необходимо для защиты общественных интересов и приняты меры против возможной идентификации посторонних лиц;
3) если демонстрация записи производится по решению суда.

Судебный запрет на распространение информации

Право свободно искать, получать, передавать, производить и распространять информацию любым законным способом гарантируется ч. 4 ст. 29 Конституции Российской Федерации. Соответственно всякое ограничение или запрет на использование этого права должны носить временный и соразмерный характер. Они могут основываться только на необходимости обеспечить охрану иных законно признанных интересов, пользующихся конституционной защитой. Эта точка зрения нашла законодательное воплощение в конструкции ст. 1 Закона о СМИ. Под свободой распространения массовой информации понимается свобода от иных ограничений, нежели те, что установлены законодательством РФ о средствах массовой информации.

Российский законодательство применительно к прессе предусматривает два вида ограничений в сфере распространения информации. С одной стороны, воспрепятствование осуществляемому на законном основании распространению продукции средств массовой информации со стороны граждан, объединений граждан, должностных лиц, предприятий, учреждений, организаций, государственных органов не допускается (ч. 1 ст. 25 Закона о СМИ). Ключевым в толковании данной нормы является понятие законного основания.

С другой стороны, законодатель допускает возможность ограничения процесса распространения продукции СМИ, исходя при этом из свойств самой информации. Первый критерий обусловлен законностью происхождения информации. Информация подразделяется на публичную, доступ к которой не подлежит ограничениям, и информацию, для разглашения которой требуется предварительное согласие правообладателя. Такими правообладателями выступают государство, хозяйствующие субъекты, авторы и исполнители, граждане, иностранцы и лица без гражданства, применительно к той информации, которая касается их лично, или в отношении доступа и распространения которой они вправе устанавливать признаваемые законом ограничения.

В ч. 5 ст. 25 Закона о СМИ предусматривается, что в случае нарушения редакцией, издателем, или распространителем имущественных либо личных неимущественных прав авторов и в иных случаях, предусмотренных законом, распространение продукции средства массовой информации может быть прекращено.

Вторым критерием служат цели, на достижение которых направлено распространение массовой информации. В соответствии со ст. 4 Закона о СМИ утрачивается легитимность распространения информация, направленной на достижение противоправных целей, исчерпывающий перечень которых содержится в указанной статье. Противоправная информация не пользуется правовой защитой и само ее распространение является наказуемым деянием.

В отношении продукции средств массовой информации запрет на распространение носит менее категоричный характер. Применение запрета относится к компетенции суда. Противоправным становится распространение, например, той информации, которая вступившим в законную силу решением суда была признана не соответствующей действительности и порочащей честь, достоинство и деловую репутацию физического лица или деловую репутацию юридического лица.

Режим государственной и специально охраняемой тайны налагает ограничения на порядок и условия распространения информации, относящейся к числу государственных или частных секретов, накладывая на деятельность СМИ обязательство общего характера не допускать ее разглашения. В случае появления в распоряжении средств массовой информации сведений, составляющих государственную или иную охраняемую законом тайну, правомерный обладатель таких сведений может ставить перед судом вопрос об использовании обеспечительных мер, с целью не допустить нарушения права.

Специалисты в области права массовой информации расходятся в вопросе о том, признает ли российское законодательство за журналистами особые права в области информационных отношений, вытекающие из их обязанности по обеспечению права граждан на информацию. Действительно, такое понятие как абсолютная или квалифицированная привилегия журналиста, на которую журналисты многих европейских стран, США и Канады ссылаются при опубликовании результатов журналистских расследований, российскому закону не известна. Однако некий аналог такой привилегии можно усмотреть в ст. 57 Закона о СМИ, которая освобождает журналиста и редакцию от ответственности за нарушение данного закона в предусмотренных законом случаях.

В тех случаях, когда информация распространяется на законных основаниях, ее регулирование подчиняется принципу свободы распространения информации любым законным способом.

Судебный запрет на распространение информации чаще всего носит характер санкции за совершенное правонарушение. Вместе с тем запрет может быть направлен на предотвращение правонарушения либо причинения ущерба законным интересам граждан и организаций. Однако, использовать эту возможность нужно крайне осторожно, так как в этом случае судебный запрет балансирует на грани предварительной цензуры.

В соответствии с Арбитражно-процессуальным кодексом РФ от 24.07.02 № 95-ФЗ и Гражданско-процессуальным кодексом РФ от 14.11.02 № 138-ФЗ решение о запрете на распространение информации может быть принято в качестве предварительной обеспечительной меры. В этом случае применение такой меры регламентируется правилами соответствующих глав, посвященных обеспечительным мерам.

Обеспечительные меры должны носить временный характер, быть неотложными и преследовать цель обеспечения иска или защиты имущественных интересов заявителя. Среди условий, оправдывающих принятие таких мер, законодатель называет невозможность исполнения судебного акта или причинение значительного ущерба заявителю, если эти меры не будут приняты. Сама статья спрофилирована на требования, касающиеся сделок с имуществом или денежными средствами. Применительно к деятельности СМИ по распространению информации она может быть использована только в отношении п. 3 ст. 91 АПК РФ и п. 3 ст. 140 ГПК РФ в части возложения на ответчика обязанности совершить определенные действия, касающиеся предмета спора.

Обеспечительные меры должны быть соразмерны заявленному требованию. В соответствии с п. 7 ст. 93 определение арбитражного суда об обеспечении иска может быть обжаловано. Однако подача жалобы на определение об обеспечении иска не приостанавливает его исполнение.

Эти вопросы стали особенно актуальными в свете того обстоятельства, что с принятием в 2002 г. нового АПК РФ и нового ГПК РФ целая категория споров, связанных с защитой деловой репутации юридических лиц, перешла в сферу юрисдикции арбитражных судов независимо от состава участников спора. Ранее участие в рассмотрении спора физических лиц, каковыми являются журналисты, наряду с редакциями средств информации, то есть юридическими лицами, автоматически относило такие дела к ведению судов общей юрисдикции. Теперь ситуация изменилась. В Постановлении Пленума Высшего Арбитражного Суда от 09.12.02 № 11 было подчеркнуто, что в соответствии с частью 4 ст. 27 АПК заявление, принятое арбитражным судом к своему производству с соблюдением правил подведомственности, должно быть рассмотрено этим арбитражным судом по существу и в том случае, если в дальнейшем к участию в деле в качестве третьего лица, не заявляющего самостоятельных требований относительно предмета спора, будет привлечен гражданин, не имеющий статуса индивидуального предпринимателя.

Подчеркнем, что в представлении многих судей арбитражных судов массовая информация является обычным товаром, имеющим коммерческую стоимость или влияющим на коммерческую стоимость товаров или услуг. В высокие материи об информированности общества и функционировании демократических институтов они не вдаются.

Судебный запрет на распространение информации возможен и как исключение из принципа гласности судопроизводства. В соответствии со ст. 10 Гражданско-процессуального кодекса судебное разбирательство ведется открыто. Закрытым судебное заседание объявляется по инициативе суда, если рассматриваемое дело содержит сведения, составляющие государственную тайну, тайну усыновления (удочерения) ребенка, а также в иных случаях, прямо предусмотренных федеральным законом.

Так в соответствии с нормами ст. 182 ГПК оглашение и исследование переписки и телеграфных сообщений граждан в открытом судебном заседании допускается только с согласия лиц, между которыми эти переписка и телеграфные сообщения происходили. Отказ в даче такого согласия требует проведения закрытого судебного заседания.

Однако на практике судьи пользуются дополнительными процессуальными возможностями для удаления прессы из зала суда. Согласно ч. 2 ст. 10, сторонам, участвующим в деле, предоставлена возможность заявить ходатайство об объявлении разбирательства закрытым. Закон устанавливает перечень оснований, которые могут быть положены в основу такого требования. В обоснование ходатайства должна быть положена необходимость сохранения коммерческой или иной охраняемой законом тайны, неприкосновенность частной жизни граждан или иные обстоятельства, гласное обсуждение которых способно помешать правильному разбирательству дела либо повлечь за собой разглашение указанных тайн или нарушение прав и законных интересов гражданина.

Ссылка на возможность «нарушения прав и законных интересов» позволяет судьям манипулировать сторонами, спрашивая их, не боятся ли они того, что их позиция или фактические обстоятельства дела могут быть представлены в ложном свете присутствующими в зале представителями прессы. Получив утвердительный ответ на свой вопрос, судья интересуется, следует ли считать данный ответ ходатайством об объявлении судебного заседания закрытым. Проведя такой блиц-опрос, судья может вынести определение об объявлении заседания закрытым, мотивировав его ходатайством сторон. Такая процессуальная возможность уравновешивает право присутствующих в открытом судебном заседании фиксировать происходящее в письменной форме или с помощью аудиозаписи, не спрашивая разрешения у судьи. Однако производство фото- и видеозаписи, организация теле- и радиотрансляции требует разрешения суда.

До недавних пор судебный запрет на распространение информации касался только той информации, чья непригодность для распространения была установлена вступившим в законную силу решением суда или вытекала из требований закона. Запрет на распространения информации до ее появления не практиковался и был возможен чисто теоретически. Однако на практике иногда подобное встречается. Так, Ярославский районный суд по иску Н. о защите чести, достоинства и деловой репутации запретил ответчику, ярославской областной газете «Золотое кольцо» публиковать любую информацию в отношении истца до рассмотрения иска в суде. Аналогичное определение в конце 90-х годов было вынесено одним из районных судов Астраханской области, однако было отменено вышестоящим судом.

Защита источников информации

Правомочие журналиста не раскрывать источник своей информации является одной из главных составляющих механизма свободы прессы в любом демократическом обществе, важным условием эффективного исполнения журналистами своих базовых социальных функций.

В Российской Федерации правовой режим конфиденциальности источника журналистской информации свое развернутое закрепление получил в нормах ст. 41 (ч. 2) и ст. 49 (абз. 4 ч. 1) Закона о СМИ. Тем самым была заложена законодательная и доктринальная база для закрепления в Конституции 1993 г. института свидетельского иммунитета, предусматривающего возможность для определенных категорий лиц получать в установленном федеральном законе порядке освобождение от обязанности давать свидетельские показания (ч. 2 ст. 51).

Первоначально в отечественную правовую систему правовой режим конфиденциальности источника журналистской информации был введен еще ст. 28 Закона СССР от 12.06.90 «О печати и других средствах массовой информации». В ходе его последующего законодательного укоренения в российском правовом пространстве именно по его поводу скрестились копья силовых ведомств и журналистского сообщества России. Дело в том, что редакция Закона о СМИ, принятая Верховным Советом РСФСР 19.12.91, включала в себя текст поправки депутатов В. Степанкова (на тот момент – Генеральный прокурор РСФСР) и В. Исакова, в соответствии с которой редакции СМИ были обязаны раскрывать источники своей доверительной информации по требованию не только суда (как это было в авторском варианте закона), но и следователя, прокурора, лица, производящего дознание.

Открытое письмо авторов законопроекта[136] и аналогичные Обращения Санкт-Петербургского и Московского городских Советов к парламенту и Президенту России вызвали широкие акции протеста общественности и прессы против этой поправки. В свою очередь, такое единодушие нарождавшегося гражданского общества побудило первого Президента России Б. Ельцина заявить о своем намерении наложить вето на принятый закон. В результате Верховный Совет решил вернуться к обсуждению данного законопроекта и 27.12.91 повторно и уже окончательно принял Закон РФ «О средствах массовой информации», но уже без поправки В. Степанкова – В. Исакова. Таким образом в Законе о СМИ осталось лишь одно исключение из обязанности редакции СМИ сохранять в тайне источник доверительной информации, а именно: «когда соответствующее требование поступило от суда в связи с находящимся в его производстве делом» (ч. 2 ст. 41).

---

[136] Авторами проекта Закона Российской Федерации «О средствах массовой информации», как и проекта Закона СССР «О печати и других средствах массовой информации», были Юрий Батурин, Михаил Федотов и Владимир Энтин.

Отметим, что интерес российских силовых ведомств к источникам журналистской информации за прошедшее десятилетие отнюдь не угас. Изменились лишь используемые для его удовлетворения правовые формы: в отсутствие соответствующих норм публичного права правоохранительные органы порой применяют механизмы частного права. Во всяком случае, именно об этом свидетельствует складывающаяся в некоторых российских регионах практика заключения соглашений о сотрудничестве редакций СМИ с территориальными структурами силовых ведомств. Так, Соглашение о сотрудничестве от 05.07.00 № 101, заключенное Управлением ФСБ РФ по Волгоградской области и редакцией газеты «Волгоградская правда», предусматривает, что «в случае получения сведений, находящихся в компетенции УФСБ, из других источников, сотрудники редакции, в соответствии с п. 8 ст. 47 Закона «О средствах массовой информации», обязаны проверить их достоверность в ПОС УФСБ». В данном случае налицо: во-первых, подмена содержания нормы ст. 47 Закона о СМИ, в которой говорится отнюдь не об обязанностях, а о правах журналиста; во-вторых, игнорирование обязанности редакции СМИ и журналиста сохранять в тайне источник информации (ст. 41 Закона о СМИ); в-третьих, фактическое понуждение журналистов к сбору информации в пользу органов безопасности, что является прямым нарушением требований ч. 1 ст. 51 Закона о СМИ, согласно которой «не допускается использование установленных настоящим Законом прав журналиста в целях … сбора информации в пользу постороннего лица или организации, не являющейся средством массовой информации».[137]

Новейшее российское уголовно-процессуальное законодательство – вслед за Конституцией и законом о СМИ – также включило нормы, гарантирующие защиту источника конфиденциальной информации журналиста. Так, в ч. 2 ст. 144 Уголовно-процессуальный кодекс РФ от 18.12.01 устанавливается: «По сообщению о преступлении, распространенному в средствах массовой информации, проверку проводит по поручению прокурора орган дознания или следователь. Редакция, главный редактор соответствующего средства массовой информации обязаны передать по требованию прокурора, следователя или органа дознания имеющиеся в распоряжении соответствующего средства массовой информации документы и материалы, подтверждающие сообщение о преступлении, а также данные о лице, предоставившем указанную информацию, за исключением случаев, когда это лицо поставило условие о сохранении в тайне источника информации».

К сожалению, ни Уголовно-процессуальный кодекс от 18.12.01 г., ни Гражданский процессуальный кодекс от 14.11.02 не пошли по этому цивилизованному пути дальше и не включили в конструкцию института свидетельского иммунитета (ст. 56 УПК и ст. 69 ГПК) ни журналиста, ни представите-

---

[137] См.: Федотов М. А. Право массовой информации в Российской Федерации. – М., «Международные отношения», 2002. С. 332 - 333.

ля редакции СМИ. В результате получается, что журналист согласно Закону о СМИ «обязан сохранять конфиденциальность информации и/или ее источника» (абз. 4 ч. 1 ст. 49), однако ни УПК ни ГПК не наделяют его никакими свидетельскими иммунитетами, абсолютно необходимыми ему для исполнения возложенной на него обязанности. Вот почему в случае, если журналист будет привлечен к участию в деле в качестве свидетеля в рамках уголовного или гражданского судопроизводства и откажется указать источник конфиденциальной информации, то возникнет правовая коллизия. С одной стороны, к нему могут быть применены меры уголовной ответственности за отказ от дачи показаний (ст. 308 УК). Кроме того, отказ раскрыть источник информации может быть квалифицирован и как неуважение к суду. С другой стороны, в подобных действиях журналиста налицо лишь добросовестное исполнение обязанности, возложенной на него законом.

Представляется, что эти законодательные коллизии должны быть устранены в ходе предстоящей модернизации действующего Закона о СМИ. Включение журналиста и представителя редакции СМИ в перечень лиц, освобожденных от обязанности давать свидетельские показания в рамках уголовного и гражданского процесса (с соответствующим дополнением норм УПК и ГПК), будет полностью соответствовать как нормам действующего российского законодательства и сложившейся практики, так и стандартам Совета Европы.

Рассматривая данную проблему в международно-правовом аспекте, подчеркнем, что согласно стандартам Совета Европы даже требование суда раскрыть источник информации далеко не всегда признается правомерным. Помимо закрепления данного судебного правомочия законом, не менее значим вопрос о том, насколько необходимо в демократическом обществе применение данного правомочия в конкретном деле, а также, насколько соразмерно его применение преследуемым судом целям. В этом смысле показательно дело Гудвина (Goodwin) против Великобритании. В решении по этому делу указано, что статья 10 Европейской конвенции о правах человека «требует ограничить любое принуждение журналиста раскрыть источник своей информации исключительными обстоятельствами, угрожающими жизненно важным общественным или личным интересам» и что «без такой защиты источники могут воздерживаться от оказания помощи прессе в информировании общественности по вопросам, представляющим для нее интерес. В результате может быть подорвана важная роль прессы по защите общественных интересов, а способность прессы предоставлять точную и надежную информацию может быть намеренно поставлена под угрозу».[138]

[138] Гудвин (Goodwin) против Соединенного Королевства. Судебное решение от 27 марта 1996 года. // Европейский Суд по правам человека. Избранные решения: В 2 т. Т. 2 / председатель редакционной коллегии – доктор юридических наук, профессор В. А. Туманов. – М.: Издательство НОРМА, 2000. С.183 - 195.

Общеевропейские стандарты регулирования данной проблемы заложены также в Резолюции Европейского парламента от 18.01.94 о конфиденциальности источников журналистской информации и праве государственных служащих раскрывать информацию,[139] а также в Рекомендации Комитета министров Совета Европы № R(2000)7 относительно права журналистов на нераскрытие своих источников информации.[140]

В частности, в упомянутой Рекомендации Комитета министров Совета Европы указано, что раскрытие источника не должно считаться необходимым, если нельзя убедительно установить, что:

- во-первых, не существует разумной альтернативы раскрытию источника или эти альтернативные меры уже исчерпаны;
- во-вторых, законный интерес в раскрытии источника определенно перевешивает общественный интерес в сохранении его конфиденциальности, а именно: доказана первостепенная необходимость раскрытия, обстоятельства носят достаточно важный и серьезный характер, необходимость в раскрытии соответствует общественным потребностям. Причем, такой подход должен применяться на всех стадиях любых юридических процедур, в ходе которых может быть применено право на защиту источника информации.

Кроме того, Рекомендация требует, чтобы журналисты предварительно ставились властями в известность об их праве не раскрывать источник конфиденциальной информации, а также об ограничениях этого права. В тех же случаях, когда журналисты соглашаются раскрыть источник информации, власти должны принять меры к тому, чтобы ограничить масштабы разглашения этих сведений, и сами должны уважать их конфиденциальность.

Обязанность и одновременно право журналиста сохранять в тайне источник информации является одним из основных и общепризнанных принципов профессии, урегулированных не только законом, но и нормами профессиональной этики. В Кодексе профессиональной этики российского журналиста от 23.06.94 говорится: «Журналист сохраняет профессиональную тайну в отношении источника информации, полученной конфиденциальным путем. Никто не может принудить его к раскрытию этого источника. Право на анонимность может быть нарушено лишь в исключительных случаях, когда имеется подозрение, что источник сознательно исказил истину, а также когда упоминание имени источника представляет собой единственный способ избежать тяжкого и неминуемого ущерба для людей».[141]

---

[139] См.: Official Journal of the European Communities. N C, 44/34.

[140] См.: Совет Европы: документы по проблемам средств массовой информации – 3-е изд., СПб., “Лик”, 2002. С. 125 - 149.

[141] Профессиональная этика журналиста: Документы и справочные материалы. Москва: Издательство Галерия, 2002. С. 215.

Защита общественной нравственности и прав молодежи

На протяжении всех лет советской власти порнография в нашей стране была запрещена. В 1996 г. был принят Уголовный кодекс РФ, который установил запрет лишь незаконного изготовления в целях распространения, распространения как такового и рекламы порнографических материалов и предметов (ст. 242). В 2003 году была введена дополнительная норма (ст. 242.1), запрещающая порнографию с участием «заведомо несовершеннолетних» (под несовершеннолетними УК понимает лиц, которым не исполнилось восемнадцати лет).

Что именно является порнографией, определить зачастую нелегко. Поэтому в спорных случаях «Комментарий к Уголовному Кодексу Российской Федерации» рекомендует получать заключения соответствующих экспертиз (искусствоведческих, литературоведческих, сексологических и др.), «так как разграничить порнографию и эротическое искусство порой бывает очень сложно». При этом авторы Комментария сходятся на том, что порнографическими материалами или предметами должны признаваться живописные, графические, литературные, музыкальные и иные произведения, основным содержанием которых является грубо натуралистичное детальное изображение анатомических и (или) физиологических подробностей сексуальных отношений. Так, по делу Ф. следственные органы расценили как порнографическое сочинение "Кама Сутра" - известный памятник индийской народной литературы, а по делу Х. решался вопрос об оценке книги врача Т. Г. Ван-де-Вельде "Техника брака". В обоих случаях эксперты не признали порнографического характера указанных произведений[142].

В контексте проблемы необходимо обратить внимание на положения ст. 37 Закона о СМИ, касающиеся эротических изданий и телерадиопрограмм. Здесь критерием отнесения СМИ к эротическим является эксплуатация интереса к сексу «в целом и систематически». Распространение выпусков специализированных подобных радио- и телепрограмм без кодирования сигнала допускается только с 23 часов до 4 часов по местному времени, если иное не установлено местной администрацией. Розничная продажа подобной же печатной продукции допускается только в запечатанных прозрачных упаковках и в специально предназначенных для этого помещениях, расположение которых определяется местной администрацией.

Эротические СМИ не получают государственных льгот по налогообложению и платят взнос за регистрацию в повышенном размере.

Тот же закон (ст. 4) запрещает использование СМИ «для распространения передач, пропагандирующих порнографию, культ насилия и жестокости». Известны случаи, когда Министерство Российской Федерации по делам

[142] (Издание 2-е, измененное и дополненное. М: ИНФРА М-НОРМА, 1997)

печати, телерадиовещания и средств массовых коммуникаций проводило экспертизу и выносило предупреждения за распространение порнографии в СМИ. Примером может служить такое предупреждение, изданное МПТР 20.07.03 года в связи с рекламой порнофильмов по телевидению. Проверкой, проведенной Северо-западным окружным межрегиональным территориальным управлением МПТР России, было установлено, что в эфире телерадиокомпании «Невский канал» выходит программа «RelaXXX ТВ», представляющая собой обзор видеопродукции эротического характера с демонстрацией фрагментов видеофильмов и указанием мест распространения данной продукции. В соответствии с выводами эксперта некоторые из этих видеофильмов содержат порнографические сцены. Поскольку согласно ст. 4 Закона о СМИ не допускается использование средств массовой информации для распространения передач, пропагандирующих порнографию, постольку МПТР имело все основания для вынесения официального предупреждения телекомпании «Невский канал».

Цель защиты общественной нравственности преследует также Руководство по возрастной классификации аудиовизуальных произведений, утвержденное приказом Министра культуры РФ от 05.03.01 № 192. Согласно этому документу вводится следующая возрастная классификация аудиовизуальных произведений, соответствующая психовозрастным особенностям воспитания зрительской аудитории:

- фильм разрешен для показа в любой зрительской аудитории;
- детям до 12 лет просмотр фильма разрешен в сопровождении родителей;
- фильм разрешен для показа зрителям старше 16 лет;
- фильм разрешен для показа зрителям старше 18 лет.

Классификация фильмов предназначена для того, чтобы защитить, в первую очередь, детей и подростков от аудиовизуальных произведений, которые могут нанести вред их здоровью, эмоциональному и интеллектуальному развитию, а также с должным уважением отнестись к мнению той части взрослой аудитории, которую беспокоит жестокость и насилие и его воздействие на членов общества против их воли.

Общие принципы работы по классификации фильмов включают:

- полную свободу в выборе и просмотре фильмов для взрослой аудитории при условии достаточной защиты детей и подростков, а также взрослых, которые могли бы встретится с фильмами определенного содержания против своей воли или без предупреждения о таком содержании;
- запрещение фильмов, пропагандирующих войну, насилие и жестокость, расовую, национальную, религиозную, классовую и иную исключительность или нетерпимость, порнографию.

Фильм может быть разрешен для показа в любой зрительской аудитории, если он не содержит материалов, наносящих вред или оскорбляющих чувства зрителей любого возраста, сцен насилия и жестокости, ненормативной лексики и оскорбляющих нравственность выражений.

Фильм может быть классифицирован как разрешенный для просмотра детьми до 12 лет в сопровождении родителей, если его содержание требует от родителей изучения целесообразности его показа детям младшего и среднего школьного возраста, поскольку родители могут посчитать некоторые эпизоды неподходящими для своих детей. В таких фильмах могут употребляться отдельные жаргонные слова без брани, сцены насилия без демонстрации кровопролития, краткое изображение несчастного случая или катастрофы, эпизоды обнажённой натуры, мягкая подача «сверхъестественных» тем или тем «ужасов». Родителям следует сопровождать детей, чтобы при необходимости объяснять им смысл происходящего на экране.

Фильм может быть разрешен для показа зрителям старше 16 лет, если в нем затрагиваются так называемые «взрослые темы», включая такие, как самоубийство, преступление, коррупция, проблемы замужества и женитьбы, развод и др. эмоциональные травмы, наркотики и алкогольная зависимость, смерть и серьёзные болезни, расизм, религиозные вопросы. В данной категории фильмов может использоваться грубая речь персонажей и вульгарные выражения при условии, что они не являются чрезмерно оскорбительными. Сексуальные взаимоотношения партнеров могут предполагаться или имитироваться при условии, что их действия не выходят за рамки общепринятых норм поведения. Допустимо частое количество сцен насилия и жестокости, а сцены употребления наркотиков и их последствий могут быть показаны, но не в оправдывающем или сочувственном к данному явлению отношении.

В фильме, разрешенном для показа зрителям старше 18 лет, Министерство культуры РФ полагает допустимым:

- изображение сцен полового акта или других эротических действий, сексуального насилия или принуждения, при условии оправданности их сюжетом и художественной задачей кинопроизведения;
- насилие – явное и реалистическое изображение насилия может быть показано, если оно не даётся со всеми подробностями и чрезмерной жестокостью;
- сцены злоупотребления наркотиками и их последствий, но не в положительном контексте;
- сцены асоциального поведения.

В то же время фильмы и программы не могут публично демонстрироваться и распространяться, если в них имеются:

- демонстрация сексуального насилия в отношении детей;

- неоправданные подробности сцен садизма и чрезмерного насилия и жестокости, особенно в отношении детей и животных, содержащие сцены расчленения жертв, истязаний, уничтожения людей особо изуверскими способами; крупные продолжительные планы истерзанных людей и животных; насилие над трупами;
- методы изготовления и применения оружия и приспособлений для пыток, причём подобные сцены занимают основное экранное время;
- сцены, прославляющие шовинизм и национальную исключительность, расизм, пропагандирующие войны и конфликты, призывы к свержению существующего политического строя;
- сцены порнографического содержания, а именно натуралистическая подробная фиксация сцен полового акта и детализированная демонстрация обнаженных гениталий в процессе сексуального контакта исключительно для возбуждения сексуальных инстинктов зрителей вне какой-либо художественной или просветительской цели; самоцельное изображение групповых сексуальных действий;
- сцены, содержащие детализированные инструкции или поощрения к преступлению и насилию, а также к злоупотреблению наркотическими веществами.

В отсутствие федерального закона, регламентирующего вопросы оборота продукции сексуального характера, законодательные органы субъектов Российской Федерации самостоятельно занимаются регулированием этих вопросов.

На сегодняшний день законы и постановления, регламентирующие эту сферу, действуют в Алтайском крае (Закон от 04.12.95 № 28-ЗС "Об охране общественной нравственности"), Брянской области (Закон от 15.10.99 № 54-З "О регулировании распространения и рекламы эротической продукции"), Воронежской области (Закон от 26.10.95 № 30-З "О порядке распространения эротической продукции на территории Воронежской области"), Ивановской области (Закон от 26.07.95 № 20-ОЗ "О порядке распространения и публичной демонстрации эротических изданий, кино- и видеофильмов и другой аналогичной продукции на территории Ивановской области"); Магаданской области (Закон от 01.07.96 № 10-ОЗ "Об охране общественной нравственности"), Омской области (Закон от 08.02.95 № 17-ОЗ "О контроле за распространением и демонстрацией эротической продукции на территории Омской области"), Оренбургской области (Закон от 24.04.96 "О контроле за распространением и демонстрацией эротической продукции на территории Оренбургской области"), Республике Дагестан (Закон от 09.11.99 № 16 "О защите личной и общественной нравственности в Республике Дагестан"), Республике Саха (Якутия) (Закон от 11.05.00 № 189-II "Об особых правилах распространения эротической продукции и запрете пропаганды культа насилия и жестокости"), Тюменской области (Закон от 22.08.95

№ 10 “О контроле за распространением и демонстрацией эротической продукции в Тюменской области”), Читинской области (Закон от 19.01.99 № 150-ЗЧО “О распространении и демонстрации эротической продукции и административной ответственности за правонарушения, посягающие на общественную нравственность, общественный порядок и здоровье населения на территории Читинской области”). В городе Москве и некоторых других населённых пунктах действуют подзаконные акты об упорядочении торговли изданиями эротического характера.

В этих актах затрагивается определённый набор проблем: определение предмета регулирования; создание экспертных комиссий по определению факта наличия эротики или порнографии в тех или иных материалах; определение временных и территориальных границ распространения эротической продукции.

Закон Республики Саха (Якутия) «Об особых правилах распространения эротической продукции и запрете пропаганды культа насилия и жестокости» от 11.05.00 № 189-II является наиболее удачным из всех принятых региональных актов. Он был принят позднее других и впитал не только опыт правового регулирования в других субъектах Российской Федерации, но и обсуждения и принятия в 1999 г. впоследствии отклонённого Президентом РФ Федерального закона «О государственной защите нравственности и здоровья граждан и об усилении контроля за оборотом продукции сексуального характера». Тем не менее, нельзя не отметить, что его положения, требующие лицензирования деятельности по распространению эротической продукции, противоречат Федеральному закону «О лицензировании отдельных видов деятельности» от 08.08.01 № 128-ФЗ.

Регулирование рекламы в СМИ

У истоков возрождения института российской рекламы в СМИ, отсутствовавшей в ней долгие десятилетия советской власти, стоял германский издательский дом «Бурда» с одноименным журналом. В 1987 г. газета «Известия» опубликовала по этому поводу совместное с журналом «Бурда» заявление со словами: «Итак, впервые за многие десятилетия центральная газета начинает публикацию рекламы».

Все последующие годы объем рекламного рынка в СМИ динамично повышался. Хотя он втрое сократился после дефолта 1998 г., но уже к 2002 г. полностью восстановился, чтобы продолжить рост. В 2003 г. российская электронная пресса (прежде всего телевидение) получила от рекламы около 1.300 млн. долларов США, а печатная пресса – примерно 790 млн. долларов. Характерно, что до 90 процентов этих средств осталось в Москве, поскольку более 70 процентов телевизионного рекламного рынка принадлежит столичному агентству «ВидеоИнтернешнл» и его дочерним структурам.[143]

В соответствии с ст. 36 Закона о СМИ (в редакции Федерального закона от 02.03.98 № 30-ФЗ) «Распространение рекламы в средствах массовой информации осуществляется в порядке, установленном законодательством Российской Федерации о рекламе». В настоящее время в РФ действует около десятка законодательных актов, регламентирующих распространение того или иного вида рекламной информации.[144] Основным из них является Федеральный закон от 18.07.95 № 108-ФЗ «О рекламе» (Закон о рекламе). Реклама в нем определяется как «распространяемая в любой форме, с помощью любых средств информация о физическом или юридическом лице, товарах, идеях и начинаниях (рекламная информация), которая предназначена для неопределенного круга лиц и призвана формировать или поддерживать интерес к этим физическому, юридическому лицу, товарам, идеям и начинаниям и способствовать реализации товаров, идей и начинаний (ст. 2).

Предметом Закона о рекламе являются отношения, возникающие в процессе производства, размещения и распространения рекламы на рынках товаров, работ, услуг, включая рынки банковских, страховых и иных услуг, связанных с пользованием денежными средствами граждан (физических лиц) и юридических лиц, а также рынки ценных бумаг. Несколько упрощая, можно сказать, что его предмет образуют отношения по поводу рекламы, носящей предпринимательский характер. В него, например, не входят отношения по поводу объявлений физических лиц в средствах массовой информации, если

---

[143] По данным_Генерального директора «ROMIR Monitoring» А. Милехина, приведенным им в ходе выступления на конференции "Управление информацией на рынке СМИ - эффективный бизнес и качественный ресурс", организованной Ассоциацией менеджеров России 09.04.04.

[144] См.: Правовое регулирование рекламной деятельности. Комментарии к законодательству. М.: Спарк, 2001.

они не связаны с осуществлением предпринимательской деятельности (п. 5 ст. 1). Отношения по поводу распространения в СМИ политической рекламы Закон о рекламе также не регулирует.

Вопрос о том, в чью компетенции (Федерации, ее субъектов, совместную) входит законодательное регулирование вопросов рекламы, был рассмотрен Конституционным Судом Российской Федерации в 1997 г. Вердикт Суда гласил: правовое регулирование рекламной деятельности – предмет исключительно федерального законотворчества. В обоснование своей правовой позиции Суда положил следующие аргументы. Во-первых, регулирование рекламной деятельности является частью установления «правовых основ единого рынка», которое, в свою очередь, закреплено в исключительном ведении РФ (п. «ж» ст. 71 Конституции Российской Федерации). Во-вторых, оно призвано обеспечить свободное перемещение товаров, услуг и финансовых средств по всей территории Российской Федерации.[145]

Закон о рекламе признает основными субъектами рекламной деятельности:

- рекламодателя – юридическое или физическое лицо, являющееся источником рекламной информации для производства, размещения, последующего распространения рекламы;
- рекламопроизводителя – юридическое или физическое лицо, осуществляющее полное или частичное приведение рекламной информации к готовой для распространения форме;
- рекламораспространителя – юридическое или физическое лицо, осуществляющее размещение и (или) распространение рекламной информации путем предоставления и (или) использования имущества, в том числе технических средств теле- и радиовещания, а также каналов связи, эфирного времени и иными способами;
- потребителей рекламы – юридические или физические лица, до сведения которых доводится или может быть доведена реклама, следствием чего является или может являться соответствующее рекламное воздействие на них.

Важно подчеркнуть, что в соответствии со ст. 30 Закона о рекламе ответственность рекламодателя, рекламопроизводителя и рекламораспространителя, в частности, перед потребителями рекламы четко разграничена по критерию вины за содеянное. Основная сфера ответственности рекламораспространителя (в частности, СМИ) – «в части, касающейся времени, места и средств размещения рекламы».

Ответственность субъектов рекламной деятельности обычно возникает по поводу так называемой ненадлежащей рекламы, то есть такой, в которой

---

[145] Постановление Конституционного Суда РФ от 4 марта 1997 года № 4-П по делу о проверке конституционности статьи 3 Федерального закона от 18 июля 1995 года «О рекламе» - Ведомости Конституционного Суда Российской Федерации. 1997. № 1.

допущены нарушения установленных законодательством требований к ее содержанию, времени, месту и способу распространения (недобросовестная, недостоверная, неэтичная, заведомо ложная).

Недобросовестной признается реклама, которая «содержит высказывания, образы, порочащие честь, достоинство или деловую репутацию конкурента или конкурентов» (ст. 6). Недостоверной считается реклама, в которой, например, используются термины в превосходной степени, в т. ч. путем употребления слов «самый», «только», «лучший», «абсолютный», «единственный» и тому подобные, если их невозможно подтвердить документально (ст. 7). Реклама, которая, в частности, содержит оскорбительные выражения, образы «в отношении расы, национальности, профессии, социальной категории, возрастной группы, пола, языка, религиозных, философских, политических и иных убеждений физических лиц» расценивается как неэтичная (ст. 8).

К ненадлежащей относится и так называемая скрытая реклама. Ею считается реклама, оказывающая неосознаваемое потребителем воздействие на его восприятие, в том числе путем использования в теле- или радиовещании специальных видеовставок (двойной звукозаписи) и иных способов скрытого воздействия на восприятие потребителя рекламы (ст. 10).

Отдельным видом рекламы является социальная реклама, то есть такая, которая «представляет общественные и государственные интересы и направлена на достижение благотворительных целей» (ст. 18).

Закон о рекламе дифференцирует правовой режим рекламной информации в зависимости от форм ее распространения. Так, по отношению к теле- и радиопрограммам существуют определенные ограничения, призванные защищать интересы телезрителей и радиослушателей. В частности, не допускается прерывать рекламой: детские и религиозные передачи; образовательные программы более чем один раз в течение 15 минут на период, не превышающий 45 секунд; радиопостановки и художественные фильмы без согласия правообладателей; иные передачи, продолжительность трансляции которых составляет менее 15 минут (ст. 11).

Распространение рекламы одного и того же товара, а равно распространение рекламы о самом рекламодателе не должно осуществляться более чем два раза общей продолжительностью не более чем две минуты в течение часа эфирного времени радио и телепрограммы на одной частоте вещания. В теле- и радиопрограммах, не зарегистрированных в качестве специализирующихся на сообщениях и материалах рекламного характера, реклама не должна превышать 20 процентов от общего суточного объема вещания.

Установив определенные «правила игры» на российском рекламном пространстве, российское законодательство закрепляет порядок и систему органов, призванных осуществлять государственный контроль и саморегулирование рекламной деятельности.

От лица государства контроль за соблюдением законодательства РФ о рекламе в настоящее время осуществляют в пределах своей компетенции Федеральная антимонопольная служба (ФАС РФ) и ее территориальные подразделения. Эта служба является федеральным органом исполнительной власти, осуществляющим функции по контролю и надзору за соблюдением законодательства о рекламе, имея полномочия по изданию в пределах своей компетенции индивидуальных правовых актов в установленной сфере деятельности.

Согласно Закону о рекламе орган государственного контроля в области рекламы:

- предупреждает и пресекает факты ненадлежащей рекламы, допущенные юридическими и физическими лицами;
- направляет рекламодателям, рекламопроизводителям и рекламораспространителям предписания о прекращении нарушения законодательства Российской Федерации о рекламе, решений об осуществлении контррекламы;
- направляет материалы о нарушениях законодательства Российской Федерации о рекламе в органы, выдавшие лицензию, для решения вопроса о приостановлении или о досрочном аннулировании лицензии на осуществление соответствующего вида деятельности (ст. 26).

Закон о рекламе закрепляет также отдельные правомочия органов саморегулирования. Такие органы, созданные в организационно-правовой форме общественных организаций, ассоциаций и союзов юридических лиц, привлекаются к участию в разработке требований к рекламе, в том числе проектов законов и иных нормативных правовых актов; производят независимую экспертизу рекламы на предмет установления ее соответствия требованиям законодательства РФ о рекламе и направляют соответствующие рекомендации заинтересованным участникам рекламной деятельности; направляют в органы прокуратуры материалы и обращаются в федеральные органы исполнительной власти в связи с нарушением законодательства РФ о рекламе. Важнейшим правомочием органов саморегулирования в области рекламы является предоставленная им возможность обращаться с исками в суд в интересах потребителей рекламы, в том числе их неопределенного круга, в случае нарушения их прав, предусмотренных законодательством РФ о рекламе (ст. 28).

Органы саморегулирования активно пользуются предоставленными им правами. Так, в феврале 2004 г. Министерство РФ по антимонопольной политике, выполнявшее в то время функции федерального антимонопольного органа, оштрафовало газету «Аргументы и факты» Закона о рекламе на 400 МРОТ.[146] Данное дело было возбуждено на основании обращения Междуна-

[146] Минимальный размер оплаты труда в тот момент составлял 100 рублей.

родной конфедерации обществ потребителей, общественной организации, усмотревшей нарушение требований закона в статье «Исповедь современника», опубликованной в газете «Аргументы и факты – Москва» № 34 за 2003 г. Текст публикации целенаправленно акцентировал внимание читателей на лекарственном средстве «Виагра». Соответствующая полоса газеты, на которой размещалась публикация, содержала пометку «материалы полосы публикуются на правах рекламы». В то же время, учитывая, что в России «Виагра» является рецептурным препаратом, факт такой публикации представлял собой явное нарушение п. 2 ст. 16 ФЗ «О рекламе», предписывающего, что реклама лекарственных средств, отпускаемых по рецепту врача, допускается только в печатных изданиях, предназначенных для медицинских и фармацевтических работников.[147]

С принятием Закона о рекламе начался процесс формирования специализированных органов саморегулирования. Так, с февраля 1995 г. при Торгово-Промышленной Палате РФ действует Общественный Совет по рекламе, ставящий перед собой в качестве основных целей деятельности, развитие системы общественного регулирования рекламной деятельности, а также гармонизацию интересов потребителей рекламы, СМИ и рекламного бизнеса.

В декабре 2002 г. крупнейшие журналистские объединения, а также ассоциации рекламных агентств и рекламодателей России подписали совместный документ – Российский Рекламный Кодекс. В нем они установили для себя ряд ограничений и обязательств в связи с тем, что в обществе усиливается недовольство навязчивостью и качеством рекламы.

Кодекс направлен на формирование цивилизованного рынка рекламы и развитие здоровой конкуренции. Он создан на базе Международного Кодекса рекламной деятельности с учетом этических норм и культурно-исторических традиций России.

К осенней (2004г.) сессии российского парламента Правительством РФ, а также соответствующими структурами бизнеса и гражданского общества готовится проект новой редакции Закона о рекламе, призванный гармонизировать интересы потребителей рекламы и субъектов рекламного бизнеса.

---

[147] См: http://irexmedia.ru/ru/main/news/index.php?id48=160

СМИ и выборы

Роль средств массовой информации в избирательной кампании определяется Законом о СМИ и Федеральным законом от 12.06.02 № 67-ФЗ «Об основных гарантиях избирательных прав и права на участие в референдуме граждан Российской Федерации» (Закон об основных гарантиях), которому, в свою очередь, должны соответствовать все остальные федеральные и региональные законы о выборах.

В рамках избирательной системы СМИ выполняют одновременно несколько функций. Они служат, во-первых, каналом информирования избирателей (например, о назначении дня выборов, об образовании избирательных участков, о регистрации кандидатов и т. д.), во-вторых, средством предвыборной агитации и, наконец, в-третьих, инструментом гражданского контроля. В первых двух случаях речь идет об использовании СМИ: а) избирательными комиссиями, б) органами местного самоуправления (например, для публикации списков избирательных участков), в) зарегистрированными кандидатами. Напротив, в третьем случае СМИ выступают как самостоятельный институт гражданского общества.

Российское избирательное законодательство традиционно исходит из того, что СМИ не являются субъектами агитационной деятельности, а, следовательно, не могут считаться и ее участниками. Они лишь производители информационных услуг, оказываемых ими политическим партиям и кандидатам. Более того, представителям СМИ запрещено проводить предвыборную агитацию, выпускать и распространять любые агитационные материалы при осуществлении ими профессиональной деятельности (ст. 48).

Напротив, в освещении избирательной кампании СМИ призваны играть главенствующую роль. Правда, законодатель не смог провести четкую границу между предвыборной агитацией и освещением выборов в СМИ. Отсутствие четкого отграничения способно привести к тому, что предвыборная агитация будет проводиться под видом информирования и, наоборот, объективное информирование расцениваться как незаконная агитация. Подобные явления – далеко не редкость в последние годы. Они наносят реальный вред гражданам и обществу в целом, поскольку избиратель под видом непредвзятой, объективной информации получает информацию предвзятую, так или иначе препарированную с целью ввести его в заблуждение и побудить к соответствующему электоральному поведению. По сути дела такое псевдоинформирование является манипулированием общественным мнением.

Однако нельзя смешивать скрытую агитацию, ставшую результатом, например, подкупа журналиста, и объективное информирование аудитории о реальных фактах, характеризующих кандидатов. Последнее является нормальным и общественно необходимым результатом работы профессиональных журналистов.

В Законе об основных гарантиях имеется весьма детализированное определение того, что следует понимать под «предвыборной агитацией». В то же время легальное определение понятия «информирование избирателей» в Законе отсутствует. В результате правоприменитель вынужден самостоятельно определять объем понятия «информирование избирателей» путем исключения из сферы информационных отношений всего того, что могло бы быть отнесено к понятию «предвыборная агитация». При этом всеохватность понятия «предвыборная агитация» приводит к тому, что объем понятия «информирование избирателей» сводится к нулю.

То, что понятие предвыборной агитации определено в Законе об основных гарантиях чрезмерно широко, признал и Конституционный Суд Российской Федерации в своем постановлении от 30.10.03.[148] Достаточно проанализировать п. 2 ст. 48, чтобы в этом убедиться. Например, предвыборной агитацией здесь признается «выражение предпочтения в отношении кого-либо из кандидатов», «описание возможных последствий избрания или неизбрания кандидата», «распространение информации с явным преобладанием сведений о каких-либо кандидатах … в сочетании с позитивными либо негативными комментариями» и т. д.

Даже само по себе распространение «информации о деятельности кандидата, не связанной с его профессиональной деятельностью или исполнением им своих служебных (должностных) обязанностей» рассматривается Законом как предвыборная агитация. Из примененной законодателем формулы следует, что, например, информация о совершенном кандидатом наезде на пешехода не будет считаться агитацией только в том случае, если он ехал по делам службы и вел служебный автомобиль. Если же он задавил старушку собственным джипом, и был в нетрезвом состоянии после семейного торжества, то информация об этом должна быть признана предвыборной агитацией, поскольку не связана с его профессиональной деятельностью и исполнением служебных обязанностей. Следовательно, имея такую информацию, прессе останется либо молчать, а значит нарушать конституционное право граждан на информацию, либо нарушать избирательное законодательство.

Более того, п. 2 ст. 48 включает в понятие предвыборной агитации и «иные действия, имеющие целью побудить или побуждающие избирателей голосовать» за или против того или иного кандидата. Тем самым законодатель вводит понятие непредумышленной агитации, то есть агитации по неосторожности. Однако Конституционный Суд Российской Федерации не согласился с подобной позиций и своим постановлением от 30.10.03 признал соответствующую норму Закона об основных гарантиях не соответствующей

[148] Постановление Конституционного Суда РФ от 30.10.03 № 15-П по делу о проверке конституционности отдельных положений Федерального закона "Об основных гарантиях избирательных прав и права на участие в референдуме граждан Российской Федерации" в связи с запросом группы депутатов Государственной Думы и жалобами граждан С. А. Бутнмана, К. А. Катаняна и К. С. Рожкова.

Конституции РФ. Правовая позиция Суда такова: «Поскольку как агитация, так и информирование любого характера могут побудить избирателей сделать тот или иной выбор, при том что достоверные и объективные сведения о кандидате в большей мере помогают избирателю сформировать свои предпочтения, чем просто призывы голосовать «за» или «против», то очевидно, что критерием, позволяющим различить предвыборную агитацию и информирование, может служить лишь наличие в агитационной деятельности специальной цели – склонить избирателей в определенную сторону, обеспечить поддержку или, напротив, противодействие конкретному кандидату, избирательному объединению».

Чем большим объемом достоверной и значимой для него информации о кандидате или избирательном объединении будет обладать избиратель, тем выше будет уровень его свободы воли, тем более осознанным будет его волеизъявление. И наоборот, чем меньше источников информации о кандидатах и избирательных объединениях, чем меньше объем полученной избирателем достоверной информации, тем менее осознанным, а значит, более подверженным манипулированию становится голосование избирателя. Иными словами, выборы только тогда могут считаться свободными, когда реально гарантированы право на информацию и свобода выражения мнений.

В связи с этим принципиально важным является следующий тезис Конституционного Суда РФ: представители организаций СМИ, «действующих на основе редакционной независимости и вырабатываемых журналистским сообществом норм саморегуляции, т. е. правил профессии и этических принципов, должны занимать этичные и взвешенные позиции и освещать избирательные кампании справедливым, сбалансированным и беспристрастным образом». Здесь нет и намека на «принцип строкомера». Именно поэтому требование Закона об основных гарантиях не нарушать равенство кандидатов при информировании избирателей следует понимать исключительно как требование справедливости, сбалансированности и беспристрастности.

Отменяется ли тем самым право журналиста на выражение собственного мнения в отношении того или иного кандидата либо избирательного объединения? Конституционный Суд отвечает однозначно: «в целях защиты права на свободные выборы … свобода выражения мнений для представителей средств массовой информации … может быть ограничена федеральным законом». В то же время «само по себе позитивное или негативное мнение о ком-либо из кандидатов не является предвыборной агитацией, … если только не будет доказана специальная цель, а именно направленность на поддержку либо на противодействие конкретному кандидату».

На практике, однако, собственное мнение журналиста зачастую подменяется собственным мнением, в лучшем случае, редактора, а в худшем – федерального или регионального чиновника, либо частного заказчика. Именно этим в значительной степени объясняются те очевидные перекосы в информировании избирателей о конкурировавших на парламентских выборах 2003 года кандидатах и избирательных объединениях.

Следует отметить, что избирательное законодательство подразделяет средства массовой информации на несколько видов, выделяя, в первую очередь, государственные и муниципальные СМИ. Сюда относятся, во-первых, все СМИ, которые имеют государственные (муниципальные) органы или организации в числе своих учредителей либо соучредителей; во-вторых, все СМИ, которые получали субсидии из федерального, регионального или местного бюджета; в-третьих, все СМИ, в уставном капитале которых имеется государственная (муниципальная) доля.

На средства массовой информации, попадающие в эту категорию, возложены следующие задачи:

1) обеспечивать зарегистрированным кандидатам равные условия проведения предвыборной агитации;
2) предоставлять избирательным комиссиям возможность размещения печатной информации;
3) предоставлять избирательным комиссиям бесплатное эфирное время для информирования избирателей;
4) на равных основаниях предоставлять зарегистрированным кандидатам бесплатное эфирное время в прайм-тайм;
5) резервировать платное эфирное время для проведения агитации зарегистрированными кандидатами;
6) выделять бесплатную печатную площадь для размещения материалов, предоставляемых зарегистрированными кандидатами;
7) резервировать печатную площадь для проведения зарегистрированными кандидатами платной предвыборной агитации;
8) публиковать получаемые из Центральной избирательной комиссии сведения о поступлении и расходовании средств избирательных фондов.

Вторая категория СМИ – специализированные СМИ, государственные и негосударственные, ориентированные на неполитическую тематику. За подобными СМИ избирательные законы признают право отказаться от публикации каких бы то ни было агитационных материалов при условии полного неучастия в избирательной кампании в какой бы то ни было форме.

Третья категория – средства массовой информации или их редакции, учрежденные кандидатами или избирательными объединениями менее, чем за год до начала избирательной кампании. Особенность их правового режима – освобождение их от обязанности предоставлять печатную площадь всем конкурирующим кандидатам на равных условиях оплаты (п. 5 ст. 50 Закона об основных гарантиях). Они также освобождены от обязанности не допускать обнародование информации, способной нанести ущерб чести, достоинству или деловой репутации зарегистрированных кандидатов, в случаях, когда эти СМИ не могут предоставить зарегистрированному кандидату возможность обнародовать опровержение или иное разъяснение в защиту его чести, достоинства или деловой репутации до окончания срока предвыборной агитации (п. 6 ст. 56).

Четвертая категория СМИ – средства массовой информации, не относящиеся к первым трем группам и имеющие право на договорной основе, за плату предоставлять эфирное время, печатную площадь зарегистрированным кандидатам. Чтобы получить право относиться к данной категории, негосударственные СМИ должны, во-первых, быть учреждены не позднее, чем за год до начала избирательной кампании, а во-вторых, заблаговременно опубликовать сведения о размере и условиях оплаты их информационных услуг, уведомив о своей готовности избирательную комиссию (п. 6 ст. 50).

Наконец, пятая категория – негосударственные средства массовой информации, учрежденные менее чем за год до начала избирательной кампании. Им вообще запрещено предоставлять эфирное время и печатную площадь для целей предвыборной агитации (п. 4 ст. 50).

Наиболее четко принцип взаимодополнения медийного и избирательного законодательства реализуется в правовом обеспечении функционирования СМИ как института гражданского контроля. Закрепленные Законом о СМИ профессиональные права и обязанности журналиста (ст.ст. 47–49) в рамках избирательной системы несколько видоизменяются и конкретизируются, но не отменяются и не ограничиваются. В частности, Закон о выборах депутатов Государственной Думы признал за представителями СМИ следующие права:

- присутствовать на всех заседаниях избирательных комиссий, а также при подсчете голосов избирателей;
- присутствовать в день голосования на избирательных участках и носить при этом нагрудные знаки с указанием наименования СМИ;
- присутствовать в избирательных комиссиях при установлении ими итогов голосования, определении результатов выборов и т. д.;
- получать доступ в помещение участковой избирательной комиссии, сформированной на избирательном участке, образованном в воинской части, больнице, санатории, доме отдыха, следственном изоляторе;
- знакомиться с решениями и протоколами всех избирательных комиссий об итогах голосования и о результатах выборов, изготавливать либо получать от соответствующей избирательной комиссии копии указанных решений и протоколов, требовать заверения копий решения;
- быть проинформированным о составлении избирательной комиссией повторного протокола об итогах голосования в случае выявления в нем описок, опечаток либо арифметических ошибок;

- получать от избирательных комиссий для ознакомления итоги голосования по каждому избирательному участку, территории и результаты выборов по избирательному округу и т. д.

Нарушение организацией СМИ или журналистом требований законодательства влечет ответственность. Во-первых, в Кодексе РФ об административных правонарушениях имеется несколько составов правонарушений, связанных с деятельностью СМИ в период избирательной кампании, а именно:

- нарушение главным редактором либо организацией СМИ порядка опубликования материалов, связанных с подготовкой и проведением выборов, в том числе агитационных материалов, и в том числе в сети Интернет (ст. 5.5.);
- нарушение прав представителя СМИ (ст. 5.6.);
- предвыборная агитация вне агитационного периода либо в местах, где ее проведение запрещено (ст. 5.10.);
- проведение предвыборной агитации лицами, которым участие в ее проведении запрещено федеральным законом (ст. 5.11.);
- непредоставление возможности опубликовать опровержение или иное разъяснение в защиту чести, достоинства или деловой репутации зарегистрированного кандидата до окончания срока предвыборной агитации (ст. 5.13.);
- непредоставление, неполное либо несвоевременное предоставление председателем избирательной комиссии в СМИ для опубликования сведений о поступлении и расходовании средств избирательных фондов кандидатов (ч. 2 ст. 5.17.);
- непредоставление либо несвоевременное предоставление председателем избирательной комиссии представителям СМИ сведений об итогах голосования (ст. 5.25.).

В 2003 г. ужесточение административной ответственности за нарушение избирательного законодательства сопровождалось введением в Закон о СМИ статьи 16^1 «Приостановление выпуска средства массовой информации за нарушение законодательства Российской Федерации о выборах и референдумах». Эта статья допускает возможность приостановление выпуска СМИ по решению суда в случае повторного в течение одной избирательной кампании нарушения законодательства о выборах. Правда, ни одного случая применения этой нормы пока не отмечено, видимо, в том числе по причине ее коллизии с основополагающими нормами Кодекса РФ об административных правонарушениях и Гражданского процессуального кодекса РФ.

Конституционные основы

I. Основа права СМИ – статья 5 Основного Закона ФРГ

Конституция имеет влияние на право СМИ, как ни на одну область немецкого права. Основой права СМИ является статья 5 Основного Закона (далее – ОЗ), содержащаяся в каталоге основных прав Конституции ФРГ 1949 года. Сегодняшнее толкование этой статьи основывается на судебной практике Федерального конституционного суда ФРГ, которая вырабатывалась в течение десятилетий. Важность, пределы действия и практическое значение именно этого основного права для свободного общества, государства, отдельного человека, законодательства, правительства и судов, для индивидуального и публичного коммуникационного процессов, а также для средств массовой информации были определены правоприменительной практикой и раскрыты во многих решениях Федерального конституционного суда с иногда удивительно поучительной принципиальностью, последовательностью и постоянством.

1. Свобода коммуникации как право человека

Неслучайно основное право на беспрепятственное получение информации, на выражение и распространение собственного мнения, а также гарантия свободы искусства, науки, исследования и преподавания находится в первой трети восемнадцати основных конституционных прав. Это основное право в первую очередь касается личности. Оно вытекает из права личного достоинства, которое по своей природе и сути принадлежит каждому человеку и является не только правом гражданина, гарантированным государством своим «верноподданным», но и правом человека, не подлежащим государственным ограничениям. Основные права, гарантированные статьей 5 ОЗ вытекают из фундаментального положения о принятии системы ценностей, «основу которой составляет человеческая личность и ее достоинство, свободно развивающиеся в пределах социального сообщества»[149], что в соответствии со статьей 1 ОЗ стоит во главе конституционного и правового порядка ФРГ. Право, закрепленное в ст. 1, а также и все прочие основные конституционные права, обязаны соблюдать законодательная, исполнительная (административная) и судебная власти как непосредственно действующее право.

Таким образом, статья 5 ОЗ не нуждается в дополнительной реализации путем принятия других правовых норм, как например, простого «закона о СМИ». И наоборот, все прочие правовые нормы являются второстепенными в сравнении с Основным Законом и должны толковаться в соответствии с ним. Если даже широкое толкование текста закона не позволяет изложить его в соответствии с Конституцией, то такой закон является антиконститу-

---

[149] Решение Федерального конституционного суда ФРГ (далее – BVerfGE) 7, 198/205;

ционным, и должен быть признан Федеральным конституционным судом недействительным. Те же самые правила распространяются и на судебные решения, основанные на противоречащих конституции законодательных нормах, а также в тех случаях, когда суды применили противоречащее Конституции толкование законодательной нормы, тогда как было возможно истолковать эту норму в соответствии с Конституцией. Именно в области права СМИ в ряде основополагающих случаев это положение имело существенные последствия.

2. Свобода слова как основа любой свободы

Уже в первое десятилетие своего существования Федеральный конституционный суд имел возможность подчеркнуть фундаментальное значение статьи 5 ОЗ. В решении суда от 1958 года, ставшем классическим прецедентом, на которое суд ссылается и по сей день, неустанно повторяется:[150]

> «Основное право на свободу выражения своего мнения как непосредственное проявление человеческой индивидуальности есть одно из важнейших прав человека (как сказано в статье 11 Всеобщей Декларации прав человека и гражданина 1789 г. «un des droits les plus prйcieux de l'homme»). Для свободного демократического государственного устройства оно является «абсолютно» основополагающим, так как только это право позволяет находиться в постоянном духовном противоборстве, вести борьбу мнений, что является жизненно важным для такого государственного устройства. (BVerfGE 5, 85, 205). В определенном смысле это является основой всякой свободы, «the matrix, the indispensable condition of nearly every other form of freedom» (Cardozo)…»

3. Свобода слова как условие свободной демократии

В другом своем решении (от 1956 года) Федеральный конституционный суд привязал определение свободной демократии к оформившейся в XIX веке традиции «либерально-буржуазного правового государства», которая противопоставляет свободную демократию диктатурам любого вида, в том числе и «диктатуре пролетариата», выдающей себя за демократическую. Над этим решением стоит задуматься, ведь оно базируется на независимости личности, на присущем человеку суверенитете, существование которых должно быть гарантировано государством. Государство должно защищать независимость личности и ее суверенитет от всевозможного принуждения, единообразия информации и коммуникации, возникновение которых возможно не только в результате государственного вмешательства, но и в результате экономического превосходства каких-либо групп, а также преобладания одного мнения, когда не предусматривается противовеса в виде многообразия и общественного контроля. Ущерб может нанести и не вписывающееся в картину духовной открытости и свободы слова снисходительное

[150] BVerfGE 7, 198/205;

поведение, зависимое от общественных тенденций и влияний и семантически ловко именуемое политкорректностью («political correctness»). В противоположность этому Основной Закон в толковании Федерального конституционного суда связывает честь человека, являющуюся важнейшей ценностью свободной демократии, со свободой информации и коммуникации, которые столь существенны для свободного демократического общества.[151]

II. Свобода СМИ - служащая свобода

Приведенные выше решения Федерального конституционного суда показывают, что в статье 5 ОЗ речь идет в первую очередь об индивидуальном праве (праве на самооборону) и в конечном итоге об обеспечении открытого и свободного процесса формирования общественного мнения, в котором отдельные люди свободно могут принимать участие. Этот процесс должен быть гарантирован как институт ради свободы всего общества. Обеспечению процесса формирования общественного мнения служит индивидуальная гарантия свободы слова и свободы информации в той же мере, как и институциональная гарантия свободы СМИ, являющихся средствами и посредниками формирования личного или общественного мнения. Свобода средств массовой информации, гарантированная нормой второго предл. абз. 1 ст. 5 ОЗ прессе, телевидению, радио и кино, четко определяется Федеральным конституционным судом как служащая свобода. Являясь наиболее подходящими для массовой коммуникации, эти средства массовой информации служат формированию общественного мнения и открытому, основополагающему процессу коммуникации. Для выполнения этой задачи средствам массовой информации и предоставляются свободы, гарантированные в статье 5 ОЗ. Выполнением этой задачи одновременно и оправдываются, и ограничиваются эти свободы.

1. Институциональная гарантия свободы прессы, телевидения, радио и кино

Выходя за рамки скорее ограниченного и немногословного текста нормы второго предл. абз. 2 ст. 5 ОЗ, говорящем о „свободе печати“ и „свободе передачи информации посредством телерадиовещания и кино“, Федеральный конституционный суд установил для этих медиа, исходя из их фактического значения, институциональную гарантию свободы и принцип независимости СМИ от государства.[152]

Поставить наравне печать, телевидение и радио относительно их роли и значимости было самим собой разумеющимся шагом. Однако конституционное признание (речь здесь идет, прежде всего, о признании независимости от государственного влияния) и предоставление телевидению и радио, организованным уже в то время на – тогда еще исключительно – публично-

---

[151] BVerfGE 5, 85/204 f.;
[152] BVerfGE 10, 118/121;

правовой основе, такой же институциональной свободы, как и находящейся тогда и сегодня в частных руках частной печати, явилось смелым, но и по сей день дальновидным и последовательным шагом для немецкой структуры средств массовой информации. Федеральный конституционный суд и по сей день придерживается этого подхода, а законодатель обязан следовать его мнению и гарантировать публично-правовому телевидению и радио соответствующую автономную структуру.[153]

2. Многообразие СМИ как конституционный принцип

Исходя из установленного таким образом конституционного значения средств массовой информации, Федеральный конституционный суд неоднократно делал конкретные выводы относительно организации и структуры средств массовой информации, как например: требование их независимости и плюрализма, установление правил финансирования СМИ, необходимость противодействия господству отдельных мнений и концентрации медийной власти. Формирование общественного мнения в свободном обществе предполагает высказывание как можно большего количества различных мнений, а также доступность как можно более многочисленных информационных источников. Это предполагает в свою очередь многообразие независимых друг от друга источников процесса формирования общественного мнения. Таким образом, многообразие средств массовой информации также является конституционным принципом.

Что конкретно следует понимать под многообразием информации и средств массовой информации и как следует его обеспечивать – вопрос открытый. Федеральный конституционный суд сам однажды постановил, что многообразие средств массовой информации не является „измеримой, точно определяемой величиной“.[154]

Последователи Адама Смита считают, что многообразие различных источников информации возникает благодаря развитию свободного рынка и конкуренции. В отношении телерадиовещания Федеральный конституционный суд не разделил эту позицию.

Задачей картельного законодательства и в области печатных СМИ является как минимум предотвращение чрезмерной концентрации медийной власти в одних руках или в руках лишь нескольких частных предприятий. Ведь любой рынок и любая конкуренция имеют тенденцию к концентрации, к образованию олигополий, монополий и ко все еще существующим конгломератам влияния и власти. Это препятствует многообразию СМИ, которое является идеалом свободного общества, столь зависимого от информации и процесса формирования общественного мнения. Эта тема будет подробнее рассмотрена в главах 2, 3, 4 и 9.

---

[153] См. к этому главы 3 и 4;
[154] BVerfGE, 73, 118/159;

Ограничения свободы информации, свободы слова и свободы массовой информации

Несмотря на то, что гарантированные в абз. 1 ст. 5 ОЗ свободы должны толковаться и применяться как права человека, действие их не безгранично. Согласно абз. 2 ст. 5 ОЗ права, закрепленные в этой норме, действуют в пределах, установленных:

- нормами общих законов
- законодательством об охране молодежи и
- правовой охраной личной чести.

I. Триада ограничений - п. 2 статьи 5 Основного Закона

Норма абз. 2 ст. 5 ОЗ не совсем однозначна. На первый взгляд может показаться, что все три перечисленных в ней ограничения могут быть объединены в понятие „общих законов“, так как это основное право если и может быть ограничено по другим, не названным в ст. 5 причинам (например, в связи с принципом правового государства), то только на основании действующего для всех формального закона. Относительно охраны молодежи статья и так ссылается на „законодательство“, а „правовая охрана личной чести“ становится обязательной только тогда, когда она прописана в законе или содержится в более значимой норме, как, например, в самой Конституции. Между тем, правовая практика исходит из того, что все три ограничения существуют самостоятельно друг от друга, но в случае необходимости должны учитываться кумулятивно.

1. Общие законы

Следуя господствующему правовому учению, Федеральный конституционный суд дал толкование не совсем логичного понятия „общих законов“. Суд решил, что „под общими законами следует понимать все законы, которые не запрещают иметь мнение как таковое и которые не направлены против высказывания мнения как такового, а напротив служат защите подлежащих охране правовых ценностей, не взирая на конкретное мнение, а также защите ценностей сообщества, которые имеют преимущество по сравнению со свободой слова“[155].

Несмотря на кажущуюся пространность этого разграничения „общих“ законов от „специальных“, в правовой практике царит единодушие относительно того, какие конкретно законы могут ограничивать права, предусмотренные ст. 5 ОЗ. К таким законам относятся Гражданский кодекс ФРГ (BGB), Уголовный кодекс ФРГ (StGB), Закон о борьбе с недобросовестной

---

[155] BVerfGE 7, 198/209 f.;

конкуренцией (GWB), Закон против ограничений в конкурентной борьбе на рынках сбыта (закон о картелях) (GWB), Закон об авторском праве (UrhG), а также законы о прессе.

2. Законодательство об охране молодежи

Охрана молодежи является существенной целью как национального, так и международного, т. е. европейского права средств массовой информации. Каталог основных прав Основного Закона Федеративной Республики Германия содержит некоторые указания на обязанность государства по предотвращению угрозы безопасности молодежи (например в соответствии с абз. 2 и 3 ст. 6; с абз. 2 ст. 11; с абз. 3 ст. 13 ОЗ). Федеральный конституционный суд четко подтвердил, что законодатель уполномочен

> „устанавливать положения, предотвращающие опасность, угрожающую молодежи. Угроза подобной опасности с точки зрения нравственности исходит, прежде всего, со стороны прессы, аудио-, видео- и фото материалов, прославляющих культ насилия, преступления, провоцирующих расовую ненависть, восхваляющих войну или изображающих сексуальные действия в безнравственном виде и потому приводящей к серьезным, трудно исправимым или вовсе непоправимым отклонениям в развитии молодежи.“

Этим основным конституционно-правовым принципам соответствуют принятые в этой области законы, которым будет уделено особое внимание в главе 16.

3. Правовая охрана личной чести

Как уже ранее указывалось, особое упоминание правовой охраны личной чести кажется на первый взгляд излишним, так как охрана этой правовой ценности также является предметом „общих законов“ и содержится, прежде всего, в составах преступлений Уголовного кодекса ФРГ, касающихся оскорбления, клеветы или оскорбления памяти умерших. В случае противоправного и виновного нарушения этих норм уголовного права в соответствии с абз. 2 § 823 Гражданского кодекса ФРГ могут быть применены и гражданско-правовые санкции. В зависимости от обстоятельств конкретного дела могут быть применены следующие санкции: требование прекращения или недопущения совершения действия, требование внесения исправлений, опровержений, возмещения материального ущерба, а в случае особо тяжкого оскорбления – возмещение нематериального ущерба в виде „денежного возмещения за нематериальный ущерб“ из-за причиненной „душевной боли“.

Защите личной чести, общественного статуса и неприкосновенности личности служат также положения о „праве на собственный портрет“, которое является проявлением общего права личности, т.е. человеческого достоинства. В этой связи следует упомянуть и право на собственное имя, охраняемое ст. 12 Гражданского Кодекса ФРГ. Сохранению личной неприкосновенности служит и охрана частных высказываний, гарантированная в гражданском праве институтом Общего права личности, а в уголовном праве положением § 201 Уголовного Кодекса. То обстоятельство, что принципу охраны личной чести в конституционном праве уделяется особое место и внимание, может оказаться полезным при толковании положений «простого» законодательства. Принцип охраны личной чести может быть использован и в качестве «запасной» собирательной нормы, применяемой в тех случаях, когда на конкретные обстоятельства дела не распространяются составы преступлений, урегулированные общими законодательными нормами.

II. Ограничения, содержащиеся в самой Конституции

Помимо этих отдельных специальных законов, охрана личной чести следует непосредственно из Конституции, а именно из абз. 1 ст. 1 и абз. 1 ст. 2 ОЗ. Более подробно этот вопрос еще будет рассмотрен в главах 12 и 13.

Свободы, закрепленные в ст. 5 ОЗ, ограничиваются и другими конституционными правами, так что и в этом случае нет необходимости в отдельных общих законах.

1. Конкуренция между основными конституционными правами

Несмотря на „совершенно основополагающее“ значение ст. 5 ОЗ для свободной демократии, важнейшей среди всех фундаментальных норм Основного Закона является статья 1, в соответствии с которой «достоинство человека неприкосновенно». Это высказывание связано с торжественным обязательством, гласящим: „Уважать и защищать его [достоинство] – обязанность всей государственной власти“. Это среди прочего означает, что, например, суды должны соблюдать эту обязанность при толковании любых правовых норм, учитывая при этом вытекающие из Конституции смысл, значение, важность и возможное приоритетное положение прочих конституционных прав. Важнейшей проблематикой права СМИ является связанное с процессом принятия судебных решений почти всегда необходимое взвешивание конституционных прав в соответствии с Конституцией и уравновешивание сталкивающихся между собой конституционных прав, которые подчас имеют одинаковое или почти одинаковое конституционное значение, как например ст. 1 и ст. 5 ОЗ. Для решения этой проблематики нередко остается лишь посоветовать в каждом конкретном случае пытаться достичь так называемую «целесообразную согласованность»[156] (это ставшее известным понятие было введено судьей Федерального конституционного суда и ученым в области государственного права Конрадом Гессе), основываясь при этом на

---

[156] Понятие так называемой целесообразной согласованности (praktische Konkordanz) используется в тех случаях, когда сталкивающиеся между собой конституционные права согласовывают друг с другом путем их взаимного уравновешивания. При этом каждое из сталкивающихся прав само по себе является оправданием для вмешательства в другое право. (Прим. перев.)

обдуманном понимании системы ценностей, установленной Основным Законом.

2. Ограничения допустимы только в рамках конституции

На первый взгляд может показаться парадоксальным, что четко перечисленные в конституции ограничения допустимы лишь при условии, что при их применении учитывается смысл и значимость гарантий свобод, а сами эти ограничения, в свою очередь, должны ограничиваться гарантиями этих свобод. В своем решении, полностью переориентировавшем немецкий правопорядок, Федеральный конституционный суд уже довольно давно в обязательном порядке постановил, что общие законы, ограничивающие право на свободное выражение собственного мнения, со своей стороны должны рассматриваться в свете значимости конституционного права на выражение собственного мнения. Эти законы должны интерпретироваться таким образом, чтобы в любом случае сохранилось особо ценное ключевое содержание этого права, в соответствии с которым в условиях свободной демократии должна существовать основополагающая презумпция свободы слова, действующая во всех областях, а особенно, в сфере общественной жизни.[157]

Если бы Федеральный конституционный суд не принял выше изложенную доктрину о «взаимодействии» между конституционным правом и ограничительным законом, то свобода выражения собственного мнения и свобода средств массовой информации, скорее всего, растворилась бы со временем по большей части в гражданском и уголовном законодательстве. При этом Федеральный конституционный суд руководствовался смыслом, а не только буквой Конституции.

3. Свобода искусства

Основополагающий принцип, сформулированный в абз. 1 ст. 1 ОЗ, становится решающим особенно в тех случаях, когда возникает конфликт или даже конкуренция между двумя равнозначными неограниченно гарантированными правами. Например, ограничения, предусмотренные в Основном Законе для свободы выражения собственного мнения и для свободы массовой информации, не распространяются на свободу искусства, гарантированную в абз. 3 ст. 5 ОЗ. Для искусства предусмотрен собственный объем свобод, ограничения абз. 2 ст. 5 ОЗ здесь не применяются.

И все же существует, по крайней мере, одно ограничение, которое устанавливает рамки и свободе искусства. Таким ограничением является охрана личного достоинства, закрепленная в абз. 1 ст. 1 ОЗ, которая действует при определенных обстоятельствах и после смерти человека, а также защищает как самого человека так и память о нем от оскорбления и искажения.

Искусство распространяется через СМИ, воплощается в СМИ и создается для СМИ, как, например, кино и литературные произведения. В этих и толь-

---

[157] BVerfGE 7, 198/206, 208 f.;

ко в этих случаях СМИ могут ссылаться на свободу искусства. Абз. 3 ст. 5 ОЗ не действует для СМИ в тех случаях, если они лишь показывают произведения искусства и не участвуют при этом в самом творческом процессе (даже если средство массовой информации было заказчиком произведения искусства) и выполняют только свою непосредственную задачу по предоставлению информации. Критика произведений искусства средствами массовой информации также не защищается правом на свободу искусства, а охраняется правом на свободу прессы, телевидения и радио и потому ограничивается «триадой ограничений», предусмотренных абз. 2 ст. 5 ОЗ.

III. Запрет цензуры

В предл. 3 абз. 1 ст. 5 ОЗ коротко и ясно сформулировано: «Цензуры не существует». По общему мнению, здесь имеется в виду только осуществляемая государственными ведомствами предварительная цензура. Запрещается такое правовое регулирование, которое поставило бы в зависимость выход средств массовой информации в свет от предварительного разрешения государственных органов.[158]

Запрет цензуры не распространяется ни на судебные решения, основанные на общих законах, ни, например, на процессы, происходящие внутри средств массовой информации, в частности, принятие редакционного решения о том, какой материал и в каком виде печатать или передавать. Это правило действует одинаково как для частной печатной и электронной прессы, так и для публично-правового телерадиовещания. На основании институциональной свободы средств массовой информации, все они имеют право решать по своему свободному усмотрению, ограниченному только законами и Конституцией, каким будет содержание печатной продукции или вещательной программы. Если редактор или главный редактор, директор программы, интендант[159] или издатель отклоняет какой-либо материал, направляет его на переработку, принимает решение об отсрочке публикации или отменяет какой-либо материал, то он не занимается цензурой, а выполняет свои функции в пределах свободы средств массовой информации и несет связанную с этим правовую ответственность.

От вышеуказанного положения ничем не отличается и правовое положение внутренних органов контроля за работой публично-правовых телерадиокомпаний – Советов по телерадиовещанию, состоящих из различных представителей общественности (см. гл. 4). Они являются внутренними органами независимого от государства телерадиовещания и по закону обязаны контролировать теле- и радиопрограммы в соответствии с законодательно установленными директивами о программах. Выполнение этой задачи не являет-

---

[158] BVerfGE 33, 54/71 ff.;

[159] Так в Германии именуют исполнительного директора вещательной компании. См. гл. 4.

ся цензурой, а участием этих органов, являющихся частью публично-правовых организаций, в выполнении ими предписанных законом задач.

Кроме того, эти органы осуществляют не предварительный, а последующий контроль, анализируя уже вышедшие в свет программы, чтобы сохранить необходимый для осуществления контроля нейтралитет, а также, чтобы не иметь отношения к предусмотренной законом исключительной ответственности подотчетного им интенданта за дачу предварительной оценки программы.

Система законодательства и структура СМИ

I. Система законодательства

В ФРГ нет единого закона о СМИ, в котором бы всесторонне регулировались правоотношения всех средств массовой информации или, по крайней мере, печати, телевидения и радиовещания. Такой закон отсутствует уже по той причине, что ни федерация, ни федеральные земли не обладают необходимой единой законодательной компетенцией в этой области. Правда, в некоторых федеральных землях ФРГ существуют свои собственные «медийные законы», но они касаются только так называемых «новых средств массовой информации» и регулируют, в сущности, только частное телерадиовещание.

1. Федеральное законодательство

К федеральному законодательству, имеющему особое значение для средств массовой информации, относятся: гражданское и уголовное право, законодательство о судоустройстве и судопроизводстве, хозяйственное право, включая картельное и конкурентное право, трудовое право, правовая защита промыслов, авторское и издательское право, а также законодательные акты, регулирующие вопросы «телекоммуникации».

Под понятие «телекоммуникация» в данной связи подпадает только техническая сторона информационных и коммуникационных средств массовой информации, например, в области телерадиовещания – только вещательная техника, а не собственно право телерадиовещания, к которому относятся вопросы структуры и задач телевидения и радиовещания.[160] На основании Федерального Закона о телекоммуникации (TGK), который регулирует технические процессы передачи информации в области распространения информационных сигналов, федерация приняла Закон о телекоммуникационных услугах (TDG) и Закон об охране сведений телевизионных служб (TDDSG). Одновременно с этим, в том же 1997 году, федеральные земли подписали Государственный договор об информационных и телекоммуникационных службах (MDStV), который, среди прочего, регулирует вопросы ответственности за содержание материалов. Указанный договор устанавливает для электронных информационных служб, не относящихся в правовом смысле к телевидению и радиовещанию, свободу допуска и свободу от регистрации, что также предусмотрено и федеральными законами.

С другой стороны, федеральные земли уже примирились с тем, что в силу тесной взаимосвязи с законодательной компетенцией федерации, последняя вправе регулировать вопросы печати и телерадиовещания в следующих областях: уголовного права и процесса, в частности, право журналиста на отказ

[160] BVerfGE 12, 205/248 ff.;

от дачи свидетельских показаний, установление ограничений при освещении судебных процессов, а также в области трудового и хозяйственного права, в том числе, решение вопросов участия в управлении предприятия и правового контроля ведения конкурентной борьбы между частными экономическими медийными предприятиями.

Наконец, федерация имеет право устанавливать «рамки законодательства», несмотря на то, что предмет правового регулирования относится, собственно, к законодательной компетенции земель, но сохранение правового единства или установление равноценных условий жизни во всех землях делают необходимым установление, по крайней мере, единых рамок для законов земель (ст. 78 ОЗ). Предметом рамочного законодательства является, в частности, «общее правовое положение печати». Интересно заметить, что Федерация до сих пор не приняла соответствующего рамочного закона.

2. Законодательство земель

В соответствии с вышесказанным, регулирование права печати и телерадиовещания в его непосредственном правовом значении относится к компетенции земель. Федеральные земли приняли в этой области соответствующие законы. В области же телевидения и радиовещания наряду с такими законами или в дополнение к ним, они заключили между собой государственные договоры, которые по своему правовому действию приравниваются к законам земель. Это означает, что государственные договоры являются общими законодательными актами, основанными на законах земель, заключивших договор.

Все федеральные земли имеют также и собственные конституции, содержащие статьи о свободе слова и свободе прессы. В конституции Баварии имеются помимо указанных статей специальные статьи о свободе и структуре телевидения и радиовещания, которые, будучи единственными в своем роде, устанавливают, что баварское телевидение и радиовещание должно находится исключительно под общественным контролем и создаваться в публично-правовой форме (ст. 111 а Конституции Баварии). Конституции земель, являясь правом земель, подчиняются федеральному законодательству, и, следовательно, по своему содержанию соответствуют ст. 5 ОЗ ФРГ, а также толкованию этой нормы Федеральным конституционным судом. То же самое можно сказать о законах и государственных договорах федеральных земель в области телевидения и радиовещания. Они являются общими ограничительными законами в смысле п. 2 ст. 5 ОЗ и должны толковаться и применяться с учетом конституционных прав Основного Закона.

2.1 Правовое регулирование печати

Важнейшими источниками права в области печати являются законы о печати немецких земель, которые действуют на основе Конституции и наряду с федеральным гражданским и уголовным законодательством. Эти законы большей частью согласованы между собой как в основных чертах так и в деталях, несмотря на то, что каждая из федеральных земель имеет свой закон о печати. Большинство из них следует типовой модели закона, о которой землями была достигнута договоренность, в частности, в связи с отсутствием рамочного федерального закона (см. выше).

В законах о печати подчеркивается свобода печати, определенная Конституцией. В них указывается, в частности, на то обстоятельство, что деятельность прессы, в том числе создание издательств и прочих предприятий в области печати, не должна зависеть от какого-либо разрешения. С другой стороны, в законах указывается на обязанность прессы проявлять добросовестность: пресса обязана проверять правдивость, содержание и происхождение всей информации перед ее распространением, проявляя добросовестность в той мере, в какой она необходима в конкретных обстоятельствах. Для всех печатных издательств предусмотрена обязанность указывать выходные данные издания (Impressumspflicht): в них должны указываться издатель и типография, а в периодических печатных изданиях и ответственный редактор (в случае, если существует несколько ответственных редакторов, должно фиксироваться, за какую часть издания отвечает каждый из них). Закон закрепляет презумпцию осведомленности редактора о содержании печатного издания до его выхода в свет. В ряде законов о печати предусматривается обязанность издателей газет и журналов регулярно сообщать о распределении прав собственности и долей участия в издательстве. Обязанность обнародования сведений становится более актуальной, так как независимых газет становится все меньше. В этой связи следует упомянуть принятый федерацией «Закон о статистике печати» (опубликованный в вестнике федеральных законов BGBl 1975, 777). В соответствии с этим законом издатели газет и журналов обязаны ежегодно сообщать Федеральному статистическому ведомству основные данные о своем предприятии (оборот, расходы, количество сотрудников, редакционные объединения, объем продаж, рекламы и т. д.).

Принципиально важным является то обстоятельство, что в законах о печати четко прописана функция прессы по выполнению общественной задачи, а также действует следующий принцип, который стал общепризнанным правом: пресса имеет право ссылаться на свою обязанность защищать легитимные интересы общества, если она добросовестно осуществляет свои функции. Для выполнения этой задачи законы о печати предоставляют прессе особое право на получение информации от ведомств (см. гл. 10).

Для повседневной жизни важны нормы законов о печати, регулирующие права на (встречную) публикацию в качестве ответа на опубликованную в печати информацию, содержащую факты (см. гл. 10).

2.2 Правовое регулирование телевидения и радиовещания

Правовое регулирование в сфере телевидения и радиовещания касается телерадиовещания в узком правовом смысле, т. е. таких традиционных форм, как радио и телевидения (это понятие включает все виды распространения информации, т. е. наземное, спутниковое и кабельное вещание), а также прочие электронные и коммуникационные службы.[161] Соответствующие правовые нормы были приняты землями в соответствии с Конституцией и были отражены в большом количестве законов о телевидении, радиовещании и средствах массовой информации, а также в соответствующих государственных договорах.

Важнейшей законодательной основой правового регулирования телерадиовещания является, прежде всего, заключенный между всеми 16 землями ФРГ Государственный договор о телевидении и радиовещании от 31.08.1991, действующий в настоящее время в редакции седьмой поправки, вступившей в силу 01.04.2003. Государственный договор принят в соответствии с принципом свободы телерадиовещания, закрепленным в п. 2 ст. 5 ОЗ. В первой части указанный Договор регулирует в обязательном порядке для всех земель «организацию и распространение телевидения и радиовещания в Германии в рамках дуальной системы телерадиовещания» (абз. 1 § 1 Государственного Договора о телевидении и радиовещании). Вторая и третья части Договора касаются взимания абонентской платы за пользование телевизорами и радиоприемниками, а также вопросов финансирования телерадиовещания, в том числе, установления и размера абонентской платы за пользование телевизорами и радиоприемниками, а также распределения финансов между телерадиокомпаниями.

Дуальная система телевидения и радиовещания означает одновременное существование публично-правового и частного коммерческого телевидения и радиовещания, сформировавшегося с начала 80-ых годов XX века в результате расширения технических возможностей распространения теле- и радиопрограмм (появление дополнительных УКВ-частот, кабельного и спутникового вещания). Однако данная система не является дуальной в обычном понимании этого понятия, когда отдельные составные части могут полностью заменять друг друга. Эта система намеренно устроена законодателем иным образом: задачи публично-правового телевидения и радиовещания гораздо более обширны, чем те задачи, которые по закону должны выполнятся частными компаниями.

«Земельные учреждения по делам телерадиовещания и других средств массовой информации отвечают за регистрацию частных телерадиокомпаний (см. гл. 8). Эти учреждения были созданы в каждой земле на основании земельных законов о средствах массовой информации, отличных от закона о публично-правовом телевидении и радиовещании[162]. Они являются независимыми от государства учреждениями публично-правового характера, а

[161] В лексиконе немецких юристов термин “телерадиовещание” (Rundfunk) представляет собой понятие, включающее в себя “радио” и “телевидение”, классические электронные средства массовой информации (прим. перев.).

[162] Названия этих законов в каждой земле разные, например: Закон о частном вещании, Земельный Закон о телевидении и радиовещании …;

созданные при них наблюдательные комиссии («Советы по делам средств массовой информации»), имеют разнообразный состав и являются органами этих учреждений, осуществляющими надзор за частным телевидением и радиовещанием в той мере, в какой такой надзор может осуществляться извне.

Публично-правовое телерадиовещание осуществляется независимыми от государства учреждениями публично-правового характера, которые самостоятельно производят и распространяют телерадиопрограммы, а также самостоятельно несут за них ответственность.

Разумеется, что к моменту введения частного телерадиовещания возник вопрос о дальнейшей необходимости в публично-правовых телерадиокомпаниях, а именно вопрос о конституционности их дальнейшего существования. С момента появления телерадиовещания как средства массовой информации в начале 20-ых годов прошлого столетия, публично-правовые телерадиокомпании были монополистами в области телерадиовещания или, как минимум, являлись олигополиями. Федеральный конституционный суд неоднократно давал однозначные и продуманные ответы на вышеизложенные вопросы, которые всегда были положительными. Во многих своих решениях суд отмечал, что в результате того существенного влияния на формирование индивидуального и общественного мнения, которое имеет телевидение и радиовещание, оно «не может быть предметом свободных силовых игр», тем более, что «однажды возникшие отклонения телерадиовещания от нормального развития если и могут быть устранены, то не в полном объеме и с большими трудностями»[163].

Несмотря на развитие коммуникационной и, в частности, вещательной техники, а также развитие «рынка телевидения и радио», Федеральный конституционный суд до сих пор твердо придерживается этой судебной практики, в которой подчеркивается особая конституционно-правовая функция публично-правового телерадиовещания. Более того, развитие этих процессов лишь укрепило суд в его мнении.[164]

II. Структура СМИ в Германии

Структура СМИ, существующая в Федеративной Республике Германия, является результатом конституционно-правового понимания свободы средств массовой информации и распространения информации и мнений в целом. Эта структура есть продукт многообразия законодательства, следующего этому пониманию конституции.

---

[163] BVerfGE 31, 314/325; 57, 295/323; 73, 118/158 f.;

[164] BVerfGE 74, 297/325; 83, 238/298; 90, 60/88-91; 97, 228/257;

1. Печать

Так, печать – газеты, журналы, информационные агентства, а также книгоиздательства и типографии – находится в частной собственности и организована в соответствии с нормами гражданского права, а именно, в соответствии с корпоративным и торговым законодательством. За исключением тех редких случаев, в которых одного частное лицо является собственником печатного издания или обслуживающей печатное издание организации, в области печати, прежде всего, встречаются такие организационно-правовые формы как, например: акционерное общество (AG), общество с ограниченной ответственностью (GmbH), коммандитное товарищество (KG). Смешанную организационно-правовую форму «GmbH&Co.KG»[165] выбирают чаще всего по налоговым соображениям, а акционерное коммандитное товарищество в тех случаях, когда капитал общества содержится в акциях, принадлежащих немногочисленным участникам, а один руководящий участник общества наделен организационно-распорядительными функциями.

Как и прежде на рынке прессы присутствует значительное количество газет и журналов (см. Приложение). Тем не менее, уже давно наблюдается тенденция к концентрации – все меньше становится самостоятельных и независимых друг от друга печатных изданий. При этом речь не всегда идет о реальных слияниях, присоединениях других обществ и перекупках. Различные формы кооперации приводят к концентрации и при известных условиях затрагивают журналистскую самостоятельность печатных органов и их разнообразие. Это происходит в виде совместного типографского производства, объединения по рекламе и сбыту, создания объединенных редакций и присоединения целых газет. Эта тенденция наблюдается особенно в области региональных подписных газет, которые все чаще оказываются в затруднительном финансовом положении. Государственные меры по предотвращению этой тенденции могут быть приняты разве что только в рамках государственного надзора с целью предотвращения злоупотреблений, а именно путем контролирования конкурентной борьбы (контроль над слияниями) в соответствии с Законом об ограничениях в конкурентной борьбе на рынках сбыта (GWB) (см. гл. 9).

2. Телевидение и радио

С самого начала в сфере частного телевидения доминировали две группы телекомпаний: РТЛ/ЦЛТ (RTL/CLT) (при участии концерна Бертельсманн) и группа Кирха (Kirch-Gruppe), после банкротства которой ее роль взяла на себя группа Сабан (Saban-Gruppe). Несмотря на то, что отдельные телекомпании, входившие ранее в группу Кирха, такие как ДСФ (DSF) и Премьера

---

[165] «GmbH&Co.KG» является смешением двух типов обществ – общества с ограниченной ответственностью и коммандитного товарищества. В таком обществе вместо физического лица неограниченную ответственность несет общество с ограниченной ответственностью, а ответственность, ограниченную размером вклада, несет командитист (прим. перев.).

(Premiere) (платная телекомпания), теперь являются самостоятельными, группа телекомпаний Сат 1/ПроЗибен (Sat 1/ProSieben), тем не менее, до сих пор занимает второе месте в списке коммерческих телекомпаний после РТЛ.

С одной стороны, проблемы концентрации частного телерадиовещания, связанные с такой расстановкой сил, возникают, также как и в области печати, в связи с недозволенностью господства на рынке и контролем над слияниями, проводимым в соответствии с общим законодательством о ведении конкурентной борьбы. С другой стороны, проблемы здесь возникают, прежде всего, из-за действующих в области телерадиовещания правовых предписаний о предотвращении «господствующей власти одного мнения» (см. гл. 8).

Публично-правовое и частное телевидение выпускают примерно одинаковое количество телевизионных программ, принимаемых на всей территории ФРГ. АРД[166] и ЦДФ совместно предлагают 15 телевизионных программ, которые наряду с некоторыми дополнительными программами составляют «цифровой ассортимент» этих компаний. Доля телезрителей, приходящаяся на АРД и ЦДФ, составляет, как правило, 40–45 %, в то время как доля РТЛ и Сат 1 в большинстве случаев не превышает 40 %, несмотря на то, что в годовом сравнении РТЛ поочередно с АРД является лидирующей по количеству телезрителей.

Местное телевидение, находящееся, чаще всего, в частных руках, также получило свое развитие, однако, на рынке СМИ оно играет сравнительно небольшую роль. По-другому обстоит дело в области радиовещания, где между частными и публично-правовыми радиостанциями, транслирующими региональные и межрегиональные программы, царит конкуренция. Частные радиостанции хорошо зарекомендовали себя в качестве дополнительных источников местной информации и как развлекательные программы.

---

[166] АРД (ARD) – Рабочее сообщество публично-правовых телерадиостанций ФРГ, в которое входят все не частные телерадиокомпании за исключением «Второго германского телевидения» – ЦДФ (ZDF). АРД формирует «Первую программу немецкого телевидения», а совместно с ЦДФ оно транслирует еще четыре (неполные) программы. Кроме того, отдельные земельные телерадиокомпании, входящие в АРД, регионально транслируют 8 собственных «Третьих программ». Еще одну «неполную» программу (образовательную) выпускает Баварская телерадиокомпания (Bayerischer Rundfunk).

ПРИЛОЖЕНИЕ[167]

Рынок СМИ в ФРГ в 2003 г.

	2003
Телевизионные каналы[1] *	
- публично-правовые каналы	** 21
- частноправовые каналы	142
Радиостанции[2]	
- публично-правовые радиостанции	63
- частноправовые радиостанции	199
Ежедневные газеты[3]	381
Еженедельные газеты[3]	27
Журналы для широкого круга читателей[3]	828
Специализированные журналы[3]	1.084
Рекламные издания[4]	1.292

* включая цифровые телевизионные каналы

** в 2003 году действовало 8 «третьих каналов» телерадиокомпаний, входящих в АРД

Источники:

[1] Газета «Реклама в Германии» (ZAW), KEK, собственные исследования

[2] MA 2003 и MA 88, в: Online-Angebot der ARD-Werbung

[3] IVW-Auflagenlisten, в: Перспективы СМИ Основные данные 2003 (Media Perspektiven Basisdaten 2003)

[4] BVDA – Федеральный союз немецких рекламных изданий, в: Перспективы СМИ Основные данные 2003 (Media Perspektiven Basisdaten 2003)

---

[167] Настоящее приложение было составлено отделом по исследованию СМИ Баварского телевидения.

Средства массовой информации в ФРГ 2003 г. в сравнении с 1985 г.

	2003	1985*
Телевизионные каналы[1] **		
- публично-правовые каналы	*** 21	11
- частноправовые каналы	142	2
Радиостанции[2]		
- публично-правовые радиостанции	63	*1988*: 38
- частноправовые радиостанции	199	*1988*: 10
Ежедневные газеты[3]	381	395
Еженедельные газеты[3]	27	47
Журналы для широкого круга читателей[3]	828	369
Специализированные журналы[3]	1.084	779
Рекламные издания[4]	1.292	952

* Количество радиостанций в 1985 г. не может быть установлено по причине отсутствия данных, поэтому в качестве замены здесь приведены данные за 1988 г.

** включая цифровые телевизионные каналы

*** в 2003 году действовало 8 «третьих каналов» телерадиокомпаний, входящих в АРД

Источники:

[1] Газета «Реклама в Германии» (ZAW), KEK, собственные исследования

[2] MA 2003 и MA 88, в: Online-Angebot der ARD-Werbung

[3] IVW-Auflagenlisten, в: Перспективы СМИ Основные данные 2003 (Media Perspektiven Basisdaten 2003)

[4] BVDA – Федеральный союз немецких рекламных изданий, в: Перспективы СМИ Основные данные 2003 (Media Perspektiven Basisdaten 2003)

Публично-правовое телерадиовещание

Функция публично-правового телерадиовещания как гаранта широкого выбора программ и обеспечения плюрализма мнений была изложена в первой и третьей главах этой книги на основании судебной практики Федерального Конституционного Суда, определившей правовые рамки деятельности публично-правового телерадиовещания. На основании этой судебной практики уже довольно давно подчеркивается задача публично-правового телерадиовещания гарантировать во всех областях, важных для формирования общественного мнения и представляющих общественный и индивидуальный интерес, всеобъемлющее «необходимое обеспечение общества» информацией, принимая на себя особую ответственность за сохранение и продвижение культуры.[168]

I. Законодательные основы

В Федеративной Республике Германия существует двенадцать публично-правовых телерадиокомпаний. Все эти телерадиокомпании основаны на законах тех земель, в которых они были созданы, а совместные телерадиокомпании нескольких земель базируются на соответствующем Государственном Договоре между этими землями.

Это законодательство начало создаваться сразу после 1945 года в следствие полного отказа от того государственного телерадиовещания, которое в целях пропаганды централизованно и жестко управлялось национал-социалистическим противоправным государством и во всем буквально вторило режиму. Независимые земельные телерадиокомпании возникли как преодоление исторического опыта нацистской диктатуры, не в последнюю очередь, по настоянию западных оккупационных властей, прежде всего США и Великобритании. С целью обеспечения независимости от государства, им были предоставлены обширные права самоуправления, ограниченные законами, которые устанавливали цели и основные направления деятельности публично-правовых телерадиокомпаний. Очевидно, что в основе немецкого публичного телерадиовещания, возникшего еще до основания Федеративной Республики Германии в 1949 году, лежит модель Британской Корпорации Телерадиовещания (British Broadcasting Corporation: BBC), примерно столь же независимой от государства, но находящейся в сфере публичной ответственности. В последствии эта модель не претерпела существенных изменений. В целом эта система была сохранена в более поздних законах и государственных договорах, а также в поправках к законам.

---

[168] BVerfGE 73, 118/158;

II. Правовая форма и организационная структура

1. Правовая форма публично-правового телерадиовещания

В качестве правовой формы публично-правовых телерадиокомпаний было избрано «учреждение публично-правового характера», т. к. среди традиционного инструментария немецкого публичного права такая форма представлялась наиболее подходящей для организационно-правовой реализации законодательной цели. А цель заключалась в том, чтобы создать правоспособную журналистскую и творческую организацию, которая была бы автономна в пределах закона, находилась под публичной ответственностью и выполняла бы общественные задачи. Такие организации, как телерадиокомпании, должны быть независимы от государства. Публично-правовые телерадиокомпании независимы от государственного и, в частности, от влияния правительства; они имеют право на самоуправление, наделены правосубъектностью, а также правом предъявлять иски из-за нарушений права на самоуправление, имеют возможность подать жалобу в Федеральный Конституционный Суд в связи с нарушением 2-ого предл. п. 1, ст. 5 ОЗ.

Надзор за публично-правовым радиовещанием структурирован таким же образом: он является частью самоуправления и осуществляется особым контрольным органом внутри самой телерадиокомпании. Государство осуществляет только правовой контроль, который ограничивается ст. 5 ОЗ и, следовательно, не может касаться всех вопросов, имеющих отношение к программной политике. Кроме того, правовой контроль может проводиться только в тех случаях, когда органы надзора самих телерадиокомпаний (см. ниже) не выполняют своих задач и не принимают соответствующие меры.

2. Организационная структура телерадиокомпаний

По причине существования множества законов и государственных договоров можно было бы предположить, что и организационная структура публично-правовых телерадиокомпаний столь же многообразна. Однако это не так. Основополагающие структурные элементы во всех немецких телерадиокомпаниях одинаковы.[169] Они предусматривают три органа:

- Совет по вещанию
- Административный совет
- Интендант

2.1 Интендант[170]

Делами телерадиокомпании управляет интендант. В соответствии с законом он и несет единоличную правовую ответственность, поэтому он являет-

---

[169] Настоящее изложение ориентируется на Баварское телерадиовещание, которое особенно хорошо знакомо автору; цитаты законов извлечены из Баварского Закона о телевидении и радиовещании.

[170] Так в Германии именуют исполнительного директора публично-правовой вещательной компании.

ся внешним и внутренним представителем телерадиокомпании, а также представляет компанию в судах, во внесудебных делах и обладает правом принятия последнего решения.

Интендант избирается Советом по вещанию (или Административным советом по предложению Совета по вещанию) на определенный срок (в большинстве случаев от 5 до 6 лет) и может быть освобожден от должности только по решению квалифицированного большинства членов избравшего его органа. Переизбрание интенданта возможно неограниченное количество раз.

Для назначения директоров телерадиокомпаний (например, директоров телевидения, радиовещания, технического и юридического отделов) интенданту необходимо получить согласие Совета по вещанию, а в случаях заключения трудовых договоров, предусматривающих выплату заработной платы в повышенном размере, согласие Административного совета. Пребывание директоров в должности, как правило, ограничено определенным сроком, равно как и пребывание в должности следующих за ними по иерархической лестнице главных руководителей отделов.

2.2 Совет по вещанию

Совет по вещанию, как отмечено, например, в Баварском Законе о телевидении и радиовещании, «представляет интересы общественности в области телевидения и радиовещания. Он следит за тем, чтобы Баварское телерадиовещание в соответствии с законом выполняло поставленные перед ним задачи и осуществляет необходимые для этого контрольные права. Члены Совета обязаны защищать в своей деятельности общие интересы телерадиовещания, телезрителей и радиослушателей: никакие поручения не имеют для них обязательной силы».

Количество членов Совета по вещанию может варьироваться: в Баварии он состоит из 47 членов, которые назначаются на пятилетний срок в соответствии с совершенно независимым от государства решением 29-ти так называемых «авторитетных общественных групп и организаций», каждая из которых перечислена в законе. Например, к таким группам и организациям относятся: профсоюзы и союз работодателей, вузы, церкви, общины (местное самоуправление) и земельные округа, общества охраны природы и охраны национальных традиций, представители молодежных организаций, крестьянства, журналистов и издателей газет, писателей, музыкантов, композиторов, представители театров федеральной земли и т. д. Двенадцать из сорока семи членов Совета назначаются партиями, представленными в земельном парламенте. Кроме того, одно членское место отведено члену правительства. В соответствии с положением ст. 111 а Конституции Баварии, которое было учтено в Законе о телевидении и радиовещании, число членов Совета по вещанию, направленных от парламента и правительства, не должно превышать две трети (на практике это число гораздо меньше) от числа всех членов Совета.

В основном Совет по вещанию выполняет следующие задачи:

- Избрание и, в случае необходимости, освобождение от должности интенданта;
- Одобрение назначения на должность перечисленных в законе руководящих работников телерадиокомпании;
- Избрание четырех членов Административного совета;
- Обсуждение планирования программ (программной политики), утверждение ежегодного хозяйственного бюджета, основанного, в частности, на решении о планировании программ, утверждение хозяйственного учета, проводящегося в конце года, а также решение об освобождении интенданта от ответственности в уходящем году в результате надлежащего использования им годового хозяйственного бюджета;
- Текущий контроль над телерадиопрограммами в соответствии с Конституцией и с предусмотренными в законах директивами о формировании телерадиопрограмм (контроль может осуществляться только после трансляции программы, предварительного контроля не существует).

2.3 Административный совет

В соответствии с Баварским законом о телевидении, в состав Административного совета входят шесть членов; в других землях количество членов Совета чуть больше. Двое из шести членов Совета являются так называемыми «прирожденными» членами: по закону председателем Административного совета является президент земельного парламента, а его заместитель – председателем верховного административного суда земли (в других землях регулируется иначе). Четыре остальных члена избираются Советом по вещанию на пятилетний срок.

Задача Административного совета заключается, прежде всего, в осуществлении финансово-экономического контроля деятельности интенданта. Для заключения принципиально важных договоров необходимо согласие Административного совета. К договорам особого значения относятся, например, договоры профсоюзами о тарифных ставках, в которых стороны договариваются об условиях работы и размере зарплат. Согласие Административного совета необходимо также для крупных инвестиций в техническое оборудование (технические инвестиции), превышающих определенный размер. Кроме того, согласие этого органа необходимо при заключении договоров с постоянными работниками телерадиокомпании, если их заработная плата превышает определенную сумму (примерно, верхняя треть шкалы зарплат).

Члены органов надзора работают на общественных началах и совмещают эту деятельность со своей основной работой.

3. Задача телерадиовещания в программной политике и соответствующие директивы

Как уже неоднократно упоминалось, при определении своих задач в программной политике телерадиокомпания должна ориентироваться на цели, закрепленные в ст. 5 ОЗ. Вышеуказанному принципу соответствуют и директивы о задачах в программной политике. Несмотря на то, что последние по-разному сформулированы в различных законах и государственных договорах, с точки зрения содержания они полностью согласуются друг с другом. 1 апреля 2004 г. вступила в силу новая редакция § 11 Государственного Договора о телевидении и радиовещании, которая дополняет урегулированные в разных законах положения о задаче телерадиокомпаний в программной политике. При этом ранее существовавшие положения не утратили свою силу.

Для распространения своей продукции и программ телерадиокомпании могут использовать любую соответствующую технологию, видеотекст и онлайн-технологии (интернет).

4. Финансирование публично-правового телерадиовещания

В основе экономики публично-правового телерадиовещания лежит смешанное финансирование. Оно состоит из сборов за пользование радиоприемниками и телевизорами и доходов от телерадиорекламы. Самым важным источником финансирования является сбор за пользование телевизорами и радиоприемниками, который в соответствии с Государственным Договором о телевидении и радиовещании обязан платить каждый, кто имеет функционирующий телевизор или радиоприемник, непосредственно телерадиовещательным компаниям. Этот сбор подлежит оплате при наличии функционирующего телевизора или радиоприемника, что означает, что он должен быть уплачен даже в тех случаях, если телезритель или радиослушатель не хочет принимать программы публично-правового телевидения. Здесь речь идет не о сборе за пользование программами и не о платном телевидении (Pay-TV) или Pay-per-view. Такой сбор может быть установлен только на основании закона и, соответственно, только по решению парламента. Последнее обстоятельство, в свою очередь, открывает лазейку для политического влияния и докучливой опеки, которые в соответствии со 2 предл. абз. 1 ст. 5, ОЗ не совместимы с институциональной свободой телевидения и радиовещания. Федеральный Конституционный Суд сделал основополагающие и очень подробные заявления по поводу финансирования публично-правового телевидения и радиовещания в своем обстоятельном и подробном решении от 1994 года.[171] В своем решении суд установил, что публично-правовое телевидение и радиовещание вправе требовать от законодателя такого финансирования, которое позволило бы «претворять в жизнь программы, необходимые для выполнения поставленных перед ним [телерадиовещанием] задач и

---

[171] BVerfGE 90, 60/87, и особенно стр. 88-96;

таким образом гарантировать основное обеспечение общества теле- и радиопрограммами»[172]. Суд постановил, что «телерадиокомпании независимы в своем решении о том, каким образом они будут выполнять свои задачи. Публично-правовые телерадиокомпании сами решают, что необходимо для выполнения конституционной задачи, определенной законодательством, с журналистской точки зрения»[173].

С одной стороны, полная свобода телерадиокомпаний при определении количества средств, в которых они нуждаются или хотели бы получить, могла бы привести к чрезмерному произволу телерадиокомпаний. Такая ситуация была бы неприемлема для налогоплательщиков. С другой стороны, парламент также не может по своему собственному усмотрению принимать финансовые решения, так как и в этом случае при определении размера финансовых средств возможно применение недопустимых критериев. Для того, чтобы разрешить возникшую дилемму в соответствии с Конституцией, на основании обязательного предписания Федерального Конституционного Суда была создана независимая комиссия экспертов, которая проверяет необходимость, рентабельность и экономность всех заявок на предоставление финансовых средств. «Комиссия по установлению потребности телерадиокомпаний в финансовых средствах» (KEF) созывается премьер-министрами земель. Не реже, чем раз в два года она представляет отчет о финансовом положении телерадиокомпаний, который подлежит опубликованию и направляется, в частности, в парламенты земель. В этом отчете комиссия высказывает свое мнение о том, необходимо ли изменение размера сбора за пользование телевизорами и радиоприемниками, а в случае необходимости такого изменения и о том, когда и в какой мере следует изменить его размер. Если с социальной точки зрения парламенты не могут обосновать неприемлемость решения комиссии по повышению сбора, то, в соответствии с выше указанным решением Федерального Конституционного Суда, рекомендации комиссии являются для них обязательными к исполнению.

Сборы за пользование телевизорами и радиоприемниками должны покрывать потребность в финансовых средствах в том объеме, в котором эта потребность не покрывается поступлениями от теле- и радиорекламы. Учитывая то, что частное телевидение и радиовещание способно финансировать свои программы исключительно за счет рекламных поступлений, равно как и печатные СМИ, следует заметить, что существующие временные рамки теле- и радиорекламы, установленные законами о телевидении и радиовещании и Государственным Договором о телевидении и радиовещании (см. главу 17) являются гораздо более узкими и строгими, чем это предусмотрено, например, директивой ЕС в области телевидения и радиовещания. В связи с этим, а также по причине застоя рекламного рынка в настоящее время, доля

[172] BVerfGE 90, 93;
[173] BVerfGE 90, 91;

рекламных поступлений в общей финансировании публично-правового телерадиовещания составляет лишь небольшой процент. Однако, даже в лучшие экономические времена, а также тогда, когда в области рекламы публично-правовое телерадиовещание не имело конкурентов, доля рекламных поступлений в среднем не превышала 18-ти процентов.

Роль международных договоров в сфере СМИ

I. Соглашения о правах человека

Свобода информации и свобода слова как права человека, которые должны соблюдаться государством, лежат в основе права средств массовой информации и их институциональной свободы. Такое понимание есть результат исторического и философского развития последних двухсот лет, начиная с эпохи просвещения. В этой связи следует обратить внимание на «Всеобщую Декларацию прав человека и гражданина», принятую в период Великой Французской Революции 1789 г., а также на ряд конституционных документов, принятых в Соединенных Штатах Америки в 1776 и 1787 годах. Дальнейшее развитие, начавшееся с этих событий, прошло тернистый путь, и привело после ужасов Второй Мировой Войны к провозглашению Генеральной Ассамблеей ООН 10 декабря 1948 года Всеобщей Декларации прав человека.

Однако эта очень прогрессивная Декларация в большинстве стран реально не действовала, так как в случае ее нарушения не предусматривались какие-либо санкции. Тем не менее, государства-участники Хельсинкского совещания по безопасности и сотрудничеству в Европе (СБСЕ) в разделе VII так называемой «третьей корзины» Заключительного Акта от 1 августа 1978 г. торжественно признали права человека. В переломные годы в процессе создания свободной Европы это признание стало существенным политическим аргументом.

Определенный прогресс в этом направлении представлял заключенный в рамках ООН Международный пакт о гражданских и политических правах, на основе которого в Факультативном Протоколе была введена так называемая «индивидуальная жалоба». Она принимается к рассмотрению, если подателем жалобы были исчерпаны все национальные средства правовой защиты, а государство, гражданином которого он является, ратифицировало Факультативный Протокол. Факультативный Протокол к Международному Пакту о гражданских и политических правах вступил в силу на территории Федеративной Республики Германия 25.11.1993 г. (Вестник федеральных законов, BGBl. 1994, 311).

Гораздо более значимой для германской и европейской правовой практики является принятая в рамках Совета Европы «Европейская Конвенция о защите прав человека и основных свобод» (ЕКЧП) от 4 ноября 1950 года. Она имеет обширную зону действия в результате присоединения к ней большого количества стран центральной и восточной Европы. Статья 10 ЕКЧП устанавливает «право на свободное выражение своего мнения». В связи с тем, что указанный в ст. 10 список возможных ограничений этого права слишком обширен, необходимо отметить, что указанные ограничения могут применяться только рестриктивно, учитывая фундаментальное значение этого основного права. При этом следует обратить внимание на ст. 53 ЕКЧП, которая устанавливает, что «ничто в Конвенции не должно толковаться как ограничение или умаление любого из прав человека и основных свобод, которые могут обеспечиваться законодательством любой Высокой Договаривающейся Стороны или любым иным соглашением, в котором она участвует».

Положения о конкретной правовой охране, гарантированной в Конвенции, были заново урегулированы в Протоколе № 11, вступившем в силу 1.11.1998 г., что привело к повышению эффективности правовой охраны. С целью обеспечения соблюдения государствами-участниками обязательств, закрепленных в Конвенции, вместо прежнего двухступенчатого процесса, требовавшего большой затраты времени (сначала обращение в Комиссию по правам человека, а затем в Суд по правам человека), был создан «Европейский Суд по правам человека» (ст. 19 ЕКЧП и последующие). В Европейский Суд по правам человека может обратиться как любая Высокая Договаривающаяся Сторона (ст. 33 ЕКЧП), так и любое физическое лицо. В статье 34 ЕКЧП предусмотрена возможность «индивидуальной жалобы».

Условием принятия дела к рассмотрению Европейским Судом по правам человека является исчерпание всех внутренних средств правовой защиты (ст. 35 ЕКЧП). Суд пытается склонить стороны к заключению мирового соглашения или принимает собственное решение по конкретному делу. Государства-участники Конвенции обязаны исполнять окончательные решения Суда по делам, в которых они являются сторонами (абз. 1 ст. 46 ЕКЧП). Если Суд объявляет, что имело место нарушение Конвенции или Протоколов к ней, а внутреннее право Высокой Договаривающейся Стороны допускает возможность лишь частичного устранения последствий этого нарушения, Суд, в случае необходимости, присуждает справедливую компенсацию потерпевшей стороне (ст. 41 ЕКПЧ).

Во всех государствах-участниках ЕКЧП является непосредственно действующим внутренним правом, на которое можно ссылаться и во внутригосударственных инстанциях, как подчеркивается в ст. 13 ЕКЧП.

В абз. 2 ст. 6 Договора о Европейском Союзе установлено, что ЕС уважает основные права личности, как они гарантированы Конвенцией Совета Европы, «и как они вытекают из общих конституционных традиций государств-членов, в качестве общих принципов права Сообщества».

II. Договоры Европейского Союза

Договор Европейского Союза и учредительный Договор Европейского Сообщества, участником которых является Федеративная Республика Германия, имеют для немецкой правовой практики преимущественное значение. Законодательство Европейского Сообщества и его соблюдение обязательны для стран-членов Европейского Сообщества (ЕС). Органы ЕС – Европейский парламент, Совет и Комиссия, – принимают регламенты, директивы и решения (ст. 249 Учредительного Договора ЕС). При этом в отличие от немецкого права, регламенты в области права ЕС не направлены на исполнение законов, а сами являются первостепенными нормами. Они стоят наравне с внутригосударственными законами и действуют непосредственно для всех государств ЕС. Цели, преследуемые в директивах ЕС, обязательны для исполнения каждым государством-участником, которому адресованы директивы (директива может быть адресована одному, нескольким, или даже всем государствам). Директивы предоставляют государствам ЕС самостоятельный выбор формы и средств для их реализации в национальном праве. Решения органов ЕС выносятся по конкретным случаям, и все составляющие части этого решения являются обязательными для тех, кто в них указан.

Самое большое влияние на средства массовой информации право ЕС оказывает в области регулирования конкурентной борьбы. Эта область права охватывает любую хозяйственную деятельность, т.е. деятельность, которая осуществляется в хозяйственно-правовой форме и каким-либо образом касается созданного ЕС общего рынка.

1. Право, регулирующее ведение конкурентной борьбы

В соответствии со ст. 81 Учредительного Договора ЕС запрещаются любые соглашения и действия предприятий, которые могут нанести вред торговле между государствами-членами и ограничить, предотвратить или нарушить конкуренцию. Нарушение этого запрета может повлечь за собой наложение огромных денежных штрафов. Подобные соглашения предприятий являются ничтожными. Ст. 82 Учредительного Договора ЕС запрещает злоупотребление предприятиями своим доминирующим положением на общем рынке в той мере, в какой от этого может пострадать торговля между государствами-членами. Для реализации этих статей ЕС приняло два регламента: «Регламент о картелях» (17/62/ЕЭС) и Регламент о регулировании контроля над объединением (слиянием) предприятий (4064/89/ЕЭС). Случаи, на которые не распространяется этот контроль, вытесняющий национальные контрольные полномочия, на практике едва ли возможны, так как в результате импорта и экспорта практически всегда может быть доказано значение сделки для общего рынка. Компетенция ЕС распространяется не только на крупные предприятия. Поэтому следует отметить, что компетенция ЕС (абз. 2 и 3 ст. 1 директивы 4064/89/ЕЭС) на средства массовой информации, работающие на международном уровне или сотрудничающие между собой, не распространяется.

То обстоятельство, что Объединение телевизионных программ Европейского Сообщества телерадиовещания (Евровидение) уже многие годы является предметом разбирательства на уровне ЕС из-за подозрения в злоупотреблении своим доминирующим положением и из-за проведения картельной политики, ограничивающей конкуренцию, может служить примером того, насколько глубоко меры ЕС могут внедряться в сферу СМИ. Оба решения

Комиссии ЕС, освободившие «Евровидение» от этих подозрений, были отменены европейскими судами по процессуальным мотивам.

2. Государственная помощь

Наряду с телерадиовещанием других европейских стран, немецкое телерадиовещание уже давно ведет спор с Комиссией ЕС, затрагивающий основы национальной структуры телерадиовещания. Спор ведется о том, являются ли установленные законами сборы за пользование телевизорами и радиоприемниками «государственной помощью» в смысле ст. 87 Учредительного договора ЕС, которая запрещает государственную помощь. Проблема заключается в том, что эти сборы в законодательных нормах определяются как госпошлины, хотя они не выплачиваются из государственной казны и не попадают в нее, а взимаются непосредственно телерадиокомпаниями – ведь финансирование независимого от государства публично-правового телерадиовещания из государственной казны противоречило бы Конституции. Между тем, Комиссия ЕС склоняется к мнению, что такие сборы могут взиматься с точки зрения права, регулирующего ведение конкурентной борьбы, в том случае, если ими покрываются только те финансовые затраты, которые необходимы для выполнения функций публично-правового телерадиовещания в интересах общества. А в самом Учредительном Договоре ЕС в абз. 3 ст. 87 указывается, что с общим рынком совместима такая государственная помощь, которая служит развитию культуры и сохранению культурного наследия, но только тогда, когда она не затрагивает условий торговли и конкуренции в Сообществе «в такой степени, в какой это противоречит общим интересам». По мнению Комиссии ЕС, наличие общего интереса определяется в конечном итоге исключительно в соответствии с требованиями экономической рациональности в условиях свободного рынка. Создается впечатление, что в условиях свободного рынка, как он понимается Комиссией ЕС, такой культурный феномен как публично-правовое телерадиовещание, призванное служить духовному самоопределению и плюрализму в обществе, и за которое это общество несет ответственность, является инородным телом, лишь создающим трудности.

4. Культура в рамках права Европейского Союза

Однако органам Европейского Сообщества следует напомнить, что с недавнего времени ЕС были переданы полномочия и в области культуры: в соответствии со ст. 151 Учредительного Договора ЕС обязуется поощрять культурное сотрудничество между государствами-членами и «при необходимости, поддерживать и дополнять их действия, например, в области художественного и литературного творчества, включая аудиовизуальный сектор» (абз. 2 ст. 151 Учредительного Договора ЕС; см. также ст. 87 Учредительного Договора ЕС). Будущее покажет, подтолкнет ли Комиссию ЕС это «культурная задача, делегированная государствами-членами Европейскому Союзу», к иной расстановке приоритетов при выполнении прочих задач.

5. Протокол о телевидении и радиовещании к Учредительному Договору Европейского Союза

При реализации Договоров Европейского Сообщества и Европейского Союза в области публично-правового телерадиовещания самым важным является Протокол № 32 к Учредительному Договору Европейского Союза в Амстердамской редакции 1997 года. В этом Протоколе установлено, что положения Учредительного договора ЕС не затрагивают прав стран-членов финансировать публично-правовое телерадиовещание, если

> «финансирование телерадиокомпаний служит выполнению общественно-правовых задач, которые устанавливаются, регулируются и делегируются государствами-членами телерадиокомпаниям, и не затрагивает условий торговли и конкуренции в Сообществе в такой степени, в какой это противоречит общим интересам, с учетом необходимости выполнения публично-правовой задачи».

При толковании Учредительного Договора ЕС данное положение Протокола должно учитываться в обязательном порядке.

Это весьма сложно сформулированное положение, являясь лишь компромиссом, тем не менее, имело далеко идущие последствия. Ведь, несмотря на то, что оно не положило конец спору о допустимости финансирования телерадиокомпаний за счет сборов за пользование телевизорами и радиоприемниками, оно все-таки привело к тому, что Комиссия в большей степени стала учитывать столь принципиально важные полномочия государств-членов по регулированию публично-правового телевидения. Следствием этого положения явилось то, что в настоящее время Комиссия требует более детальной законодательной формулировки задач публично-правового телевидения и радиовещания.

6. Критерии Комиссии ЕС при принятии решений о финансировании телерадиовещания и поддержке кинематографа

По причине запрета государственной помощи в соответствии с Учредительным договором ЕС, в ряде европейских стран снова и снова возникают проблемы в связи с поддержкой кинематографии. Комиссия приняла ряд решений о государственной помощи кино и телерадиовещанию, изложив применяемые ею критерии в двух официальных сообщениях. Несмотря на то, что они не имеют юридической обязательности, в них содержится определенное самоограничение Комиссии в рамках принятой аргументации (КОМ(2001) 534 и КОМ(2001) С 320/04).

7. Директивы ЕС

Директивы ЕС призваны служить гармонизации внутреннего права государств-членов. В области права СМИ следует выделить следующие директивы:

- ряд директив о приведение в соответствие авторского права, например, в области правовой охраны компьютерных программ и баз данных, спутникового телерадиовещания и кабельного распространения, права проката и аренды, установление срока действия авторского права; в последнем за основу было принято немецкое положение (70 лет после смерти автора). Федеративная Республика Германия реализовала в национальном праве эти директивы.
- Директива ЕС в области телевидения (89/552/ЕЭС в редакции директивы 97/36/ЕС) содержит детальные положения о поддержке при создании европейских программ, о содержании и ограничениях рекламы и спонсорства, о защите молодежи, о праве на ответную публикацию, а также об ограничении исключительных прав платного телевидения (Pay-TV) на трансляцию массовых мероприятий в пользу бесплатных телекомпаний (Free-TV). Эта директива была реализована в национальном немецком праве. Положения национального права о рекламе, содержащиеся в Государственном Договоре о телевидении и радиовещании (см. гл. 17), не выходят за рамки ограничений, установленных директивой; более того, в части положений они имеет более строгие ограничения, что четко допускается указанной директивой.

III. Европейская Конвенция о трансграничном телевещании

В том же (1989) году в рамках Совета Европы была заключена Европейская Конвенция о трансграничном телевещании, которая по содержанию по большей части совпадала с требованиями выше названной Директивы ЕС. Среди прочего, в этой Конвенции урегулирована ответственность за трансграничное вещание программ. Конвенция настолько детальна, что даже содержит положение о кинопрокате, в соответствии с которым в течение двух лет со дня кинопремьеры (в случае совместного производства с телевидением или радио этот срок составляет один год) запрещена трансляция фильмов по телевидению без согласия правообладателя. В конвенции регулируются максимальная продолжительность, форма и включение рекламных вставок в программы, запрещается реклама табачной продукции и ограничивается реклама всех видов алкогольных напитков.

Федеративная Республика Германия ратифицировала Конвенцию, и, таким образом, последняя стала внутригосударственным правом. В ст. 27 установлено, что государства-участники Конвенции, которые также являются и членами Европейского Союза, должны применять нормы права Европейского Сообщества (а значит, и Директиву ЕС в области телевидения). В странах-членах Евросоюза Конвенция применяется только в тех случаях, когда какой-либо вопрос не урегулирован правом ЕС. Ценность Конвенции состоит в том, что ее применение выходит далеко за рамки территории Европейского Союза – она действует во всех государствах-членах Совета Европы.

IV. Развитие права Европейского Союза

В рамках подготовки «Конституции» Европейского Союза, Европейский Совет на своем заседании в Ницце 7 декабря 2001 года торжественно провозгласил «Хартию основных прав гражданина Европейского Союза», которая действует временно, являясь обязательной вследствие ее одобрения Парламентом и Комиссией. В непривычно длинном каталоге основных прав, состоящем из 54 статей, статья 11 регулирует свободу выражения собственного мнения и свободу информации. Абз. 2 ст. 11 гласит: соблюдаются «свобода средств массовой информации и их плюрализм». Эта формулировка звучит очень сдержанно, даже скупо. Однако, в ст. 52 и 53 установлено, что права, урегулированные в Хартии, прежде всего, действуют в отношении органов Европейского Союза, при взаимодействии с Европейским Союзом и применении его права (ст. 1). Права, установленные в Хартии, имеют такие же значение и важность, как и соответствующие права Европейской Конвенции о защите прав человека и основных свобод, они не должны нарушать установленную ЕКПЧ степень зашиты.

Механизмы саморегулирования в сфере СМИ

Строго говоря, понятия саморегулирования в Германии не существует. Ведь саморегулирование предполагает, что средства массовой информации сами себя «регулируют», т. е. самостоятельно создают действующее для них право. Право, действующее в сфере средств массовой информации, устанавливается государственным законодательством.

Однако средства массовой информации могут разрабатывать процедуру и инструменты самоконтроля, позволяющие им самостоятельно контролировать соответствие своей деятельности законодательству. Благодаря этим мерам возможно уменьшение случаев неправомерного поведения и злоупотреблений в СМИ, что фактически позволяет избежать государственного вмешательства. Правила по соблюдению законов и добросовестности, сформулированные в сборнике правил по профессиональной этике на основании опыта, основаны на принципе самоконтроля и необходимы для осуществления профессиональной деятельности. На этот сборник правил можно ссылаться в тех случаях, когда необходимо доказать, что при выполнении своих профессиональных обязанностей журналист, издатель, производитель кинофильмов, кинопрокатчик или владелец кинотеатра проявил добросовестность, необходимую в соответствии с законода-тельством и надлежащей профессиональной традицией.

I. Самоконтроль, осуществляемый профессиональными организациями

В некоторых сферах средств массовой информации самоконтроль, осуществляемый профессиональными организациями, имеет давнюю традицию, как, например, в области игрового кино, видеопрограмм или рекламы, и, прежде всего, в области печати.

1. Добровольный самоконтроль в киноиндустрии

Организация «Добровольный самоконтроль в киноиндустрии» (FSK) является старейшей организацией подобного рода. Она была основана в 1949 году «Головным объединением немецкой киноиндустрии» (SPIO) и является на сегодня центральным объединением 16-ти профессиональных объединений немецкой кино-, теле-, и видео-индустрии. По данным самого SPIO, оно состоит из 1100 фирм-членов. Управление «Добровольным самоконтролем в киноиндустрии», дочерним предприятием SPIO, осуществляется в организационно-правовой форме общества с ограниченной ответственностью вот уже несколько лет.

В соответствии с § 1 Статута FSK («Основные положения») входящие в SPIO союзы частных производителей кинофильмов и телевизионных программ, кинопрокатчиков, собственников и владельцев кинотеатров, а также объединение распространителей видеопрограмм, при помощи FSK проводят «в качестве самоуправления» добровольную проверку фильмов, предназначенных для общественного показа, проверку общедоступных видеокассет и других носителей информации, на которых записаны фильмы или игры для показа на экране.

Проверка, в которой в различных комиссиях по контролю участвуют около двухсот экспертов, включает в себя контроль над соблюдением директив, которые установлены в «Основных положениях» и ориентируются на Конституцию и общие законы. Эксперты проверяют необходимость специального разрешения на показ фильмов детям и подросткам, а также показ фильмов во время так называемых «тихих праздников»[174]. Названия фильмов и рекламные материалы также подлежат проверке.

При проверке фильмов с точки зрения защиты молодежи учитываются возрастные ограничения, установленные законами (см. гл. 16). Комиссии FSK решают, разрешать ли показ фильмов и других носителей информации, а при необходимости обязывают произвести изменения в фильме (обязанность вырезать определенные фрагменты фильма).

Решения комиссий FSK являются основой для всех остальных решений по защите молодежи, в том числе и для решений, которые принимаются в соответствии с правовыми положениями в области телевидения и радиовещания.

Производители кинофильмов, прокатчики и владельцы кинотеатров, которые объединились в SPIO, демонстрируют только те фильмы, показ которых был разрешен FSK, и только в той редакции, которая была ею одобрена. Для рекламы используются только те материалы, которые были одобрены FSK и имеют об этом специальную отметку.

Несомненно, такая авторитетность решений FSK связана еще и с тем, что с самого начала работа в комиссиях основана на сотрудничестве представителей и экспертов киноиндустрии, общественных наук, средств массовой информации, представителей церквей (католической, протес-тантской и иудейской религиозных общин) и центрального объединения молодежных организаций, а также представителей федерации и земель.

2. Добровольный самоконтроль телевидения

Организация «Добровольный самоконтроль телевидения» (FSF) была создана в 1993 году в организационно-правовой форме некоммерческого объединения. Она основана частными телевизионными вещателями и насчитывает в настоящее время (по данным на январь 2004) 13 членов. По заявлениям самой FSF она ставит своей целью, с одной стороны, способствовать улучшению охраны молодежи на телевидении. С другой стороны, она призвана содействовать более сознательному восприятию телевидения и для

---

[174] Речь здесь идет об определенных церковных праздниках, являющихся выходными днями. Например, осуществляется проверка необходимости разрешения на показ фильмов с определенным содержанием в Страстную пятницу (прим. перев.).

этого проводит педагогические мероприятия для СМИ, публикует специальные статьи и оказывает поддержку научным работам в этой области.

Члены FSF передают на рассмотрение комиссий FSF все программы, которые «с точки зрения охраны молодежи нельзя считать полностью удовлетворительными …, принимая во внимание запланированное время вещания». В соответствии с Уставом FSF ее члены обязаны «учитывать заключения и рекомендации FSF при подготовке программ».

Попечительский совет, регулирующий контрольную деятельность, насчитывает от 10 до 18 членов, треть которых – представители FSF, т. е. телевизионные вещатели, а остальная часть – ученые в области СМИ и эксперты по охране молодежи.

FSF признана организацией добровольного самоконтроля в соответствии с «Государственным договором о защите молодежи в сфере средств массовой информации», заключенным между землями. Организации добровольного самоконтроля «в рамках своих уставных компетенций контролируют выполнение положений данного Государственного договора входящих в них СМИ, а также выполнение директив и уставов, принятых с целью его выполнения» (абз. 2 § 19 Государственного договора о защите молодежи в сфере средств массовой информации).

При определении времени для показа фильма, например, FSF может на основании заявления частного вещателя разрешить ему отклониться от установленной FSK возрастной классификации (§ 9 Государственного договора о защите молодежи в сфере средств массовой информации).

Деятельность FSF не распространяется на публично-правовое телерадиовещание. Функции FSF здесь выполняются внутри самой структуры публично-правовых телерадиокомпаний. Контрольные органы публично-правовых телерадиокомпаний (Совет по вопросам радиовещания, Совет по вопросам телевидения) контролируют телерадиопрограммы, в том числе и в сфере охраны молодежи.

3. Германский Совет по делам печати

Германский Совет по делам печати, основанный в 1956 году, совместно учрежден издателями газет, журналов, и профессиональными союзами журналистов (Германский союз журналистов и Германское объединение журналистов, входящие в состав профсоюза «Ver.di»). Органы Германского Совета по делам печати состоят исключительно из представителей этих организаций, т. е. из представителей журналистского сообщества. Совет по делам печати позиционирует себя как орган «добровольного самоконтроля». Совет пользуется большим уважением в немецком обществе, с его мнением считаются также политики, особенно когда речь идет о законодательстве, затрагивающем вопросы печати.

К задачам и целям Германского Совета по делам печати, прежде всего, относится защита свободы печати, обеспечение беспрепятственного доступа к источникам информации, а также выполнения журналистами и издателями их профессиональных обязанностей, свободных от государственного вмешательства и прочего принуждения. Совет по делам печати самостоятельно регулирует защиту редакционных данных. Он обратил на себя особое внимание, благодаря принятию так называемого «Кодекса печати», в котором собраны воедино принципы журналистики и директивы, касающиеся редакционной работы.

Правила, содержащиеся в «Кодексе печати», сформулированы, прежде всего, на основании опыта, накопленного Советом в той сфере его деятельности, которая регулярно привлекает внимание общественности. Речь идет о процедуре рассмотрения жалоб на редакционные публикации в газетах и журналах, а также жалоб на поведение журналистов. Обратиться с жалобой в Совет по делам печати может любое лицо.

Журналистский самоконтроль основан на действующем общем законодательстве в сфере печати, и, прежде всего, на принятом Советом Кодексе печати, который регулярно пополняется поправками.

Действующая редакция Кодекса, датированная 20.06.2001, состоит из 16-ти пунктов и дополняющих их директив (см. полный текст Кодекса, опубликованный на сайте www.presserat.de), которые были включены в него на основании практики. Эти положения и директивы представляют собой впечатляющий сборник правил о соблюдении журналистской добросовестности и порядочности при использовании права на свободу печати.

В случае, если Совет по делам печати после тщательной проверки и рассмотрения жалобы при участии сторон приходит к выводу, что жалоба является обоснованной, то в зависимости от тяжести и последствий нарушения, он высказывает редакционное замечание, неодобрение или публичное порицание. Если же жалоба необоснованна, то Совет защищает необоснованно обвиненных журналистов и издателей. Если он выносит порицание, то в соответствии с пунктом 16 Кодекса печати оно должно быть опубликовано в печати (в газете или журнале), нарушившем правила. Однако не существует законодательно установленного обязательства на публикацию порицания. Вся процедура рассмотрения жалоб Советом по печати основана на добровольных обязательствах, которые на себя взяли организации и их члены, входящие в Совет.

4. Германский Совет по рекламе

Германский Совет по рекламе является учреждением соответствующей отрасли. Он был основан в 1972 году «Центральным Союзом германской рекламной отрасли» (ZAW), который включает в себя 40 объединений, представляющих интересы, связанные с рекламой и соответствующей профессиональной деятельностью, а именно: рекламные предприятия и агентства, а также прочие отрасли экономики, рекламирующие свои товары или занимающиеся рекламой. Германский Совет по рекламе сам позиционирует себя как «орган самодисциплины», как «регулятор конфликтов» и как посредник между пострадавшими от рекламы и ответственными за такую рекламу предприятиями. Совет рассматривает жалобы, и в случае обоснованной критики направляет их предприятиям, нарушившим правила, с требованием изменить или прекратить указанную рекламу. Успех такого посредничества во многом определяется тем, что 13 членов Совета по рекламе из числа входящих в него объединений и отраслей экономики обладают особой компетенцией, опытом, авторитетом и занимают определенное положение в обществе.

Совет по рекламе установил и рекомендовал для членов «Центрального Союза германской рекламной отрасли» правила поведения в ряде особо общественно важных сфер. К таким областям относятся, например, правила и рекомендации относительно размещения рекламы с участием детей и перед детской аудиторией, рекламы всевозможных алкогольных напитков, прежде всего, учитывая их влияние на молодежь, а также правила и рекомендации о недопустимости унизительной, дискриминирующей рекламы и использования сюжетов, способных повлечь за собой несчастные случаи. При этом Совет по рекламе особенно подчеркнул важность законодательства о рекламе, а также директивы ЕС в области телевидения и Конвенции Совета Европы.

Создание «Европейского Альянса» (EASA), который занимается вопросами трансграничной рекламы, и, прежде всего, вопросами рекламы в средствах массовой информации, стало возможно благодаря общеевропейскому сотрудничеству между учреждениями самоконтроля в области рекламы. Жалоба, спровоцированная рекламной деятельностью, может быть подана на территории любой из стран-участниц «Европейского Альянса» (в том числе в России или Германии), она передается на рассмотрение в ту страну, в которой была произведена обжалованная реклама.

II. Самоконтроль в области телевидения и радиовещания

Органы публично-правовых телерадиокомпаний и земельные учреждения по делам телерадиовещания и других средств массовой информации, отвечающих за допуск частных телерадиокомпаний и надзор за ними, как правило, не упоминаются в связи с понятиями «самоконтроль» и «саморегулирование». Однако, по существу они обязаны выполнять именно эти задачи и, также как и контролируемые ими телерадиокомпании, опираются в своей деятельности на свободу телевидения и радиовещания. По этой причине они независимы от любого государственного воздействия и являются составной частью независимого телерадиовещания. Возложенные на них задачи касаются сферы регулирования в той мере, в какой на основании общих законодательных норм им предоставлено право (в определенных случаях предусматривается обязанность этих органов издавать директивы) издавать конкретные директивы по формированию телерадиопрограмм. Также как и интендант, ведущий дела телерадиокомпании и ответственный за программы, эти учреждения являются органами телекомпании и осуществляют контроль за соблюдением директив и действующего законодательства. Они имеют право на получение информации, а также права на участие и принятие решения. По этой причине они кардинально отличаются от консультативных и попечительских советов, которые существуют при публично-правовых телерадиокомпаниях в других государствах. Такие консультативные или попечительские советы часто выполняют только консультативные функции, и им приходится лишь давать рекомендации.

Компетенция органов исполнительной власти в сфере СМИ

В Федеративной Республике Германия отсутствуют органы исполнительной власти, регулирующие деятельность средств массовой информации. Существование подобных органов противоречило бы свободе печати, телевидения, радиовещания и кино, гарантированной в Конституции. В соответствии с нормой второго предл. абз. 1 ст. 5 ОЗ ФРГ средства массовой информации должны иметь независимую от государства структуру и, в частности, быть независимы от любого государственного контроля в своей редакционной, журналистской и творческой деятельности в рамках выполнения своих задач. Разумеется, правовое регулирование существует и является конституционным именно для обеспечения охраны этих свобод. Примером такого законодательного регулирования является картельное и телекоммуникационное право.

Прочие государственные органы (например, налоговое ведомство, органы уголовного преследования или суды) могут заниматься вопросами средств массовой информации только на основании общих законов, действующих для всех граждан, и лишь при соблюдении ограничений, установленных Федеральным конституционным судом на основании институциональной свободы печати, телевидения, радиовещания и кино. Эти условия действуют еще более строго в области государственного регулирования по защите свободы средств массовой информации.

1. Печать

Сфера печати в целом не подлежит никаким государственным ограничениям. На нее распространяются те же законы, что и на прочие сферы частной предпринимательской деятельности.

Тем, кто хочет открыть издательство, заниматься печатью и распространением газет и журналов или создать информационное агентство, не требуется специального государственного разрешения. Им необходимо лишь зарегистрировать свое предприятие в торговом реестре, что является формальным требованием для любой предпринимательской деятельности. Уполномоченные регистрационные ведомства контролируют только соблюдение норм торгового права, предусмотренных для соответствующей организационно-правовой формы предприятия.

Однако действующее законодательство предусматривает и особые положения для органов печати, зарегистрированных в торговом реестре и осуществляющих предпринимательскую деятельность. Так, в соответствии с действующим законодательством об ограничениях в конкурентной борьбе (GWB), условия для проведения ведомственного контроля при слиянии телерадиовещательных компаний и органов печати куда менее строгие, чем в других отраслях экономики. Иными словами, законодатель скорее допустит ликвидацию средних и мелких предприятий на рынке или их поглощение более крупными предприятиями, в других отраслях экономики, чем на рынке печатных СМИ, который должен в большей степени обеспечивать многообразие независимых предприятий (см. гл. 3 и 9).

Соответствующее регулирующее вмешательство в виде наложения запрета на слияние предприятий, которое издается ведомствами, контролирующими соблюдение законодательства о картелях (как правило, Федеральным картельным ведомством), может быть полностью проверено судом. Судебная проверка проводится в рамках Конституции, свободы печати, свободы собственности и свободы предпринимательской деятельности.

2. Телерадиовещание

Для осуществления деятельности в сфере телерадиовещания необходимо специальное разрешение (см. гл. 3, 4 и 8). В соответствии с постоянной судебной практикой и убедительными решениями Федерального конституционного суда такое разрешение является необходимым, так как оно имеет отношение к той части законодательства в сфере публично-правового и частного телерадиовещания, которое призвано гарантировать максимальное многообразие и необходимое информационное обеспечение телерадиопрограммами со стороны публично-правовых телерадиокомпаний. В частности, законодатель должен был урегулировать процедуру допуска к телерадиовещательной деятельности. При этом решение о допуске зависит только от таких условий, которые призваны защищать и обеспечивать свободу телевидения и радиовещания. Прежде всего, законодатель, основываясь на обстоятельной и компетентной судебной практике, должен установить правила так называемого «дефицитного управления». Речь идет о ситуации, существующей на практике, при которой не все соискатели могут быть допущены к деятельности в сфере телевидения и радиовещания по причине ограниченности технических возможностей для трансляции теле- и радиопрограмм (частоты, каналы).[175] Эта проблема будет подробнее рассмотрена в восьмой главе. В рамках данной главы этот вопрос упомянут в связи с тем, что в процедуре допуска телерадиокомпаний, выдачи телекоммуникационных лицензий на вещание, а также в технической процедуре предоставления частот, кабельных или спутниковых каналов, осуществляющихся уполномоченными государством инстанциями, может присутствовать процесс государственного регулирования. В восьмой главе будет рассказано, как законодатель стремился оградить каждый этап от государственного влияния.

Однако уже в рамках этой главы следует отметить, что выделение каналов и частот ответственными за вопросы телекоммуникации федеральными

---

[175] BVerfGE 57, 295/320 ff.;

ведомствами, зависит от получения телерадиокомпанией предварительного допуска к организации вещания, который выдается уполномоченными земельными учреждениями. По этой причине технические ведомства не проводят проверку содержания средств массовой информации и не рассматривают правовые вопросы. В соответствии с законодательством земель решения о допуске к организации вещания также принимаются не государственными органами, а независимыми публично-правовыми организациями, а именно комиссиями, специально созданными при этих организациях при участии представителей различных общественных групп. Решения таких комиссий могут быть обжалованы в административных судах.

Институты регистрации и лицензирования в сфере СМИ

I. Лицензирования для печати и кино не существует

Для печати и кино не существует институтов регистрирования и лицензирования, если не считать того, что по предписаниям гражданского права каждое предприятие, в зависимости от избранной правовой формы, заносится в реестр объединений или в торговый реестр по решению гражданского суда. Но это не относится к деятельности печати и кино как таковых, а служит лишь интересам прозрачности экономическо-правовой власти и ответственности их представителей, в соответствии с правилами гражданского права, в особенности, торгового и общественного права и права создания объединений.

II. Телерадиовещанию необходима регистрация

Иначе обстоит дело в области телерадиовещания. Желающий открыть телерадиовещание, должен получить на это публично-правовое разрешение. Это одно из обязательных условий законодательства земель, которое Федеральный конституционный суд в соответствии со ст. 5 ОЗ считает настоятельно необходимым, позволяющим ввиду особого значения телерадиовещания в деле информирования общества и формирования общественного мнения гарантировать свободу и многообразие в области телерадиовещания и осуществлять так называемое общее обеспечение общества (см. главы 3 и 4).[176]

1. Свобода от государства при регистрации

Ввиду конституционной необходимости обеспечить телерадиовещанию свободу от государства и государственного влияния, решение о регистрации в том виде, как оно практикуется для учредителей телерадиовещательных программ, должно осуществляться способом, исключающим, насколько это возможно, влияние со стороны государства.[177] Процесс регистрации должен быть установлен законами, которые в максимальной степени конкретизируют все существенные вопросы, в особенности, критерии выбора и регистрации телерадиовещательной компании, чтобы исключить неделовой подход в той же мере, что и возможность злоупотреблений.

Вопрос о регистрации публично-правовых средств массовой информации в соответствии с конституционно-правовыми нормами так или иначе решает парламент, поскольку эти учреждения создаются либо непосредственно путем принятия закона, либо путем заключения Государственного договора,

---

[176] BVerfGE 73, 118/157 ff.; аналогичные решения других правовых инстанций по тем же вопросам;

[177] BVerfGE 73, 118/182;

который по своему правовому действию приравнивается к законодательному акту. Ввиду того, что процедура регистрации применяется только по отношению к частным телерадиовещательным компаниям, вмешиваться в охраняемую Основным Законом свободу предпринимательской деятельности и пользования собственностью опять-таки можно лишь настолько, насколько этого требует гарантия первостепенных конституционных и общественных ценностей свободной и многообразной информации и формирования мнений.

2. Полномочия по регистрации частных телерадиовещательных компаний

Для урегулирования допуска частных телерадиовещательных компаний и учредителей публично-правовых программ, а также в целях надзора за их деятельностью все земли Федеративной Республики Германии издали земельные законы, а в Государственный договор о телевидении и радиовещании (RStV) для учреждения телевизионных программ в рамках всей федерации включили соответствующие совместные правила, действующие также в некоторых разделах для публично-правового телерадиовещания. Отвечают за это законодательство, как было изложено в главе 3, федеральные земли, а не федерация.

Осуществление процедуры регистрации возлагается на так называемые земельные учреждения средств массовой информации: такие же, как публично-правовые телерадиовещательные компании, независимые от государства публично-правовые организации, наделенные правом саморегулирования. Финансируются они преимущественно за счет 2-процентного отчисления от сборов за пользование теле- и радиоприемниками, хотя сами они программ не производят, занимаясь исключительно регистрацией частного телерадиовещания и контролем уже переданных программ или, к примеру, регулированием программного обеспечения кабельного телевидения (если не считать сопутствующей медийно-научной и медийно-педагогической деятельности).

Руководящими органами этих земельных учреждений по делам средств массовой информации являются собрание (Совет по делам средств массовой информации, комиссия и т. п.) и директор-распорядитель или президент.

Советы этих учреждений точно так же состоят из 45-47 представителей авторитетных общественных групп и учреждений, как и советы по делам телерадиовещания публично-правовых телерадиовещательных компаний. Члены этих руководящих органов, как правило, свободно делегируются законодательно полномочными группами и учреждениями. Поскольку члены этих органов назначаются, например, и ландтагом, то с точки зрения свободы от государства и государственного влияния этих земельных учреждений по делам средств массовой информации это должно внушать некоторое опасение, даже если парламент назначил их большинством не менее чем в две трети голосов; особенно в случае, если данные представители в упомянутом органе составляют относительно значимое меньшинство. Эти собрания принимают решения о допуске новой компании или о последствиях последующего вмешательства доминирующей монополии одного мнения. Организация частного телерадиовещания входит в сферу их компетенции (даже если она, в интересах дополнительной нейтрализации и объективизации процесса, см. ниже, в случае общефедерального телерадиовещания принципиально связана решениями комиссии экспертов – KEK).

3. Предпосылки и границы регистрации частного телерадиовещания

Целевые установки и принципы процедуры регистрации сведены воедино в Государственном договоре о телерадиовещании (RStV). В заявке на регистрацию необходимо обосновать, какую программу податель заявки намерен выпускать, в какое время, на каких частотах и какова будет структура программы. Необходимо также указать желаемую долю участия в собственном производстве, род и масштабы базовых программ, программных поставок и рекламного обеспечения, сотрудничества с другими программами и тому подобное, наряду с экономическими принципами учредителя, который, в конце концов, обязан также пояснить, в какой мере он прямо или косвенно участвует в других предприятиях, выпускающих программы, поскольку такие программы будут ему засчитаны, если доля его непосредственного участия составляет 25 и более процентов или если, при косвенном участии, эти предприятия являются по отношению к нему «сопричастными» в смысле акционерного права. Кроме того, нужно открыто указать распределение капитала и права голоса в собственном предприятии подателя заявки и в сопричастных по акционерному праву предприятиях.

Регистрация может быть оформлена на физических и юридических лиц гражданского права, но также на объединения разных лиц, не обладающих правоспособностью, если эти объединения носят постоянный характер (союзы, так называемые общества Гражданского кодекса[178]). В регистрации может быть отказано, например, государственным учреждениям, политическим партиям, юридическим лицам публичного права, подлежащим государственному надзору по профессиональной линии (но не официальным религиозным общинам, существующим в виде публично-правовой корпорации), общинам (как правило, при строго ограничительных условиях).

4. Предотвращение доминирующей монополии одного мнения

Высшей целью при отборе кандидатов, если из-за нехватки частот или каналов зарегистрироваться может не каждый или только один – является обеспечение по возможности наибольшего многообразия различных и контрастирующих программ. Совокупность программ одного частотного региона не должна служить односторонним интересам какой-то одной партии, группы лиц с определенными интересами или одного мировоззрения. Каж-

[178] Общество Гражданского Кодекса (BGB-Gesellschaft) – общество, не обладающее правоспособностью и не являющееся юридическим лицом.

дая отдельная программа не должна оказывать «в высшей степени неравномерного влияния» на формирование общественного мнения (как говорится в абз. 2 § 25 Государственного договора о телерадиовещании). В этой необычной формулировке «в высшей степени неравномерного влияния» имеется в виду та самая «доминирующая монополия одного мнения», которую надлежит избегать согласно решениям Федерального конституционного суда.

Во исполнение столь «неопределенных правовых понятий» законодатель фиксирует обязывающую правовую предпосылку, что доминирующая монополия одного мнения существует, если принадлежащие определенному предприятию программы ежегодно охватывают в среднем до 30 процентов телезрителей (абз. 2 § 26 Государственного договора о телерадиовещании – RStV). Подобный количественный предел можно определить достаточно точно, если доверять методам специалистов по изучению общественного мнения, вычисляющим квоты включения телеприемников. Гораздо труднее осуществить подсчет, поскольку не все измеряется в цифрах, когда то же самое правило Государственного договора о телерадиовещании устанавливает, что ограничение начинает действовать уже при достижении среднегодовой квоты в 25 процентов,

> «при условии, что предприятие на родственном медийно-релевантном рынке занимает ведущие рыночные позиции или из его активности в области телевидения на медийно-релевантном рынке создается общее впечатление, что достигнутое тем самым влияние этого предприятия на формирование общественного мнения соответствует квоте 30 телезрителей из каждых ста» (при определенных предпосылках из действительной квоты телезрителей можно вычесть еще два, а затем дополнительные три процента).

Это сложное предписание далеко не бесспорно. Невозможно доказать, что именно при 30 или 25 процентах может быть достигнута грань между допустимым и недопустимым в процессе свободного формирования мнений; существует законодательное предположение, которое, однако, не кажется абсолютно произвольным и некомпетентным, и было, очевидно, продиктовано практикой, ибо как раз в рамках упомянутых процентных соотношений на протяжении многих лет колеблются рыночные доли охвата телезрителей двумя крупными частными «семьями телекомпаний» RTL/CLT (РТЛ/ЦЛТ) и Sat 1/ProSieben (Сат 1/ПроЗибен), если учесть все принадлежащие им программы. А значительный диапазон характеристики («общей характеристики» всей информационной активности крупного предприятия) тоже, вероятно, находится на грани того, что допускают государственно-правовые принципы и нормы вмешательства при введении законодательных ограничений.

Если предприятие с принадлежащими ему программами находится на грани превращения в доминирующую монополию одного мнения в смысле положений Государственного договора о телерадиовещании, то оно не имеет права регистрировать в земельных учреждениях по делам телерадиовещания новые общефедеральные телеканалы; следует, также, тщательно проверять и допустимость приобретения предприятием дополнительных участий в других телекомпаниях. Кроме того, полномочное земельное учреждение по делам телерадиовещания обязано через Комиссию экспертов (KEK) предложить предприятию альтернативу: отказаться от другого участия либо сократить свою долю на других медийно-релевантных рынках телевизионной продукции ниже критической черты в доле охвата телезрителей. Допускается также предпринимать так называемые «меры по обеспечению многообразия». Под ними Государственный договор понимает предоставление дополнительного эфирного времени для своей программы независимым третьим лицам («программам–окнам»), которые «обеспечивают дополнительный вклад в многообразие программ [данного учредителя], в особенности в области культуры, образования и информации»; минимальная еженедельная длительность трансляций (260 минут) и место в структуре программы детально предписываются Государственным договором по телерадиовещанию (RStV). Другой мерой по обеспечению многообразия может быть учреждение представительной комиссии широкого состава по вопросам составления программ, которая могла бы представлять «наиболее существенные части спектра общественного мнения» (§ 32 Государственного договора по телерадиовещанию – RStV). Такая схема мер по улучшения обеспечения многообразия нашла отражение и в отдельных земельных законах о печати – для решений земельных учреждений по делам средств массовой информации, выносимых в отношении общефедеральных, региональных или местных учредителей программ.

Как раз на региональном или местном уровне следует избегать образования близких по своему характеру к монополиям переплетений между прессой и телерадиовещанием, которые сами по себе не запрещены. Это относится, прежде всего, к тем большим частям Федеративной Республики Германия, где издается всего одна местная газета.

Трудности возникают, главным образом, в тех случаях, когда в распоряжении имеется всего одна частота, один телеканал или когда меньше возможностей распространения информации, чем желающих потенциальных учредителей; когда невозможно создать совместную программу со всеми потенциальными участниками или поделить частоту между ними, либо если это экономически невыгодно. В таких случаях из потенциальных учредителей приходиться выбирать кого-то одного. Для этого законодатель должен определить критерии отбора.

5. Комиссия экспертов (KEK)

Важную роль при регистрации и контроле за деятельностью частного телерадиовещания, прежде всего общефедерального частного телевидения, играет «Комиссия по выявлению концентрации в области средств массовой информации» (KEK), которая, в особенности еще до принятия решений земельными учреждениями по вопросам средств массовой информации о допуске новых, но также и в случае предстоящих изменений долевых соотношений в уже зарегистрированных компаниях, осуществляет превентивную проверку. Ее решения для земельных учреждений по вопросам средств массовой информации являются обязывающими. Отклонения, согласно Государственному договору о телерадиовещании, возможны только при созыве «Конференции директоров всех земельных учреждений по вопросам средств массовой информации», которая большинством в три четверти голосов может отменить решение комиссии экспертов (КЕК), если выносящее решение земельное учреждение по вопросам средств массовой информации не готово согласиться с решением комиссии экспертов (КЕК) (§ 37 Государственного договора о телерадиовещании – RStV).

Комиссия состоит из шести экспертов в области телерадиовещательного и экономического права, из которых минимум трое должны обладать статусом судей. Они назначаются землями по взаимному согласию на пятилетний срок.

Каждые три года земельные учреждения по вопросам средств массовой информации публикуют отчет о деятельности и опыте КЕК в области развития концентрации СМИ и о мерах по обеспечению многообразия мнений в частном телерадиовещании; в отчете перечисляются все случаи переплетения между телевизионным рынком и другими медийно-релевантными рынками, а также горизонтальные переплетения между телерадиовещательными компаниями в различных областях распространения и международные переплетения с точки зрения их влияния на структуру германских СМИ.

6. Распределение частот между публично-правовым и частным телерадиовещанием

Земельное право для решения такого политически важного для телерадиовещания вопроса предусматривает различные процедуры. Частично земельные правительства оставляют за собой такое право, частично такой обязанностью облечены земельные учреждения по вопросам средств массовой информации. Публично-правовым телерадиовещательным компаниям в любом случае гарантирован определенный запас используемых частот к моменту вступления в силу земельных законов о печати, однако на освобождающиеся или вновь предоставляемые частоты, например, в процессе перехода к цифровому вещанию, возник спрос, вызвавший оживленные дискуссии. Оба варианта процедуры в правовом смысле не являются безупречными: если решение принимает правительство, под угрозой оказывается свобода телерадиовещания от государства; если вопрос решается земельным учреждением по вопросам средств массовой информации, отвечающим за частное телерадиовещание, то его могут упрекнуть в предвзятости. Как правило, законодатель требует на первом этапе достижения согласия между публично-правовым телерадиовещанием и земельным учреждениям по вопросам средств массовой информации. Если же взаимопонимание не устанавливается, в большинстве случаев решение принимает земельное правительство.

Федеральный конституционный суд признал это соответствующим конституции, при условии, что критерии распределения частот конкретно определяются законодателем, и что не остается свободных частотных диапазонов для программ.[179] При таких критериях приоритет отдается основному обеспечению общества публично-правовыми программами, затем следует гарантия обеспечения на всей территории земельными и местными либо региональными частными программами, и наконец, – поддержание многообразия информации при особом учете социальных и культурных интересов.

III. Распределение частот и каналов федерацией и землями

Согласно § 50 Государственного договора о телерадиовещании (RStV), вопрос «предоставления и использования частотных мощностей, служащих для радио- и телевизионных передач» (то же самое относится и к «предоставлению спутниковых каналов для целей телевещания») решают земли. Однако предоставлены в пользование могут быть только частоты, которые имеются в распоряжении на основе федерального «Закона о телекоммуникациях» (TKG), и в соответствии с международными соглашениями в рамках Международного союза телекоммуникаций (ITU) и договоренностей европейских инстанций относительно государственных задач в области телекоммуникаций (CEPT).

Хотя требуемую в духе «Закона о телекоммуникациях» (TKG) лицензию, например, на эксплуатацию телерадиовещательной станции, выдает учрежденное федеральными властями ведомство по регулированию дел почты и телекоммуникаций, полномочное также распределять частоты, но происходит это на основе существующего в виде правового распоряжения Плана предоставления частот, который согласно § 45 «Закона о телекоммуникациях» (TKG) требует относительно распределяемых частот согласия Бундесрата, то есть федерального органа, представляющего интересы земель. Кроме того, согласно абз. 3 § 47 «Закона о телекоммуникациях» (TKG) частота может быть предоставлена только в том случае, если до этого в той или иной земле была проведена медийно-правовая регистрация, о которой шла речь выше.

---

[179] BVerfGE 83, 238/322 ff.;

Право собственности и имущественные права в сфере СМИ

Конституционный строй Федеративной Республики Германия видит в обеспечении права собственности (ст. 14 ОЗ), равно как и в свободном выборе профессии и профессиональной деятельности (ст. 12 ОЗ), логические следствия характерной для иерархии конституционных ценностей заповеди уважать и защищать врожденное достоинство человека и его право на свободное развитие своей личности, на самоопределение (ст. 1 и 2 ОЗ).

Основной Закон, правда, не диктует определенный экономический порядок, однако, экономические свободы ясно вытекают из общей свободы каждого в отдельности развиваться и совершать поступки, как в смысле свободного выбора профессии и личных прав, так и в экономическом плане.

А потому можно спокойно говорить о намерении Основного Закона утвердить и охранять «общую экономическую свободу» (Badura), суть которой составляют: свобода выбора профессии, свобода предпринимательства и заключения договоров, а также обеспечение права беспрепятственного пользования собственностью.

В то же время эта опора на «идеальные» свободы личности сохраняет свое значение, когда речь идет, во-первых, о том, чтобы в процессе сопоставления правовых ценностей четко определить границы независимого частного использования собственности и любой профессиональной деятельности, а, во-вторых, о том, что эти свободы профессиональной деятельности вступают в противоречие с правами других или с важными публичными интересами общества.

I. Понятие собственности

Конституционно-правовое понятие собственности обширно. Оно охватывает, во всяком случае, не только имущественную собственность, но также и все приобретаемые, конкретные имущественные права, защищаемые гражданским правом, включая право на долевое участие в собственности акционерного общества, то есть корпоративное участие в акциях или уставном капитале предприятий торгового права – в области СМИ; прежде всего, например, в области защиты авторских и исполнительских прав, прав защиты продукции промыслов (фирменных знаков, названий или патентов), причем не только принадлежащих предприятиям и предпринимателям, но и таких, которые создаются лицами свободных профессий или по собственной инициативе.

II Ограничения собственности и профессиональной свободы

Основной Закон защищает собственность не безоговорочно. В абз. 1 ст. 14 ОЗ подчеркивается, что содержание и пределы собственности определяются законами. С другой стороны такие законы не могут ограничивать собственность какими угодно пределами. О том, насколько легитимной может быть цель подобных законов, говорит сама Конституция в абз. 2 ст. 14 ОЗ: «Собственность обязывает. Пользование ею должно одновременно служить общему благу». Эта «социальная увязка» собственности позволяет ограничивать частную автономию лишь настолько, насколько этого требуют другие общественные ценности, в особенности, другие первостепенные конституционные права.

Это относится в равной степени к свободе профессиональной деятельности, а именно как к выбору профессии, так и к выполнению какой-то работы, даже если Основной Закон и предусматривает оговорки для последнего случая: осуществление профессиональной деятельности может регулироваться законом или на основании закона (предл. 2 абз. 1 ст. 12 ОЗ). При этом под профессией понимается любая деятельность, обеспечивающая в течение определенного времени доходы и средства к жизни, независимо от того, выполняется ли она самостоятельно или не самостоятельно, по трудовому соглашению или в рамках свободной профессии, в том числе предпринимательской; принципиально охраняется статьей 12 ОЗ также «свобода предпринимательства» в смысле свободного создания предприятия и руководства им.[180] Предпосылкой ограничительных государственных регулирований является то, что важные общественные ценности или интересы общества делают их легитимными (имеется в виду, с одной стороны, требование особых знаний, доказанных во время экзаменов, в частности, знаний врачей, аптекарей, нотариусов или адвокатов, а с другой стороны, гарантия удовлетворения принципиальных социальных требований, например, право участия трудящихся в управлении производством).

1. Ограничения доступа

Ограничения доступа к получению профессии в области СМИ не существует. Каждый может по своему выбору стать журналистом, издателем, кинопродюсером, оператором, режиссером или открыть агентство печати либо рекламное агентство. Только для учреждения частного телерадиовещания требуется соответствующая лицензия. О причинах этого обстоятельства мы уже рассказали в другом месте (ст. 3, 4 и 8).

Кроме дефицита имеющихся наземных частот, речь идет, главным образом, о гарантиях многообразия СМИ в области телевидения и радио посредством предотвращения возникновения монополий одного мнения.

---

[180] BVerfGE 50, 290/363;

2. Собственность и картельное право

Обеспечению по возможности наибольшего многообразия конкуренции на рынках служат предписания «Закона против ограничений в конкурентной борьбе на рынках сбыта» (GWB), который сокращенно называют «Картельным законом», потому что в нем говорится обо всех видах картелей и им подобных монополистических объединениях, влияющих на состояние рынка. Однако и действующие на основе этого закона ограничения предпринимательской инициативы и активности служат препятствиями для свободного пользования собственностью и осуществления свободной профессиональной деятельности. Оправдываются же они первостепенной заинтересованностью общества и правопорядка в свободной конкуренции как можно большего количества предложений.

Договоренности о картелях принципиально запрещены. Закон понимает под этим «соглашения конкурирующих между собой предприятий, решения объединений фирм и согласованные между предприятиями действия на рынке, которые имеют целью привести или приводят к воспрепятствованию, ограничению или искажению конкуренции» (§ 1 Картельного закона – GWB). Картельные соглашения об условиях торговли, соглашения о ценах, соглашения о рационализации производства, согласованное сокращение мощности предприятия в целях предотвращения структурного кризиса считаются типичными явлениями, которые могут распространяться и на область СМИ. При определенных предпосылках такие картели могут быть разрешены; в других случаях они признаются недействительными, поскольку нарушают законодательный запрет (§ 134 Гражданского Кодекса ФРГ – BGB). Твердые цены на книги особым законом были признаны допустимыми, для распространения газет и журналов § 15 Картельного закона (GWB) предусматривает возможность фиксированных цен для подписчиков (правовая проблематика директив Европейского Сообщества относительно твердых цен на внутреннем европейском рынке рассмотрена здесь быть не может).

Запрещается также злоупотреблять ведущими позициями на рынке (§ 19 GWB). Что понимается под ведущими позициями на рынке, определяет закон. Рыночная монополия имеет место, если у предприятия (больше) нет конкурентов или если ввиду своего привилегированного положения на рынке оно перестает испытывать конкуренцию со стороны; по закону ведущие позиции на рынке могут предполагаться, если тому или иному предприятию принадлежит не менее тридцати трех процентов рынка.

В процессе концентрации производства, особенно на газетном рынке, с вытекающими последствиями для рынка платных объявлений, возникновение подобных монопольных позиций на местном и региональном рынке не считается редкостью. Трудности, по крайней мере, для СМИ создает вопрос, как рассматривать и оценивать рыночную ситуацию, поскольку существует большое количество самостоятельных подчиненных рынков: телевидение и радио конкурируют на федеральном, региональном и местном рынках; газеты – в подписки и в розничной продаже –, иллюстрированные журналы и еженедельники – на рынке платных объявлений; даже на бумажном рынке для типографий бумага представляет собой важный предмет параллельного рынка.

Существенным ограничителем для личных прав в области предпринимательской деятельности является, наконец, картельное законодательство, препятствующее слияниям предприятий и переплетению производственных величин определенного экономического порядка, учитываемых законом в зависимости от объема оборота капитала участвующих предприятий («порог вмешательства»).

Для газет, журналов и частных телерадиокомпаний закон допускает значительное понижение этого «порога вмешательства» по сравнению с общими правилами для экономики. В то время как Картельный закон (GWB) обычно применяется к концерну, все предприятия которого в разных странах мира имеют общий оборот более 500 млн. евро, а минимум одно из них достигает в Германии оборота более 25 млн. евро, для издательства, производства и распространения газет и журналов, а также для производства и распространения радиопрограмм и для сбыта рекламного времени на телерадиовещании предусмотрен гораздо более низкий порог, поскольку этим предприятиям «пришлось бы двадцатикратно увеличить свой оборот для получения равнозначной прибыли» (абз. 3 § 38 GWB). «Граница терпимости» для предприятий с мировым оборотом капитала меньше 10 млн. евро, освобождающая «обычное» предприятие от контроля за слияниями, для газетно-журнальных издательств также не действует. Такое особое регулирование объясняется реальной ситуацией на рынке СМИ и его структурой и относится, прежде всего, к газетному рынку, где тенденции концентрации производства средних и мелких предприятий могли бы нанести ущерб конкуренции на важных рынках информации и отрицательно повлиять на процесс распространения информации и формирования мнений. Федеральный конституционный суд объявил допустимой политическую направленность Картельного закона (GWB) при контроле за слияниями. Еще в одном из прежних своих решений он раскрыл понятие предпринимательской свободы прессы:[181]

> «Предприятия прессы могут свободно создаваться в общественном пространстве. Они действуют в соответствии с принципами рыночной экономики и организационными формами частного права. Они находятся в состоянии духовной и экономической конкуренции, в которую публичная власть не имеет права вмешиваться ... однако следовало бы подумать о долге государства предотвратить опасности, которые могли бы возникнуть в результате образования монополий одного мнения.»

[181] BVerfGE 20, 162/175 f.;

Здесь нет необходимости подробно рассматривать ответственность Комиссии Европейского Сообщества, которая начинается при еще гораздо более высоких оборотах капитала. Комиссия урегулировала этот вопрос в соответствующем документе – директиве № 4064/89/ЭЕС Европейского Сообщества.

3. Собственность и авторское право

К числу охраняемых статьей 12 ОЗ прав собственности относятся также авторское и исполнительское право в рамках «Закона об авторском праве» (UrhG). Они тоже вытекают из общих прав личности и потому содержат ключевую часть, которой не может распоряжаться законодатель, и вообще законодательные ограничения авторского права должны держаться в рамках «социальной увязки» собственности, то есть в узких границах. Это нередко приводило к тому, что законодательные ограничения исключительного, личного права распоряжаться собственной продукцией допускались в интересах общественной пользы, условно говоря, лишь за соответствующее вознаграждение. В издательской практике в случае приобретения (издательствами, телерадиокомпаниями и прочими заинтересованными сторонами) авторских прав, вместо принятых раньше, в основном, по соображениям рационализации, паушальных компенсаций за весьма дифференцированные права, теперь чаще практикуются поэтапные компенсации за первое и последующие использования (повторения) авторской продукции. Для предпринимателей и лиц, наделенных полномочиями работодателей, вопросы передачи авторского права и выплаты вознаграждения большей частью урегулированы в тарифных соглашениях между издательствами или телерадиовещательными компаниями, с одной стороны, и профсоюзами, с другой. При этом в последнее время на фоне технического развития снова играет определенную роль вопрос, каким образом увязать новые методы распространения с положениями «Закона об авторском праве», который суживает существующую свободу заключения договоров: предоставление права пользования в неизвестных формах пользования, а также соответствующие обязательства объявляются недействительными (абз. 4 § 31, UrhG). Попадают ли под это определение все новые виды цифровой техники и обработки данных, пока остается спорным. Для виртуальных произведений и банков данных уже существует авторская защита.

Конституционно допустимым объявлено также временное ограничение защиты авторского права, в отличие от имущественного права: срок охраны авторского права истекает через 70 лет после смерти автора; исполнительское право – через 50 лет после первой публикации, передачи или выступления; права составителя банка данных утрачиваются через 15 лет после публикации банка данных.

III. Внутренняя свобода печати и телерадиовещания

Говоря о внутренней свободе прессы и телерадиовещания, имеется в виду свободное пространство, гарантированное каждому отдельному сотруднику редакции предприятия прессы на основании абз. 1 ст. 5, ОЗ, в том числе и по отношению к правам дирекции предприятия. Правовая оценка этого вопроса противоречива и не однозначна.

С одной стороны, указывается на то, что свободу прессы нельзя понимать только как «свободу издателя» и что сотрудники печатных изданий, определяющие содержание печатных произведений, должны пользоваться, по крайней мере, в рамках конкретных функций институциональной свободой, если уж их личная свобода не может выразиться в изъявлении и распространении каких-либо мнений по причине исполнения профессионального долга. Федеральный конституционный суд однажды, все-таки, постановил,[182] что институциональное обеспечение свободы прессы включает в себя

> «субъективное публичное право занятых в области печати лиц, в свойственной им форме точно так же свободно высказывать свое мнение, как и любой другой гражданин».

В данном случае речь, однако, шла не о вопросе внутренней свободы прессы, то есть не о правах отдельного журналиста по отношению к своему издателю, а о вопиющем антиконституционном и противоправном вмешательстве государства, следствием которого мог бы стать своеобразный «запрет на профессию».

С другой стороны подчеркивается, что свобода прессы как институт «Свободная Пресса» даже не гарантирует существование отдельного органа печати или предприятия прессы. Речь идет преимущественно о свободе прессы как таковой. В способ же осуществления профессиональной деятельности и в свободное распоряжение собственностью предприятия, согласно Конституции, можно было бы вмешаться лишь принятием такого закона, как он был принят, например, для регулирования общего процесса участия в управлении предприятием, однако не для решения особых вопросов так называемой внутренней свободы прессы.

Напротив, законодатель существенно ограничил сферу применения общих правил участия в управлении предприятием, особенно в кадровой политике, руководствуясь, как принято говорить, «духовно-идейными соображениями». Законодатель хочет тем самым сохранить за предприятиями, которые непосредственно и преимущественно служат политическим, конфессиональным, благотворительным, научным или художественным задачам или целям распространения информации и высказывания мнений (в духе абз. 1 ст. 5 ОЗ), свободу определять направление и содержание своей деятельности, не попадая при этом в решающую зависимость от предписанного пред-

---

[182] BVerfGE 10, 118/121;

приятиям формального участия в его управлении, прежде всего и в вопросе зачисления и отчисления сотрудников, – по крайней мере, настолько, насколько это позволяет характер самого предприятия (абз. 1 § 118, «Закона о статусе предприятий» – BetrVG; в аналогично звучащем абз. 4 § 1 «Закона об участии в управлении» для крупных предприятий – MitbestG, кстати, упомянутая оговорка («настолько – насколько») почему-то отсутствует). Федеральный конституционный суд признал эти законы не противоречащими конституции.[183]

Считается, что § 118 «Закона о статусе предприятий» вытекает из абз. 1 ст. 5, ОЗ. Он призван, прежде всего, гарантировать обоснованную свободой прессы свободу издателя, независимо от государственного и прочего «чужого» влияния, в особой мере защищать избранное направление, тенденцию и характер деятельности своего предприятия и его публикаций (выражение «тенденция» общепринято, но может вводить в заблуждение – «тенденцией» органа печати может быть сознательный отказ от каких-либо тенденций, а наоборот, приверженность плюрализму и нейтралитету, как, например, это является законной задачей публично-правового телерадиовещания). Федеральный конституционный суд не высказал конституционно-правовых возражений против § 118 «Закона о статусе предприятий» – BetrVG:[184]

> «Конституционное право свободы печати включает свободу выбирать, сохранять и менять тенденцию газеты, а также осуществлять ее ... В отношениях между издателем и производственным советом первый, несомненно, отвечает за выбор и осуществление тенденции газеты, и эти его полномочия защищаются предложением 2 абз. 1 ст. 5 ОЗ ... Производственный совет означенного предприятия подобными полномочиями не наделен ... [Его] задачи не имеют никакой внутренней увязки со свободой печати ...».

Федеральный конституционный суд в том же месте, однако, дополняет:

> «имеют ли право редактора, и в какой мере, участвовать в управлении, остается открытым».

Подобные, необязательно необходимые с точки зрения конкретного случая, мелкие примечания Федерального конституционного суда по некоторому опыту должны восприниматься всерьез. Они позволяют понять, что Суд, вероятно, не счел бы недопустимым вмешательством «со стороны» попытки редакторов повлиять на издателя, если бы не были задеты его коренные права.

В принципе собственнику предприятия принадлежат распорядительные права, вытекающие из институциональных гарантий данного органа печати, то есть предприятия, если речь идет о предприятии частного права; в пуб-

---

[183] BVerfGE 50, 290/322, 354 ff.;
[184] BVerfGE 52, 283/296 ff.;

лично-правовых телерадиокомпаниях распорядительное право, в соответствии с определенной законодателем внутрипроизводственной структурой, принадлежит интенданту, который единолично несет правовую ответственность за содержание программы и, таким образом, должен быть наделенным единоличным правом принятия окончательного решения. На самом деле он, как, впрочем, и издатель, вынужден распределять эту ответственность по различным уровням и в большей мере быть проводником «руководящей линии», пользуясь правом принятия окончательного решения только в спорных случаях. Это, так или иначе, приводит к тому, что на облеченных доверием сотрудников возлагается ответственность принятия самостоятельных решений.

Хозяин предприятия частного права, например, газетного издательства, может утвердить определенный редакционный курс, которого обязаны будут придерживаться в рамках своих внутрипроизводственных функций и трудовых соглашений все сотрудники. Разумеется, в отдельном случае нельзя никого обязать выражать собственное мнение, которое он не разделяет. Однако вполне допустимы обязательства следовать генеральной линии, и особенно, публиковать чужие мнения, если это диктуется процессом выработки внутрипроизводственных решений. Это в первую очередь относится к редакторам публично-правовых телерадиокомпаний, которые ввиду осуществляемого ими внутреннего плюрализма и общей сбалансированности программ даже вынуждены, а в отдельных случаях могут быть обязаны учитывать высказываемые в программах чужие мнения, не совпадающие с их собственным.

Во избежание или в целях профилактики внутрипроизводственных конфликтов и трений широко распространены редакционные уставы, где зафиксированы определенные права сотрудников и способы разрешения конфликтов, существуют также редколлегии, наделенные нередко различными и весьма существенными полномочиями и правами. Но если, конечно, речь идет о климате, об атмосфере, царящей в печатном издании, о том, чтобы поддерживать самоуважение сотрудников, от творчества которых зависит успех предприятия, то правовые категории вряд ли помогут разграничить компетенции; когда такая потребность возникает, это плохой признак, психологически ограничивающий коллективное осуществление свободы.

В области печати тарифные соглашения с профсоюзами несколько смягчают трудовые конфликты, вызванные необходимостью охраны права предприятия на ту или иную тенденцию.

Право на информацию

Открытая, правдивая и по возможности всеобъемлющая информация является фундаментальной предпосылкой процесса формирования личного и общественного мнений. Основной Закон Федеративной Республики Германии увязывает поэтому основное право каждого «свободно выражать и распространять свое мнение устно, письменно и посредством изображения» со свободой «получать информацию из общедоступных источников» (абз. 1 ст. 5 ОЗ).

Всеобщая доступность понимается преимущественно инструментально; она существует как данное, «если источник информации технически состоятелен и предназначен обеспечивать информацией общество, то есть неопределимый круг лиц»[185]. Сфера жизненных интересов, учреждения, события, мероприятия, процессы, доступ к которым имеет не каждый, не являются общедоступными источниками информации для каждого, в том числе и для СМИ, если доступ им не гарантирован особыми законодательными привилегиями. Публичные библиотеки общедоступны, государственные и частные архивы, служебные бумаги и документы, как правило, закрыты, если их не специально объявляют открытыми.

Типичными общедоступными источниками информации являются средства массовой коммуникации, а именно пресса и телерадиовещание. Государству не позволяется кому-либо запретить пользоваться услугам СМИ. Средствам массовой информации, в свою очередь, по их статусу гарантирована свобода, чтобы они могли во исполнение своего долга информировать общество. Чем шире свобода СМИ, чем свободнее их доступ к источникам информации и чем тщательнее они выполняют свои общественные задачи, тем более многообразной всеобъемлющей и надежной становится информация, и тем квалифицированней протекает процесс формирования личного и общественного мнений. По этой причине свобода прессы и телерадиовещания распространяется также на всю их публицистическую деятельность: от поиска и получения информации и ее редакционной обработки до распространения сообщений и мнений. Лишь принципиально свободный доступ к источникам информации дает возможность прессе и телерадиовещанию действенно выполнять функции, отвечающие условиям свободной демократии. Федеральный конституционный суд многократно подчеркивал это обстоятельство в своих решениях, и тем самым и в отдельных случаях обеспечил возможность более свободного применения общих законов, которые в результате могли бы ограничивать публичный доступ к важной информации.[186]

---

[185] BVerfGE 27, 71/83;

[186] BVerfGE 50, 234/240; 91, 125/134 ff. с многочисленными дальнейшими ссылками.

I. Принцип публичности

Пресса и телерадиовещание создают публичность; но они и сами зависят от того, что представляющее большую важность для общества происходит публично или не скрывается. Такая прозрачность важнейших общественных процессов необходима. Законодатель обязан позаботиться о такой прозрачности, но при этом, сопоставляя правовые ценности в духе конституционных принципов, и обеспечить равновесие между правом общества на информацию и публичность и в той же мере служащими обществу интересами государства, с одной стороны, и первостепенными интересами каждой отдельной личности, с другой.

Если же СМИ обеспечивают себе доступ к процессам, не являющимся предметом публичности, нарушая при этом общие законы, не говоря уже об уголовно наказуемых действиях (например, подкупе), то во всех случаях за эти нарушения правовых норм они не могут искать оправдания в ссылках на свободу печати, если только неизбежность конкретной публикации не мотивирована важными обстоятельствами в интересах общества. Свобода печати не должна трактоваться как право на любые действия по поиску, получению и распространению информации. Тот, например, кто под прикрытием ложных данных и ложной идентичности проник в редакцию газеты и нарушил действующий там и необходимый принцип конфиденциальности, не может ссылаться на ст. 5 ОЗ; может ли распространяться дальше незаконно полученная информация, зависит от того, действительно ли она настолько важна для формирования общественного мнения, что нарушением конфиденциальности и прав личности обманутых сотрудников редакции можно было бы пренебречь; в случае сомнений такая информация распространяться дальше не может, если только речь не идет о вопиющих недостатках, заслуживающих внимания общества. Во всяком случае, необходимо, как всегда, особенно тщательно проверить, не противостоит ли распространению полученной неправомерным способом информации ограничение в духе абз. 2 ст. 5 ОЗ.[187]

Особые формы регулирования доступа к информации для прессы, как, впрочем, и для телерадиовещания, содержит «Закон о собраниях». В абз. 2 § 6 закреплено, что представителям органов печати должен быть гарантирован допуск на публичные собрания, если они изъявили желание на них присутствовать, и предъявили удостоверение работника прессы.

1. Работа корреспондентов в парламенте

Публичность заседаний парламента является существенным элементом парламентской демократии. Поэтому она и закреплена в Конституции (ст. 42 ОЗ или, например, ст. 22 Конституции Баварии). Пленарные заседания в Бундестаге публичны, заседания комиссий, как правило, – нет; в ландтаге Баварии комиссии заседают публично. О закрытых заседаниях можно сооб-

[187] BVerfGE 66, 116 ff.;

щать в соответствии с установленными правилами, хотя и не по собственному наблюдению СМИ, но только при наличии надежной информации.

Те же самые конституционные нормы освобождают «правдивые отчеты» о заседаниях парламента «от любой ответственности» (Баварская Конституция делает исключения лишь в случаях «воспроизведения оскорблений чести»).

2. Работа корреспондентов в судах

Принципиальная публичность судебных разбирательств тоже является важным принципом свободного государства, которое мыслится только как правовое государство и суды которого выносят приговоры «именем народа». В соответствии с этим § 169 «Закона о судоустройстве» (GVG) гласит: «Разбирательства в суде, который выносит приговор, включая оглашение приговора и других решений, публичны». Это относится ко всем гражданским и уголовным судам, но в соответствующей мере также к административным судам и судам по трудовым и социальным спорам. В целях охраны особо соблюдаемых прав личности участников процесса (представителей обеих сторон, жертвы несчастного случая или даже преступления, свидетелей, в ряде случаев и обвиняемого), но также в интересах сохранения государственной или служебной тайны, либо налоговой тайны, при наличии угрозы общественной безопасности или морали. В отдельных случаях публичность может быть отменена; но несмотря на это журналисты допускаются в зал суда, при условии, что они в своих репортажах учтут причины отсутствия публичности, прежде всего, опасность для правовых ценностей. Если же, что случается редко, общественность не допускается на процесс по соображениям государственной безопасности, пресса и телерадиовещание не имеют права публиковать отчеты о процессе и предавать гласности содержание относящихся к нему документов. Нарушение подобного запрета точно так же влечет за собой наказание, как и разглашение не подлежащих огласке фактов или служебных документов, ставших известными присутствующим (§ 353 d УК ФРГ). В конечном счете, согласно тем же положениям Уголовного Кодекса, является наказуемой полная или частичная передача содержания обвинительного заключения или других служебных письменных материалов уголовного, административного или дисциплинарного преследования, пока эти материалы не будут публично обсуждены и судебное разбирательство не завершится. Не запрещается, однако, сообщать о таких процессах судопроизводства в форме резюме, собственными словами, либо косвенной речью. Тем самым, разумеется, установленные нормы в конечном итоге часто не достигают своей цели, а именно не обеспечивают широкой защиты прав личности обвиняемого и конфиденциальности процесса до его начала.

Ту же цель – избежать преждевременного и поспешного эффекта массового осуждения – преследует и запрет звуко- и видеозаписи для телерадиовещания или кино во время судебного разбирательства (предл. 2 § 169 GVG). Разрешены только, с разрешения суда, съемки до начала процесса или по его окончании, либо во время перерывов; суд может, однако, запретить даже такие съемки, прежде всего, телевизионные, ввиду значительного использования персонала и техники, что может существенно повредить обстоятельствам судебного разбирательства и ходу самого процесса. При этом следует, однако, не забывать о принципе пропорциональности, иными словами, ограничение не должно превышать меру настоятельно необходимого, ибо, как решил Федеральный конституционный суд в одном из подобных случаев,[188] освещение средствами массовой информации важных судебных процессов в интересах информирования общества и формирования общественного мнения должно разрешаться в как можно большем объеме, чтобы тем самым содействовать многообразию в освещении. Если, например, различные заинтересованные телекомпании договариваются об организации пула, когда в зале суда присутствует только один оператор, продукцию которого используют все участники пула, суд не может полностью запретить телевизионные съемки.

Суды следят за точным соблюдением подобных предписаний относительно публичности устных судебных слушаний не в последнюю очередь потому, что их нарушение могло бы стать решающим основанием для пересмотра дела (абз. 6 § 338 УПК ФРГ; абз. 6 § 551 ГПК ФРГ; абз. 5 § 138 Положения об административных судах VwGO).

Наряду с этими формальными условиями и ограничениями работы корреспондентов во время судебных разбирательств следует обратить внимание на содержание общих правил обращения с теми или иными лицами, которые вольно или невольно оказываются в фокусе внимания общественности. Еще подробнее об этом будет сказано в главе 13.

В Кодексе печати Германского Совета по печати (см. гл. 6) закреплен в качестве правила долг добросовестности журналиста. Пункт 13 содержит следующую рекомендацию:

> «Освещение следствия, судебного разбирательства и прочих формальных процессов должна быть свободна от предубеждений. Поэтому пресса до начала процесса и в ходе его избегает преюдициальных выводов в публикациях и заголовках. Подозреваемый до вынесения приговора суда не должен изображаться виновным. О решениях суда нельзя сообщать накануне оглашения приговора, за исключением особо веских причин».

3. Короткие сообщения и репортажи о крупных событиях

В целях сохранения и поддержки многообразия средств массовой информации Федеральный конституционный суд объявил включенное землями в Государственный Договор о телерадиовещании право на «общедоступные и заслуживающие общественного интереса короткие сообщения о мероприятиях и событиях» (Государственный Договор о телерадиовещании § 5 RStV)

[188] BVerfGE 91, 125/134 f.;

не противоречащим Конституции, желательным и даже настоятельно необходимым; информацию следует получать из как можно большего числа источников, с тем, чтобы то или иное событие, представляющее общественный интерес, можно было бы рассматривать под разными углами зрения и по-разному трактовать.[189] Независимо от права на эксклюзивную трансляцию такого события каждой зарегистрированной в Европе телекомпании должна быть предоставлена – соответственно оплачиваемая – возможность короткого освещения (до 90 секунд), что позволило бы этой телекомпании передать «информационное содержание того или иного мероприятия или события». Это право распространяется только на телевидение, поскольку законодатель исходил, очевидно, из того, что для радиопередач никаких эксклюзивных прав на трансляцию не существует, ввиду того, что радиокорреспонденты, точно так же, как представители прессы, изображают событие не видеорядом, а собственными словами, и что им не требуется больше места и технического оборудования, чем работникам печатных изданий, которым не нужно добиваться особых прав у организаторов мероприятия. Вывод этот представляется, однако, спорным. В возрастающей степени телерадиовещание также сталкивается с требованиями организаторов крупных спортивных соревнований платить за предоставленную возможность трансляции.

Аналогичным образом, в интересах сохранения информационного многообразия, законодатель реагировал на технические возможности транслировать определенные телевизионные программы в кодированном виде за особую плату (платное ТВ). Озабоченность вызывает то, что владельцы кодированных программ за не соизмеримо высокую плату могли бы обеспечивать себе эксклюзивные права и в то же время отстранять от трансляции «свободно» принимаемые всеми телезрителями программы обычного телевидения, из-за чего значительная часть публики не могла бы следить за событием по телевидению. Согласно § 5 a RStV (см. выше) подобные кодированные передачи допустимы только, «если сама телекомпания или кто-то другой обеспечивает возможность на приемлемых условиях посмотреть ту же передачу по свободно принимаемой и доступной в Федеративной Республике Германии телевизионной программе; или если, в случае невозможности этого из-за параллельно передаваемых событий, передачу можно показать в записи в другое время». Крупные события, на которые распространяется это условие, исчерпывающе перечислены в абз. 2 § 5 a Государственного Договора о телерадиовещании (Олимпийские игры и особенно выдающиеся международные и национальные футбольные встречи). Регулирование RStV соответствует также положениям § 3 a директивных указаний Европейского Сообщества (89/552/ЕЭС в редакции от 97/36/ЕС) и § 9 Соглашения по телевидению Совета Европы.

---

[189] BVerfGE 97, 228/255 ff.;

Из этих специальных правил доступа к источникам информации для определенных, строго зафиксированных случаев нельзя вывести общее, вытекающее из принципа свободы прессы право на доступ к информации о каждом интересующем СМИ и общество событии. Препятствуют этому вытекающая из общих прав личности принципиально охраняемая автономия сферы частной жизни, служащая ограничителем свободы прессы, но также и легитимные, мотивированные интересами общества права государства по защите конфиденциальности определенных сфер, характер которых, разумеется, не может быть определен властями по своему усмотрению, а должен подчиняться конкретным решениям законодателя об охраняемых правовых ценностях.

Доступ СМИ к охраняемой информации

К числу ограничений свободного доступа к информации и свободы СМИ по статье 5 ОЗ относятся также те общие законы, которые призваны гарантировать доверительный характер отдельных процессов и охранять государственные тайны, то есть доверительную информацию и тайны любого рода, касающуюся частных лиц, предприятий, государственных учреждений, политических партий, правительства, парламента, а также профессиональных тайн врачей, адвокатов, работников социальных учреждений и священников. Для охраны упомянутых личных, профессиональных и государственных тайн есть свои причины, которые по зрелом размышлении можно отнести к области общественных интересов. С другой стороны, под рубрику сохранения тайны может попасть и важная для общества информация, включая информацию о допущенных ошибках и злоупотреблениях, раскрытие и публичное обсуждение которых были бы в интересах формирования общественного мнения, что отвечает конституционным обязанностям СМИ. В таких случаях СМИ выступают по отношению к носителям и хранителям тайн в некотором роде в качестве адвокатов общественности. Отсюда, в конечном счете, вытекает, что от них ожидают выполнения общественного долга. Это не должно привести к ложному представлению, что им будто бы переданы полномочия государства или административных органов.

По своим функциям и роду деятельности они должны быть независимы от государства и не подотчетны ему. Однако они нуждаются в том, чтобы получать от государства и его учреждений информацию и поддержку, в силу своей обязанности стимулировать развитие общественных дискуссий, которые, в конечном счете, находят свое политическое завершение в демократических выборах. Это следует учитывать в рамках необходимого и в этой ситуации сопоставления различных правовых ценностей, будто бы противостоящих друг другу.

I. Информационные права СМИ по отношению к государству

Общественные задачи прессы и телерадиовещания оправдывают особое право на получение информации от государства и его учреждений. В принципе это следует из предл. 2 абз. 1 ст. 5 ОЗ, где закреплена функция СМИ. В то же время это право СМИ регулируется земельными законами о средствах массовой информации – чаще всего в § 4 –, а именно таким способом, который кажется судам подобающим и достаточным,[190] что избавляет от необходимости прямо ссылаться на Основной Закон. При толковании и применении гарантированного законом права на получение информации следует,

[190] Решение Федерального административного суда ФРГ (далее – BVerwGE) 70, 310; с дальнейшими ссылками

однако, учитывать содержание и последствия институциональных гарантий свободы прессы и телерадиовещания.

Это право на доступ к информации далеко не во всех странах однозначно распространяется и на телерадиовещание; тем не менее, определенная идентичность функций и институциональных свобод печати и телерадиовещания оправдывает равнозначное обращение с ними хотя бы по принципу аналогии.

Согласно этим законодательным предписаниям, составленным и сформулированным в деталях неодинаково, все государственные и местные органы власти, а также подлежащие государственному надзору корпорации, учреждения и фонды публичного права (за исключением независимых от государства публично-правовых телерадиовещательных компаний) обязаны «предоставлять представителям прессы сведения, способствующие выполнению ее общественной задачи». В предоставлении информации может быть отказано, если это срывает, осложняет, затягивает или ставит под угрозу надлежащее проведение незавершенного процесса, а также, если это противоречит принципу сохранения тайны, нарушает преобладающие общественные или нуждающиеся в охране частные интересы или объем информации выходит за рамки допустимых норм.

Все эти оговорки позволяют властям ограничивать род и объем информации, что при известных обстоятельствах может выхолащивать право на информацию. Чтобы предотвратить излишнюю сдержанность в предоставлении сведений по запросам СМИ, Федеральный административный суд (в спорных случаях право на информацию может быть реализовано через административные суды) высказал в адрес органов власти предостережение, которое следует понимать и принимать в расчет как руководящий принцип в применении § 4 земельных законов о СМИ, но, кроме того, и в действиях органов власти и правительства по отношению к общественности, и не в последнюю очередь, если речь идет о реальных или мнимых процессах доверительного характера или тайнах:[191]

> «Свободно-правовой государственный строй предполагает такое поведение органов власти, которое в сфере общественных интересов характеризуется открытостью. Речь идет о готовности гарантировать гражданину прозрачность упомянутой сферы общественных интересов, предоставив прессе (как и другим СМИ), путем открытой информационной политики, возможность точного и подробного освещения».

С другой стороны, «затребование информации» является задачей самих СМИ. Тот же самый Федеральный административный суд установил в одном из своих прежних решений:[192]

[191] BVerwGE 70, 310/314;
[192] BVerwGE 47, 247/253;

«Не вытекает из гарантированной Основным законом свободы прессы право прессы на снабжение информацией служебного характера, интересующей общественность, со стороны органов власти.»

Способ предоставления информации определяется запрошенными органами власти. Это может быть прямой ответ на поставленные вопросы, устная справка, заявление для печати или документация, а в редких случаях – допуск к документам.

Право СМИ на доступ к информации получило любопытную конкретизацию благодаря федеральному «Закону о предоставлении информации об окружающей среде», принятому в развитие директивного указания Европейского Сообщества (90/313/ЕЭС). Согласно этому закону, каждый, включая СМИ, может затребовать у органов власти федерации, земель и общин, а также юридических лиц публичного и частного права, выполняющих задачи в области экологии под надзором государства, данные о состоянии воздушной среды, водоемов, почвы, животного и растительного мира, а также о деятельности, наносящей ущерб окружающей среде, о программах и мерах по защите среды.

Федеральные земли Берлин, Бранденбург, Северный Рейн-Вестфалия и Шлезвиг-Гольштейн пошли дальше – начиная с 1998 года они друг за другом приняли «Законы о свободе информации». Эти законы в качестве основополагающего права предоставляют каждому человеку («Каждый», «Каждое физическое лицо», «Каждый человек», «Каждое физическое и юридическое лицо частного права») «свободный доступ к информации, которой располагают органы власти». В данных законах закреплено право на получение сведений, а также право на ознакомление с делом. Однако законы устанавливают и ряд ограничений с целью защиты персональных данных, коммерческой и производственной тайны, а также с целью защиты общественных интересов и процесса формирования решений органов власти. В зависимости от толкования этих ограничений на практике, столь сенсационная, радикально установленная законодательством прозрачность работы органов власти может оказаться гораздо слабее, чем кажется на первый взгляд. Ведь на сегодняшний день нельзя не учесть опыта, собранного в процессе практического применения.

II. Охрана частных тайн

Охрана частных тайн в значительной мере вытекает из абз. 1 ст. 2 в сочетании с абз. 1 ст. 1 ОЗ, регулирующих общие права личности. Сфера частной жизни человека принципиально отделена от внимания общественности, за исключением тех случаев, когда конкретное лицо само обращается к общественности, либо ему по соображениям высшего порядка приходится принимать в расчет, что привлечет к себе внимание общественности. Об этом подробно говорится во гл. 13.

1. Информационное самоопределение

Общие права личности включают в себя также «право на информационное самоопределение», что означает право самостоятельно распоряжаться личными данными и носителями данных (архивом, документами, письмами, адресами, файлами и т. п.) и пользоваться ими главным образом в личных целях. Федеральный конституционный суд еще 20 лет назад постановил: технические возможности обработки данных создали необходимость защитить гарантированное Основным Законом свободное развитие личности от неограниченного сбора, накопления, использования и передачи личных данных.[193]

С этой целью были приняты федеральные и земельные законы об охране личных данных. Задача их – «защитить конкретную личность, чтобы она в результате обращения с ее данными личного характера не была ущемлена в своих личных правах» (абз. 1 § 1 Федерального Закона об охране данных, BDSG). Сбор, обработка и использование данных личного характера допустимо лишь настолько, насколько это позволяют либо предписывают законы, либо с добровольного согласия конкретного лица (абз. 1 § 4 BDSG). Для добывания, обработки и хранения средствами прессы и телерадиовещания информации, содержащей, чаще всего, также данные личного характера, правило охраны данных создавало бы существенные ограничения в работе. Поэтому во всех соответствующих законах предусмотрены «привилегия для СМИ»: многие определения Закона об охране личных данных теряют свою силу, если пресса и телерадиовещание «собирают, обрабатывают или используют данные личного характера исключительно в редакционно-журналистских целях». Но если кто-либо оказывается ущемлен в своих личных правах в результате телевизионной или радиопередачи, он может затребовать информацию о собранных и использованных в передаче данных, касающихся его личности, и, если они неверны, наложить на них запрет или потребовать опровержения. Отказать ему в предоставлении информации можно только в том случае, если из данных можно сделать выводы об авторе передачи или об источниках редакции. Если же редакционно-журналистское использование данных личного характера приведет к опровержению, это опровержение должно быть заархивировано.

2. Профессиональные тайны

К профессиональным тайнам относятся, прежде всего, сведения, сообщаемые своему врачу, адвокату, налоговому консультанту, психологу, сотруднику социального ведомства. Если одно из этих доверенных лиц разгласит доверенные ему или ставшие ему известными конфиденциальную информацию, чужую «тайну» либо всякого рода сведений личного или делового характера, не имея на то полномочий, то есть без согласия пострадавшего, оно подлежит наказанию, но также, например, и журналист, спровоциро-

[193] BVerfGE 65, 1/43;

вавший или подстрекнувший к разглашению тайны (§ 203 Уголовного Кодекса ФРГ).

Это относится и к должностным лицам, чиновникам и прочим, кому по должности доверяются чужие тайны или кто их по должности узнают. Что касается служащих государственных учреждений, то могло бы быть спорным, вытекают ли из обязанности предоставлять информации СМИ полномочия передавать даже такие сведения. В неясных случаях в процессе сопоставления правовых ценностей предпочтение отдается защите доверия лица, чьих данных это касается, если только речь не идет об очень важных сведениях общественного значения, которые оправдывали бы подобное нарушение прав личности в интересах обеспечения свободы слова и печати.

3. Государственные тайны

В Уголовном Кодексе предусмотрены наказания также за неправомочное разглашение государственных тайн. И относится это не только к измене родине в полном смысле этого понятия, когда государственная тайна сообщается иностранной державе и когда виновный, как говорится в § 94 УК ФРГ, «тем самым навлекает угрозу тяжкого ущерба для внешней безопасности Федеративной Республики Германия». Наказывается также тот, кто, создавая угрозу тяжкого ущерба интересам государственной безопасности, просто сделает государственную тайну, охраняемую официальным органом власти или по его распоряжению, доступной не уполномоченным на то лицам или предаст ее гласности. Такое «разглашение государственной тайны» (§ 95 УК ФРГ) даже в тех случаях квалифицируется как простое «открытие государственных тайн» и влечет за собой уголовное наказание, если угроза тяжкого ущерба для внешней безопасности была создана по небрежности, непреднамеренно (§ 97 УК ФРГ).

Перечисленные проступки, особенно последний, входят в некоторое противоречие с зафиксированными в ст. 5 ОЗ задачами СМИ, ибо для формирования общественного мнения, несомненно, играет роль и вопрос, как дело обстоит со внешней безопасности государства и какие оборонительные стратегии и какие инвестиции в области вооружений им запланированы. Обязанностью СМИ было бы обратить внимание общественности на недостатки, например, на оборонительные меры, противоречащие (международно-) правовым нормам, как это сделал журналист Карл фон Оссиецкий во времена Веймарской Республики, написав о секретном перевооружении рейхсвера; его тогда осудили за измену родины. Сегодня такое больше невозможно, поскольку абз. 2 § 95 УК ФРГ определяет: «Факты, которые противоречат свободно-демократическому государственному строю или – сохраняясь в тайне перед партнерами Федеративной Республики Германия – нарушают межгосударственные договора об ограничениях вооружений, не являются государственными тайнами». А потому они могут публиковаться принципиально безнаказанно (если только предположение, будто бы речь идет о такой «нелегальной государственной тайне», не было виновной ошибкой, которой можно было бы избежать). Спорным считается, как поступать в тех случаях, когда отдельные факты, собранные СМИ и не являющиеся предметом государственной тайны, вместе составляют «мозаику», которая в столь компактной форме начинает представлять собой государственную тайну. По определению УК ФРГ, однако, речь должна идти не о такой компиляции, которую может сделать чуть ли не каждый, а только о систематической и кропотливой работе экспертов.

Журналистское обращение с государственными тайнами, во всяком случае, требует тщательного взвешивания двух важных конституционно-правовых ценностей: безопасность государства и беспрепятственный процесс формирования общественного мнения, как выразил это Федеральный конституционный суд в одном из своих решений[194], подчеркнув, что в условиях свободно-демократического государственного строя «государственные сделки, включая военные ... подлежат постоянной критике или одобрению со стороны народа»:

> «С этой точки зрения, необходимость сохранения военной тайны в интересах государственной безопасности и свобода прессы не должны быть взаимоисключающими противоположностями. Обоих объединяет преследование высшей цели: обеспечения сохранности Федеративной Республики Германии – в правовом смысле этого понятия. С учетом этой цели и должны потому решаться конфликты между двумя необходимостями государства. При этом в каждом отдельном случае надо учитывать значение разглашенных фактов и прочей информации, как для потенциального противника, так и для формирования мнения народа о политике; нежелательные последствия для безопасности страны, которые могли бы вытекать из публикации, следует соразмерить с потребностью информированности о важных процессах и в области оборонной политики. В этом смысле абз. 1 ст. 5 ОЗ создает принципиальные ограничения против трактовки названных предписаний УК.»

Насколько трудно вынести приговор с учетом подобных обстоятельств, показывает конкретный случай. Поскольку в судебной коллегии не набралось большинства в две трети голосов, предписанного законом, нарушение ст. 5 ОЗ в процессе опротестованного применения уголовным судом уголовного права зафиксировано не было, несмотря на то, что все члены судебной коллегии в равной мере руководствовались приведенными выше принципами. Противопоставление всех «за» и «против» стало в этом случае почти хрестоматийным.

Спрашивается, каким же образом можно ожидать от редакции газеты или телерадиокомпании, чтобы они, даже обладая полной информацией относительно всех предпринятых правовых мер, в случае сомнений принимали правильное решение? Как бы то ни было, она может сослаться на принципи-

---

[194] BVerfGE, 162/178;

альное, единодушно согласованное указание Федерального конституционного суда относительно преимущественного применения ст. 5 ОЗ.

Защита личной чести

Правовая охрана личной чести является одним из трех предусмотренных в самом Основном Законе ограничений свобод, гарантированных в абз. 1 ст. 5 ОЗ. Отдельное упоминание этого ограничения является выражением основной конституционной обязанности, закрепленной в абз. 1 ст. 1 ОЗ, а именно неприкосновенной обязанности, уважать и защищать достоинство человеческой личности (см. также гл. 2).

I. Уголовное право

В Уголовном кодексе ФРГ (УК ФРГ), который является «общим законом» в соответствии с абз. 2 ст. 5 ОЗ, под собирательным понятием «оскорбление» понимаются различные составы преступлений, за осуществление которых предусматривается взыскание денежного штрафа или наказание в виде лишения свободы сроком до 5 лет, а именно: оскорбление (§ 185 УК ФРГ), клевета (§ 186 УК ФРГ), злонамеренная клевета (§ 187 УК ФРГ), оскорбление памяти умершего (§ 189 УК ФРГ).

В случае, если клевета или злонамеренная клевета совершаются публично или путем распространения письменных текстов (к которым относятся аудио- и видео-носители, интернет и SMS) то предусмотренное законами наказание будет более строгим. Более строгое наказание предусматривается, кроме того, и в тех случаях, если потерпевший от клеветы или злонамеренной клеветы является «лицом, участвующим в политической жизни народа» и преступление было совершено «по мотивам, которые связаны с занимаемым оскорбленным лицом положением в общественной жизни и .... способно существенно затруднить его общественную деятельность» (§ 188 УК ФРГ). К этому кругу лиц относятся, например, Федеральный Президент, члены федерального и земельного правительства, депутаты парламентов, судьи Федерального конституционного суда, ведущие члены политических партий, ведущие местные политики, прежде всего, в том случае, если последние были избраны непосредственно народом, а также, в некоторых случаях, руководящие должностные лица. За оскорбление Федерального Президента (§ 90 УК ФРГ), а также за оскорбление государства и его символики (§ 90 а УК ФРГ) и за антиконституционное оскорбление государственных органов (§ 90 б УК ФРГ) предусматривается отдельное наказание.

Все закрепленные в УК преступления, связанные с нанесением оскорбления, преследуются только по заявлению потерпевшего (§ 194), за исключением тех случаев, когда «потерпевший преследовался в период национал-социалистического или в иных периодах деспотизма и произвола в связи с принадлежностью к какой-либо группе населения, и нанесенное оскорбление связано именно с этим преследованием» (однако и в этом случае преступление не преследуется государством, если потерпевший заявит свой протест).

1. Понятие чести

Правовой ценностью, которую охраняют закрепленные в уголовном кодексе составы преступлений, связанные с оскорблениями, является честь конкретного человека, в том числе и тогда, когда этот человек не назван по имени, но может быть идентифицирован, даже если только по принадлежности к какому-либо четко определяемому коллективу с собирательным названием. В Уголовном кодексе не содержится определения чести. Оно дается в других правовых нормах и в правоприменительной практике. Понятие чести включает в себя как внутреннюю ценность, т. е. индивидуальное достоинство человека, так и его внешнюю значимость – репутацию в глазах окружающих, общественную оценку, а также социальную ценность как в частной, так и в общественной жизни. Кроме того, сюда относится деловой, хозяйственный, профессиональный авторитет и не в последнюю очередь «финансовая добропорядочность».

2. Оскорбление, клевета, злонамеренная клевета, поношение

Под «оскорблением» в уголовном праве понимается противоправное посягательство на честь другого человека путем преднамеренного проявления неуважения или пренебрежения. Неуважение или пренебрежение может быть выражено в любой форме и в любом виде: в устной, письменной, изобразительной, символической форме или в результате совершения какого-либо действия. По содержанию речь может идти либо об оценке каких-либо сведений, т. е. о выражении собственного мнения, либо об утверждении факта. Шутка, сатира, карикатура или насмешливое замечание тоже могут иметь оскорбительную форму. При этом существует различие между смыслом высказывания, основанном на фактах, и его сатирическим или карикатурным изображением. Фактический смысл, к которому относится высказывание, должен соответствовать действительности. А с точки зрения формы сатира и карикатура не должны опускаться до уровня банального оскорбления; они должны представлять собой «социально адекватную иронию». При этих условиях сатира и карикатура являются не только выражением собственного мнения, но и результатом творчества, а, следовательно, охраняются свободой творчества в соответствии с абз. 3 ст. 5 ОЗ. Свобода творчества ограничена только в том случае, если оскорблено человеческое достоинство.

В результате соответствующего толкования ст. 5 ОЗ, для осуществления «свободной борьбы мнений» в условиях демократии, Федеральный конституционный суд определил мнениям, приносящим вклад в общую дискуссию по общественно важным вопросам, более широкие рамки. С учетом этого свободного пространства, уголовная защита индивидуальных прав становится второстепенной даже в тех случаях, когда в отношении формы высказывания и выбора слов подобные высказывания оказываются более жесткими, чем высказывания, с которыми нужно мириться в рамках частного конфликта. Это касается, прежде всего, общественных дискуссий в отношении спорных политических вопросов. В этом случае тот, кто сам употребляет жесткие выражения, не может чувствовать себя оскорбленным, если ему отвечают тем же. В частности, это касается ситуаций, в которых речь идет о реакции оскорбленного или, по словам Федерального конституционного суда об «ответном ударе». Однако граница подобных высказываний, установленная свободой слова и свободой средств массовой информации, заканчивается тогда, когда критика переходит в оскорбление, т. е. уже не касается самого предмета дискуссии, а преследует исключительно цель преднамеренного оскорбления личности, а также в тех случаях, когда основной смысл высказывания сводится к оскорблению. Сам предмет дискуссии может допускать весьма резкую полемику, однако до тех пор, пока целью спора не становится исключительно унижение и оскорбление личности:[195]

> «Если высказывание мнения не может быть классифицировано ни как формальное оскорбление, ни как поношение, то результат решения в споре [между свободой слова и массовой информации и нормами уголовного права, ограничивающими эти свободы; (прим. автора)] зависит от тяжести ущерба, нанесенного вышеупомянутым правовым ценностям. При этом, в отличие от утверждения конкретных фактов, в этой ситуации не имеет значения, была ли критика оправданной и является ли оценка сведений 'правильной' (см. BVerfGE 66, 116/151;68, 226/232). Определяющим является вопрос, использовалось ли оппонентом основное конституционное право на высказывание собственного мнения в рамках частного спора в собственных интересах или же участвовал ли он в дискуссии по общественно важным вопросам. Если спорное высказывание является вкладом в формирование общественного мнения, то в соответствии с постоянной судебной практикой существует презумпция в пользу свободы слова (см. BVerfGE 7, 198/208, 212; 61, 1/11).»

Законодатель так определяет состав преступления «клевета»: «лицо, утверждающее или распространяющее в отношении другого лица факт, способный дискредитировать или унизить это лицо в общественном мнении» (§ 186 УК ФРГ). Состав преступления «злонамеренная клевета» гласит: «лицо, которое утверждает или распространяет какой-либо факт, заранее зная, что он является ложным». Кроме того, альтернативным условием является то, что ложный факт способен подвергнуть опасности кредит доверия потерпевшего (§ 187 УК ФРГ). Злонамеренная клевета всегда является «поношением», тогда как клевета или оскорбление становятся поношением только тогда, когда достоинство было унижено в особо циничной форме.

Факты – это утверждения, которые поддаются проверке; они являются правильными или неправильными, верными либо ложными. Это определе-

---

[195] BVerfGE 93, 266/294; 82, 272/283 f.;

ние важно не только для того, чтобы установить сам факт совершения оскорбления, который преследуется нормами уголовного права, но и, прежде всего, потому, что оскорбительное высказывание может быть оправдано, так как являлось верным. Однако, в любом случае ст. 5 ОЗ не охраняет сознательное утверждение ложных фактов. С точки зрения конституционной свободы выражения мнения ложная информация не заслуживает защиты; то же самое относится и к ложным цитатам.[196]

В этой связи Федеральный конституционный суд в своем давнем решении указал на обязанность средств массовой информации проявлять добросовестность:[197]

> «Свобода массовой информации сопряжена с определенными обязанностями, которые должны восприниматься тем серьезнее, чем выше оценивается конституционное право свободы прессы. В случае если пресса пользуется своим правом на информирование общественности, она обязана предоставлять правдивую информацию. Постоянная судебная практика требует от прессы выполнения обязанности давать правдивую информацию (см. BGHZ 31, 308/312 f.). Одновременно с этим, эта обязанность вытекает из важности формирования общественного мнения в целостном организме свободной демократии. Общественное мнение может формироваться только при условии, что читатель – в рамках возможного – был правильно информирован. Во исполнение функции способствовать формированию общественного мнения, пресса обязана проверять достоверность всех сообщений и утверждений. Даже притом, что к обязанности предоставлять правдивую информацию и проверять ее достоверность не возможно предъявлять завышенные требования, тем не менее, распространение ложной информации по неосторожности недопустимо. Тем более не допустимо сознательное искажение достоверной информации, что происходит и в тех случаях, когда от общества скрывается известное положение вещей».

В подобном случае пресса не может сослаться на свои законные интересы, при осуществлении которых в соответствии с § 193 УК ФРГ она освобождается от уголовной ответственности за оскорбительные действия. Средства массовой информации освобождаются от уголовной ответственности, если они действовали в соответствии с законом во исполнение своих общественных задач.

Однако часто не легко однозначно отличить факты от выражения мнений. Следуя толкованию Федерального конституционного суда понятие «выражение мнения», содержащееся в ст. 5 ОЗ, можно понимать широко:[198]

---

[196] BVerfGE 54, 208/219; 61, 1/7 ff.;85, 1/15;90, 241/247;
[197] BVerfGE 12, 113/130;
[198] BVerfGE 54, 208/219; 61, 1/9;

«Если в высказывании содержится элемент изложения собственной точки зрения, собственного мнения или суждения, то оно охраняется конституционным правом. Это положение действует и тогда, когда, как это часто бывает, в одном высказывании содержится как выражение мнения, так и сообщения о фактах или утверждения, основанные на фактах. В любом случае, оно действует тогда, когда факты и выражение мнения не возможно отделить друг от друга, а фактическая сторона высказывания по сравнению с оценочной стороной является второстепенной».

Такое толкование расширяет область применения доктрины Федерального конституционного суда о так называемом взаимодействии основных конституционных прав и их ограничений: в соответствии с текстом конституции, ограничения, предусмотренные абз. 2 ст. 5 ОЗ, устанавливают границы конституционных прав абз. 1 ст. 5 ОЗ, но при толковании этих ограничений должна учитываться значительность таких первостепенных конституционных прав, как свобода выражения мнений и свобода СМИ, то есть, в конечном счете, эти конституционные права устанавливают пределы своих же ограничений.[199]

II. Гражданское право

Личная честь охраняется также и гражданским правом, которое включает правовые нормы по нанесению ущерба профессиональной и деловой репутации. Претензии, связанные с охраной личной чести могут быть предъявлены на основании § 823, § 824 и § 826 Германского Гражданского Кодекса (ГК ФРГ). Судебная практика по гражданским делам, которая ориентируется на нормы абз. 1 ст. 1 и абз. 1 ст. 2 ОЗ, внесла решающий вклад в формирование и улучшение гражданско-правовой охраны всех положений, связанных с уважением личного достоинства человека.

1. Общее право личности

Общее право личности признано абсолютным правом. Его противоправное нарушение влечет за собой предъявление требований о прекращении или несовершении действия, об исправлении и возмещении ущерба, что предусматривается и в случае противоправного посягательства на неприкосновенность перечисленных в абз. 1 § 823 правовых ценностей, таких, как жизнь, телесная неприкосновенность, здоровье, свобода или собственность. Принимая во внимание конституционное положение Общего права личности, к которому относится, в том числе и защита чести, судебная практика на основании вытекающего непосредственно из конституции права судов на толкование законов, ввела положение о возмещении нематериального ущерба, размер которого устанавливается судами. Возмещение нематериального

[199] BVerfGE 7, 198/209;

ущерба предусматривается наряду с возмещением материального ущерба, который в таких случаях часто трудно или недостаточно доказуем.

Однако даже если институт Общего права личности не был бы признан, то нарушение норм уголовного права, предусматривающих ответственность за нанесение оскорбления, привело бы к гражданско-правовому возмещению ущерба в соответствии с абз. 2 § 823 ГК ФРГ, который предусматривает возмещение ущерба за нарушение так называемого «правоохранительного закона». Под таким законом понимается «закон, направленный на охрану третьего лица», как, например, вышеуказанные нормы уголовного права.

Наконец, следует упомянуть и норму § 824 ГК ФРГ, которая регулирует распространение слухов, ставящих под угрозу «кредит доверия» (деловую репутацию):

> «Лицо, которое утверждает или распространяет ложный факт, способный поставить под угрозу кредит доверия другого лица или нанести прочий ущерб получению или дальнейшему существованию такого доверия, обязано возместить пострадавшему лицу возникший ущерб даже в том случае, если ему не была известна недостоверность факта и такое незнание было неосторожным».

Средства массовой информации должны учитывать то обстоятельство, что в соответствии с абз. 2 § 824 ГК ФРГ обязанность возмещения ущерба отсутствует в случае «сообщения, недостоверность которого не была известна сообщающему лицу, ... если это сообщение было сделано в законных интересах этого лица или адресата такого сообщения». Однако, в соответствии с судебной практикой такое освобождение от ответственности, по крайней мере, в сфере средств массовой информации, возможно только тогда, когда ими, в рамках возможного, добросовестно были исчерпаны все возможности проверки таких сообщений, во избежание распространения ложных сведений. Ведь законный интерес СМИ в соответствии со ст. 5 ОЗ, в принципе существует только для распространения достоверных заявлений. Это положение является общим принципом, который вытекает из оценки правовых ценностей «свободы выражения мнений и свободы СМИ», с одной стороны, и «общего права личности», с другой стороны.[200] Даже если в случае распространения предосудительного недостоверного сообщения по каким-либо причинам не возмещается материальный ущерб, потерпевший имеет возможность потребовать прекращения распространения или нераспространения ложного факта, его исправления или опровержения.

2. Несоответствие общепринятым нормам морали и недобросовестная конкуренция

Вышеуказанные правовые последствия и возмещение ущерба предусматриваются также и в отношении того, «кто преднамеренно причиняет ущерб

[200] BVerfGE 97, 125/149;

другому лицу действиями, нарушающими общепринятые нормы морали» (§ 826 ГК ФРГ). Речь идет о действиях, которые противоречат «чувству порядочности всех справедливо и беспристрастно думающих». При этом масштабом здесь является общественное понимание морали, так, например, безнравственные средства, использованные для достижения легитимной цели, не оправдывают ее достижения. В связи с тем, что в сфере прав личности подобные размышления должны вестись в рамках оценки правовых ценностей, находящихся в коллизии друг с другом, чтобы в конечном счете привести их к взаимному равновесию, значение вышеуказанной нормы ослабло. Со строгой государственно-правовой точки зрения такая общая оговорка и без того является весьма спорной и соответствует конституции только при условии ее узкого толкования в соответствии со статьями 1, 2 и 5 ОЗ. Она зависит от меняющихся с течением времени общественных ценностей с ориентиром на «здравый смысл народа». Поэтому общая оговорка в § 826 ГК ФРГ сформулирована весьма неопределенно. Правовое суждение о том, что допустимый объем личной свободы определяется представлениями общества или «соответствующего круга лиц», лежит и в основе норм о «недобросовестной конкуренции»: против лица, осуществляющего действия с целью конкуренции с нарушением общепринятых норм морали, может быть выдвинуто требование о прекращении или несовершении таких действий, а также о возмещении причиненного ущерба (§ 1 Закона о борьбе с недобросовестной конкуренцией). Как свидетельствуют нормы этого закона, касающиеся «клеветы» и «деловой клеветы» (§ 14 и § 15 Закона о борьбе с недобросовестной конкуренцией на рынках сбыта), созданные по модели § 824 ГК и § 187 УК ФРГ, в этой области также возможно нанесение оскорблений. Эти нормы также являются «общими законами» в соответствии с абз. 2 ст. 5 ОЗ и при их толковании должна учитываться значимость конституционных прав.

III. Ответственность СМИ

Нормы общих законов, а также законодательство о печати, телевидении и радиовещании определяют правовую ответственность печати, телевидения и радиовещания за распространение оскорбительных сообщений. На основании этих норм можно заключить, кто является лицом, причинившем ущерб, исполнителем преступления, подстрекателем или пособником уголовно наказуемого деяния. Гораздо сложнее определить, отвечают ли средства массовой информации за распространение высказываний третьих лиц, и в каких случаях. Ссылаясь на решение Федерального конституционного суда по делу одной из регулярно выходящих телевизионных передач, в общем и целом можно сказать следующее: за высказывания третьих лиц средство массовой информации несет ответственность только в тех случаях, когда оно либо присвоило себе такое высказывание в рамках драматургической концепции передачи или публицистической статьи, либо дало повод полагать, что это высказывание было присвоено или же использовало подобное высказывание для подтверждения собственного мнения. «Только на основании того, что телевидение передает высказывания третьих лиц, четко не дистанцируясь от них, как правило, телезрителями, не может быть сделан вывод о том, что оно разделяет высказывания третьего лица»[201]. При этом надо учитывать, что важная задача средств массовой информации заключается в том, чтобы быть «форумом» или «рынком», на котором общество может найти разнообразные мнения и информацию.

[201] Решение Федерального верховного суда ФРГ, BGHZ 66, 182/188 ff.;

Защита частной жизни

Защита частной жизни каждого человека является необходимым следствием конституционного требования уважать и охранять неприкосновенное достоинство человека (абз. 1 ст. 1 ОЗ), которое стоит на вершине иерархии конституционных ценностей. Это принципиальное положение о признании высшего права человека является непосредственно действующим правом, которое обязывает, прежде всего, государственную власть и государственные органы, законодателя, исполнительную (административную) и судебную власти (абз. 3 ст. 1 ОЗ). Это положение распространяется и на частную сферу, предоставляя каждому человеку право требовать уважения и защиты своего достоинства, своей личности и частной жизни. В результате соединения основного конституционного права на уважение достоинства каждого человека с гарантированным каждому человеку в абз. 1 ст. 2 ОЗ правом на свободное развитие личности «в той мере, в какой он не нарушает прав других и не посягает на конституционный строй или нравственные нормы», возникла до того неизвестная правовая конструкция Общего права личности. В немецком праве такая правовая конструкция родилась на основании судебной практики Верховного суда по уголовным и гражданским делам – Федерального верховного суда, и судебной практики Федерального конституционного суда, призванного давать обязательное толкование законодательных норм. Эта правовая конструкция представляет собой открытое, неопределенное правовое понятие, предоставляющее широкие возможности для толкования. Она действует во всех сферах, подлежащих охране человеческого достоинства, если это не урегулировано законодательством. Закона, который регулировал бы все правовые вопросы, связанные с Общим правом личности, не существует, прежде всего, потому, что необходимую правовую защиту уже обеспечила очень разнообразная судебная практика.

I. Сфера охранительного действия права личности и «публичный риск»

К Общему праву личности относится ряд сфер частной жизни, относящихся к сущности основного права человека – его достоинства. Однако для этих сфер предусматриваются различные возможности и виды защиты. В соответствии с судебной практикой Федерального конституционного суда,[202] эти сферы узко подразделяются на индивидуальную, частную, конфиденциальную и интимную сферу частной жизни. Эти сферы накладываются друг на друга как концентрические круги – с внешней стороны правовая защита этих сфер начинается с индивидуальной. Степень защиты усиливается с

[202] BVerfGE 51, 148, а также 27, 1; 32, 373; 34, 238; 35, 202; 47, 46, 49, 288; 97, 981; 101, 361;

приближением к интимной сфере. С приближением к интимной сфере возможностей для вторжения в частную жизнь становится все меньше.

Однако надо учитывать и то обстоятельство, что каждый человек живет в более или менее общественно доступном окружающем мире, участвует и вращается в нем, занимается в нем какой-либо деятельностью, и тем самым, добровольно или неизбежно предает себя публичности. Поэтому каждый человек берет на себя ответственность за «публичный риск», соответствующий его жизни и положению в обществе. В любом случае он должен мириться с тем, что общественность интересуется им в той мере, в какой он сам покидает выше названные сферы своей частной жизни и открывает себя публичному вниманию. Это размышление является следствием права на самоопределение, которое находится в центре индивидуальной сферы частной жизни.

Кроме того, ни один человек не может настаивать на том, чтобы в обществе ему давалась только та оценка, которая по его мнению является правильной.[203] Однако право личности защищает репутацию человека от причинения вреда, а также от недостоверных и искажающих сведений.[204]

II. Индивидуальная сфера частной жизни

Каждый человек обладает собственной индивидуальной сферой частной жизни и потому отличается от других. В индивидуальной сфере человек живет. При этом в принципе он может по своему усмотрению определять ее границы, формировать ее, а также исключать из нее каких-либо людей. А право личности предоставляет ему субъективные права по сохранению и защите собственной индивидуальности.

1. Право на имя

К субъективным правам человека по сохранению и защите собственной индивидуальности относится право на имя. Имя является отличительным признаком конкретного человека и поэтому принадлежит исключительно ему. В соответствии с § 12 ГК каждый человек имеет право на защиту, если право на использование его собственного имени оспаривается другим лицом, а также в тех случаях, если в результате недозволенного использования имени другим лицом нарушаются его интересы. Это положение распространяется и на право использования псевдонимов, которое является составной частью права на самоопределение в той мере, в какой оно признается законодательством для идентификации с целью сохранения анонимности (например, презумпция авторства на основании псевдонима, § 10 Закона об авторском праве). Если фамилия распространенная, то для идентификации личности необходимо использовать дополнительные отличительные призна-

---

[203] BVerfGE 82, 236/269;
[204] BVerfGE 97, 125/149, а также 54, 148/155; 54, 208/217;

ки (например, имя человека). Использование чьего-либо имени для вымышленного литературного героя не считается использованием имени в соответствии с § 12 ГК. Однако если помимо имени используются какие-либо прочие отличительные признаки, указывающие на реально существующего человека, и существует опасность, что обладатель имени будет спутан с вымышленным героем, то на основании права личности использование имени для героя романа, театрального спектакля, радиопьесы и т. п. может быть запрещено, чтобы в общественном восприятии оно ассоциировалось только с его обладателем. Использование имени может быть запрещено и для того, чтобы характерные черты и поступки вымышленного героя не ассоциировалось с законным обладателем имени. Неправомочное использование имени человека для чужой рекламы тоже является нарушением права личности, а также, как правило, нарушением правовых норм, регулирующих ведение конкурентной борьбы.

2. Право на собственный портрет

Изображение человека, его портрет, является существенным отличительным признаком личности. Такие изображения могут «распространяться и публично демонстрироваться», как правило, только с предварительного согласия изображаемого. Так называемое «право на собственный портрет» урегулировано законодательством (а именно, в законе от 1907 года «Об авторском праве на произведения искусства» (KUG), который действует только в той части, которая касается права на собственный портрет, тогда как прочие нормы этого закона утратили силу и были интегрированы в Закон об авторском праве). При этом положения Закона об авторском праве на произведения искусства, касающиеся права на собственный портрет, не имеют никакого отношения к авторскому праву, так как человек не является автором своей собственной внешности, своего изображения. Однако возможность решать, как, где и в каких случаях может быть использовано собственное изображение, является составляющей частью права личности на самоопределение. Право на собственный портрет может использоваться в течение 10 лет после смерти лица его родственниками. Таким образом, это право является законодательно закрепленным примером того, что право личности действует, по крайней мере, в течение некоторого времени после смерти.

Закон об авторском праве на произведения искусства предусматривает и ограничения права на самоопределение: в соответствии с абз. 1 § 23 данного закона изображение какого-либо лица может быть опубликовано без его предварительного согласия, если речь идет об изображениях из области современной истории, а также об «изображениях, в которых человек является лишь ‘дополнением’ пейзажа или прочей местности»[205]. Для публикации изображений собраний, шествий, процессий или тому подобных событий, в

[205] Воспроизведен точный текст Закона «Об авторском праве на произведения искусства» от 1907 г.

которых участвовали изображенные личности, а также в случае, если распространение и публикация изображений служит интересам искусства, предварительного согласия также не требуется. Самым важным исключением являются «изображения из области современной истории». Такие изображения изо дня в день используются в печати и телевидении. Если бы возможность правомерно изображать людей без их предварительного согласия не была бы предусмотрена законодателем, то печать и телевидение не смогли бы выполнять свои функции в сегодняшнем визуальном мире. Именно поэтому положения § 23 Закона об авторском праве на произведения искусства оправданы абз. 1 ст. 5 ОЗ. Параграф 23 ограничивает действие права на самоопределение, вытекающее из права личности, а право на самоопределение в свою очередь ограничивает свободу средств массовой информации. Ограничение, установленное в абз. 1 § 23, полностью соответствует доктрине Федерального конституционного суда о так называемом взаимодействии основных конституционных прав и их ограничений.[206]

Однако если в результате распространения или демонстрации перечисленных в абз. 1 § 23 изображений или картин «нарушается законный интерес изображенного лица, а в случае смерти последнего, его родственников», то в соответствии с абз. 2 § 23 исключение из правила, установленное в абз. 1 § 23 не действует. К таким законным интересам относятся в первую очередь основные конституционные права, закрепленные ст. 1 и 2 ОЗ. Таким образом, в тексте § 23 проводится именно такая оценка правовых ценностей, которая в соответствии с Конституцией должна проводиться при наличии коллизий между правом свободы СМИ и общим правом личности. Судебная практика ввела понятия «абсолютного» и «относительного» положения личности в современной истории и внесла, таким образом, свой вклад в развитие этой области права. Объем использования изображений личности зависит от занимаемого ей положения. Понятие «современная история» следует рассматривать не только с точки зрения исторической важности. Мало значительные с исторической точки зрения повседневные происшествия, а также псевдо-важные общественные события из мира развлечений и сплетен также могут относиться к современной истории. Ведь свобода средств массовой информации защищает и те публикации, которые удовлетворяют не столько умственные потребности, сколько общественное любопытство и жажду сенсаций. Такие публикации, весьма типичные, но отнюдь не основополагающие в свободном обществе, в большей мере подлежат ограничению в связи с правом личности и защитой индивидуальной сферы, чем серьезные публикации, повествующие о важных событиях в государстве и мире.

«Абсолютное» положение занимают личности, которые на протяжении достаточно долгого периода времени привлекают к себе повышенный общественный интерес. К таким личностям относятся не только государственные

[206] См. гл. 12 (перев.).

деятели, ведущие политики, лидеры деловых кругов или ведущие представители церкви, но и представители творческих профессий, а также известные спортсмены. Определить, кто относится к этой категории, легче всего методом исключения из категории тех лиц современной истории, которые занимают «относительное» положение. Такие личности привлекают к себе общественное внимание в большинстве случаев либо в какой-то определенный период времени, либо в связи с каким-то определенным событием. К этой категории относятся: жертвы и свидетели крупных катастроф, аварий или преступлений, преступники, представшие перед судом за свершение тяжкого преступления, а также стороны громких судебных процессов, адвокаты и судьи. После того как событие произошло, в любом случае по прошествии определенного времени после события, эти лица снова получают право самостоятельно определять степень своей анонимности. В последствии изображения этих лиц могут быть опубликованы только тогда, когда существует повод для того, чтобы вспомнить именно о прошедшем событии. Однако, например, преступник не должен мириться с публикацией своего изображения и имени, если такая публикация может помешать процессу его ресоциализации или затруднить его.[207] В настоящее время обсуждается вопрос, приобретает ли лицо, сопровождающее в обществе личность, занимающую «абсолютное» положение, на основании одного только этого обстоятельства статус лица с «относительным» положением.

Действие Закона об авторском праве на произведения искусства не распространяется на процесс изготовления изображений. Судебная практика исходит, как правило, из того, что изготовление изображений не нарушает право личности, если их распространение является правомерным.

3. Защита произнесенного слова

К индивидуальной сфере частной жизни относится возможность свободного определения вида и содержания коммуникации. В соответствии с недавним спорным решением Федерального конституционного суда каждый человек имеет право решать, каким образом и должно ли вообще происходить его словесное общение с другими людьми даже в тех случаях, когда он пользуется техническими средствами коммуникации. Это решение противоречит судебной практике Федерального верховного суда, в соответствии с которой прослушивание разговоров с помощью прослушивающих устройств является допустимым, так как в сегодняшнее время каждый должен принимать в расчет, что его разговоры могут прослушиваться.

Недозволенная запись негласных разговоров, использование и распространение подобных нелегальных записей уголовно наказуемы в соответствии с § 201 Уголовного Кодекса ФРГ. В соответствии с этой нормой уголовное наказание предусматривается и для лиц, прослушивающих с помощью прослушивающих устройств негласные разговоры другого лица, которые не

[207] BVerfGE 35, 202 ff.;

предназначены для их сведения, а также для тех лиц, которые «предают гласности дословное или основное содержание нелегально прослушанного или записанного разговора». В последней альтернативе этой нормы законодатель хотел, прежде всего, запретить распространение нелегально прослушанных или записанных разговоров средствами массовой информации. Однако в соответствии с этой нормой выше указанные действия не являются противоправными, «если сведения были опубликованы с целью защиты первостепенных общественных интересов». Тем самым законодатель хотел учесть положение ст. 5 ОЗ, а также установить масштаб для сопоставления (взвешивания) правовых благ.

Выше указанные действия не являются недозволенными, если они основаны на законных полномочиях в рамках уголовного преследования, например, на соответствующем конституции законном полномочии для борьбы с терроризмом и особо тяжкими преступлениями.

4. Защита данных

На основании права на информационное самоопределение[208] в федеральных и земельных законах была разработаны обширные механизмы защиты данных (см. также гл. 10), целью которых является «защитить человека от нарушения права личности в результате использования его персональных данных» (§ 1 Федерального Закона о защите данных). Соблюдение конфиденциальности данных, требуемой законами, контролируется независимыми уполномоченными по охране данных.

III. Частная, конфиденциальная и интимная сферы частной жизни

К частной сфере жизни относятся дом и семья, т. е. все те события, которые обычно происходят за закрытыми дверями дома, отпуск, семейные отношения, круг друзей, брак и дети. При этом отдельные детали частной сферы могут относиться к менее доступной конфиденциальной или даже интимной сфере. Конфиденциальная сфера касается всего того, что обычно считается секретным: личные документы, дневники, свидетельства, письма, заболевания, проблемы семьи и брака (например, нарушение тайны переписки является уголовно наказуемым в соответствии с § 202 Уголовного Кодекса ФРГ). К интимной сфере относится «особо защищаемая, неприкосновенная сфера человеческой свободы»[209]: сексуальные отношения, особые заболевания (СПИД, сифилис), гинекологические вмешательства, изображения интимных отношений или просто обнаженного тела.

Все эти сферы частной жизни «нормального» человека являются для общества и тем самым и для средств массовой информации «табу», они недоступны для общественного рассмотрения и оценки. Однако даже относитель-

[208] BVerfGE 65, 1 ff.;
[209] BVerfGE 6, 32/41;

ное участие человека в текущих событиях может оправдать публицистическое рассмотрение и оценку этих сфер его жизни и оправдать общественный интерес к его личности, привычкам, семейным отношениям, знакомствам, отношениям с друзьями и болезням. Если человек занимает «абсолютное» положение в современной истории, то его частная сфера, как правило, жертвуется во имя интересов общества. Однако и здесь также существуют ограничения (например, частный отпуск, отдых), которые не могут нарушаться без наличия особой причины. Общество ожидает получить обширное представление о личности и жизни публично избранных политических деятелей. Поэтому в этом случае оправданное абз. 1 ст. 5 ОЗ вмешательство в сферы, охраняемые правом личности, может быть более интенсивным, чем вмешательство в сферы частной жизни тех лиц, которые в меньшей степени влияют на формирование общественного мнения. Однако и в жизни людей, играющих важнейшую роль в процессе демократического формирования общественного мнения, существует интимная сфера. В этой сфере они должны оставаться наедине с самими собой; вмешательство в нее возможно только в том случае, если детали интимной жизни были важными и определяющими для оценки нравственной чистоты, авторитета и надежности этих лиц, а также для решения, достойны ли они доверия. Семейные отношения публициста (издателя, главного редактора) обычно скрыты от глаз общественности. Однако в том случае, если он публично выступал за сохранение семьи, против внебрачных отношений и нарушения супружеской верности в жизни других людей, то он должен мириться с тем, что ситуация в его собственной жизни, противоречащая защищаемой им позиции, будет принята к сведению и прокомментирована общественностью.[210]

И, наконец, важно то, каким образом осуществляется общественное рассмотрение и оценка частной жизни – ведь все события, которые происходят на глазах общественности, т. е. могут быть беспрепятственно увидены или услышаны, уже не возможно оградить от общего восприятия, даже если они носят личный, конфиденциальный или интимный характер. Информация, которую средства массовой информации добывают скрытой камерой, путем недозволенного просмотра чужих фотографий или вообще посредством дачи взяток, не подлежит опубликованию даже в тех случаях, когда она «всего лишь» касается и без того общественно доступной частной сферы жизни. Исключение из этого правила делается только в том случае, если существует конкретный и весомый интерес относительно формирования общественного мнения по общественно важным вопросам. При этом оправданием для вмешательства, прежде всего, в конфиденциальную и интимную сферы, здесь не может служить простое любопытство жаждущего развлечений и сплетен общества, несмотря на то, что и такие темы тоже защищаются свободой средств массовой информации.

---

[210] Решение Федерального верховного суда, BGH в NJW 1964, 1471;

Судебный контроль по вопросам распространения информации

Согласно ст. 5 ОЗ распространение информации и мнений является свободным и ограничивается только названными в этой статье положениями. При толковании и применении этих ограничений, в свою очередь, должна учитываться значимость и важность именно этого основного конституционного права, которое является основополагающим для существования свободного демократического государственного строя (см. гл. 1 и 2). Эти основные конституционные права и принципы главенствуют над всеми простыми законами и являются правом непосредственного действия; они также и прежде всего обязательны для судебной власти (абз. 3 ст. 1 ОЗ).

1. Функция судов

Задача судов состоит в том, чтобы применять законы в соответствии с Конституцией и разрешать правовые конфликты. Эти задачи выполняют обычные суды по гражданским и уголовным делам, а в тех случаях, когда дело касается применения законов публичного права – административные суды. Конституционные суды федерации и земель следят за соблюдением Конституции в обычных и административных судах. После исчерпания всех прочих средств правовой защиты в конституционные суды может обратиться любой человек, который считает, что «государственная власть», к которой относятся и суды, нарушила одно из его основных прав или прочие конституционные права, сходные с основными правами.

Именно суды установили широкие рамки для свободного распространения информации и мнений и подчинили общие законы, ограничивающие это основное право в соответствии с абз. 2 ст. 5 ОЗ, максимальной свободе выражения мнений, свободе слова и свободе массовой информации, не нарушив при этом сущности права личности, которое ориентируется на человеческое достоинство и свободное развитие личности (ст.ст. 1, 2 ОЗ). Адресатом критики судебной практики в этой области являлся в основном Федеральный конституционный суд по причине того, что в своих решениях он постоянно подчеркивает значимость свободы информации, выражения мнений и свободы средств массовой информации, которые, по его мнению, превосходят все остальные права и свободы, за исключением человеческого достоинства. Именно эта судебная практика в значительной мере сформировала правовую действительность, так как решения Федерального конституционного суда «являются обязательными для федеральных и земельных конституционных органов, а также для всех судов и административных органов» (абз. 1 § 31 Закона о Федеральном конституционном суде). В соответствии с законом обоснования принятых решений Федеральным конституционным судом также являются обязательными в отличии от решений прочих верховных судов, поэтому они интересны не только с догматической точки зрения, но и имеют преюдициальное значение. Поэтому текст обоснований Федерального конституционного суда иногда даже дословно используется в судебной практике гражданских и уголовных судов, в том числе, и в области права СМИ.

Для разрешения споров и иных вопросов с участием средств массовой информации не предусматривается особой подсудности. В области права СМИ действуют те же правила для определения юрисдикции гражданских и уголовных судов, как и в других отраслях права. Гражданские и уголовные суды принимают решения в рамках действующих процессуальных законов (Гражданский и Уголовный процессуальные кодексы ФРГ). Для обжалования решений в области права СМИ предусмотрены те же правовые инструменты, что и для прочих гражданских или уголовных дел.

II. Компетенция судов по вопросам распространения информации и мнений

В области гражданского права суды рассматривают дело только в тех случаях, если в них обратился истец, полагающий, что были нарушены его права. В уголовном праве ряд преступлений преследуется только по жалобе потерпевшего, а остальные - прокуратурой.

Все составы преступлений, предусмотренные для защиты личной чести, т. е. направленные, прежде всего, против оскорблений и разглашения тайны, преследуются только по жалобе потерпевшего. Это означает, что для рассмотрения такого дела уголовными судами необходима жалоба потерпевшего, личная честь или частная жизнь которого были нарушены.

1. Уголовное право

Для вынесения обвинительного приговора уголовным судом необходимо, чтобы был установлен состав преступления, предусмотренный в законе, и деяние преступника было признано противоправным и виновным. Как уже было изложено в других главах, и с уголовно-правовой точки зрения при рассмотрении вопроса о противоправности распространения информации и мнений должны учитываться свободы, гарантированные ст. 5 ОЗ. Уголовные суды должны также учитывать тот факт, что для «правонарушений, касающихся деятельности прессы» (уголовно наказуемым здесь является содержание печатного издания, теле- или радиопередачи) в соответствии с земельными законами о печати предусматриваются гораздо более короткие сроки давности (от шести месяцев до одного года), чем в общем уголовном праве.

Уголовным правом предусмотрены такие судебные меры, как конфискация и наложение ареста на печатные издания, аудио- и видеоносители, если «их содержание при любом преднамеренном распространении и осведомленности об этом содержании приводило бы к совершению преступлений, предусмотренных уголовным законодательством» (§ 74 d Уголовного кодекса ФРГ).

В гражданском праве подобных мер не предусмотрено. Если есть повод предположить, что имеются все основания для конфискации, предварительный арест на имущество сроком до шести месяцев может быть наложен только судом (§ 111 b, § 111 n Уголовно-процессуального кодекса ФРГ). При этом надо учитывать, что эти меры представляют собой значительное вмешательство в свободу средств массовой информации. Поэтому при сопоставлении (взвешивании) правовых благ особенно необходимо учитывать принцип соответствия принимаемой меры тяжести преступления. Необходимо избегать неоправданных действий, гипертрофированных реакций, а также максимально бережно относиться к правам лица, по отношению к которым была применена соответствующая судебная мера. В самом Уголовно-процессуальном кодексе предусматривается, что на средства распространения и производства СМИ не накладывается арест в тех случаях, когда «негативные последствия *[наложения ареста]*, в частности, угроза прекращения беспрепятственного распространения *[печатных изданий или прочих письменных документов]* очевидно несоразмерны значимости дела» (§ 111 m Уголовно-процессуального кодекса ФРГ).

2. Гражданское право

В разделе «Недозволенные действия», § 823, § 824 и § 826 Гражданского кодекса ФРГ предусматривается возможность требования возмещения ущерба (см. гл. 12). Эта санкция предусматривается, прежде всего, в тех случаях, когда были нарушены абсолютные субъективные права, такие как жизнь, здоровье, свобода, собственность или «прочее право», и в результате такого нарушения был причинен ущерб пострадавшему лицу. На основании судебной практики Федерального верховного суда, которая с конституционной точки зрения была одобрена Федеральным конституционным судом, в гражданскую правоприменительную практику ФРГ, как «прочее право», было введено Общее право личности, являющееся следствием фундаментального конституционного положения, закрепленного в ст.ст. 1 и 2 ОЗ.[211] Как следствие этого решения, Федеральный верховный суд ввел положение о возмещении нематериального ущерба в особо тяжких случаях нарушений прав личности («денежное возмещение ущерба за причиненную душевную боль»), несмотря на то, что такое судебное развитие права противоречило положению §. 253 Гражданского кодекса, в котором говорится, что по причине причиненного ущерба, «не являющегося имущественным ущербом», денежная компенсация выплачивается только в случаях, предусмотренных законодательством. Возмещение нематериального ущерба предусматривалось только в случаях нанесения телесных повреждений, причинения вреда здоровью, незаконного лишения свободы или изнасилования (§ 847 ГК ФРГ). Институт денежного возмещения ущерба за причиненную душевную

[211] Постоянная судебная практика, начиная с решений Федерального верховного суда BGHZ 13, 334/338 и BGHZ 30, 7/10 ff.; BVerfGE 30, 173/194; 34, 118/135;

боль в случае тяжких нарушений прав личности был разработан Федеральным верховным судом по аналогии и признан Федеральным конституционным судом. По его решению, за «незаконное лишение душевной свободы» и «нарушение свободной волевой деятельности» в случае объективно тяжкого нарушения прав личности и тяжкой вины «преступника», также должна предусматриваться материальная санкция, а именно, денежное возмещение ущерба, соразмерное вине и противоправности нарушения.[212] С недавних пор в своих решениях Федеральный верховный суд обращает внимание на то, что санкция возмещения денежного ущерба носит превентивный характер по отношению к преднамеренным нарушениям прав личности, основанных на коммерческом интересе, например, с целью увеличения тиража развлекательной прессы.[213]

В гражданской судебной практике все чаще учитывается данное положение о соразмерности компенсации ущерба за неправомерные нарушения прав личности посредством средств массовой информации и о предотвращении подобных нарушений путем взыскания компенсации, размер которой, учитывая финансовую состоятельность издательств, весьма немалый. Эти меры принимаются одновременно с возложением обязанности на соответствующий орган печати опубликовать исправления.

Возмещение ущерба в широком смысле включает в себя и обязанность лица, нарушившего права личности каким-либо высказыванием или публикацией – будь-то в результате высказывания пренебрежительного, оскорбительного мнения или вследствие утверждения ложного факта – смягчать последствия правонарушения и, по возможности, предотвращать подобные правонарушения в будущем. Эту цель преследует требование о предотвращении неправомерных высказываний в будущем, обоснованное в тех случаях, когда можно предположить или, по крайней мере, нельзя исключить, что правонарушение может повториться. Если речь идет о выражении мнения, то это требование может быть осуществлено только тогда, когда высказанное мнение не охраняется свободой выражения мнения. Высказанное мнение охраняется свободой выражения мнения, например, в тех случаях, когда оно распространялось СМИ в целях осуществления законных интересов общества. Как правило, в таких случаях высказывания являются противоправными только тогда, когда потерпевшему было нанесено формальное оскорбление, а также в случаях глубоко оскорбительной критики (см. гл. 12). При утверждении недостоверных сведений, действия средств массовой информации не могут быть оправданы ст. 5 ОЗ.[214] Поэтому такие утверждения не должны повторяться в будущем даже тогда, когда высказывание было сделано из-за

---

[212] Постоянная судебная практика, начиная с решений Федерального верховного суда BGHZ 26, 349; 35, 363/369; BGHZ 128, 1 ff.; BGH в NJW 1996, 985; BVerfGE 34, 269/280 ff.;

[213] Решения Федерального верховного суда BGHZ 128, 1 ff.; BGH в NJW 1996, 985;

[214] BVerfGE 54, 208/219; 61, 1/7; постоянная судебная практика.;

незнания его недостоверности, и такое незнание нельзя вменить в вину правонарушителя.

Иск о несовершении действия по аналогии с другими законодательно предусмотренными требованиями о несовершении действия на основании абсолютного субъективного права (например, права на свободное пользование собственностью), может быть использован и в превентивных целях, если существует достаточно конкретная и доказуемая опасность того, что какое-либо лицо намеревается противоправно вторгнуться в частную жизнь другого лица. К изложению такого намерения и наличия угрозы совершения правонарушения предъявляются строгие требования, которые вытекают из общей свободы высказываний. Тем более такие требования предъявляются в тех случаях, когда потерпевший по причине особо срочной необходимости предотвращения правонарушения, нуждается во временной правовой защите в виде временного судебного распоряжения об обеспечении его притязания. Временное судебное распоряжение об обеспечении притязания предусматривается Гражданско-процессуальным кодексом ФРГ и издается в тех случаях, когда «существует опасение, что в результате изменения существующего положения дел реализация права стороны станет невозможной или будет существенно затруднена» (§ 935 Гражданско-процессуального кодекса ФРГ). Само собой разумеется, что такая мера может быть только временной и не может предвосхищать исход судебного дела, решаемого судами общей юрисдикции. Это означает, что сторона имеет право требовать временного прекращения или несовершения действия, но она не может требовать временного исправления или даже опровержения.

Утверждение недостоверных фактов подлежит опровержению только в тех случаях, когда оно было сделано виновно, преднамеренно или, по крайней мере, в результате грубой неосторожности. Если недостоверность не основана на вине нарушителя, то в соответствии с принципом устранения последствий, вытекающем из справедливости, тем не менее, помимо требования несовершения или прекращения действия, может быть уместным и требование исправления утверждения, если неправильность или недостоверность не оспариваются сторонами или по причине уже имеющихся доказательств не подлежат оспариванию. Для решения таких случаев судебная практика, следуя принципу равноправия СМИ, разработала различные варианты, от щадящих до более строгих, различающихся друг от друга по степени и содержанию (начиная с отказа от заимствованных высказываний, исправления утверждений, заканчивая опровержением). Эти меры принимаются в судебной практике вплоть до указания места опубликования (например, титульный лист, если права пострадавшего были нарушены в статье, опубликованной на титульном листе), а также указаний относительно текстуального и графического оформления (размер шрифта).[215]

---

[215] BVerfGE 97, 125/149 f.; BGHZ 128б 1/8;

III. Право на ответную публикацию

Право на ответную публикацию несомненно является самой слабой реакцией на нападение со стороны средств массовой информации. Это право представляет собой конструктивную часть права печати и телерадиовещания, оно закреплено в соответствующих законах и государственных договорах земель. В случае оспаривания этого права дела также решаются гражданскими судами. Отдельные детали этого права оформлены законодателем каждой земли по-разному, но при этом существенные вопросы решаются одинаково: лицо, пострадавшее от распространенного утверждения факта в печати, по телевидению или радио, может потребовать ответной публикации. Ответная публикация должна быть истребована в течение короткого срока (в зависимости от регулярности выхода СМИ, срок варьируется от двух недель до трех месяцев) и должна касаться исключительно конкретного факта, который должен быть обозначен. В ответной публикации должны приводиться только те факты, которые не заключают в себе оценочных суждений и уголовно наказуемого содержания. По объему публикация не должна превышать оспариваемый материал. Права на высказывание «противоположного мнения» не существует. Публицистическая и правовая слабость права на ответную публикацию заключается в том, что она должна быть напечатана или передана без проверки ее правильности, если только она не является очевидно лживой, что должно быть ясно каждому лицу. Тем самым, право на ответную публикацию представляет собой возможность ответного удара, предоставленного для обеспечения равенства возможностей. Однако, с точки зрения общественной оценки такой ответный удар является не более чем ответным утверждением потерпевшего, который ничем не подтвержден. Кроме того, к возможному содержанию такой публикации предъявляется слишком много требований, – если содержание ответной публикации является недопустимым хотя бы в одном пункте (например, потому, что оно содержало оценочное суждение), то ответная публикация может быть отклонена полностью. Кроме того, редакция может добавить свой комментарий («по закону мы обязаны … но …»). Поэтому для потерпевшего остаются более эффективные средства защиты, такие как требование прекращения или несовершения действия, исправление или опровержение, несмотря на опубликованный или переданный в средствах массовой информации ответ. Заинтересованность потерпевшего в правовой защите исчезает, если они были признаны нарушителем.

IV. Заключение

В отношении дел, касающихся СМИ, суды находятся в двойственном положении, разрешать которое они должны путем сопоставления (взвешивания) правовых благ. В течение десятилетий Федеральный конституционный суд указывает на главенствующее положение свободы выражения мнения и свободы массовой информации, ограничения которых должны строго толковаться в свете значимости этих свобод, в то время как гражданские суды с давних пор старались, прежде всего, охранять индивидуальные права и интересы, ориентируясь на основное право на развитие личности и человеческое достоинство.

Федеральный конституционный суд неоднократно предостерегал от чрезмерного увлечения ограничениями. По его решению, толкование общих законов, например, составов преступлений по нанесению оскорбления, не должно быть настолько широким, чтобы превышались потребности защиты чести или не оставалось пространства для принятия во внимание свободы выражения мнения. В соответствии с предл. 1 абз. 1 ст. 5 ОЗ запрещается также такое толкование, «которое имеет отталкивающий эффект по отношению использования основного права, приводящий к тому, что из страха перед санкциями больше не используется даже допустимая критика»[216]. В другом решении Федеральный конституционный суд указывает на опасность сокращения или наступления паралича в процессе формирования общественного мнения, возникающих тогда, когда нужно опасаться «быть подвергнутым радикальным судебным санкциям в результате высказывания оценочного суждения»[217].

Такие предостережения в значительной степени предотвратили эту опасность. Остается только надеяться, что Федеральный конституционный суд и впредь будет действовать столь же последовательно.

---

[216] BVerfGE 93, 266/292; 43, 130/136;

[217] BVerfGE 54, 129/138; 42, 163/170; 82, 272/282;

Защита источников информации

Правовая защита информационных источников, которые используются СМИ и в которых они нуждаются для надлежащего выполнения своих задач, урегулирована для печати и телерадиовещания единым законодательством. Всеобъемлющее законодательное регулирование «редакционной тайны» отсутствует.

Только в отношении отдельных, но важных аспектов, таких как отказ от дачи свидетельских показаний и запрет наложения ареста на публикации, в соответствующих процессуальных кодексах существуют соответствующие положения, которые рассматриваются как «привилегии средств массовой информации».

I. Законодательное регулирование

Ввиду возможных правовых конфликтов особое значение в этой связи имеет Уголовно-процессуальный кодекс ФРГ (УПК ФРГ). Впрочем, процессуальные кодексы, регулирующие гражданские, трудовые, социальные и административные споры содержат аналогичные положения.

В соответствии с п. 5 предл. 1 абз. 1 § 53 УПК ФРГ следующие лица имеют право отказа от дачи свидетельских показаний:

> «лица, которые профессионально участвуют или участвовали в подготовке, выпуске или распространении печатных изданий, телерадиопередач, киноочерков или информационных и коммуникационных службах, способствующих формированию общественного мнения.»

В пунктах 1–4 этого положения право на отказ от дачи свидетельских показаний предоставляется и другим лицам: лицам, имеющим духовный сан, адвокатам, врачам, аптекарям, консультантам по социальным вопросам и вопросам наркомании, депутатам парламентов и прочим лицам. Это право касается «тех сведений, которые им были доверены или стали им известны в этом качестве». Иное положение предусмотрено для круга лиц, относящихся к средствам массовой информации, перечисленных в пункте 5. Они имеют право отказаться от дачи свидетельских показаний только

> «в отношении авторов или отправителей статей и документов или прочих информаторов, а также в отношении сообщений, предоставленных им в связи с их деятельностью и относительно содержания таких сообщений, а также относительно содержания самостоятельно разработанных материалов или сведений, полученных на основании профессиональных наблюдений. Это положение действует только в том случае, если статьи, документы, сообщения и материалы были подготовлены для редакции или для публикации редакциями информационных и коммуникационных служб.»

Этот установленный объем права журналиста на отказ от дачи свидетельских показаний, действующий с 2002 года, можно, тем не менее, считать прогрессом по той причине, что действие этого права распространяется теперь не только на «предоставленную» информацию, но и на самостоятельно разработанный (расследованный) материал и прочие «профессиональные наблюдения». Этого положения долгое время безуспешно требовала печать и телерадиовещание. Однако, в конце концов принятая широкая формулировка отменяется в абз. 2 § 53 УПК ФРГ в связи с особо тяжкими преступлениями (в случае раскрытия преступлений, а также в случаях измены родине, угрозы демократическому правовому государству или внешней безопасности, отмывания денег или половых сношений с несовершеннолетними или зависимыми лицами). Ведь в таких случаях нельзя отказаться от дачи свидетельских показаний о самостоятельно расследованном материале и о предмете собственных наблюдений, если «расследование обстоятельств дела или установление места пребывания обвиняемого другими способами было бы бесперспективным или существенно затруднялось.» Но даже и в этом случае лицо, обладающее правом журналиста на отказ от дачи свидетельских показаний, может отказаться от дачи показаний, «если они привели бы к раскрытию личности автора или отправителя статей и материалов или прочих информаторов, или к разглашению сообщений или содержания этих сообщений, сделанных на основании его деятельности в соответствии с пунктом 5 предл. 1 абз. 1 ст. 53». Это положение представляет собой исключение из исключения, которое в свою очередь также является исключением, и при этом служит примером того, что эти законодательные положения имеют излишне сложный характер, то есть одно положение включает в себя другое, так что эти положения едва различимы и понятны. Их появление связано с глубокой озабоченностью законодателя преступностью, действующей в международных масштабах, включая терроризм. Одновременно с этим законодатель был вынужден учесть предостережения и указания Федерального конституционного суда относительно обеспечения, по крайней мере, сути основных прав, а также относительно соблюдения принципа соответствия (принимаемой меры тяжести совершенного действия), который в правовом государстве должен учитываться при любом государственном вмешательстве в права и интересы личности. Установление законодательных ограничений и возможность государственного вмешательства допустимы в правовом государстве только тогда, когда они абсолютно необходимы для защиты таких правовых целей, которые легитимированы вышестоящими нормами.

Возложенная таким образом на законодателя обязанность сопоставлять (взвешивать) правовые ценности неизбежно приводит к установлению положений по принципу «исключение из исключения». Примером этого служит запрет наложения ареста, который в соответствии с предл. 1 абз. 5 § 97 УПК ФРГ гласит:

> «В пределах действия права отказа от дачи свидетельских показаний лицами, перечисленными в п. 5 предл. 1 абз. 1 § 53, наложение ареста на письменные документы, аудио-, видеоносители и носители данных, репродукции и прочие изображения, которыми обладают эти лица, редакция, издательство, типография или телерадиокомпания, недопустимо.»

Но эти ограничения не действуют в тех случаях,

> «когда лица, имеющие право на отказ от дачи свидетельских показаний, подозреваются в соучастии или укрывательстве, уклонении от наказания или в укрывательстве имущества, добытого преступным путем или в тех случаях, когда наложение ареста касается предметов, полученных в результате совершения преступлений, использовавшихся или предназначавшихся для совершения преступления или относящихся к преступлению.» (предл. 3 абз. 2 § 97 УПК ФРГ)

Но и для этого положения опять предусматривается исключение:

> «Наложение ареста и в этих случаях допустимо только тогда, когда, принимая во внимание основные права в соответствии с предл. 2 абз. 1 ст. 5 ОЗ, оно соразмерно значимости дела и расследование обстоятельств дела или установление места пребывания виновного другими способами было бы невозможным или существенно затруднялось.» (предл. 2 абз. 5 § 97 УПК ФРГ)

Если речь идет о внутриредакционном информационном материале нелегального происхождения или о материале, о котором можно утверждать, что его содержание предназначено для совершения преступления (оскорбление, поношение и т. д.), то вполне возможно, что на основании выше указанного положения вмешательство в свободу массовой информации, выходящее за рамки законной цели преследования и предотвращения тяжких преступлений, будет являться неоправданным.

Полностью еще не решен вопрос, как запрет на наложение ареста соотносится с правом на обыск, которое не ограничивается правом отказа от дачи свидетельских показаний. Тем не менее, судебная практика исходит из того, что обыск не может производится с целью, «найти предметы, которые в соответствии с § 97 УПК ФРГ не подлежат наложению ареста». Но проникновение в редакцию и поиск «следов преступления» возможны на основании ордера на обыск, не содержащего выше указанного обоснования, даже притом, что наложение ареста в этом случае может быть недопустимым. При обыске редакции, издательств и телерадиокомпаний принцип соответствия средств и интенсивности вмешательства играет особенную роль.[218]

Понятие «владение» является амбивалентным условием для запрета наложения ареста. Насколько очевидной кажется связь наложения ареста на

---

[218] BVerfGE 20, 162/204;

имущество с представлением о его физическом хранении и распоряжении (в письменном столе редакции, в архиве издательства), настолько мало в настоящее время запрет на наложение ареста распространяется на технические возможности проведения расследований и передачи информации, которые часто могут быть осуществлены только средствами телекоммуникации. Уголовно-процессуальный кодекс ФРГ предусматривает проведение соответствующих следственных мероприятий (контроль и запись при телекоммуникации: § 100 a УПК ФРГ; предоставление сведений о «телекоммуникационных данных о соединениях»: § 100 g УПК ФРГ), в этой области закон предусматривает ограничения только для лиц, имеющих духовный сан, защитников по уголовным делам и депутатов парламентов. В сфере печати и телерадиовещания остается полагаться на разработанную Федеральным конституционным судом доктрину о «взаимодействии» между первостепенным основным правом свободы массовой информации и ограничениями в виде общих законов. Вмешательство в свободу средств массовой информации может быть противоправным даже в том случае, если оно было произведено на основании общего закона, как, например, УПК ФРГ.

II. Защита источников информации в свете конституционного права

К свободе массовой информации, гарантированной в предл. 1 абз. 1 ст. 5 ОЗ, относится и «институциональная самостоятельность» печати, телевидения и радиовещания «начиная с получения информации и заканчивая распространением сообщений и мнений»[219]. Именно поэтому, как отметил Федеральный конституционный суд еще в своем решении от 1966 года, к свободе прессы относится и определенная охрана доверительных отношений между прессой и частными информаторами: «она является необходимой, так как пресса не может отказаться от сообщений частных лиц, а этот источник информации эффективен только тогда, когда информатор в принципе может положиться на то, что «редакционная тайна» будет сохранена»[220]. Прежде всего с исторической точки зрения охраняемые Основным законом свободы направлены против государства. Институциональная свобода печати, телевидения и радиовещания означает, прежде всего, что государственное вмешательство в принципе запрещено. Гарантия этих свобод включает в себя все то, что является необходимым для выполнения задач, поставленных перед печатью, телевидением и радиовещанием, включая «поиск», расследование, собирание и подготовку материалов, которые должны публиковаться на основании собственного свободного решения. В связи с этим государство, его органы и ведомства не имеют права «знакомиться с процессами, которые приводят к возникновению сообщений и публикаций, которые попадают в

[219] BVerfGE 10, 118/120; 12, 205/260 и с тех пор постоянная судебная практика;
[220] BVerfGE 20, 162/176, 187; 36, 193/204; также постоянная судебная практика, последнее решение BVerfGE 100, 313/365 и (1 BvR 330/96 от 12.3.2003 г.);

печать или передаются по телевидению и радио» и «поэтому существует подлежащий защите интерес СМИ в сохранении в тайне таких документов, которые являются результатом собственных наблюдений и расследований. Охраняется также контакт с теми лицами, о которых сообщается»[221].

Процитированное выше последнее решение Федерального конституционного суда касалось двух случаев, в которых суды отдали распоряжения о предоставлении телекоммуникационными компаниями сведений о мобильных и сетевых подключениях редакторов публично-правовой телерадиокомпании ЦДФ (ZDF) и иллюстрированного журнала Штерн (Stern), в отношении которых предполагалось, что они состоят в контакте с преступниками. В одном случае речь шла о сенсационном деле, которое касалось совершения экономических преступлений (мошенничество, связанное с получением кредита, уклонение от платежа налогов в размере около 2–3 миллиардов немецких марок), а в другом случае, о тройном убийстве.

Не взирая на указанные принципы, содержащиеся в ряде решений Федерального конституционного суда, значение которых он продолжает подчеркивать, в выше указанных делах суд пришел к выводу, что соответствующие нормы УПК ФРГ (предусматривающие предоставление сведений о телекоммуникационных данных), не противоречат Конституции. В соответствии с решением суда положение предл. 2 абз. 1 ст. 5 ОЗ не требует принципиального исключения журналистов из подобных уголовно-процессуальных мероприятий:

> «Свобода печати, телевидения и радио не должна рассматриваться только с точки зрения средств массовой информации, а любое действие СМИ, направленное на сбор и распространение информации, не должно рассматриваться в качестве основания для предоставления им всеобъемлющих преимущественных прав. Законодатель должен давать оценку, может ли, и в какой мере, выполнение журналистского долга оправдать приоритет свободы средств массовой информации над необходимостью обеспечения правосудия в правовом государстве. Оценка того, в какой степени печать, телевидение и радиовещание ограничиваются этим требованием, также должна обеспечиваться законодателем.» (см. BVerfGE 77, 65/66)

По решению Федерального конституционного суда, с конституционно-правовой точки зрения не может быть обосновано то, что задача уголовного преследования, имеющая в правовом государстве также большое значение, может быть вторичной по отношению к «расследованиям средств массовой информации». Однако предусмотренные уголовно-процессуальные исключения не являются всеобъемлющими положениями (см. BVerfGE 64, 108/116; 77, 65/81 f.). Для принятия дополнительных мер нет оснований тогда, когда «минимальная охрана, необходимая в соответствии с абз. 1 ст. 5

[221] BVerfGE (см. сноску 219) со ссылкой на BVerfGE 66, 116/133 ff. и BVerfGE 77, 65/75;

ОЗ, уже была в достаточной мере обеспечена общими законодательными положениями».

Такой вывод, в том числе и с точки зрения пропорциональности принимаемой меры тяжести преступления, суд сделал для «существенных преступлений», и для общественно опасных тяжких преступлений, при которых защита, гарантированная абз. 1 ст. 5 ОЗ, ограничивается до пределов необходимого.

Однако, как разъясняет суд, речь идет не только о «свободе расследования» и о «вопросе владения», который является для законодателя определяющим «фактором необходимости защиты». Напротив, речь идет именно о том, что в результате развития коммуникационных технологий и технологий баз данных понятие владения охватывает специфическую реальность СМИ лишь частично, а отсутствие охраны современной сферы коммуникаций может привести к потере доверия со стороны информаторов, что Федеральный конституционный суд очень верно изложил в другой части того же решения:

> «… свободный информационный поток между средством массовой информации и информаторами подвергается опасности уже в том случае, когда последний должен опасаться неприятных последствий из-за предоставленной журналисту информации. Такие последствия могут возникнуть не только в результате разглашения личности информатора, но и тогда, когда органы уголовного преследования через доступ к средствам массовой информации могут получить важные сведения об информаторе, как, например, его местонахождение, а также прочие факты, сохранность которых в тайне важна для информатора. Опасение разглашения этих сведений может отпугивать информатора от передачи сообщений в средства массовой информации».

Таково настоящее положение вещей, поэтому данное решение Федерального конституционного суда, вероятнее всего, не является последним.

Защита общественной нравственности и прав молодежи

Защита детей и подростков от опасностей, грозящих им со стороны окружающего мира, в том числе вседозволенного поведения взрослых, с давних пор является обязательной и бесспорной общественной ценностью. В качестве ограничений свободы информации, слова, выражения мнения и средств массовой информации, закрепленной в абз. 1 ст. 5 ОЗ, Конституция четко называет «законодательство об охране молодежи». Европейская Конвенция о трансграничном телевещании устанавливает в абз. 2 ст. 7, что распространению не подлежат такие передачи, «которые могут нарушить физическое, духовное, умственное или нравственное развитие детей и подростков, ... если можно предположить, что по причине времени выхода в эфир эти передачи могут быть увидены детьми и подростками». А в соответствии с абз. 1 § 22 Директивы ЕС в области телевидения (89/552/ЕЭС в редакции директивы 97/36/ЕС), государства-члены обязаны принимать «соответствующие меры», направленные на предотвращение выхода в эфир программ телекомпаний, находящихся в их ведении, которые могут содержать подобные нарушения, и «особенно те, которые демонстрируют порнографию или необоснованное насилие».

Хотя в этой области права, которая тщательно разрабатывалась в течение десятилетий, для Федеративной Республики Германии не существовало необходимости наверстывать упущенное, она все-таки формально привела законы о телерадиовещании и государственные договоры в соответствие с директивами, а в новой редакции Закона об охране молодежи расширила сферу охранительного действия закона.[222]

Несмотря на то, что Европейская Конвенция о правах человека (ЕКПЧ) не содержит четкой ссылки на охрану молодежи, этот аспект рассматривается в ней как составная часть «нравственности», охрана которой является допустимым ограничением свободы выражения мнения в соответствии со ст. 10 ЕКПЧ.

В германском праве понятие «общественная нравственность» не употребляется, возможно, по той причине, что оно слишком неопределенно с правовой точки зрения и касается правовой ценности, которая не может применяться в обществе, основанном на многообразии свобод, мнений и религий, с той различительной силой и общественным убеждением, которые в правовом государстве должны иметь правовые понятия. Представление о том, что может или должно считаться общественной нравственностью, складывается субъективно, и потому является расплывчатым и столь же многообразным, как само общество и разнообразие точек зрения. Кроме того, в истории Германии было время, когда сформированные религией представ-

[222] Редакция Закона от 01.04.2004 г.

ления бюргерского общества о морали, «выцвели», превратившись в общественную условность, и были подменены государственной машиной с насильственной идеологией преступной партии, утверждавшей понятие «здравого восприятия народа». Многострадальный опыт ужасных, бесчеловечных последствий такой навязанной государством общественной морали, остался в памяти и действует устрашающе.

С другой стороны, каждое общество, государство и свобода нуждаются в порядке, защищающем права и свободы человека, для того, чтобы они были доступны каждому. Поэтому правовое государство должно принимать меры против злоупотребления и извращения свобод. Такие правовые меры, естественно, существуют и в немецком праве. В последнее время они были расширены и усилены под влиянием роста насильственной преступности, угрозы терроризма, а также вследствие увеличения количества изнасилований детей и других тяжких преступлений, являющихся асоциальными и аморальными проступками.

I. Законодательная охрана общественной нравственности

Как уже указывалось в других главах (гл. 2, 12, 13), в гражданском праве так называемые «неопределенные правовые понятия» являются собирательными нормами. В зависимости от вида субсидиарных общих оговорок, они обеспечивают либо действие принципа «добросовестности, проявляемой в соответствии с нормами поведения в обществе» (§ 242 Гражданского кодекса ФРГ), либо служат защите «общепринятых моральных норм» (§ 826 ГК ФРГ), под которыми понимается «чувство порядочности всех справедливо думающих» в различных кругах общества. Например, на основании этого «чувства порядочности всех справедливо думающих» в конкретном случае должен решаться вопрос о том, является ли определенное поведение «недобросовестной конкуренцией». Задачей судов является применение этих общих оговорок в каждом конкретном случае.

В этой связи следует перечислить составы уголовных преступлений, которые требуют более строгого наказания:

- В соответствии с § 130 Уголовного кодекса ФРГ предусматривается уголовная ответственность «лица, которое действием, способным нарушить общественный порядок, (1) разжигает ненависть против групп населения или призывает к насильственным действиям или актам произвола против этих групп или (2) посягает на человеческое достоинство других людей, оскорбляя отдельные группы населения, злонамеренно унижая или очерняя их». Уголовную ответственность также несут лица, которые производят, распространяют, получают или передают по телевидению и радио материалы с подобным содержанием. Эта норма четко устанавливает уголовную ответственность лица, которое «действием, способным нарушить общественный порядок, публично или в собрании одобряет, отрицает или преуменьшает» (абз. 3 § 130 УК ФРГ) преступление геноцида в период национал-социализма или прочие преступления против человечества в соответствии с Международным уголовным кодексом.

- В соответствии с § 131 Уголовного кодекса ФРГ к уголовной ответственности привлекается лицо, которое распространяет или передает материалы, производит или получает информационные носители, которые «показывают жестокое или бесчеловечное насилие против людей или животных, прославляя или преуменьшая эти преступления, или демонстрируя их жестокость и бесчеловечность». Состав преступления отсутствует, «если действие производилось с целью информирования о текущих или исторических событиях» (абз. 3 § 131 УК ФРГ). Провести различие между этим исключением, предусмотренным для обеспечения свободы информации и свободы массовой информации, и возможными злоупотреблениями, которые якобы служат для информирования так же трудно, как определить границы права на свободу творчества, которое хотя и ограничивается правом на защиту человеческого достоинства, но продолжает иметь широкую сферу действия. Один уважаемый автор комментария к Уголовному кодексу ФРГ (судья Федерального верховного суда) отмечает следующее:[223]

  > «… с помощью формул *[механизмов]* уголовного права, едва ли можно точно определить, в какой момент изображение, унижающее человеческое достоинство, являющееся заурядным, вызывающим или коммерческим, попадая на страницы интернета и в видеотеки для недалеких, получает «культовый» статус в «определенных кругах» и становится произведением искусства, получая призы …»

К такой неопределенности объективных правил следует добавить и то обстоятельство, что с течением времени меняется все многообразие воззрений и порог чувствительности как отдельного человека, так и общества в целом. Не в последнюю очередь это происходит под влиянием деятельности средств массовой информации.

- Эта дилемма давно стала очевидной в связи с понятием порнографии, как оно приводится в § 184 УК ФРГ. В соответствии с этой нормой распространение порнографических материалов лицам, моложе 18 лет, в печатных материалах или на других носителях уголовно наказуемо. Особо тяжким является случай, когда предметом порнографических материалов становится насилие, сексуальные действия с детьми или животными (§ 184 a, § 184 b УК ФРГ). Такое же наказание предусматривается и для тех лиц, которые распространяют подобные материалы по телевидению, радио или через телекоммуникационные

[223] Комментарий к Уголовному кодексу ФРГ, Tröndle/Fischer, Strafgesetzbuch, 51. Auflage, 2003, RN. 21 zu § 131;

телевидению, радио или через телекоммуникационные службы или службы СМИ, за исключением тех случаев, когда телекоммуникационные службы и службы СМИ при передаче «простой» порнографии (абз. 1 § 184 УК ФРГ) смогли исключить прием лицами, не достигшими 18 лет, с помощью технических или прочих надежных мер (§ 184 c УК ФРГ). Правовому понятию порнография трудно дать абстрактное определение. Говорят, что опытный судья как-то сказал, что дать определение порнографии невозможно, но все знают, что это такое … В связи с судебной практикой, как правило исходят из того, что порнографией являются грубые, искажающие, навязчивые изображения сексуальных действий, которые превращают человека в легко заменимый объект полового желания или действия.[224] Однако такое определение не позволяет решить те проблемы, которые связаны с изменяющимся со временем понятием общественной нравственности. То, что двадцать, пятьдесят или сто лет назад было безнравственным, сегодня стало повседневностью.

Наибольшие трудности представляет интернет, в котором чаще всего встречаются подобные сомнительные материалы. При этом главной трудностью является не столько оценка содержания материалов с насилием и (детской) порнографией, которые бесконтрольно гуляют по мировой сети, сколько необходимость найти ответственных за распространение таких материалов. Немецкий законодатель установил положения, касающиеся коммуникаций и средств массовой информации (§ 8 и посл. Федерального Закона о телекоммуникационных службах /TDG/ и § 6 и посл. земельного Государственного договора о средствах массовой информации /MDStV), которые единодушно устанавливают ответственность не только за собственные материалы, но и, при наличии определенных обстоятельств, за предоставление чужих материалов. Эта ответственность исключается только в тех случаях, когда предоставляющее услуги лицо не являлось организатором передачи чужой информации, самостоятельно не выбирало и не изменяло переданную информацию. Исключением являются те случаи, при которых этому лицу была известна противоправность подобных материалов или он сотрудничал с пользователями своих услуг, чтобы совершать противоправные действия. Положения германского права соответствуют Директиве ЕС о гармонизации ответственности лиц, предоставляющих телекоммуникационные услуги (2000/31/ЕС).

---

[224] Комментарий к Уголовному кодексу ФРГ, Tröndle/Fischer, Strafgesetzbuch, 51. Auflage, 2003, RN. 7 zu § 184;

II. Защита молодежи

Защита молодежи в средствах массовой информации имеет в Германии давнюю традицию, как в отношении распространения письменных материалов, аудио и видеоносителей, так и в отношении кинопроката и показа фильмов по телевидению.

1 апреля 2004 года в результате согласованной акции законодателей федерации и земель, было принято два закона, благодаря которым удалось достичь гармонизации и интенсивности правовой защиты для обеспечения правовой безопасности: Федеральный Закон «Об охране молодежи» (JuSchG) и земельный «Государственный договор о защите молодежи в средствах массовой информации» (JMStV). Таким образом должно обеспечиваться включение всех новейших медийных технических услуг в собирательное понятие «телекоммуникационные СМИ» (Telemedien), которые регулируются положениями, ранее относившимися только к материальным носителям средств массовой информации (печатная продукция, пластинки, компакт-диски и т. д.), кино, телевидению и радиовещанию. Эти положения были расширены с целью приравнять их к ужесточившимся в последнее время уголовно-правовым санкциям, предусмотренным за совершение преступлений против общественного правопорядка, для обеспечения защиты детей, а также права на сексуальное самоопределение. Компетенции Федерального учреждения по контролю над письменными материалами, представляющих опасность для молодежи, были расширены. Теперь компетенции этого ведомства распространяются на все носители средств массовой информации (только радиовещание не входит в его компетенцию): запрет на распространение или иное предоставление этих информационных носителей детям и подросткам проводится на основании списка СМИ, представляющих опасность для молодежи, который ведется этим ведомством. В этот список заносятся как носители СМИ, так и телекоммуникационные средства массовой информации, которые могут угрожать развитию детей или воспитанию самостоятельной личности, способной жить в обществе. К таким СМИ закон относит, прежде всего, «безнравственные, разлагающие средства массовой информации, стимулирующие совершение насильственных действий, преступлений или расовую ненависть» (§ 18 Закона о защите молодежи). Прежде всего на основании вышеуказанных обстоятельств, средства массовой информации, представляющие особую опасность для молодежи, не могут распространяться среди детей и подростков, даже если они еще не включены в этот список.

Кроме того, закон по-прежнему предусматривает классификацию фильмов и телевизионных передач по возрасту («разрешено для показа с шести, двенадцати, шестнадцати лет», «без возрастных ограничений» или «не разрешен для показа молодежи»). На эту классификацию ориентируются положения Государственного договора о защите молодежи в средствах массовой информации, а также директивы, действующие в сфере электронной прессы и, прежде всего, телевидения. Продукция телевидения, радиовещания и телекоммуникационных СМИ, которая с учетом возраста, способна нанести ущерб развитию детей и подростков, может распространяться только в тех случаях, когда возможно обеспечить то, «что эту продукцию не увидят дети или подростки соответствующей возрастной категории» (абз. 1 § 5 Государственного Договора о защите молодежи в средствах массовой информации). Строго говоря, это положение приводит к запрету на распространение подобной продукции – ведь разве существует вероятность полностью перекрыть детям доступ к телеэкрану? Государственный Договор помогает решить эту проблему, позволяя лицам, предлагающим информационные услуги, выполнять свою обязанность проявлять добросовестность в результате следующих действий: (1) предотвращения или осложнения (имеется ввиду кодирование или цифровая блокировка) доступа детей в результате применения «технических или прочих средств» или (2) выбора такого эфирного времени, когда «дети или подростки, относящиеся к соответствующей возрастной категории, как правило, не будут иметь к ней доступ» (абз. 3 § 5 Государственного Договора о защите молодежи в средствах массовой информации). Лица, предлагающие подобную продукцию, выполняют свои обязательства, если они распространяют ее только с 23 часов до 6 часов или, если продукция не разрешена для показа детям до 16 лет, с 22 часов до 6 часов. При демонстрации фильмов, показ которых запрещен детям до 12 лет, «при выборе времени вещания необходимо учитывать благо детей младшего возраста» (абз. 4 § 5 Государственного Договора о защите молодежи в средствах массовой информации). Уже одно только это положение показывает, что независимо от разрешений демонстрации фильмов по возрастным категориям, которые и в дальнейшем будет выдавать организация «Добровольный контроль над киноиндустрией» (см. гл. 6), в конечном итоге только благоразумие и понимание необходимости защиты молодежи со стороны лиц, ответственных за продукцию СМИ, смогут гарантировать необходимую осторожность. Одного того, что объем этой осторожности ориентируется на законы, недостаточно. Ведь деятельно охранять молодежь от соблазнов и угроз, которые наносят вред личности и обществу, необходимо в той же мере, в которой при возрастной классификации нельзя обойтись без формальных критериев, а также настолько, насколько полезны законные презумпции освобождения СМИ от формальной ответственности, которые (если речь идет о доступе детей и подростков к продукции СМИ) скорее напоминают фикции. В конечном счете, законы об охране молодежи и об «общественной нравственности» могут содействовать выполнению этой задачи только в случае консенсуса всего общества относительно (содержания) охраняемых ими правовых ценностей. Для достижения этого консенсуса необходим процесс формирования мнения, далеко выходящий за пределы решения вопросов о применении законодательных норм, предусматривающих наказание, или выполнения задачи исключения показа тех или иных особо вредных материалов.

Регулирование рекламы в СМИ

Реклама важна для средств массовой информации по двум причинам: с одной стороны, реклама тоже является информацией, а с другой стороны, доходы от рекламы финансируют СМИ, которые без рекламы были бы нежизнеспособны, если речь идет о частных средствах массовой информации. Если речь идет о ежедневных газетах, исходят из того, что доля рекламных поступлений в их финансировании составляет примерно две трети. Частное телевидение и радиовещание финансируется исключительно за счет рекламы. Несмотря на то, что по сравнению с другими СМИ процентная доля рекламы в доходах публично-правового телерадиовещания небольшая – отчасти это обусловлено тем, что этого требовал законодатель, а отчасти – конъюнктурой: с точки зрения зрителей/слушателей реклама представляется весьма существенным доходом, так как она способствует ограничению размера взноса за пользование телевизорами и радиоприемниками.

I. Регулирование в области печати, телевидения и радиовещания

Такая двойственная составляющая рекламы, и, прежде всего то, что она является источником информации, привела к тому, что рекламные публикации и передачи защищаются правом на институциональную свободу печати и телерадиовещания в соответствии с предл. 2 абз. 1 ст. 5 ОЗ[225]. Также как и все содержание газет, журналов и телерадиопрограмм, решение о включении рекламы и о ее объеме должно приниматься редакцией СМИ, которая несет за это ответственность.

Специальных законодательных положений, действующих в одинаковом объеме для печати и телерадиовещания, не существует, за исключением «Закона о рекламе лекарственных средств», который устанавливает ограничения на рекламу медикаментов и прочих лекарственных средств (например, обязательное предоставление сведений о составе медикаментов, требование указывать на приложенные производителем инструкции или запрет рекламировать лекарства в профессиональной медицинской одежде или в лаборатории и т. д.).

1. Общие законы

В области печати, телевидения и радиовещания действуют соответствующие общие законы, уголовные законы, запрещающие рекламу (см. гл. 12 и 13: § 185 и посл. УК ФРГ или гл. 16: § 184 УК ФРГ), а также «Закон о борьбе с недобросовестной конкуренцией» (UWG). Последний, на основании предусмотренных общих оговорок, таких как § 1 и §3 Закона о борьбе с недобросовестной конкуренцией, признает недопустимой рекламу, которая

[225] BVerfGE 21, 271/278;

вводит в заблуждение или нарушает моральные нормы, принятые в том сегменте общества, к которому обращается реклама. Наряду с заказчиками и изготовителями рекламы, средства массовой информации несут ответственность за ее противоправное содержание или оформление. В рамках Закона о борьбе с недобросовестной конкуренцией эта ответственность предусматривается, как правило, только за грубые и очевидные нарушения конкуренции в результате рекламной деятельности (п. 2 абз. 6 § 13 Закона о борьбе с недобросовестной конкуренцией).

Реклама в любых средствах массовой информации признается противоправной и недобросовестной, если она нарушает права личности третьих лиц. Подобные случаи, касающиеся Общего права личности, а именно нарушения права на имя или на собственный портрет, рассматривались в принципиально важной и новаторской практике Федерального верховного суда.[226]

И наоборот, возможны такие случаи, в которых недобросовестная реклама защищается правом на свободное выражение мнения. Так, известная фирма распространяла рекламу, в которой демонстрировались нефтяная пленка на море и испачканная в нефти утка, тяжело работающие дети в странах третьего мира или ягодицы человека с надписью «ВИЧ позитивный» («H.I.V. positive»), которые сопровождались логотипом фирмы. Федеральный верховный суд признал такую рекламу недопустимой: тот, кто в деловой сфере в целях конкуренции использует чувства сострадания, изображая без объективного повода тяжелые страдания людей или животных, нарушает нравственные нормы в области конкуренции.[227] Напротив, Федеральный конституционный суд усмотрел в такой рекламе порицание недостатков, которое может защищаться основным правом на свободу выражения мнения и свободу СМИ.[228]

2. Различие между рекламой и редакционным материалом

В области печати и телерадиовещания существует проблема, связанная с так называемой «скрытой рекламой», несмотря на то, что она в общественной дискуссии обсуждается практически только в связи с телевидением. Как для печати, так и для телерадиовещания действует законодательное требование четко отделять редакционный материал от рекламных и прочих материалов, за которые лицо, заинтересованное в их опубликовании, внесло плату.

В отношении газет и журналов это требование закреплено в земельных законах о печати. В случае, если издатель периодического печатного издания «получил или потребовал плату за публикацию или такая плата была ему обещана, он обязан четко обозначить эту публикацию словом «объявление»,

---

[226] BGHZ 20, 345; 26, 349; 30, 7; 35, 263;
[227] BGHZ 130, 196;
[228] BVerfGE 102, 347360 ff.;

в том случае если такая публикация не расположена и не оформлена как очевидное объявление».

В отношении телерадиовещания, как публично-правового, так и частного, это положение закреплено в Государственном Договоре о телерадиовещании (§ 7, § 15, § 44), в ст. 10 Директивы ЕС в области телевидения (89/552/ЕС в редакции директивы 97/36/ЕС), а также в ст. 13 Конвенции Совета Европы о трансграничном вещании. Кроме того, оба международные положения детально регулируют право в области телевидения, которое хотя и непосредственно применяется на национальном уровне, но, тем не менее, было дополнительно внесено в немецкое национальное право, а именно, в Государственный Договор о телерадиовещании. Частью этого законодательства является запрет на скрытую рекламу (абз. 4 ст. 10 Директивы ЕС), а «особенно демонстрация в передачах продукции и услуг в рекламных целях» (абз. 3 ст. 13 Конвенции о трансграничном вещании). В директиве ЕС (ст. 1 буква d) «скрытая реклама» понимается как

> «упоминание или демонстрация в передачах товаров, услуг, деятельности производителя товаров, или лица, предоставляющего услуги, если демонстрация умышленно предусматривалась телекомпанией в рекламных целях, и может ввести общество в заблуждение относительно подлинной цели такого упоминания или демонстрации. Упоминание или демонстрация считаются умышленными особенно в тех случаях, когда за них вносится плата или предоставляются ответные услуги.»

Однако понятийный признак «умышленно в рекламных целях» не способен решить все возникающие сомнительные случаи. Ведь существует искушение «объединения сделки»: например, в редакционной части издания появляется объективно правдивая статья об успешном региональном предприятии, для опубликования которой существуют все журналистские основания. Однако она публикуется или передается после того, как предприятие заказало рекламу. Для производства киноматериалов по финансовым причинам необходим еще один участник, который бесплатно оказывает материальную поддержку – предоставляет самолеты, автомобили и пр., появляющиеся затем на экране с определенным логотипом изготовителя или фирмы, участвовавшей в совместном производстве. В детективном сериале следователь все время ездит на автомобиле одной и той же марки, он должен ездить на одном и том же автомобиле, потому что не может же он в каждой серии использовать машину другой марки. В связи с этим возникает вопрос: должна ли телекомпания покупать или брать автомобиль на прокат или же она вправе использовать автомобиль, предоставленный ей бесплатно (при этом телекомпания не использует его «умышленно в рекламных целях», но понимает, что при использовании автомобиля рекламный эффект неизбежен)? Из сферы публицистики нельзя устранить жизненную реальность и окружающий мир со всеми его рекламными намеками, но и опасность злоупотребления весьма вероятна.

Публично-правовые телерадиокомпании и земельные учреждения по делам телерадиовещания и другим средствам массовой информации, отвечающие за осуществление контроля над частным телевидением, по обоюдному соглашению издали подробные директивы. В этих директивах они пытаются охватить все многообразие допустимых случаев и, прежде всего, предотвратить злоупотребления. Публично-правовое телевидение и радио в своей деятельности должны особенно учитывать обязанность сохранять нейтралитет и обеспечивать многообразие программ, а также гарантировать свою независимость.

3. Реклама табачной и алкогольной продукции

Федеральный закон запрещает «рекламировать табачную продукцию по радио или телевидению» (абз. 1 § 22 Закона об ответственности за продажу населению недоброкачественных продовольственных товаров и предметов первой необходимости). В остальных сферах закон устанавливает лишь ограничения на рекламу табачной продукции. Так, не должно создаваться впечатление, «что потребление или употребление по назначению табачной продукции не опасно для здоровья или способно положительно повлиять на работу организма, работоспособность или хорошее самочувствие». Кроме того, реклама не должна вызывать у молодежи интерес к курению.

В области рекламы всех видов алкогольной продукции предусмотрены подробные директивы в абз. 2 ст. 15 Конвенции Совета Европы, которые в Германии являются действующим законодательным правом. Среди норм о влиянии рекламы на детей (абз. 2–6 § 6), предусмотренных в Государственном Договоре о защите молодежи в средствах массовой информации, содержится также положение о том, что реклама алкогольных напитков не может быть нацелена на детскую аудиторию. Кроме того, реклама не должна вызывать повышенный интерес у детей или демонстрировать употребление алкогольных напитков ими.

В сфере самоконтроля существуют обширные «Правила поведения о рекламе и торговле товарами по телевидению (Teleshopping) алкогольных напитков, установленные Германским Советом по вопросам печати», действие которых распространяется на все рекламные СМИ.

II. Радиореклама

Основные правила распространяются и на радиорекламу и уже были изложены выше.

Реклама и торговля товарами по телевидению как таковые должны быть легко узнаваемы. Если они передаются по телевидению, то они должны отделяться от других частей программы с помощью визуальных средств, а по радио с помощью акустических средств. Кроме того, не допустимо использовать технические приемы, которые могут оказывать подсознательное воздействие на телезрителей или радиослушателей. Рекламные вставки должны идти блоками между передачами. Реклама, прерывающая передачу, как правило, не разрешается. Она допускается только для телевизионных передач, продолжительность которых превышает 45 минут. Согласно положениям Европейского Сообщества и Совета Европы, прежде всего, частные телекомпании могут включать рекламные перерывы, «если не нарушаются общая связанность и характер передачи, а также права (например, авторские права или права личности)». Реклама может передаваться также в перерывах между спортивными трансляциями.

Допустимая продолжительность ежедневной рекламы различна:

- Для частного телерадиовещания доля рекламы, роликов товаров, продаваемых по телевидению (teleshopping) и прочих видов рекламы (за исключением канала для продажи товаров по телевидению) не должна превышать 20 процентов от ежедневной продолжительности передач. Продолжительность рекламных роликов не должна превышать 15 процентов от ежедневной продолжительности передач. Продолжительность рекламных роликов и роликов товаров, продаваемых по телевидению, в течении часа не должна превышать 20 процентов.
- В отличие от частного телерадиовещания, публично-правовое телерадиовещание имеет значительные временные ограничения. Телевизионная реклама может транслироваться только на двух общефедеральных каналах (АРД и ЦДФ), а именно, только по будним дням до 20 часов по 20 минут. Среднегодовой показатель длительности радиорекламы составляет до 90 минут в день.

Реклама политического, мировоззренческого или религиозного характера не допускается.

Бесплатные ролики в общественных интересах («social advertising»), а также призывы к пожертвованиям на благотворительные цели не считаются рекламой. Допускается собственная реклама телеканалов.

III. Спонсорство

В соответствии с § 8 Государственного Договора о телерадиовещании разрешено спонсорство, как особая форма рекламы, в том случае, если оно не нацелено на приобретение определенных продуктов или услуг. При этом в начале и в конце передачи, по возможности коротко, должны быть названы имя, марка или логотип предприятия, если передача вышла при его финансовой поддержке («… эту передачу вам представляет …»). В качестве спонсоров не допускаются предприятия, производящие сигареты и прочие табачные изделия.

Участие спонсоров не допускается в программах новостей и передачах о текущих политических событиях. Ведущие программ новостей и передач о текущих политических событиях не могут сниматься в телевизионной рекламе или в роликах товаров, продаваемых по телевидению.

IV. Информационные и коммуникационные службы (Mediendienste)

С точки зрения права СМИ информационные и телекоммуникационные службы представляют собой в основном службы электронного распространения. В случае если они содержат «передачи», то они относятся к телерадиовещанию в правовом смысле и должны соблюдать соответствующее законодательство. Информационные и телекоммуникационные службы, которые не содержат этого признака, регулируются Государственным Договором об информационных и телекоммуникационных службах. В § 13 этого Договора содержится краткое положение: «Реклама должна быть ясно узнаваемой и четко отделяться от прочих материалов. В рекламе не должны применяться технические методы, влияющие на подсознание». Для распространения товаров с помощью средств телекоммуникации (teleshopping) действуют положения о рекламе и спонсорстве Государственного Договора о телерадиовещании.

СМИ и выборы

Все основополагающие решения в демократическом государстве принимаются путем выборов и голосования. Чем свободнее выборы, тем свободнее государство.

В связи с выборами и голосованием задача печати, телевидения и радиовещания, являться средством и фактором процесса формирования общественного мнения, становится наиболее значимой, несмотря на то, что для исхода выборов не только они имеют решающее значение, хотя так иногда считается. В любом случае действует следующий механизм: чем независимее средства массовой информации, тем надежнее передаваемая ими информация, а чем обширнее и разнообразнее их сообщения, тем объективнее может быть мнение, к которому в конечном итоге приходят избиратели. Кроме того, свободные СМИ являются существенной защитой от попыток манипулирования, если они непредвзято, внимательно и критически следят за ходом выборов, сохранением тайны голосования, а также честным подсчетом голосов.

Разумеется, этим значением средств массовой информации для выборов в демократическом государстве объясняется, почему им уделяют такое внимание партии, находящиеся в политической борьбе, и их кандидаты, и почему имеют место разнообразные попытки повлиять на средства массовой информации. Независимость и стойкость, свободное и профессиональное самосознание печати, телевидения и радиовещания и их сотрудников должны как никогда проявляться именно в этот период. Тем важнее то обстоятельство, что для СМИ необходима структура и законодательная основа, позволяющие им свободно принимать решения и противостоять любому влиянию.

В соответствии с общими законами средства массовой информации обязаны предоставлять политическим партиям возможность давать о себе информацию, но она должна строго и зримо отделяться от редакционных материалов.

I. Информирование

Закрепленная в Конституции свобода печати, телевидения и радиовещания, прежде всего, обеспечивает возможность принятия собственного свободного и независимого решения о форме и содержании информационных материалов и мнений, которые распространяются через средство массовой информации. При этом действуют общие правила о журналистской добросовестности. Специальные правила, связанные с выборами, отсутствуют, за одним исключением: в соответствии с абз. 2 § 32 Федерального Закона о выборах недопустимо опубликование результатов опросов избирателей о том, за кого они проголосовали, до истечения времени голосования, т. е. до закрытия избирательных участков.

Вследствие частной автономии и многообразия (иногда это является фикцией) газет и журналов разной направленности, частная печать обладает большей свободой, чем телевидение и радиовещание, так как не ограничена рамками нейтралитета, и в результате может предоставлять однобокую информацию.[229] Однако, в этом случае печать не выполняет свой долг перед читателями. Это происходит не в последнюю очередь в тех случаях, когда на обширной территории Германии она фактически является местным монополистом в сфере местных и региональных газет. Соблюдение баланса в подаче информации многообразной читательской аудитории было бы благоразумно и целесообразно, однако, в соответствии с законодательством это не является обязанностью.

Иначе дело обстоит с телевидением и радиовещанием: для публично-правовых телерадиокомпаний действуют директивы по формированию программ, основанные на государственных договорах и законах, которые обязывают их к объективной, взвешенной и многообразной подаче информации. Публично-правовое телевидение и радиовещание обязано предоставлять своей аудитории объективный и полный обзор о международных, национальных и региональных событиях. Во всех передачах таких каналов различные точки зрения по всем общественно-важным вопросам должны передаваться сбалансировано. В зависимости от редакционной концепции, это положение, в виде исключения может касаться лишь отдельной передачи, например, представляя обширное документальное досье или позиции различных партий во время выборов по определенным темам: налоговой политике, охране окружающей среды, сельскому хозяйству, обороне и т. д. При этом сбалансированность не означает равноценность. Напротив, если бы различные программы партий рассматривались редакциями не добросовестно, т. е. не на основании их значимости, возможности реализации и финансирования и т. д., то это являлось бы нарушением принципа объективности и правдивости.

Принцип равенства должен учитываться в той мере, в какой речь идет о равных возможностях всех партий, участвующих в выборах. Если редакция принимает решение провести по вышеуказанным темам дебаты, то должны быть приглашены все партии, допущенные к участию в выборах. В случае, если канал отказывается от проведения дебатов или их проведение становится невозможным по причине большого количества конкурирующих партий, следует выбрать другую редакционную концепцию. Однако, если средство массовой информации хочет провести опрос партий, уже представленных в парламенте, по итогам истекающего парламентского периода, то партии, не представленные в парламенте, не имеют права участвовать в таких переда-

---

[229] BVerfGE 37, 84/91;

чах. В большинстве подобных случаев партии ссылаются на основное право равенства (абз. 3 ст. 3 ОЗ) и на свое особое конституционное положение, которое вытекает из четко признанного Конституцией положения об обязанности партий участвовать в формировании политической воли народа (ст. 21 ОЗ). Административные суды, которым подсудны такие дела, всегда отклоняли иски об участии в подобных передачах в тех случаях, когда речь шла о программах, созданных на основании собственной редакционной политики канала.

Споры касались, прежде всего, «дуэлей» ведущих кандидатов, один из которых после выборов мог стать главой правительства (федеральным канцлером или премьер-министром федеральной земли). Во время последней предвыборной кампании в Бундестаг (2002 г.) публично-правовые телерадиокомпании пригласили на «Телевизионную дуэль кандидатов на должность федерального канцлера», а именно действующего федерального канцлера и лидера самой большой оппозиционной партии. По результатам большинства опросов последний имел реальный шанс победить на выборах. Председатель третьей партии, выдвинутый также на эту должность, непременно хотел участвовать в этой передаче. Все суды, рассмотревшие это дело, отклонили его иск. Федеральный конституционный суд положил конец этому спору немногословным замечанием:[230] передача, являвшаяся предметом спора, основана «на убедительной и последовательной журналистской концепции, которая охраняется предл. 2 абз. 1 ст. 5 ОЗ» (см. BVerfGE 97, 298/310 с дальнейшими ссылками). В дуэли должны были участвовать два политика, «которые серьезно могут рассчитывать на избрание на должность федерального канцлера». Лидер партии, подавший иск, не имел реальной возможности быть избранным на должность федерального канцлера, что, в конечном счете, не оспаривалось его партией. Этот факт надо принять как «следствие расстановки политических сил и как таковой не нарушает права политической партии на соблюдение равных возможностей» (см. BVerfGE 82, 54/59). Вопрос был решен, так как этой партии было уделено соответствующее внимание в предвыборных передачах публично-правовых компаний АРД и ЦДФ.

Принцип равенства политических партий конкретизирован в Федеральном Законе «О партиях». Но здесь речь идет о случаях, в которых «государственные лица» оказывают «государственную поддержку», например, предоставление помещения, находящиеся в собственности государства или общины, для проведения собраний. В широком смысле к «государственной поддержке» относятся и публично-правовые телерадиокомпании, что с конституционно-правовой точки зрения по аналогии еще может считаться приемлемым. Однако по общему мнению такое толкование возможно только в тех случаях, когда речь идет о предоставлении эфирного времени партиям с

---

[230] Решение Федерального конституционного суда в NJW 2002, 2939;

использованием по их усмотрению, а не о решении канала, в какой форме выделенное время будет использовано. Такое положение не имеет никакого отношения к функции СМИ информировать население о выборах.

Сотрудники СМИ как граждане страны имеют право выставить свою кандидатуру на выборы. В этих случаях, в целях непредвзятого и правдивого информирования необходимо, чтобы они заблаговременно приостановили свою служебную деятельность. В этой связи на телерадиовещании установлено собственное правило: не позднее, чем за шесть недель до выборов они не имеют права появляться перед камерой или перед микрофоном.

II. Предвыборная реклама партий в СМИ

Эта тема касается только телевидения и радиовещания. Предвыборные рекламные публикации политических партий в печатных СМИ появляются редко, но, в принципе, они допускаются. Во всяком случае, в этой связи может возникнуть вопрос, можно ли обязать издательство опубликовать предвыборную партийную рекламу, если политика партии не соответствует политике газеты, при этом содержание этой рекламы не вызывает сомнений с точки зрения уголовного права и законодательства о конкуренции. Единая правовая позиция по этому вопросу отсутствует. Подобная «обязанность заключить договор» могла бы рассматриваться как следствие общего законодательства о ведении конкурентной борьбы, а именно запрета дискриминации при господствующем или монопольном положении на рынке (§ 20 Закона о ведении конкурентной борьбы, § 826 Германского Гражданского Кодекса), однако она сомнительна с точки зрения всеобъемлющей свободы печати[231], которая распространяется и на рекламную часть печатных СМИ.

Для телерадиовещания этот вопрос законодательно урегулирован.

Для публично-правовых телерадиокомпаний на основании действующих земельных законов или государственных договоров предусматривается обязанность «предоставлять соразмерное эфирное время» политическим партиям и группам избирателей, если они участвуют в выборах в Бундестаг, Ландтаг (земельный парламент) или в Европейский Парламент с предвыборной программой, допущенной в соответствующей зоне вещания.

Для частного телевидения и радиовещания, вещающего по территории всей федерации, действует то же положение (§ 47 Государственного Договора о телевидении и радиовещании), но с тем ограничением, что партии обязаны возместить организаторам программ их себестоимость, в то время как публично-правовые телерадиокомпании обязаны предоставлять эфирное время бесплатно. Затраты на производство предвыборных рекламных передач, прежде всего, по телевидению, как правило, оплачиваются самими партиями.

---

[231] BVerfGE 21, 271/278;

При предоставлении эфирного времени телерадиокомпании должны соблюдать строжайшую беспристрастность. Несмотря на их ответственность за содержание передач, суды обязали их предоставлять партиям самые широкие возможности по формированию и содержанию передач. Каждая партия должна иметь возможность представлять себя так, как она считает нужным и правильным. Интенданты публично-правовых телерадиокомпаний могут возражать против нарушений уголовно-правовых норм (оскорбление, натравливание одной части населения на другую и прочие правонарушения) только в том случае, если эти нарушения были «очевидными» и «тяжкими». К счастью, подобные случаи встречаются редко, но если они все-таки имеют место, то интендант правильно поступит, отклонив рекламные ролики, которые кажутся ему неправомерными, учитывая собственную ответственность, которая в этой связи вовсе не ограничивается очевидными и тяжкими случаями. Впоследствии административный суд может вынести свое решение по такому делу, которое должно учитываться органами уголовного преследования.

Несмотря на принцип равенства перед законом всех партий, допущенных к участию в выборах, допускается определенная градация в предоставлении эфирного времени в зависимости от значимости партий, если это серьезно не угрожает свободной конкуренции. При этом должны учитываться предыдущие успехи на выборах, а также возраст партии, масштаб организации, количество членов, участие партии в правительстве федерации и земель и т. д.[232]

Закон о партиях в основном принял эту судебную практику Федерального конституционного суда в положении § 5: объем эфирного времени, предоставляемого партиям, «может быть снижен до минимума, необходимого для выполнения их задач в зависимости от значимости партий. Значимость партий определяется в частности по результатам предыдущих выборов в народные представительства. Для партии, чья представленность в Бундестаге соответствует, по крайней мере, численности фракции, объем эфирного времени должен составлять не менее половины времени, предоставляемого любой другой партии».

Для более мелких партий действует правило, в соответствии с которым они должны получать от четверти до одной пятой эфирного времени, предоставляемого крупным партиям. С течением времени продолжительность рекламных роликов уменьшалась. В последние годы она составила 1,5 минуты, что считается вполне достаточным.

---

[232] BVerfGE 14, 121/137 f.; 47, 198/227; 48, 271/272;